대학의 기업화

몰락하는 대학에 관하여

이 도서의 국립중앙도서관 출판예정도서목록(CIP)은 서지정보유통지원시스템 홈페이지(http://seoji.nl.go.kr)와 국가자료공동목록시스템(http://www.nl.go.kr/kolisnet)에서 이용하실 수 있습니다.
CIP제어번호: CIP2018014124(양장), CIP2018014123(반양장)

고부응 지음

몰락하는 대학에 관하여

대학의 기업화

The CorPoratization Of The University

한울
아카데미

故 고현철 교수를 추모하며

"나는 지성이 있어 비관적이지만
의지가 있어 낙관적이다."

안토니오 그람시Antonio Gramsci의 잘 알려진 이 말이 이 책을 세상에 내보
내는 나의 마음을 잘 보여준다는 생각이 든다. 물론 나는 그람시 같은 위대
한 사상가도 혁명가도 아니다. 20년 동안은 머리를 쓰지 못하게 해야 한다
는 검사의 논고에 따라 20년 징역형을 받은 상태에서 사색과 집필로 20세기
최고의 마르크스주의 이론가로 평가받는 안토니오 그람시를 내가 흉내라도
낼 수 있다고는 생각하지 않는다. 그람시의 이 말이 내게 와닿는 것은 오늘
날 상황을 차근차근 생각해보면 희망이 없다는 것이고, 그렇다고 해도 인간
만이 갖는 의지를 지니고 있다면 절망할 수만은 없다는 것이다.

현재 한국 대학이 처한 암담한 상황에 맞서, 공부를 본업으로 삼은 내가
할 수 있는 일은 지성의 비관주의를 실천하는 일이라고 생각한다. 이런 맥
락에서 대학의 참혹한 현실을 드러내는 것이 이 책의 중요 목적이다. 그렇
지만 대학에 희망이 없다는 것이 나의 주장은 아니다. 참혹한 현실을 인식
하고 그 현실을 어떻게 극복할지를 모색하는 것이 나의 목적이다. 그람시가
말하는 비관과 낙관의 변증법적 지양을 위해 우선해야 할 일은 현실에 대한
냉혹한 분석이기 때문이다. 그리고 이러한 냉혹한 분석을 필요로 하는, 오

늘날 한국 대학이 처한 참혹한 현실은 바로 '대학의 기업화'다.

대학의 기업화로 한국 대학이 망가지는 모습을 다룬 책들이 이미 나와 있기는 하다. 그런 책을 쓴 분들은 나와는 비교가 안 되게 대학을 지키기 위해 투쟁을 했고, 그 투쟁의 기록을 담아낸 만큼 대학 문제를 구체적으로 전달하고 있기도 하다. 희생 역시 그분들의 몫이었다. 나는 그분들의 작업을 따라가면서도 내가 할 수 있는 한 조금 더 이론적이고, 조금 더 역사적이고, 조금 더 체계적으로 대학 문제를 다루고 싶었다. 그 결과가 바로 이 책인데, 결국 읽고 싶지 않게 딱딱한, 대학 도서관에나 꽂혀 있는 학술서가 되어버렸다.

재미없는 학술서를 집어든 독자께 감사드린다. 도서관은 공부하는 학생들로 넘쳐나고 연구실은 논문을 찍어내기 바쁘지만 지성이라고는 찾아보기 어려운 곳이 요즘의 대학이다. 이른바 '스펙' 쌓기에 바쁜 대학생들이 스펙에 도움이 안 되는 이런 종류의 책에 관심을 가질 리 없다. 논문을 쓰기 위한 목적이 아니라면 다른 사람의 글을 아예 읽지 않는 대학교수들이 이런 종류의 책이 있다는 사실을 알 리도 없다. 이런 현실에서 이 글을 읽고 있는 독자가 있다는 것은 아직 대학에 지성이 남아 있음을 말해준다. 그리고 이 책을 통해 그 희귀한 지성을 가진 사람과 내가 만났다는 것이 나로서는 참으로 기쁘고 고맙다(나는 이 책의 독자가 대학 구성원이라고 확신한다. 대학 구성원도 관심 갖지 않을 이런 종류의 책에 대학 구성원이 아닌 사람이 눈길을 줄 리가 없다). 기회가 된다면 독자들과 밥도 먹고 술도 마시면서 대학이 돌아가는 사정이나 이런저런 세상일을 같이 이야기하고 싶기도 하다.

이렇게 고마운 독자이지만 그들이 이 책을 처음부터 끝까지 끈질기게 읽지는 않을 것임을 나는 안다. 그렇게 기대도 하지 않고 그럴 필요도 없다. 이후에 나오는 각 장의 소개나 차례를 보면서 두세 장 정도를 골라 읽어준다면 나로서는 대단한 영광이다. 대학의 역사부터 시작해 대학의 종말을 말하는 이 책은 나름대로 짜임새가 있지만 그 짜임새를 무시하고 읽어도 별문제가 안 된다. 여러 장을 읽는 분이 계시다면 일부 내용이 겹치는 것을 확인할 수도 있을 것이다. 특히 대학의 이념과 대학 기업화의 방식이 그렇다. 나는 이 책의 각 장이 따로 읽힐 수 있도록 내용의 중복을 감수했다.

이 책의 각 장은 다음의 내용을 담고 있다.

제1장 문제는 사립대학은 내가 본격적으로 대학을 공부하게 된 계기, 한국의 사립대학의 문제점, 무상 대학 교육의 필요성을 말한다. 나는 10여 년 전 중앙대학교를 인수한 재벌 두산 그룹이 대학을 기업식으로 경영하면서 대학이 파괴되는 것을 체험했다. 이를 계기로 나는 대학을 본격적으로 공부하기 시작했다. 그 공부의 결과가 이 책이다. 이 장에서는 한국 대학의 문제점이 사립대학제도에 있음을 밝힌다. 사립대학은 공립의 특성을 가지고 설립되었지만 특정 개인이 사적 소유물로 바꾸어버린 대학이다. 대학의 공공성을 확보하기 위해서 사립대학이 국공립대학으로 전환되어야 하고, 대학 수업료제도 역시 폐기되어야 한다고 주장한다.

제2장 대학의 역사: 근대 대학의 형성을 중심으로는 초창기 대학인 중세 대학부터 근대 대학, 그리고 기업화되면서 몰락하고 있는 현재의 대학까지를 대학의 이념에 초점을 두어 역사적으로 다룬다. 논의가 상세하게 이루어지는 부분은 현대 대학의 모델인 근대 대학이다. 초창기 대학은 자율적 학문 공동체였으며 교회의 보호를 받으면서 성장했다. 근대 대학은 이마누엘 칸트Immanuel Kant가 학문의 자유를 위협하는 국가권력의 부당함을 주장하면서 그 사상적 토대가 마련되기 시작했다. 학문은 학문 자체의 원리에 의해 이루어져야 한다는 것이 칸트의 주장이었다. 칸트의 사상을 이어받아 카를 빌헬름 훔볼트Karl Wilhelm Humboldt는 학문의 자유를 구현하는 베를린대학교(현

재 학교명은 베를린훔볼트대학교Humboldt-Universität zu Berlin)를 설립한다. 베를린대학교는 학문적 성과로 근현대 대학의 모델이 되었다. 그러나 현재의 대학은 대학의 이상을 잃으면서 기업을 위한 대학이 되었고 동시에 대학 자체가 기업이 되었다. 이 장에서 제시되는 근대 대학은 대학의 기업화로 몰락의 길로 가고 있는 현재의 대학과 극명하게 대조된다. 이런 면에서 이 장은이 책 전체의 내용에 대한 시금석의 역할을 하는 장이기도 하다.

제3장 대학 기업화의 원조: 미국 대학의 기업화는 현재 전 세계 대학의 모델이 되고 있는 미국 대학을 다룬다. 미국식 대학은 기업화된 대학이다. 공적 지원이 어려웠던 식민지 시대에 미국 대학의 역사가 시작되었기 때문에 미국 대학의 원형은 사립대학이다. 사립대학은 기업식 경영을 필요로 하는 구조다. 미국에서 대학이 기업화되는 양상은 기업화된 일반대학, 대학 사업으로 돈을 벌려는 영리 대학, 사원 연수를 목적으로 운영하는 기업 내 대학(사내 대학)으로 나누어볼 수 있다. 일반대학의 기업화는 재정을 확보하기위해 기업식 경영을 하는 대학의 모습으로 나타나며, 이런 대학에서 학문의자유와 지식의 공공성은 위축된다. 영리 대학은 사업주가 돈을 벌기 위해설립한 대학으로, 이제는 일반대학도 영리를 추구하는 경향이 나타나기 때문에 영리 대학과 일반대학의 구별이 어려워지고 있기도 하다. 기업 내 대학은 사원 연수과정이 대학 과정으로 변환되면서 탄생한 기구다. 대학이라고 이름 붙일 수 없는 교과과정을 운영하는 사원 연수 기구가 대학으로 포장되고 있는 것이 기업 내 대학이다. 이렇게 기업화된 미국식 대학의 여러양상을 한국 대학은 때로는 선별적으로, 때로는 혼합해 수용하고 있다.

제4장 한국 대학의 기업화는 제3장에서 나온 미국식 대학의 기업화가 한국에서 어떻게 수용되고 있는지를 다룬다. 한국 대학의 기업화는 미국식 대학의 기업화가 선별적으로 조합된 결과다. 한국 대학은 미국 대학과 마찬가

지로 사립대학으로 출발했기 때문에 처음부터 역사적·사회적으로 기업화될 가능성이 있었다. 한국 대학의 기업화는 1995년 김영삼 정부 시절 「5·31 교육개혁안」이 발표되고 이를 뒷받침하는 각종 정책과 법안이 도입되면서 본격화되었다. 이 장은 한국 대학의 기업화 양상을 기업화 대학의 대표라고 할 수 있는 재벌 그룹이 운영하는 대학에 초점에 맞춰 살피고 있지만 대학의 기업화는 한국 대학 전체에 퍼져 있는 현상이다. 대학은 민족국가가 구현해야 하는 이상을 찾는 지적 탐구의 장이고, 국가는 대학에서 이루어지는 지적 탐구의 결과를 수행하는 구현체가 되어야 한다. 그러나 현재 한국의 대학은 대학의 목적을 잊은 채 기업화된 관리 체제 아래에서 성과 경쟁에 매몰되어 있음을 이 장은 밝히고 있다.

제5장 대학 자본주의: 대학 공공성의 소멸은 자본주의적 시장 원리가 대학에서 작용하는 방식을 다룬다. 냉전 시대를 거치면서 정부연구비를 수주하는 방식으로 규모가 커진 미국의 대학에서 신자유주의가 득세하면서 대학에 대한 정부의 지원이 축소되자 대학은 재원을 확보하기 위해 노력한다. 대학이 시장과 유사해지면서 대학의 교육과 연구가 상품이 되고 대학 시설이 상품 판매를 위한 매장이 된다. 이 장은 대학 자본주의의 양상을 신자유주의 국가정책, 신경제, 지구화를 중심으로 살핀다. 신자유주의 국가정책에 의해 대학은 돈을 벌기 위한 기업으로 변한다. 지식 기반 경제라고 불리는 신경제는 대학의 지식을 기업을 위한 상품으로 변하게 한다. 지구화는 유학생을 유치하거나 해외에 대학을 설립함으로써 대학의 수입원을 확보하게 한다. 미국, 영국, 호주, 캐나다 등지에서 발흥하기 시작한 대학 자본주의는 이제 거의 전 세계적인 추세가 되고 있기도 하다. 한국의 대학 자본주의는 1995년의 5·31 교육개혁으로 본격화되었으며, 현재 진행 중인 대학 구조조정은 대학 사업자의 이익을 보장하게 하면서 대학을 기업을 위한 기관으로

변모시키고 있다. 대학 자본주의는 공공재로서의 지식의 속성을 근본적으로 유린하며, 이에 따라 대학의 공적 기능을 파괴하고 있다.

제6장 대학의 기업화와 학문의 자유는 학문 자유의 개념과 이를 확보하기 위한 대학의 투쟁 역사를 배경으로 기업으로 변한 현대 대학에서 학문의 자유가 유린되는 양상을 다룬다. 학문의 자유와 대학의 자치는 학문공동체로서의 대학에 필수적이다. 학문의 자유가 없다면 권력이나 기존의 지식 체계에 도전하는 새로운 지식이 생산될 수 없고 발표될 수도 없기 때문이다. 대학의 역사는 학문의 자유와 대학의 자치를 지키거나 쟁취하려는 역사다. 중세 대학에서는 대학의 자치는 보장되었지만 학문의 자유는 없었다. 학문의 자유는 새로운 지식을 추구하는 것을 근본 목적으로 하는 근대 이후의 대학에서 주장되기 시작했다. 근대 대학의 모델인 베를린대학교는 학문의 자유에 기반을 두었지만 대학의 자치는 국가권력에 의해 위협받을 수 있는 조건을 가지고 출발했다. 현대 대학의 모델이 되고 있는 미국 대학에서는 자본권력이 학문의 자유와 대학의 자치를 위협하고 있다. 사립대학이 다수를 차지하는, 그리고 국공립대학 역시 사립대학과 큰 차이 없는 한국에서 학문의 자유는 미국에서와 마찬가지로 자본권력에 의해 위협받는다. 자본권력은 학문 연구자인 교수의 신분을 위협해 학문의 자유를 억압한다. 또한 공공재로서의 대학의 지식을 사유화해 학문의 자유를 위협하기도 한다. 이를 타개하기 위해 교수들이 학문의 자유와 대학의 자치를 지키려는 노력을 본격적으로 시작해야 한다. 이를 위해 대학교수들이 대학의 의사결정 구조에 개입해야 하며, 교수단체를 조직화해 대학 관련 법령과 제도를 정상화하려는 노력을 기울여야 한다고 주장한다.

제7장 대학의 기업식 관리 체제는 기업이 된 대학이 교수와 학생을 관리하는 방식을 다룬다. 기업식 경영이 이루어지는 현재의 대학은 자율적 학문공

동체도 아니고 지적·정신적 성숙을 이룬 교양인 양성을 목적하지도 않는
다. 대학의 주체였던 교수와 학생은 이제 학교법인과 대학 본부의 관리 대
상이 되었다. 성과, 수월성, 효율성, 취업률이 대학을 운영하는 준거가 되면
서 핵심 성과 지표, 목표 관리와 같이 대학에서는 생소한 경영 전문용어가
나타난다. 이제 대학에는 기업식 지배 구조와 관리 구조가 정착했다. 기업
식 관리 체제가 지배하는 대학에서는 숫자만 중요하고 학문과 교육은 관심
거리가 아니다. 대학의 공공성을 지켜야 할 정부 역시 대학의 기업화를 주
도하고 있다. 정상적인 대학이 복원될 필요가 있다. 이를 위해 연구와 교육
의 핵심 주체인 교수들이 대학 정상화를 위한 싸움에 나서야 한다.

　제8장 대학순위평가는 대학순위평가가 대학을 몰락시킨다고 주장한다.
대학 평가에서 인증평가가 대학의 교육과 연구의 기준을 마련하는 것이라
면 순위평가는 최우수 대학을 선별하기 위해 대학 간의 경쟁을 유발하는 것
이다. 인증평가가 공적 기구에 의해 수행되는 반면 순위평가는 사기업인 언
론사의 주도로 수행된다. 언론 기업이 주도하는 대학순위평가는 대학에 대
한 정보를 제공한다는 취지를 내세우지만 대학의 교육과 연구에 대한 정보
를 제공하지 않는다. 대학순위평가는 상위 대학만을 대상으로 하고 있기 때
문에 대부분 대학에 대한 정보를 제공할 수 없다. 더구나 상위 대학에 관한
정보도 대학 순위에 한정된다. 대학순위평가는 평가 대상이 되는 대학들을
표준화하면서 각 대학의 고유성을 말살한다. 한국의 대학에 막강한 영향력
을 행사하는 ≪중앙일보≫ 대학 평가를 점검해보면 ≪중앙일보≫가 대학을
상품화하고 있음이 드러난다. 대학이 언론 기업에 의해 기업화되고 있음도
드러난다. 대학순위평가가 대학을 지배할 때 대학은 이념을 상실한다. 교육
과 연구의 목적도 사라진다. 대학은 숫자 그 이상도 이하도 아닌 상태로 몰
락한다.

제9장 한국연구재단의 학문 관리는 학문 진흥을 목적으로 설립된 한국연구재단이 학문을 관리 대상으로 설정함으로써 학문을 몰락시키는 과정을 살핀다. 학문은 공적인 목적을 갖기 때문에 국가의 보호와 지원이 필요하며, 이를 위해 한국연구재단이 설립되었다. 그러나 한국연구재단은 학문을 진흥하는 것이 아니라 학문을 관리하면서 결과적으로 학문을 위축시킨다. 대학의 학문 활동을 규범하면서 통제하기 때문이다. 한국연구재단의 학문 관리 체제는 대학에서 이루어지는 교육과 연구에 대한 기업식 관리 체제의 이면이 되고 있기도 하다. 대학과 국가가 자본 기업에 의해 장악된 한국 사회에서 정상적인 학문 활동은 불가능하다. 즉, 한국연구재단의 학문 관리에 의해 한국의 대학에서는 학문이 고갈되고 있으며 교수들이 수행해야 할 공적 지식인의 역할 역시 소멸되고 있음을 이 장은 밝힌다.

제10장 교수업적평가와 학술논문은 대학에서 교수들이 평가받는 방식, 그리고 교수 평가에서 큰 몫을 차지하는 논문의 역할을 살핀다. 이 장의 주장은 교수업적평가가 학문적 목적과는 거리가 멀다는 것이다. 교수들의 성과 평가 체제는 기업의 인사관리 체제와 유사하다. 교수업적평가의 결과는 교수의 승진, 재임용, 성과급 지급에 이용된다. 대학에 기업식 경영이 도입되면서 교수업적평가는 더욱 강화되고 있다. 교수의 업적평가는 연구, 교육, 봉사 부문으로 이루어진다. 연구 부문에서 가장 중요한 것은 논문 편수다. 좋은 논문을 쓰는 것은 의미가 없고 논문 편수를 늘리는 것이 중요하다. 업적평가에서 인정받는 연구업적에는 JCRJournal Citation Reports 목록 학술지나 한국연구재단 등재학술지에 실린 논문만 해당되기 때문에 교수들의 그 밖의 다른 학문 활동은 봉쇄되거나 위축된다. 교수의 교육업적에서 큰 비중을 차지하는 것은 강의평가다. 오늘날 강의평가는 학생이라는 고객의 만족도 평가가 되었기 때문에 정상적인 교육을 위한 긍정적인 효과를 기대하기 어

럽다. 봉사의 원래 뜻과는 관계없이 이루어지는 교수의 봉사업적은 영향력을 행사하는 자리나 돈을 버는 활동에 한정되어 있다. 봉사업적평가는 현존하는 권력관계를 유지하는 틀로 작용하고 있다. 지적 호기심에 근거해 자유로운 학문 활동을 하는 교수를 기대하기 어려운 상황이 벌어지는 곳이 현재의 한국 대학이다.

제11장 인문학의 몰락은 인문학의 양극화로 인한 인문학의 몰락을 살핀다. 대부분 대학에서 인문학은 실용성이 없다는 이유로 인문학 과정이 축소되어 몰락한다. 미국의 극소수 명문 사립대학에서는 표면적으로 인문학이 융성하는 것 같지만 인문학이 계급 재생산의 도구가 되면서 본질적인 의미에서 인문학은 몰락한다. 인문학은 원래 인간을 위한 학문이었다. 대학의 역사에서 인문학은 교회의 권위에 도전하면서 인간성을 옹호하기 시작한 르네상스 시기에 태동했고 교양인 양성을 위해 자유로운 학문 탐구를 대학의 목표로 설정했던 19세기의 근대 대학에서 전성기를 맞는다. 20세기에 들어서면서 대학에 분과 학문 체제가 도입되고 대학에서 효율과 성과를 중시하는 기업식 경영 체제가 정착되면서 인문학의 위기가 본격화된다. 미래에는 인문학이 소수 명문대학에서만 지배계급의 계급 재생산을 위한 교육이 될 것이고 대부분 대학에서는 사라질 것이다. 이러한 인문학의 위기를 극복하기 위해서 인문학자들은 인문학이 본래 추구했던 인간을 위한 교육과 통합적인 지식을 추구해야 할 필요가 있다. 이를 위해 인문학자들은 기존 체제를 유지하는 데 기여하는 전문가 정신을 버리고 특정 학문 분야의 전문 영역을 끊임없이 넘어서려는 아마추어 정신을 갖추는 일이 필요하다.

제12장 고난의 시대, 몰락한 대학은 대학의 사명을 잊은 채 몰락해가는 대학의 양상을 살핀다. 과거의 대학은 역사적 소명이 있었고 이를 수행해왔다. 현재의 대학은 무기력에 빠져 있다. 삶과 역사, 사회와 개인에 대한 비

판적 성찰을 이끌어내는 인문학과 사회과학은 쓸모없는 학문으로 천대받으면서 대학에서 점점 사라지고 있다. 인류 사회의 가치와 전망에는 큰 관심이 없는 공학이나 경영학 같은 실용 학문은 더욱 확대되고 있다. 경제가 활성화될 전망도, 일자리에 대한 전망도 없는 상태에서 대학은 더욱더 기업을 위한 직업훈련소로 변하고 있다. 삶에 대한 가치관도, 역사에 대한 전망도 갖추지 못한 대학졸업생들은 미몽의 상태에서 폐인이 되어갈 것이 예상된다. 자본주의가 쇠퇴기에 들어서면서 사회 자체가 지옥과 같은 고통의 장이 되듯이 대학 역시 암흑의 세계에서 방향을 잃고 서서히 몰락할 것이다.

제13장 내가 꿈꾸는 대학은 이상적인 대학을 회복하거나 만들기 위한 투쟁의 필요성을 말한다. 이상적인 대학은 숫자로 대학 스스로를, 학생을, 교수를 평가하지 않는 대학이다. 학문 탐구의 과정 자체를 중시하는 대학, 학문공동체 구성원으로서의 유대감이 형성되는 대학을 회복하거나 만들어갈 필요가 있다. 또한 정상적인 대학은 대학 구성원인 교수와 학생의 자율적 자치로 운영되는 대학이다. 내가 꿈꾸는 대학에서 가장 중요한 것이 수업료가 없는 대학이다. 교육과 지식은 상품이 아니기 때문이다. 따라서 대학 교육이 무상이 되어야 지식과 교육의 공공성이 확보된다는 점을 강조한다. 그리고 이 책을 마무리하며 대학의 공공성을 지키기 위한 시끄러운 싸움을 벌이자고 제안한다.

책머리에 으레 나오는 것이 감사의 말이기는 하지만 독자 못지않게 감사의 말을 전하고 싶은 분들이 있다. 대학을 지키기 위해 투쟁해왔던, 그리고 지금도 투쟁하고 있는 분들에게 감사와 존경을 표한다. 이 자리를 빌려 고 고현철 교수를 기억하자고 말하고 싶다. 조국을 위해, 억압받는 민중을 위해, 또는 가족을 지키려고 목숨을 바치는 경우는 드물지 않다. 그렇지만 고현철 교수의 경우 말고 대학을 지키기 위해 목숨을 내놓았다는 이야기를 나는 들어본 적도 읽어본 적도 없다. 대학이 취업 준비 기관이라면, 또는 교육과 연구를 생업으로 삼는 사람들의 직장이라면 그런 대학은 목숨을 걸 만한 대상이 아니다. 그러나 고현철 교수가 지키려 했던 대학은 그런 대학이 아니었다. 그가 지키려 했던 대학은 사회의 보루로서의 대학, 대학이 망가지면 사회 자체가 망가져 결국 사람들도 망가지는 그런 대학이었다. 그는 망가져가고 있는 이 사회 자체를, 그 사회를 구성하는 사람들을 구하려 했던 것이다. 목숨을 내놓으면서 대학을 구하자고, 사회를 구하자고 외친 고현철 교수의 목소리에도 대학은 꿈쩍도 하지 않았다. 무딜 대로 무디어진 대학에서 사람 목숨 하나쯤은 아무것도 아닌 것이다. 대학이 무디어져 있는데, 변할 기미가 없는데 사회가 변할 리 없다. 그런 사회에서는 사람들이 사람답게 살 리가 없다. 그리고 고현철 교수는 잊히고 있다.

대학과 교육의 공공성을 지키기 위해 지난한 싸움을 계속하는 분들에게 감사드린다. (21세기)한국대학생연합, 민주화를 위한 전국교수협의회, 전국교수노동조합, 한국비정규교수노동조합, 전국국공립대학교수회연합회, 한국사립대학교수회연합회, 참여연대 등 여러 단체를 통해, 망가진 대학을 회복하려는 운동을 지속하는 분들에게 감사드린다. 대학 기업화의 선봉인 중앙대학교 법인과 대학 본부에 맞서 힘겨운 싸움을 함께해왔던, 얼굴 하나하나가 눈에 선하게 떠오르는, 중앙대학교의 학생과 교수들에게도 동지로서의 존경과 감사와 애정을 표한다.

한국비평이론학회의 편집진에게도 이 자리를 빌려 감사를 표하고 싶다. 이분들은 문학이론이나 문화이론 관련 논문이 주로 실리는 이 학회의 학회지 ≪비평과 이론≫에 내가 투고한, 어찌 보면 생뚱맞은, 대학 관련 논문들을 심사에 회부하고 그 심사 결과에 따라 게재하도록 해주었다. 당연한 과정이라고 할 수도 있겠지만 일반 학회의 폐쇄성을 알고 있는 나로서는 고맙다는 말을 하지 않을 수 없다. 더구나 ≪비평과 이론≫에 실린 「대학의 기업화와 학문의 자유」(이 책의 제6장)는 편집위원회의 추천으로 한국영어영문학회에서 수여하는 '영어영문학논문상'의 심사 대상이 되었고 결국 그 상을 받는 영예를 얻을 수 있었다. 공부하는 사람으로서 좋은 글을 썼다는 것을 공식적으로 인정받는 것보다 더 기쁜 일이 어디 있겠는가.

최종 원고를 정리하면서 책으로 완성해준 한울엠플러스(주)의 김초록 편집자에게도 감사드린다.

마지막으로 가족에게도 고마움과 사랑을 표하고 싶다. 세상에 맞춰 살 줄 모르는, 불편한 싸움을 하면서 불편한 글을 쓰는 남편을 인정하고 받아주는 아내 희선이가 고맙고 사랑스럽다. 거친 세상에서 탈 없이 잘 커준 아들 성민이와 성욱이도 고맙다. 자식들이 걱정할까봐 아프지도 못하는 연로하신 부모님께는 지금과 같이 건강하게 오래오래 사시라고 말씀드린다.

2018년 5월

고 부 응

차 례

제1장

문제는 사립대학

1. 대학을 공부하다

신입생으로 대학에 들어온 이후 지금까지 거의 40년이 흘렀고 그동안 대학을 떠나본 적이 거의 없지만 필자[1]는 약 10년 전까지 대학이 무엇인지, 대학이 무엇을 해야 하는지 진지하게 생각해본 적이 별로 없었다. 문학을 공부하고 싶어 영문학과에 입학했고, 대학을 다니면서는 문학작품을 읽고 그런 문학작품을 해설해놓은 글을 읽으면서도 왜 하필 대학에서 문학작품을 공부해야 하는지에 대한 의문은 없었다. 사회를 알고 삶을 알아야 한다는 생각에서 여러 종류의 사회과학 서적이나 철학 서적을 읽으면서도 대학이

---

1 '책에 들어가며'에 쓴 표현대로 '나'라고 쓰고 싶지만 이 책의 본문에서는 학술서의 관행에 따라 '필자'라는 말을 쓴다.

추구하는 지식의 속성에 대해서는 따로 생각해본 적도 없었다. 그러나 10년 전, 그러니까 2008년에 필자가 공부하고 또 가르치기도 하는 중앙대학교를 두산 그룹이 인수[2]한 이후 필자는 대학이 무엇을 하는 곳인지, 무엇을 해야 하는지를 생각할 수밖에 없었다.

2. 기 업 이 된 대 학

필자는 대학과 관련된 책과 논문을 읽고 신문이나 잡지에 나온 기사를 읽고 또 다른 대학의 사정을 듣고 보면서 현재의 대학을 대학이라고 할 수 없음을 깨닫게 되었다. 대학의 목적은, 새로운 지식을 추구하고 그런 지식을 통해 지식인을 양성하고 그런 지식인들이 인류 사회가 추구하는 바람직한 사회를 이루어가도록 하는 것이다. 하지만 현재의 대학은 그런 문제에 관심이 없음을 확인하는 것이 대학에 대한 필자의 공부 과정이었다. 학생들은 취업에 유리한 좋은 학점을 받기 위해 수강과목을 선택하고, 교수들은 업적 평가에 반영되는 논문 편수와 학생들의 만족도를 측정하는 강의평가 점수를 높이기 위해 연구와 교육을 한다. 대학 운영진은 각종 대학 평가에서 높은 순위를 차지하기 위해, 또는 순위에서 탈락되지 않기 위해 각종 지표에

---

2 비영리법인으로서 사학재단은 사유재산이 아니다. 설립자가 자산을 출연했더라도 출연한 자산은 이미 공공자산이기 때문이다. 따라서 재산이나 권리를 넘겨받는다는 뜻의 인수라는 용어를 사학재단의 이사장이 되었다는 의미와 동의어로 쓸 수는 없다. 그런데도 여기에서 필자가 굳이 '인수'라는 표현을 쓴 이유는 개인이나 기업이 대학을 사유재산으로 인식하고 있음을 보여주기 위해서다.

맞춰 교수와 학생을 관리한다. 대학 운영의 최고 결정권을 갖는 법인의 이사장은 대학의 자산 가치를 높이기 위해 부동산을 구입하고 건물을 지으면서 더 많은 외부기금을 유치하라고 교직원을 몰아세운다. 이 모든 것은 대학이 더 이상 학문의 전당도 아니고 지성인을 양성하는 고등교육기관도 아님을 말해준다. 비로소 대학은 기업이 되었다.

대학이 기업임을 분명하게 보여주는 사례가 2009년 8월 28일 자 ≪중앙일보≫에 게재된 "대학 발전과 참된 주인의식"이라는 제목의 당시 박용성 중앙대학교 이사장이 쓴 칼럼이다. 다음은 그 칼럼의 중요 부분이다.

대학의 의사결정권은 누구에게 있는 것일까. 대학의 특수성이 있긴 하지만 기업에 견준다면 학교법인이 주주에 해당한다고 봐야 한다. 이사장은 주주 대표 격이고, 학교법인 이사진은 기업의 의사결정기구인 이사회와 같다. 이렇게 보면 대학의 의사결정권은 학교법인에서 비롯되고, 운영 주체는 학교법인의 이사회로 보는 게 논리적으로 타당하다.

교수와 교직원들은 어쨌건 대학을 직장으로 택한 사람들이다. 학문의 자율성을 중시하는 대학의 특수성 때문에 기업의 종업원과는 다른 지위에 있고 그들의 의사가 존중돼야 하지만, 그렇다고 교수와 교직원이 대학의 최고 의사결정권자가 될 수는 없다.

학생은 어떨까. 등록금 수입이 학교 운영경비의 대부분을 감당하고 있는 현실 탓에 학생들의 목소리는 높아져 있으나, 냉철히 말하면 학생은 학교가 제공하는 교육 서비스를 받는 대상이다. 피교육자로서 그에 합당한 주장은 얼마든지 할 수 있다. 그러나 경계를 넘는 주장이나, 지나치게 강한 주인의식을 가지고 행동하는 것은 대학 발전에 도움이 되지 않는다고 생각한다. 학생들은 자신의 수학 능력과 장래 선택할 진로를 감안해 스스로 대학을 선택

했다. 등록금은 그 선택에 대한 비용으로 볼 수 있다.[3]

　이 칼럼은 기업 경영에 일생을 바친 기업인이 썼다고 믿기 어려울 만큼 뛰어난 글솜씨를 보여준다. 명쾌한 문장도 돋보이고 논지도 자연스럽다. 법과 상식에 비추어 보아 이 글은 지극히 옳은 주장을 하고 있다. 이 글이 주장하는 바와 같이 일반적인 기업 형태인 주식회사에서 주인은 주주이며, 그 주주들의 의결체인 주주총회에서 주주의 대표로 선임된 이사진이 기업의 경영을 책임지는 것은 상식적이고 합법적이다. 마찬가지로 '사립학교법'이 보장하듯이 사립대학의 최고 의사결정기구는 법인 이사회이기 때문에 이사회를 대표하는 이사장이 대학 운영에 대해 권한과 책임을 갖는 것이 당연하다고 할 수도 있다. 또한 '사립학교법'은 학교의 장과 교원의 임용에 관한 사항을 이사회가 심의하고 의결한다고 규정하고 있다. 따라서 대학의 총장 선출이나 교원 임용 과정에 교수, 학생, 교직원이 참여하겠다고 한다면 이는 법률을 위반하는 셈이다.

　사실 법률로 따지면 교수나 학생, 교직원은 학교의 강의실이나 연구실과 마찬가지로 사립학교법인이 학교를 운영하는 데 필요한 영조물營造物에 불과하기 때문에 그런 영조물이 대학 운영에서 주체적 권한을 주장하는 것은 천부당만부당한 일이다. 혹여 대학 운영 주체인 이사장이 교수나 학생의 의견을 일정 정도라도 수렴하면서 대학을 운영한다면 이는 이사장이 도량이 넓은 사람임을 뜻하는 것이지, 교수나 학생의 당연한 권리가 실행되는 것이라고는 할 수 없다. 박용성 전 이사장의 말대로 경쟁력 있는 대학이 되려면 대

3　박용성, "대학 발전과 참된 주인의식", ≪중앙일보≫, 2009년 8월 28일 자.

학의 경영은 법인과 법인을 대표하는 이사장에게 맡기고 교수, 학생, 교직원은 이사장의 대학 경영 지침에 따라 교수는 연구업적을 많이 쌓고 학생은 열심히 공부해서 좋은 직장에 취업하고 교직원은 법인의 영조물인 인적·물적 시설을 효율적으로 관리해야 할 것이다. 이 같은 각자의 본분을 넘어서는 과도한 요구는 혼란을 초래하고 이는 결국 대학 경쟁력을 떨어뜨린다고 할 수 있다.

현행 '사립학교법'과 사회 전반에 퍼져 있는 효율성과 경쟁력을 최고 가치로 여기는 정서를 고려하면 박용성 전 이사장의 주장은 옳은 주장이다. 그러나 대학이 하는 일 또는 해야 하는 일을 생각해보면 용납하기 어려운 주장이다. 대학은 학문을 탐구하고 전수하는 조직이다. 대학은 교수와 학생인 학문 종사자들의 조직이고, 학문 자체에 종사하지 않는 법인이나 교직원은 교수와 학생의 학문 활동을 보조하는 인적 조직이며, 대학의 부지와 건물은 학문 활동에 필요한 물적 시설이다. 교수와 학생이 없는 대학은 상상할 수 없지만 법인이나 행정 직원, 심지어 건물이 없는 대학은 있을 수 있다. 실제로 초창기 대학은 대학 자체가 소유한 건물 없이도 대학을 운영했으며 대학의 원초적 형태인 고대 그리스의 아카데미는 길거리나 광장에서 교육을 수행했다. 대학을 뜻하는 영어 'university'는 라틴어 'universitas'에서 유래한 말로, 이는 '공동체', '사회', '인적 조직'을 뜻한다. 대학이 생기기 시작한 중세 시대에 대학은 'universitas magistrorum et scholarium(선생과 학생의 조합)'이라는 명칭을 갖고 있었는데, 이를 줄여서 'universitas'라고 한 것이다.

대학이 학문 활동을 하는 조직이라는 점에서 좋은 대학은 학문 활동이 잘 이루어지는 대학이다. 그리고 학문 활동에 대해 가장 잘 아는 사람들은 학문을 전업으로 하는 교수들이다. 학문 전문가인 교수의 학문 활동에 비전문가가 개입해 이런 학문은 반드시 하고 저런 학문은 하지 말아야 한다고 말한다면 이는 학문 활동을 제한하는 것이 되며 결국 학문을 위축시킨다. 돈이 되는 학문은 하고 돈이 되지 않는 학문은 할 필요가 없다는 믿음을 대학에 심어놓는다면 학문의 본령인 대학은 망가지게 되어 있다. 기업연구소의 경우에는 돈이 되는 연구를 할 필요가 있고 그런 연구가 당연한 것인지도 모르지만 대학은 오히려 돈이 되지 않는 학문을 해야 하는 조직이다. 돈이 되는 학문은 굳이 대학 구성원이 아니더라도 할 사람이 많기 때문이다.

오직 학문적 목적을 위해 학문 활동을 하는 교수와 학생은 그 조직을 위해 운영진을 구성하게 된다. 그 운영진을 어떻게 구성할지는 전적으로 교수와 학생의 몫이지 어떤 다른 사람이나 기구가 할 일이 아니다. 대학교의 총장과 교원을 법인 이사회가 임명하는 것을 용인하는 현행 '사립학교법'은 대학을 사적 소유물로 만들어버린 자본가들의 영향력이 반영된 결과다. 총장과 교원의 임용권을 법인이 갖는 것이 당연하다고 주장하는 사립학교의 이사장도 법률 전문가 단체인 대한변호사협회의 회장이나 이 협회의 회원 자격을 변호사가 아니라 기업인이 결정해야 한다고 생각하지는 못할 것이다.

3. 사적 소유물로서의 한국 사립대학

한국의 사립대학은 유례를 찾아보기 어려울 만큼 사적 소유물이 되어 있다(일본의 사립대학도 한국의 사립대학과 유사하기는 하다). 사립대학이 없는 독일, 프랑스, 노르웨이 등의 나라에서는 국가가 대학 운영기금을 책임지고 있기 때문에 개인이 대학을 소유하는 일은 있을 수 없다. 영국에는 법적으로는 사립대학이 많지만 이는 대학의 지배 구조에 정부가 개입하지 않는다는 뜻이지 특정 집단이나 개인이 대학을 소유한다는 뜻은 아니다. 심지어 사립대학이 지배적인 미국에서도 사립대학의 법인 이사회는 사회 각계각층을 대표하는 사람들로 구성되어 주로 재정 재원을 담당하고, 대학을 소유하거나 이용해 금전적 이득을 취하려는 목적은 없다. 반면 한국의 사립대학은 많은 경우 사유재산이 되어 있으며, 대학 운영은 그런 재산의 소유자가 자기 재산을 증식하는 수단이 되어 있다.

「2016년 교육통계연보」에 의하면, 현재 한국에는 408개의 대학이 있으며 이는 일반대학 189개, 산업대학 2개, 교육대학 10개, 전문대학 138개, 대학원대학 46개, 방송통신대학 1개, 사이버대학 19개, 기술대학 1개, 각종 학교 1개 등으로 구성된다. 일반대학의 경우 국립 34개, 공립 1개, 사립이 154개다. 이렇게 많은 대학에서 문제가 되는 대학은 사립대학이다.[4] 4년제 사립 일반대학만 하더라도 189개가 되기 때문에 이 모든 대학을 법인 이사장의 사적 소유물이라고 통칭하는 것은 무리가 있다. 그러나 일부 종단宗團대학과 같이 대학의 법인을 한 개인이 장악할 수 없는 대학이나 오랜 역사로 인해 이사진 선임이 특정 개인이나 집단의 힘에 좌우되지 않는 대학을 제외하고는 상당히 많은 대학이 실질적으로 개인 소유물이 되어 있다. 명문 사학인 한양대학교, 경희대학교 등은 한 집안이 소유하고 있고 성균관대학교나 중앙대학교 등은 특정 기업이 소유하고 있다.

물론 '사립학교법'의 원칙으로 보면 사립대학은 국가 등의 공적 재정으로 설립되지 않았더라도 개인의 자산을 공적 기구에 출연했기 때문에 개인이 소유권을 갖고 있지는 않다. 그러나 대학에 대한 출연 행위를 통해 대학 경

---

4 물론 국공립대학이 문제가 없다는 뜻은 아니다. 현재 국공립대학 역시 학생들의 등록금이 대학 재정의 상당 부분을 차지한다는 의미에서 사립대학과 별다르지 않다.

영권을 소유함으로써 실제로 사립대학은 사적 소유물이 되어 있다. 사립대
학법인의 사적 이익 추구를 금지하는 여러 규정이 있지만, 사학법인은 대학
이라는 방대한 조직을 운영할 때 사적 이익을 확보하는 여러 방법을 이미
가지고 있다. 대학 건물의 건축을 특정 건설업체(대부분 법인 이사장이 대주주
인 기업)가 전담한다든지 대학 내 상업 시설을 특정인에게 임대한다든지 대
학 운영에 필요한 물품을 특정 업체가 조달하는 방식은 위법의 여지가 있는
데도 관례화되어 있다. 대학은 이런 방식을 통해 사적 이윤을 추구하기 위
한 조직이 된다. '사립학교법', '사립학교법 시행령' 등은 대학의 공적 기능을
유지하기 위해 여러 규정을 두고 있으나 일반 형법과는 달리 처벌 조항이
명시되어 있지 않기 때문에 '사립학교법'을 위반하더라도 형사 소추되는 경
우는 거의 없다.

4. 지식과 교육의 공공성

대학을 수익 창출을 위한 기업이라고 생각하는 사람들이 지배하는 대학
에서는 대학의 연구와 교육이 현재와 미래의 수익을 창출하기 위한 수단이
라는 정서가 만연하게 된다. 대학 경영진은 교수들에게 돈이 되지 않는 학
문 또는 학문 자체를 위한 학문에 대한 관심을 접고 돈이 되는 학문, 즉 외부
연구비를 수주할 수 있는 연구나 돈벌이로 직결되는 연구를 하라고 부추긴
다. 또한 외부 연구비 수주액이나 특허 취득이 교수의 업적평가에서 중요한
비중을 차지하게 된다. 학생들은 대학 교육을 미래의 수익을 위한 투자라고
생각하게 된다. 대학 졸업 후 취업이 잘되거나 급여를 많이 받을 수 있을 것
같은 경영학이나 공학 분야의 학문 단위에 학생들이 몰리는 반면 학문이나

삶 자체로서는 중요하지만 졸업 후 취업이 어려울 것 같은 학문 단위인 순수 학문이나 예술 분야는 기피하게 된다. 교육을 투자라고 생각하면 대학의 교육비를 학생이 부담하는 것을 당연하게 생각하게 된다. 대학에 기업적 정서가 지배할 때 대학에서 전달하고 탐구하는 지식은 사고파는 상품이 되어버리고 지식 자체의 속성은 소멸된다.

지식은 원래의 속성상 상품이 될 수 없다. 지식은 배타적으로 소유할 수도 없고, 사용한다고 해도 없어지는 것이 아니기 때문이다. '1+1=2'라는 지식의 경우 내가 그 산수 지식을 알게 될 때 동시에 다른 사람이 그런 지식을 갖는 것을 방해하지 않는다. 지식을 갖는다는 것은 그 지식을 습득하기 위한 경쟁이 필요 없다는 것이다. 또한 그런 산수 지식의 경우 돈을 주고 그 지식에 대한 배타적 권리를 획득하는 것이 아니다. 내가 그 지식을 알고 있다는 이유로 다른 사람에게 그런 지식을 가지면 안 된다고 말할 수 있는 것이 아니기 때문이다. 이런 이유로 지식은 경합성과 배제성을 갖지 않으며, 경제학에서는 이런 재화를 공공재라고 한다.[5]

공공재로서의 지식의 특징은 다른 공공재, 예를 들어 치안이나 일반 도로와 비교해보아도 비경합성과 비배제성이 유독 강한 재화라는 것이다. 치안 인력은 무한하지 않기 때문에 특정 지역의 치안이 잘 유지되면 다른 지역의 치안이 허술해질 수도 있다. 일반 도로의 경우도 사람이나 자동차 통행을 원활하게 하기 위해서는 보수 관리가 필요하며 이를 위해서는 비용이 지속적으로 들어간다. 그러나 지식은 내가 사용했다고 해서 다른 사람이 쓰지

---

5 공공재로서의 지식에 대한 조금 더 자세한 논의는 이 책의 제6장 '대학의 기업화와 학문의 자유'에 있다.

못하는 경우가 없을 뿐만 아니라 나와 다른 사람이 동시에 사용하면 지식이라는 재화는 더욱더 증가하는 속성이 있다. 많은 사람이 알고 활용할수록 해당 지식은 확대된다. 지식은 특정인이나 특정 집단이 배타적으로 소유할 수 있는 것이 아니다. 지식은 모두의 것이다. 이런 이유로 지식 습득의 과정에서 개인에게 그 비용을 지불하게 해서는 안 된다. 공적 교육의 역사가 오래된 유럽에서 모든 제도 교육을 유지하는 비용이 사회 전체가 부담하는 방식으로, 즉 정부 예산으로 이루어지는 것은 지식은 공공재라는 인식이 일반적이기 때문이다.

대학을 개인이 소유하는 것이 문제가 되지 않는 사립대학제도, 그리고 지식을 습득하기 위해 개인이 그 비용을 지불하는 수업료제도는 공공재로서의 지식이 정상적으로 작동하지 못하게 한다. 공공재로서의 지식 또는 지식의 공공성을 정상화하기 위해서는 사립대학제도를 없애야 하고 대학 교육을 무상교육으로 전환해야 한다.

5. 없어져야 할 사립대학과 등록금

한국에서 사립대학제도를 없애는 것은 현실적으로 거의 불가능에 가깝다. 그러나 대학이 정상화되기 위해서는 당장은 아니더라도 궁극적으로 사립대학이 없어져야 한다. 물론 현행 '사립학교법'을 준용하더라도 대학의 공공성을 확보할 여지는 있다. '사립학교법' 제1조에는 "사립학교의 특수성에 비추어 그 자주성을 확보하고 공공성을 양양함으로써 사립학교의 건전한 발달을 도모함을 목적으로 한다"라고 그 목적이 명시되어 있다. 사립학교의 특수성에 대해서는 "사립학교 설립자의 특별한 설립 이념이나 독자적인 교육 방침을 뜻한다"고 되어 있다.[6] 설립 이념이나 교육 방침이 교육이나 연구의 일반적인 목적에 어긋나지 않는다면 사립학교의 특수성을 인정해줄 만한 여지는 있다. 그러나 여기에서 말하는 설립 이념이나 교육 방침이 교육의 공공성을 훼손하는 것이라면 그런 설립 이념이나 교육 방침은 부정되어야 한다. 사립학교의 설립 이념이 설립자의 사적 이익을 추구하는 것이거나 특정 이념 또는 지식을 주입해 교육과 지식의 보편성을 부정할 때는 교육과 연구가 이루어지는 학교 체제 자체를 부정하게 된다.

더욱 문제되는 것은 사립학교의 자주성이라는 개념이다. 사립학교의 자주성이 교육과 연구의 주체인 교원과 학생의 자주적인 운영 원리를 뜻하는 것이라면 특별히 문제될 것이 없다. 대학 구성원들이 민주적인 절차에 따라 대학 운영진을 선출하고 구성원들의 뜻이 대학 운영에 정상적으로 반영된다면 '사립학교법'에 명시된 자주성은 진작되어 마땅하다. 그러나 현실적으로 사립학교의 자주성이란 사립학교법인의 자주성을, 구체적으로는 사립학교의 소유주로 간주되는 법인 이사장의 전횡을 뜻한다. 법인 이사회의 구성원들은 교육과 연구의 주체가 아니다. 설사 법인 이사회의 이사장이 교육자로서의 경력을 가지고 있더라도 현재 교육을 담당하고 있지는 않다. 법인 이사회의 다른 구성원들도 마찬가지다. 따라서 오늘날 사립학교의 자주성이란 교육과 연구의 당사자가 아닌 사람들이 학교 운영의 권한을 배타적으로 소유하는 것을 뜻한다. 이런 면에서 사립학교의 자주성은 학교의 목적인 교육과 연구의 원리와 양립할 수 없는 말이 된다. '사립학교법'에 명시되어 있듯이 사립학교라고 하더라도 공공성은 확보되어야 한다. 하지만 사립학

---

6 헌법재판소, 2001.1.18, 99헌바63, 판례집 13-1, 60쪽.

교의 특수성이나 자주성이라는 말에 의해 공공성은 설 자리를 잃게 된다.

오늘날 사립학교가 사립학교법인에 의해 운영되는 한 사립학교의 공공성은 확보될 수 없다. 궁극적으로는 사립학교 자체가 국공립으로 전환되어야 하지만 사립학교의 최소한의 공공성을 확보하기 위해서라도 우선 사립학교법인의 구성이 재편되어야 한다. 현행 '사립학교법'에는 법인의 이사들이 상호 친족 관계에 있는 자가 이사 정수의 1/4을 초과하지 말아야 한다거나 이사 정수의 1/4을 개방 이사로 두어야 한다는 등 이사회의 구성이 설립자 또는 이사장의 전횡에 좌우되지 않도록 하는 규정이 있기는 하다. 그러나 5년 임기의 이사의 중임이 허용된다거나 이사의 선임 자체가 이사회에서 이루어지게 하는 등 학교법인 이사회의 영구 집권을 허용하고 있다. 이사장이 자신에게 우호적인 사람들로만 이사진을 구성할 수 있도록 허용하는 것이 현재의 '사립학교법'이다. 사립학교가 공공성을 확보하기 위해서는 이사진의 구성에서 공공성을 보장할 수 있어야 한다. 예를 들어 대학법인의 경우 교육과 연구의 주체인 교수 대표 3인 이상, 학생 대표 3인 이상, 직원 대표 2인 이상, 동문 대표 2인 이상, 정부 대표 2인 이상과 같은 방식으로 구성하되 교수와 학생 대표가 과반수를 차지할 수 있도록 구성해야 한다. 대학의 주체인 교수와 학생이 사실상의 전권을 가지고 법인을 운영하되 이를 견제하거나 감시하는 기능을 동문 대표나 정부 대표가 맡아야 한다는 것이다.

대학의 자산 구성에 기여한 자나 설립자는 법인 구성에서 배제되어야 한다. 이들은 자산 출연을 통해 대학에 기여하지만 출연 행위 자체가 사적 자산을 공적 자산으로 변환하는 행위이기 때문에 자신의 출연 행위를 근거로 대학 운영에 일정한 정도 권한을 갖게 되면 출연 행위 자체가 무화될 수 있기 때문이다. 자산 출연자의 명예를 존중할 필요가 있다면 그 행위를 대학의 역사에 기록하는 것으로 그쳐야 한다. 근본적으로는 법인 이사회가 대학 운영에 개입할 수 없어야 한다. 대학의 운영은 대학 구성원에 의해 선출된 총장과 그 총장이 위촉하는 대학 운영진에 의해 이루어져야 하며, 법인 이사회는 대학 운영의 감시와 견제 기능 기구로 자리매김되어야 한다.

대학의 공공성을 확보하기 위한 가장 확실한 방법은 지식의 매매 관행을 근절하는 것이다. 앞서 말했다시피 지식은 공공재다. 공공재는 매매의 대상이 되지 않는다. 국방이나 치안을 개인이 사고팔면 안 되는 것은 이것이 공공재이기 때문이다. 공공재를 유지하기 위한 비용은 공적 재원, 즉 정부의 예산으로 마련되어야 한다. 스웨덴이나 노르웨이 같은 북구 유럽 국가에서 대학생들이 수업료를 지불하지 않을 뿐만 아니라 정부로부터 일정 생활비를 받는 것은 지식 또는 교육이 공공재이기 때문이다. 네덜란드도 마찬가지다. 독일 대학 역시 교육이 무상일 뿐만 아니라 학생들에게 생활비를 지급하는 관행도 있었다. 프랑스 대학에는 수업료라는 이름은 있지만 너무도 소액이고 납부한 액수를 훨씬 넘는 재정적 지원을 받기 때문에 수업료가 없는 것과 마찬가지다. 유럽의 여러 국가에서 대학 교육을 무상으로 시행하는 것은 이들 국가가 부자이기 때문이 아니다. 이런 맥락에서 아프리카 대부분의 나라에서 수업료를 받지 않는 것은 교육의 공공성을 유지하려는 노력이 있기 때문이다.

대학의 재정을 거의 전적으로 학생들의 수업료로 충당하는 한국의 대학에서는 대학의 공공성을 기대할 수 없다. 대학의 공공성을 확보하기 위해서는 대학 무상교육이 시행되어야 한다. 흔히 한국 대학의 수업료가 전 세계에서 미국 다음으로 비싸다고 말해진다. 하지만 국민소득이나 장학금제도 등을 고려해보면 한국 대학의 수업료는 세계에서 가장 비싸다. 비싼 수업료는 대학생들이 정상적인 학업을 수행할 수 없게 하는 중요 요인이다. 집안 형편이 어려운 학생은 말할 것도 없고 현재 한국 대학생 대부분은 학비를 벌기 위해 또는 생활비를 충당하기 위해 비정규직 노동자가 되어 있다. 학생들이 본업인 학업에 정진하지 못하고 비정규직 노동자가 되어 있다는 것은 대학이 정상적인 교육 기능을 수행하지 못하고 있음을 말해준다.

6. 대 학 무 상 교 육 과 대 학 공 공 성 투 쟁

2011년에 일어났던 '반값 등록금 운동'은 대학의 정상화를 위한 사회운동이었다. '한국대학생연합회', '참여연대'가 주도적인 역할을 했으며 '참교육을 위한 전국 학부모회' 등이 참여했고 '반값 등록금 학부모 모임' 같은 새로운 조직이 생겨나기도 했다. 반값 등록금 운동은 단지 비싼 등록금을 인하하라는 요구만은 아니었다. 희망 없는 미래 세대에게 희망을 주기 위한 운동이기도 했고 무엇보다 대학의 공공성을 요구하는 운동이었다. 결국 정부가 굴복해 대규모의 국가장학금제도를 시행하게 되었으며, 이로써 일정 정도 운동의 성과를 확인할 수 있었다. 그러나 현행 국가장학금제도는 정부가 직접 대학운영비를 책임지는 방식이 아니라 개인에게 학비를 지원하는 방식을 취한다. 즉, 정부가 대학의 공공성을 확보하는 방식으로 진행되지는 않았다. 정부는 대학의 재원을 간접적으로 지원했고, 이로써 대학의 공공성을 직접 확보하려는 노력을 포기해버렸다.

현행 국가장학금제도로는 대학의 정상화를 기대할 수 없다. 최고 연 520만원(2017년 기준)의 장학금을 지급받을 수 있는 소득 1분위의 기준은 2인 가구당 소득 월 100만 원 정도다. 월 100만 원 정도의 소득이 있는 가구에 속한 대학생이라면 아마도 부모에게서 학업에 필요한 비용(책값, 용돈 등)을 받지 못할 것이다. 이는 학업에 필요한 비용을 스스로 벌어야 하며, 결과적으로 공부에 전념하는 대학생이 되지 못함을 의미한다. 또한 연간 520만 원의 장학금은 연간 수업료의 대략 절반에 불과하기 때문에 나머지는 결국 학생 스스로 충당해야 한다. 더구나 국가장학금을 받기 위해서는 일정 정도학업성취도를 입증해야 하는데, 자신의 생활비와 모자라는 수업료를 벌어야 하는 학생에게는 그런 정도의 학업성취도를 유지하는 것 역시 쉬운 일이아니다.

2018년 현재 반값 등록금 운동은 확대되지 못하고 있다. 대학의 공공성을 확보하기 위해서는 이제 반값 등록금 운동이 아니라 대학 무상교육 운동으로 확대되어야 한다. 반값 등록금 운동이 벌어지던 2011년 당시 강원도지사였던 최문순은 강원도 도립대학의 경우 무상 등록금을 추진하겠다고선언했지만 대학등록금을 내는 관행이 너무나 막강한 영향력을 발휘해서인지 지속적으로 추진되지 못했다. 2016년 당시 박원순 서울시장 역시 서울시가 설립한 서울시립대학에서 무상교육을 추진하겠다고 발표했지만 학생들이 적극적으로 수용하지 않아 정책으로 진행되지는 않았다. 대학의 수업료를 받는 관행이 일반적이고 정당하다는 믿음이 너무나 강한 한국 사회에서대학 교육을 무상교육으로 전환해야 한다는 주장은 현재로서는 대중적 지지를 받기 어려워 보인다. 그러나 교육은 무상이어야 한다는 원칙은 역사적으로도, 경제학의 관점으로도, 교육을 통한 사회 정의 실현이라는 측면으로보아도 양보할 수 없는 원칙이다. 이 원칙이 사회에서 한층 적극적으로 수용될 때 무상교육을 통한 대학 공공성의 초석이 마련될 수 있을 것이다.

대학 교육이 무상교육이 되어야 한다는 원칙에도 불구하고 이를 유상으로 전환하려는 시도는 세계 곳곳에서 나타나고 있으며 성공하고 있기도 하다. 영국 대학은 1980년대 이전까지만 해도 무상이었지만 신자유주의를 정부 정책으로 채택한 마거릿 대처Margaret Thatcher 정부에 의해 유상으로 전환되었다. 영국에서 대학 유상교육 정책을 도입한 1980년대에는 대학수업료 제도가 거의 명목으로만 존재했고 수업료 대부분은 정부의 예산으로 집행되었다. 그러나 현재 영국 대학의 수업료는 세계에서 가장 비싼 축에 속한다. 독일의 대학은 2005년에 일부 대학에 수업료제도를 도입했지만 학생들의 투쟁과 그 투쟁을 지지하는 사회적 정서로 인해 2014년에 모든 대학에서 수업료제도가 폐기되었다. 프랑스의 대학생들은 현재 연간 25만 원 정도의 수업료를 내기는 한다. 하지만 대중교통, 식당, 집세 등에서 학생 할인 혜택을 받기 때문에 사실상 대학수업료는 없는 것과 마찬가지다.

대학 유상교육에 대한 저항운동의 대표적인 성공 사례로는 칠레가 있다. 1970년대까지 칠레를 비롯한 라틴아메리카 대부분 국가에서 기본적으로 사립대학은 존재하지 않았다. 모든 대학은 국립이었고 국립대학의 재정은 전적으로 정부가 책임졌다. 이런 라틴아메리카의 대학제도에서 가장 나쁜 사례가 칠레였다. 1973년 쿠데타로 권력을 장악한 아우구스토 피노체트 우가르테Augusto Pinochet Ugarte는 국립대학에 대한 정부의 지원을 줄이면서 대학 재정의 일부를 학생들의 수업료로 충당하도록 했고 이를 위해 사립대학제도를 도입했다. 칠레의 사립대학은 법률로는 비영리 기관이지만 실질적으로는 대학 설립자들의 영리 활동을 허용하고 있었다. 이 점은 한국의 사립대학과 비슷하기도 하다. 2011년 대학 무상교육 투쟁이 일어나던 당시 칠레 대학에서 수업료가 차지하는 비중은 국민총생산의 2%였으며, 이 수치는 한국을 제외하면 세계에서 가장 높았다.[7]

7 Alex Usher, "Free Tuition in Chile," *Inside Higher Ed*(October 22, 2014). https://www. insidehighered.com/blogs/world-view/free-tuition-chile-0

2011년 4월, 약 8천 명의 대학생들이 칠레 곳곳의 도시에서 대학의 공공성과 대학 무상교육을 요구하는 시위를 벌이기 시작했다. 한 달 뒤에는 시위 참가 인원이 두 배로 늘어났고 이후 칠레 학생 연맹The Chilean Student Confederation이 이 운동을 주도하면서 시위는 36주 동안 지속되었다. 시위는 대학 본부를 점령하고 학생 의회를 개최하는 식으로 진행되었다. 중·고등학생들도 참여했으며 일반 국민도 이 운동을 적극적으로 지지했다. 정부는 처음에는 무상교육 요구를 일축하면서 빈곤 가정 출신의 대학생을 대상으로는 장학금 재원을 확보하겠다는 식으로 학생들의 요구에 대응했으나 2013년 선거에서 대통령으로 당선된 미첼 바첼레트Michelle Bachelet는 대학의 완전 무상교육을 약속했다. 2017년 기준으로 칠레 대학에서 완전 무상교육은 이루어지고 있지 않다. 저소득 가정 출신 대학생들의 50% 정도는 무상교육을 받고 있으나 정부 예산이 확보되지 않는 상황에 더해 사립대학 운영자들이 헌법의 원리를 내세우면서 반발하는 상황이 지속되고 있기 때문이다. 그러나 궁극적으로 칠레에서 대학 무상교육은 성취될 것이라고 예상된다.

칠레 대학생의 무상교육 운동은 단지 비싼 수업료제도를 개선해야 한다는 요구에 머무르지 않는다. 칠레의 학생운동은 미국의 지원으로 권력을 잡고 유지하던 피노체트 정권이 도입한 신자유주의 정책에 대한 거부 운동이기도 하다. 대학생들은 대학을 기업으로 변질시킨 신자유주의에 대항해 교육제도에 공적 책임이 있는 정부가 적극적으로 개입해 이윤 추구를 목적으로 하는 대학 체제를 통제하고 규제할 것을 요구했다. 즉, 대학의 공공성을 회복하려는 운동이었다. 대학생들이 주도한 대학 공공성 운동은 정부와 의회를 압박하는 결과를 가져왔고, 그 결과 정부와 의회에서 교육정책에 대한 논의가 활발히 진행되고 있다.[8]

한국에서 대학 무상교육을 실현하기는 쉽지 않아 보인다. 당연히 수업료를 지불해야 대학에 다닐 수 있다는 정서가 만연해 있기 때문이다. 그러나 대학의 역사가 시작되었던, 그리고 지금도 전 세계적으로 대학의 모델이 되고 있는 유럽 대학에서 학생들이 수업료를 내기는커녕 정부로부터 생활비를 받으면서 대학을 다니고 있다는 사실을 상기해보면 한국의 대학수업료 제도가 무척이나 예외적이며 폐기되어야 할 제도임을 알 수 있다. 물론 정부 정책을 입안하고 추진하는 정치인이나 관료들이 대학의 공공성 확보가 대학 무상교육에서 시작된다는 것을 깨달아서 대학 무상교육을 추진할 리는 만무하다. 따라서 필요한 일은 당사자인 학생들이 조직적·지속적으로 대학 무상교육을 요구하는 것이다. 반값 등록금 운동이 그나마 일정한 성과가 있었던 것은 대학생 연대 조직인 '21세기 한국대학생연합회(한대련)'가 경우에 따라서는 촛불집회로, 때로는 삭발 투쟁으로, 때로는 폭력 투쟁으로 감당하기 어려운 등록금 문제를 사회에서 환기할 수 있었기 때문이다.

학생들의 권리가 보장되고 그들의 요구가 관철되기 위해서는 전국 단위로 대학들의 조직적인 연대 투쟁이 있어야 한다. 현재로서는 한대련 같은 전국 단위의 대학생 조직의 연대 투쟁은 일반 대학생들 사이에 만연해 있는 운동권에 대한 거부 정서 때문에, 그리고 신자유주의의 원리인 각자도생各自圖生의 삶의 지침 때문에 가능성이 많아 보이지는 않는다. 그러나 삶이 피폐화될 때 그 피폐함을 극복하려는 노력이 인간의 길임을 생각해보면 언젠가는 대학 무상교육을 통한 대학의 공공성 확보가 실현될 것이라고 믿는다.

8 Cristian Bellei and Cristian Cabain, "Chillean Student Movements: Sustained Struggle to Transform a Market-Oriented Education System," *Current Issues in Comparative Education* 15.2(2013), p. 115.

제2장

대학의 역사: 근대 대학의 형성을 중심으로

이 글을 읽는 독자는 십중팔구 대학교수(전임교수이든 비전임교수이든)이거나 학생으로서 대학 구성원일 것이다. 이 글을 쓰는 필자 역시 대학 구성원이다. 우리가 속한다고 믿는 대학은 어떤 의미에서 대학일까? 구조조정 대상이 되지 않기 위해 취업률을 조작하는 대학, 기업 실무에 맞춘 인재를 양성하는 대학, 대학 구성원들의 총장선출권이 없어진 대학, 학문의 근본인 인문학이 위협받는 대학 등등. 이런 대학을 과연 대학이라고 할 수 있을까? 이 장은 몰락해가는 현재의 대학을 점검하기 위한 장이다. 그러나 이 장에서 필자는 현재의 대학을 직접 다루지는 않는다. 이 장은 대학이 무엇인지를 확인하기 위해 초창기 대학의 형성을 우선 다룬다. 그다음 근현대 대학의 규범이었던 베를린대학교의 설립을 가능하게 했던 칸트와 훔볼트의 대학에 대한 논의를 다룬다. 칸트와 훔볼트의 이상이 구현된 베를린대학교는 현대 대학 대부분의 모델이기 때문이다. 결론 부분에서는 현대의 대학이 어떤 몰락의 과정을 겪고 있는지를 다룬다.

이 장은 대학의 역사를 다루고 있지만 단지 간략히 줄인 대학의 역사는 아니다. 여기에서는 대학이 어떻게 외부 권력의 보호를 받으면서도 외부 권력으로부터 자율적 학문공동체의 위상을 지켜왔는지를 다룬다. 결론에서 논의하는 대학의 몰락은 이런 자율적 학문공동체가 붕괴되고 있음을 말한다. 이 책의 앞부분에 대학의 역사를 다루는 이 장을 배치하는 이유는 근대 대학이 추구해왔던 지식을 통한 바람직한 인간과 인간공동체 함양이라는 이상이 오늘날 대학에서 망각되고 있는 실상이 잘 드러날 것이라고 생각하기 때문이다.

1. 자율적 학문공동체로서의 중세 대학

대학이 단지 학문을 추구하는 고등교육기관이라면 대학의 기원은 플라톤의 아카데미까지 거슬러 올라갈 수 있다. 기원전 380년경 그리스 아테네에 있었던 플라톤의 아카데미는 현대의 대학처럼 진리를 추구하고 논의하는 기관이었다. 이보다 훨씬 이전인 기원전 2000년경 중국에는 상상上庠이라는 고등교육기관이 있었다. 9세기경에 이슬람권의 모로코에 세워진 알-카라윈 학교Al-Karaouine Madrasa는 중세 유럽의 대학보다 먼저 수사학, 논리학, 수학, 천문학 등을 가르쳤다. 한국에서도 이미 고려 시대에 국자감과 성균관이라는 고등교육기관이 있었다. 그러나 이들 고등교육기관을 대학university이라고 하지는 않는다. 자율적 학문공동체가 아니었기 때문이다.

'대학'을 뜻하는 영어 'university'는 전체, 집합체를 뜻하는 라틴어 'universitas'에서 유래한 말이며 중세 시대에는 동종업자들의 조합, 길드, 즉 공동체를 뜻했다.[1] 'universitas'는 그 조합을 이루는 집단이 특정되어야 의미 있는 말이 되며 대학을 뜻할 때의 'universitas'는 'universitas magistrorum et scholarium(선생과 학생의 조합)'의 줄임말이다. 따라서 선생과 학생의 조합으로서의 대학은 특정 위치에 있는 외형적 건물과도 직접적으로는 관계가 없으며 그 대학을 지원하거나 간섭하려는 외부 권력과도 관계가 없다. 가르치고 배우는 사람들의 조합으로서 대학은 외부적으로는 다른 집단이나 권력으로부터 독립된 존재로서의 의의를 가지려 하며 내부적으로는 연대감을 형성하려고 한다. 따라서 대학은 조합체로서 존재하기 전에는 학생과 교수가 있다고 해도 대학의 위상을 갖지 못하며, 외부의 간섭에 의해 그 조합이 자율성을 상실할 때도 존재 의의를 잃게 된다.

세계 최초의 대학이라고 불리는 볼로냐대학교University of Bologna가 생기기 전에 이탈리아 볼로냐에는 법률을 가르치는 사설 학원들이 있었다. 로마법

1 물론 한국어의 '대학(大學)'이라는 단어 자체에는 '공동체'라는 뜻은 없다. 한자문화권에서는 서양의 'university(universitas, Universität, universitë 등)'에 해당하는 교육기관을 일컫는 이름으로 '대학'이라는 말을 일본에서 먼저 썼다. 일본에서 대학이라는 말이 정착되기 전에는 '조소(調所)', '의숙(義塾)'이 대학에 해당하는 말이었다. '조소'가 '공부하는 곳'이라는 정도의 의미로서 'university'나 'college(이 단어는 '함께'라는 뜻인 'con'과 규칙이라는 뜻의 'leg'가 합쳐진 말로 규칙을 지키며 함께 지내는 사람들이라는 뜻으로 'university'의 뜻과 유사하다. 'college'라는 말을 많이 쓰는 영국에서는 일반적으로 기숙사 생활을 하는 대학을 말한다)'의 뜻이 들어 있지 않다면, '의숙'은 '의로운 뜻을 공부하는 집'이라는 기숙학교를 뜻하며 영어의 'college'를 번역한 말이다. 양서조소(洋書調所)라는 명칭을 쓰던 도쿄대학교의 전신이 1886년 제국대학으로 개칭하면서 대학이라는 말이 쓰이기 시작했다. 유교에서 '대학'은 예의범절 같은 일상생활 교육인 '소학(小學)'과 대비되는 학문으로, 사물의 근본원리를 깨우치는 공부, 즉 격물치지(格物致知)에서 출발해 세상을 다스리기, 즉 평천하(平天下)까지 포함한다. 따라서 서양의 'university'가 근본 학문을 공부하는 집단이라는 점에서 (특히 일본 근대화 교육의 모델이 된 19세기 서구 유럽의 대학의 경우) 'university'를 '대학'으로 번역한 것은 타당하다.

과 교회법을 배우기 위해 유럽 각지에서 볼로냐로 학생들이 몰려들었다. 이들 학생은 볼로냐 시민이 아니었기 때문에 볼로냐시 당국의 보호를 받을 수 없었고, 따라서 볼로냐 시민들이 이들에게 방값, 생필품값, 책값 등을 올려받을 때 속수무책이었다. 학생들은 이런 문제에 대처하고 또한 자신들이 어려움에 처했을 때 서로 돕기 위해 조합을 결성했는데, 바로 이것이 최초의 대학이다.

이 학생조합은 대표와 집행부를 선출해 학생들의 경제적·사법적 권익을 보호하게 했다. 이들은 대학 주변의 물가를 통제했고, 학생과 볼로냐 시민 사이에 법적 분쟁이 생겼을 때는 재판권도 행사했으며, 자신들의 결집된 힘으로 교수들도 통제했다. 학생들은 수강료를 학생조합에 냈고 학생조합이 교수의 급료를 지불했다. 따라서 학생조합은 교수들에 대해 고용자의 위상을 갖고 있었다. 학생조합은 교수를 선별해 채용했고 강의 조건을 상세하게 규정했다. 학생조합이 규정한 강의 조건에 따르면, 교수들은 미리 허락을 받지 않으면 휴강할 수 없고 강의에 5명 이상의 학생을 확보하지 못하면 벌금을 물었다.[2] 당시 대학은 학생들의 공동체로서 대학 전반에 대한 자율적 통제권을 갖고 있었다.

학생 중심 대학이라고 불리는 볼로냐대학교 학생들이 이렇게 볼로냐시와 교수들에 대해서 권한을 행사할 수 있었던 것은 한편으로는 교회나 국가의 보호를 받을 수 있었기 때문이고 다른 한편으로는 그들이 조합으로서 결집된 힘을 가지고 있었기 때문이다. 대학에 대한 교회나 국가의 보호정책으로

---

2   Charles Homer Haskins, *The Rise of Universities*(New Brunswick: Transactions, 2007), pp. 3~16.

특히 주목할 만한 사례는 학문의 가치를 존중한 신성로마제국의 황제 프리드리히 1세Friedrich I, 1122~1190의 정책이다. 당시 그는 볼로냐시의 법학 선생들과 학생들의 청원을 받아들여 1158년에 「학자의 특권Habita」을 선포한다. 이 특권은 학생과 교수의 여행의 자유, 거주 이전의 자유, 대학의 재판권을 보장했다.[3] 대학의 자율적 재판권은 대학이 속한 지역의 당국과 주민으로부터 대학을 보호하는 데 중요한 기여를 했다. 대학 안에서 생기는 법적 문제뿐만 아니라 대학 구성원이 외부인이나 당국과 충돌할 때 대학은 자신들의 재판권을 행사함으로써 외부의 간섭을 배제할 수 있었기 때문이다.

여행의 자유와 거주 이전의 자유 역시 대학의 중요한 무기가 되었다. 여행의 자유는 여행하는 학생과 교수에게 통행세 면제와 해당 지역 당국의 보호 조치를 가능하게 했다. 거주 이전의 자유가 보장되었을 때 학생과 교수들은 원한다면 다른 지역으로 옮겨 가서 대학을 조직할 수 있게 되었다. 초기의 대학에는 대학에 속한 건물이 있었던 것도 아니고 대학 조직의 규모역시 작았기 때문이다. 거주 이전의 자유를 보장받았을 때 대학은 대학이 있는 도시와 충돌이 생기면 다른 도시로 옮기겠다고 그 도시를 위협할 수 있었고 실제로 이주하기도 했다. 1222년에 설립된 파도바대학교University of Padua는 볼로냐대학교의 일부가 이주해 생긴 것이고, 1209년에 생긴 케임브리지대학교University of Cambridge는 옥스퍼드대학교University of Oxford의 일부가 이주해 생긴 것이다.

도시로서는 대학의 존재가 도시의 위상과 관련되기도 하고 또 학생들의

---

3   Olaf Pedersen, *The First Universities: Studium Generale and the Origins of University Education in Europe*, translated by Richard North(Cambridge: Cambridge University Press, 1997), pp. 139~140.

거주가 도시 경제에 이바지하기 때문에 대학을 도시 안에 두려고 했다. 또한 학생과 교수로 하여금 그 도시에 있는 대학의 학생이나 교수가 될 때 도시를 떠나지 않겠다는 서약을 하게 했으며, 여러 방식으로 대학을 지원하기도 했다. 초기 대학은 대학을 지키기 위해 외부 절대 권력에게는 보호와 지원을 요청하는 방식으로 자치권을 확보하면서 도시에 대해서는 대학의 이주 가능성을 발판으로 삼아 대학의 이익을 확보하는 방식으로 운영했다.

볼로냐대학교 같은 학생 중심 대학에서 내부의 중요 갈등은 교수와 학생의 갈등이었다. 초기 학생 중심 대학에서 교수들은 학생조합에 예속되어 있었다. 학생조합이 제시하는 고용조건에 따라야만 급료를 지급받을 수 있었기 때문이다. 학생이 우위적 지배권을 행사하고 교수는 학생조합에 예속된 체제로서의 초기 대학의 모습은 교수들로서는 수용하기 어려운 구조였다. 장인이 우위에 있고 그 장인 아래에서 수련 과정을 밟고 있는 도제로 구성된 중세의 일반적인 조합 형태와는 달리 도제에 해당하는 학생이 장인에 해당하는 교수보다 우위에 있는 형태가 당시 대학조합의 형태였기 때문이다.

학문에 대해 전문 지식을 더 많이 갖춘 교수가 교수의 뜻에 의해서 교과과정을 운영하지 않고 수련 과정에 있는 학생들이 교과과정을 구성하고 시험을 관장하는 방식 역시 학문 전수라는 대학의 목적에 부합하는 것이 아니었다. 이런 문제에 대처하기 위해 교수들 역시 교수들의 조합을 결성했다. 그러나 교수의 임금을 지급하는 주체는 학생조합이었기에 교수조합은 학생조합의 힘을 당해낼 수 없었다. 이에 교수조합은 도시 당국과 결탁하게 된다. 교수들은 도시 당국에 그 도시를 떠나지 않겠다고 서약하고, 도시 당국은 그에 대한 보상으로 교수들의 급료를 지급하게 된다. 12세기 중엽에 형성되기 시작한 학생 중심 대학은 14세기 중반 도시가 교수들의 급료를 책임지기 시작하면서 급격하게 교수 중심 대학으로 변한다. 도시는 대학의 재정을 책임지면서 교수들에 대한 영향력을 확대하기 시작했고 대학에 대한 교수 임명권 역시 학생조합이 아니라 도시가 행사하는 방식으로 변했다.

학생조합으로 출발한 초기의 대학은 교황에 의해 거주 이전의 자유와 재판권을 보장받으면서 대학의 자율성을 확보했지만, 이를 학문의 자유를 주장하기 위한 대학의 자율과 관련해서 말하는 것은 문제가 있다. 교수의 학문 교수권이 학생조합에 의해 제한받았을 뿐 아니라 학문 자체를 발전시킨다거나 제한하는 문제가 큰 문제로 부각된 것은 아니었기 때문이다. 학문 전수와 연구 조직으로서의 대학이 외부 권력과의 관계에서 갈등을 빚기 시작한 것은 대학이 외부로부터 본격적인 보호와 지원을 받기 시작하면서부터다.

대학에 대한 보호와 지원은 대학이 위치한 도시, 그리고 교회와 국가에 의해 이루어졌다. 대학이 수업료나 학위증 발급 시 수수료를 받는 관행에 대해 교황 알렉산더 3세는 지식이 매매의 대상이 될 수 없다고 천명함으로써 교회가 대학을 재정적으로 지원하는 것을 일반화하기 시작했다. 교회는 교수와 학생에게 성직자 자격을 부여해 실제로는 성직을 담당하지 않더라도 성직록聖職綠(성직자 수당)을 받게 함으로써 교수와 학생의 학업을 지원했다.[4] 볼로냐에서와는 달리 교회 학교와 수도원 학교 전통이 지배적이었던

---

4 중세 시대에 교회나 국가가 대학을 재정적으로 지원했다는 말이 대학생이 경제적 부담이 없었다는 뜻은 아니다. 유럽의 여러 지역에 있는 대학들은 하나의 관리 체계 아래에 있지도 않았고, 대학을 후원해야 한다는 교황의 뜻이 대학에서 반드시 실현되는 것도 아니었다. 또 모든 학생이 성직록을 받은 것도 아니었다. 공식적으로 수업료를 받지 않을 때도 개별 교수들은 강의료를 징수하기도 했다. 학생들은 학위를 받기 위해서는 공식적으로 학위비를 내야 했다. 이 밖에도 집세, 책값 등의 부담도 있었다.

파리에서는 교회의 보호와 지원으로 파리대학교Université de Paris가 설립되었다. 파리대학교에서는 학문 전수자인 교수들이 권한을 가질 수 있었기 때문에 교수들의 대학이 될 수 있었다. 대학 형성 초기에는 학생 중심 대학과 교수 중심 대학이 양립했지만 처음에는 교회가, 나중에는 국가의 군주가 대학을 본격적으로 지원하면서 대학은 교수들의 대학으로 정착하기 시작했다.

교회나 국가가 대학을 보호하고 지원한다는 것은 곧 대학에 대해 교황이나 황제 또는 군주가 영향력을 행사한다는 뜻도 된다. 교회는 대학을 성직자 양성을 위해, 왕권은 관리 양성을 위해 대학을 지원했기 때문에 교수의 임명이나 학문의 내용에 간섭하려고 했다. 이에 대해 대학은 때로는 간섭을 인정하기도 하고 때로는 교수들의 집단적 행동으로 저항하기도 했다. 대학 외부 권력의 학문적 간섭에 대한 교수들의 저항은 중세 대학에서 아리스토텔레스의 수용을 통해 확인할 수 있다.

12세기경부터 본격적으로 서구에 알려지기 시작한 아리스토텔레스의 자연철학이나 형이상학은 전통적인 기독교의 교리와 상충되었다. 따라서 1231년에 교회는 아리스토텔레스의 자연철학과 형이상학 강의를 금지한다. 그러나 대학교수들이 이 금지령을 제대로 지키지 않았다는 것은 이런 금지령이 되풀이되었다는 사실에서 역설적으로 확인된다. 교회가 이교도 학문에 대해 취한 가장 체계적인 조치로는 1277년에 이루어진, 아리스토텔레스 명제 219개에 대한 단죄를 들 수 있다. 이 단죄는 중세 대학에 상당한 영향력을 미쳤지만 철학 교수들이 이 단죄를 그대로 수용한 것은 아니었다. 이 단죄를 수용한 신학부 교수들과는 달리 문리학부[5]의 철학 교수들은 이 단죄

---

5 중세의 대학은 기본 7과목[3학 또는 3과(trivium)의 문법, 수사학, 논리학과 4과(quad-

를 지속적으로 거스르면서 아리스토텔레스의 철학을 강의했다.[6] 결국 1366년에 교황 우르바노 5세가 철학 교수의 자격으로 아리스토텔레스에 관한 모든 지식을 갖춰야 한다고 요구했다는 사실은[7] 교회 역시 대학의 학문이 외부 요인에 의해 제한될 수 없다는 것을 인정한 사건이라고 볼 수 있다. 즉, 중세의 문리학부 교수들이 학문의 자유와 대학의 자율성을 지켜내려는 노력이 결실을 맺었다고 볼 수 있다. 중세의 문리학부 교수들의 이런 노력은 이 글의 중심 논의 대상인 칸트에게서 다른 방식으로 되풀이된다.

중세, 전근대, 근대, 현대로 크게 구분되는 대학의 역사에서[8] 중세의 대학

---

rivium)의 대수학, 기하학, 음악, 천문학)을 가르치는 학부과정과 신학, 법학, 의학을 가르치는 대학원 과정으로 이루어졌다. 학부과정의 7과목을 통틀어 'artes liberales(영어의 liberal arts)'라고 불렀다. 'artes liberales'는 원뜻 그대로 전달하기는 어렵지만 '자유인 문학' 정도로 옮길 수 있을 것이다. 그러나 3과의 과목이 글과 말을 공부하는 것이고 4과의 과목이 세상 조화의 이치를 공부하는 것임을 생각하면 이 7과목은 근래까지 대학에서 쓰이던 말인 '문리(文理)'에 해당한다(오늘날 많은 대학에 있는 문과대학과 이과대학은 문리대학이 분화된 결과다). 필자는 중세대학의 학부과정을 말할 때 일반적으로 통용되는 '교양학부'라는 말 대신 '문리학부'라는 말을 쓰고 싶다. 중세 대학의 'artes liberales'를 '문리'라고 옮기는 것은 기존의 '문리대학'이라는 명칭에서 알 수 있듯이 과거에는 일반적이었다고 짐작된다. 교양학부라는 말을 피하는 이유는 학부과정에 해당하는 이 말이 대학원에 진학하기 위한 준비 과정처럼 들리기 때문이다. 중세의 대학에서 학생들 대부분은 학부과정 학생이었고 대학원 과정으로 가는 학생은 소수였다. 심지어 학부과정을 온전히 마쳐 학사학위를 갖게 되는 학생도 많지 않았다. 중세의 대학에서는 문리학을 공부하는 것 자체가 대학 공부의 주된 목적이었다.

6 박승찬, 「아리스토텔레스 철학의 수용과 스콜라 철학의 발전: 13세기 중세대학 설립기를 중심으로」, ≪가톨릭철학≫, 3권, 3호(2001), 132쪽.

7 같은 글, 154쪽.

8 대학은 시기별로 중세 대학(medieval university, 1150~1500), 전근대 대학(pre-modern university, 1500~1800), 근대 대학(modern university, 1800~1945), 탈근대 대학(post-

에서 있었던 외부 권력의 지원과 간섭, 그리고 이에 대한 대학의 저항만을 간략하게 살핌으로써 바로 근대 대학의 초석이 된 칸트의 『학부 간의 논쟁 Der Streit der Fakultäten』[9]으로 논의를 옮겨가는 것은 성급한 면이 있다. 그러나 대학이 외부의 지원과 간섭을 어떻게 받고 어떻게 대응했는지를 논의하는

modern university, 1945년 이후)으로 나눌 수 있다(John C. Scott, "The Mission of the University: Medieval to Postmodern Transformations," *The Journal of Higher Education* 77.1(2006) 참조]. 이 구분으로 보면 현대의 대학은 탈근대 대학이겠지만 스스로 탈근대 대학임을 표방하는 대학은 없다. 그들은 여전히 근대 대학을 표방한다. 한편, 발터 뤼크(Walter Rüegg)가 책임 편집한 총 2500쪽이 넘는 『유럽대학사(A History of the University in Europe)』는 전체 4권으로 되어 있으며, 각 권의 부제는 1. '중세의 대학', 2. '전근대 유럽의 대학', 3. '19세기와 20세기 초의 대학', 4. '1945년 이후의 대학'이다. 이렇게 구분되는 대학의 역사는 각각 중세 대학, 전근대 대학, 근대 대학, 탈근대(또는 현대) 대학에 해당한다. 『유럽대학사』 각 권의 서지 사항은 다음과 같다. (중세)Hilde de Ridder-Seymoens(ed.), *A History of the University in Europe vol. 1: Universities in the Middle Ages*(Cambridge: Cambridge University Press, 1992). (전근대)Hilde de Ridder-Seymoens(ed.), *A History of the University in Europe vol.2: Universities in Early Modern Europe(1500-1800)*(Cambridge: Cambridge University Press, 1996). (근대) Walter Rüegg(ed.), *A History of the University in Europe vol.3: Universities in the Nineteenth and Early Twentieth Centuries(1800-1945)*(Cambridge: Cambridge University Press, 2004). (현대)Walter Rüegg(ed.), *A History of the University in Europe vol. 4: Universities since 1945*(Cambridge: Cambridge University Press, 2011).

9 이 저서는 『학부 간의 갈등』 또는 『학부 간의 싸움』이라는 제목으로 번역되고 있기도 하다. 그러나 독일어 'Streit'가 주로 말싸움을 뜻하기에 필자는 '논쟁'이라고 옮긴다. 사실 이 저서에 철학부 교수들과 상위 학부 교수들 사이에서 벌어지는 논쟁이 직접 나와 있지는 않다. 이 저서의 내용이 '논쟁'이라면 철학부 교수인 칸트가 상위 학부 교수들과의 논쟁을 일방적으로 유발한다는 의미에서의 논쟁이다. 필자는 이 글을 쓰면서 영역본[Immanuel Kant, *The Conflict of the Faculties*, translated by Mary J. Gregor(Lincoln: University of Nebraska Press, 1992)]을 참고했다. 이 영역본에는 독일어 원문이 같이 실려 있다.

기본 축은 이로써 마련된다고 생각한다. 전근대 대학이 중세 대학과 크게 구별되는 점은 대학에 대한 보호와 지원 또는 간섭의 주체가 교회에서 왕권 국가로 옮겨갔다는 사실이다. 또한 중세의 대학과는 달리 전근대 대학은 지식의 전수를 넘어 새로운 지식의 발견을 주도했고, 이런 사실은 근대 대학이 연구 중심 대학으로 전환되는 바탕이 되기도 했다.

2. 칸트의 이성의 대학: 근대 대학의 초석

칸트가 재직하던 쾨니히스베르크대학교Universität Köenigsberg는 16세기 중반에 설립되었으며 그가 『학부 간의 논쟁』을 쓸 당시인 18세기에는 프로이센(현재의 독일)의 다른 대학과 마찬가지로 국가의 지원과 보호를 받으면서도 상당한 정도 자율적으로 운영되고 있었다. 교수와 학생들은 납세나 병역의 의무가 없었으며 대학 자체의 재판권도 갖고 있었다. 쾨니히스베르크대학교는 쾨니히스베르크 시민이 상속인 없이 사망했을 때 상속권 역시 갖고 있어서 풍부한 재정을 확보할 수도 있었다. 전통적으로 대학 운영은 교수평의회와 그 평의회가 선출하는 총장이 상호 협조하는 체제에서 이루어졌고, 공식적으로는 국가가 총장과 교수를 임명했으나 사실상 대학 자체가 총장과 교수를 선출했다.[10]

1735년 프로이센 정부에 의해 이루어진 대학개혁정책은 한편으로는 대

---

10 Steve Naragon, "Government and Organization at the Alberina," *Kant in the Class-room*. http://www.manchester.edu/kant/universities/UnivGovernance.htm(검색일: 2017.8.10)

학의 학문 발전에 이바지했지만 다른 한편으로는 대학의 학문과 교육을 국가정책에 포함하면서 대학의 자율성을 위축시킬 가능성 역시 내포하고 있었다. 이 대학개혁은 16세기 이래 본격화된 신과학新科學의 흐름을 수용하는 것으로서 신학부, 법학부, 의학부 같은 상위 학부의 기초 과정으로, 과거의 학문을 전승하는 것을 주요 과제로 삼았던 전통적 문리학부를 새로운 지식을 탐구하는 연구 중심의 철학부로 전환한 것이다.[11] 현대적 의미의 철학뿐 아니라 문학, 역사, 정치, 수학, 물리학, 지리학 등 기본 학문 분야의 교육과 연구를 포괄하는 철학부는 당시에 새로 출발했던 중등학교 교사 양성 역할 역시 담당하게 된다.[12] 즉, 상위 학부인 신학부, 법학부, 의학부가 성직자, 관리, 의사라는 직업교육을 담당했다면 철학부 역시 국가의 요구에 따라 기본 학문 분야의 연구뿐만 아니라 중등 교사 양성이라는 책임 역시 맡게 된

11 전근대 대학에서는 중세 대학의 문리학부(the faculty of arts)라는 말과 더불어 철학부 (the faculty of philosophy)라는 말도 많이 쓰였다(Walter Rüegg, "Theology and the Arts," in Walter Rüegg(ed.), *Universities in the Nineteenth and Early Twentieth Centuries(1800-1945) vol. 3. of A History of University in Europe*(Cambridge: Cambridge University Press, 2004), pp. 393~458 참조]. 특히 독일 대학에서는 철학부라는 말이 일반적이었다. 『학부 간의 논쟁』에서 칸트가 말하는 철학부는 이런 의미의 철학부, 즉 문리학부다. 칸트는 철학부의 학문을 다시 역사철학과 순수철학으로 나눈다. 역사철학은 역사, 지리학, 문헌학, 자연과학 등의 경험적 지식을 말하고 순수철학은 순수수학, 형이상학, 순수철학 등의 이성적 지식(칸트식으로 말하면 선험적 지식)을 말한다. '학부'라고 옮기는 'faculty' 역시 '교수진'이라는 뜻이다. 따라서 '신학부'는 풀어서 말하면 신학교수 진이다. 대학이 공부하는 사람들의 모임이라는 뜻이듯이 학부 역시 교수들의 모임이라는 뜻이다. 학부라는 말에 학생의 개념이 포함되지 않는 것은 역사상 초기를 빼고는 대학은 교수들의 집합체로 인식되었기 때문이다.

12 Steve Naragon, "Introduction: 18th Century German Universities," *Kant in the Classroom*. http://www.manchester.edu/kant/Universities/UnivIntro.htm(검색일: 2017.8.12)

것이다. 이제 대학의 역할은 전문 직업인 양성뿐만 아니라 국가에 대한 책무도 포함하게 되었다. 이로써 대학의 학문과 국가정책의 관계가 논점으로 부각된 것이며, 이런 상황에서 칸트의 『학부 간의 논쟁』이 탄생했다.

프로이센 정부의 대학개혁정책은 학문에 대한 통제가 아니라 진흥정책이었다고 짐작된다. 당시 국왕이었던 프리드리히 빌헬름 1세는 대학의 학자들에게 신민으로서의 복종을 요구하기는 했지만 "어떤 주제든지 원하는 만큼 논쟁을 하라"고 말할 정도로 학문적 논쟁을 최대한 보장했기 때문이다.[13] 그러나 프리드리히 빌헬름 1세가 죽고 난 다음 즉위한 프리드리히 빌헬름 2세는 학문에 대한 검열을 강화한다. 이에 따라 당시 학문과 사상의 주류가 되고 있던 계몽사상 역시 위협받게 된다. 칸트가 『학부 간의 논쟁』을 쓰게 된 직접적인 계기는 그의 『순전한 이성의 한계들 안에서의 종교Die Religion innerhalb der Grenzen der bloßen Vernunft』가 검열로 인해 출판이 어려움을 겪었기 때문이다.[14] 성서신학을 신봉하던 당시의 검열관은 이 저서의 내용이 성서신학과 모순되며, 이는 개신교 국가인 프로이센에 위협이 될 수 있다고 판단했다. 결국 『순전한 이성의 한계들 안에서의 종교』는 출판 금지 처분을 받았다. 칸트는 정부의 조치에 직접적으로 반박하지는 않았다. 그러나 그가 이런 조치에 불만을 가졌다는 사실은 그가 이 저서를 프로이센 정부의 영향을 받지 않는 예나대학교University of Jena 철학부의 허가를 받아 출판했다는 사실에서 확인할 수 있다.

13 Mary J. Gregor, "Translator's Introduction," in Immanuel Kant, *The Conflict of the Faculties*(Lincoln: University of Nebraska Press, 1992), p. ix 재인용.

14 ibid., p. x.

이 저서의 출판을 둘러싼 정부의 검열 그리고 넓게는 정부의 대학 정책을 염두에 두면서 칸트는 기반 학문을 책임지는 철학부 교수로서 대학의 위상과 역할을 『학부 간의 논쟁』에서 논의한다. 칸트는 이 책의 서문에서 자신의 철학적 작업이 국가를 위협하는 것이 아니라 국가와 그 국가의 사상적·도덕적 기반이 되는 기독교를 견실하게 하는 것이라고 주장한다. 칸트는 본문에서 대학의 외부와 내부에서 이루어지는 논쟁의 본질을 분석하면서 대학의 학문이 철학에서 출발되어야 함을, 다시 말해 근본 학문으로서의 철학이 응용 학문의 기반이 되어야 함을 주장한다. 그가 궁극적으로 주장하는 것은 직접적인 실용성이 없다고 보이는 기본 학문인 철학, 즉 문리학이 사실은 국가 구성원인 국민의 이성을 함양함으로써 결국 국가에 이바지한다는 것이다.

칸트는 대학이 자율적 학문공동체임을 밝히면서 『학부 간의 논쟁』[15]을 시작한다.

대학은 관습적으로 일종의 자율성을 갖고 있었다(오직 학자들만이 학자 자신에게 판단을 내릴 수 있기 때문이다). 이에 따라서 학부(학부란 대학 안에 학문의 중요 분야 전문가들로 구성된 소집단을 뜻한다)를 통해 어떤 역할

---

[15] 『학부 간의 논쟁』은 총 3부로 이루어져 있다. 1부는 '철학부와 신학부의 논쟁', 2부는 '철학부와 법학부의 논쟁', 3부는 '철학부와 의학부의 논쟁'이라는 제목을 달고 있다. 그러나 칸트는 제목과는 달리 2부에서 역사의 진보의 문제를, 3부에서는 건강을 유지하는 법을 주로 다루고 있다. 1부의 1장은 '학부 간의 관계'라는 제목을 달고 있으며, 2장과 3장은 '부록'이라는 제목으로 성서의 해석과 종교의 문제를 주로 다룬다. 사실상 이 글은 대학에 관한 칸트의 논점이 선명하게 제시된 『학부 간의 논쟁』의 1부 1장만을 논의 대상으로 한다.

을 수행할 권한이 대학에 주어졌던 것이다. 이 역할은 하급 학교 졸업생에게 대학의 입학 허가를 부여하고 또 시험을 실시한 다음 대학 자체의 권위로 학위를 수여하는, 즉 무소속 교사들(대학교수직을 갖지 않은 선생들을 뜻한다)에게 '박사'라는 공인된 자격을 수여하는 일, 다른 말로 하면 박사를 창출하는 역할을 포함한다.[16]

칸트는 여기에서 중세부터 시작된 대학이 학자들의 공동체이며 학문에 대한 판단은 학자들만이 할 수 있기 때문에 대학은 자율성이 확보되어야 하는 조직체임을 우선 천명한다. 대학의 학자들인 교수들이 그들의 조직인 대학을 자신들의 독립적인 권한을 가지고 운영해야 한다는 것이다. 이를테면 학문공동체의 하위 구성원인 학생을 받아들이는 것도 교수들의 권한이며, 외부에 대학의 학문을 전달하는 교사의 자질을 결정하는 것도 교수들이라는 것이다. 따라서 대학은 외부의 간섭을 받지 않아야 하는 조직체임을 칸트는 천명한다.

대학이 자율적 공동체라는 칸트의 주장을 그가 단순히 대학의 과거에 대해 말하는 것으로 생각할 수도 있다. 그러나 당시 프로이센의 대학 정책을 생각해보면 사실상 칸트는 자신이 살고 있던 국가의 제도를 비판한 것이다. 대부분의 유럽 전근대 대학과 마찬가지로 이 시기의 프로이센 대학들은 국가의 관리 양성을 주요 목적으로 설립되었다. 또한 칸트가 살았던 18세기 중반에 프로이센은 성직자, 법률가, 의사를 포함해 국가 공무원의 자격 또는 임용 시험을 국가가 주도해 시행하기 시작했다. 대학 입학 자격 역시 국

---

16 ibid., p. 23.

가가 관장하는 시험을 거쳐 부여하기 시작했다.[17] 이는 현대의 관점으로 보면 자연스럽기도 하고 정당하다고 할 수도 있을 것이다. 그러나 당시 대학 교수의 관점으로 보면 이런 개혁정책은 정부가 대학의 권한을 빼앗는 것으로 볼 수 있다. 중세 이래 당시까지 대학교수의 자격을 비롯해 성직자나 의사 등의 자격은 대학이 부여하는 학위에 의해 결정되었으며 대학생 선발 역시 대학의 고유 권한이었기 때문이다.

칸트는 대학 교육을 필요로 하는 전문직 종사자의 자격을 정부의 관료가 보편적 진리에 근거하지 않고 편견을 가지고 판단한다면 대학의 학문을 위협할 뿐 아니라 궁극적으로 국가에도 위협이 될 수 있다고 본 것이다. 이는 앞에서 언급했듯이 칸트 자신이 겪었던 문제이기도 하다. 칸트로서는 진리 추구를 위한 자신의 학문의 결과물인 『순전한 이성의 한계들 안에서의 종교』가 국가 관료의 검열에 의해 출판 금지 처분을 받은 사건을 통해, 국가가 권한을 남용하고 있다고 생각했을 것이기 때문이다. 이런 면에서 『학부 간의 논쟁』은 사실상 당시 국가의 대학 정책에 대한 칸트의 우회적인 비판이다. 그렇다고 칸트가 국가 체계를 부정하는 것은 아니다. 칸트는 대학 설립 주체로서 국가의 권위를 인정한다. 그러나 칸트의 이성 중심 철학 체계에 따르면, 인간의 이성은 진리를 추구하는 대학에서 먼저 발현되고 그런 이성에 근거해 국가 체계가 성립되는 것이기 때문에 국가의 권위는 대학의 권위에 후행하는 것이다.

『학부 간의 논쟁』에서 칸트는 표면적으로는 국가와 대학의 관계에서는

17 Wilem Frijhoff, "Graduation and Careers," in Hilde de Ridder-Symoens(ed.), *Universities in Early Modern Europe(1500-1800) vol. 3. of A History of University in Europe*(Cambridge: Cambridge University Press, 2004), pp. 373~374.

국가의 권위를 먼저 인정하고, 대학의 상위 학부와 하위 학부의 관계에서는 상위 학부의 권위를 먼저 인정하는 것처럼 보인다. 그러나 궁극적으로 칸트는 대학의 상위 학부와 하위 학부의 관계에서는 하위 학부가 권한을 더 많이 가져야 하며, 이런 하위 학부의 권한에 근거해 대학이 운영되고 나아가 대학에서 이루어지는 이성적 진리의 발현이 국가 구성의 원칙이 되어야 한다고 주장한다. 즉, 칸트의 철학적 논의의 틀에서는 현실의 권력관계가 역전된다.

대학이 자율적 학문공동체라는 원칙에 근거해 칸트는 대학에서 이루어지는 논쟁을 대학을 위협할 수 있는 불법적illegal(독일어의 gesetzwidrig) 논쟁과 합법적legal(독일어의 gesetzlich) 논쟁으로 구분해 논의한다. 칸트가 말하는 불법적 논쟁은 이성의 법에서 벗어난 논쟁이고, 합법적 논쟁은 이성의 법체계 안에서 대학의 내부 전문가들이 학문의 진전을 위해 벌이는 정당한 논쟁이다. 그는 이런 논의를 위해 대학의 전문 분야가 어떻게 나누어지는지, 즉 대학이 어떻게 상위 학부와 하위 학부로 구분될 수 있는지를 설명한다.

칸트는 대학의 신학부, 법학부, 의학부가 담당하는 분야인 종교, 법, 의술은 대중의 삶과 직접 관련이 있기 때문에 상위에서 권한을 행사하는 정부가 그 학문과 관련된 내용을 관리하고, 따라서 이 분야의 학부를 '상위 학부 higher faculties'라고 부른다고 한다. 이와는 달리 학문 추구 자체가 목적인 순수 학문은 정부로부터 독립되어 정부의 지침과는 관련이 없다는 의미에서 '하위 학부the lower faculty'라고 부른다고 한다.[18] 하위 학부가 담당하는 순수 학문이 학문 이외의 외부적 동기에 의해 이루어진다면 진리 추구라는 본연

---

18 Kant, *The Conflict of the Faculties*, pp. 25~26.

의 사명이 훼손되기 때문에 하위 학부는 외부의 권력이나 권위로부터 완전히 자유로우며 오직 합리적 이성에 의해서만 추동된다고 칸트는 전제한다.

칸트는 대학교수진이 상위 학부와 하위 학부로 나뉘고, 다시 상위 학부가 신학부, 법학부, 의학부로 나뉘는 것은 "이성의 원칙"에 의한 것이며 이런 원칙적 구분이 현존하는 대학의 모습과 경험적으로도 부합된다고 말한다.[19] 이성적 판단에 따르면, 인간이 추구하는 최고의 복지는 영원한 행복이며 다음은 사회 구성원으로서의 시민적 복지이며 그다음은 육체적 복지다. 이런 원칙에 따라서 영원한 행복을 가르치는 신학부가 대학에서 가장 상부에 위치하며 시민적 복지를 가르치는 법학부가 그다음, 육체의 행복을 가르치는 의학부가 그 아래에 위치한다는 것이다. 오직 이성의 가르침에 따라 순수 지식을 추구하는 철학부는 현실적인 인간의 행복과는 직접 관련이 없기 때문에 하위 학부가 된다.

칸트는 상위 학부가 담당하는 신학, 법학, 의학은 정부가 위탁한 대중의 교육 그리고 복지와 관련된 학문이기 때문에 규범으로서의 문서로 된 지침서를 필요로 한다고 말한다.[20] 신학부의 지침서는 성경이며, 법학부의 지침서는 실정법, 의학부의 지침서는 의료행위규정집이 된다.[21] 이렇게 문서화

---

19 ibid., p. 31.

20 ibid., p. 33.

21 신학부, 법학부, 의학부의 교수들이 성경, 법전, 의료행위규정집만을 준수해야 한다는 칸트의 상위 학부에 대한 설명을 현대적 관점에서는 납득하기 어려울 것이다. 그러나 칸트가 이 저서에서 심혈을 기울여 논의하는 당시 신학부의 학문은 실제로 성경 중심이었다. 중세의 파리대학교의 교수였으면서 인간 이성에 근거한 신학을 정초한 토마스 아퀴나스(Thomas Aquinas)의 신학 같은 스콜라 신학이나 철학은 칸트 시대의 프로이센 대학의 신학부에서는 엄격히 금지되었다. 마르틴 루터(Martin Luther)의 종교개혁의 영향

된 지침서가 필요한 이유는 가르침의 기준이 정해져 있어야 하기 때문이다. 문서화된 형태로 정해진 기준이 없다면 상위 학부의 교수들은 각자 자신의 취향이나 나름의 이성적 판단에 근거해 교육을 수행할 가능성이 있다. 이렇게 되면 그들에게 교육을 위탁한 정부의 권위를 위협할 수 있으며 교육 내용에 대해서도 혼란을 초래할 수 있을 것이다. 따라서 상위 학부의 교수들은 그들의 가르침에 하위 학부인 철학부에서 이성을 자유롭게 사용하는 것과 같은 행위가 개입하지 않게 신중을 기해야 한다고 칸트는 주장한다.[22]

상위 학부와는 달리 하위 학부인 철학부는 외부의 간섭을 받지 않는 자유 이성을 준칙으로 진리를 탐구하고 가르친다.[23] 철학부가 외부의 명령에 의해 진리를 설정하고 가르친다면 그것은 진리가 될 수 없을 것이다. 칸트의 철학적 사고에 의하면, 진리는 외부 명령이 아니라 이성적 판단에 의해서만 규정될 수 있다. 이성적 판단이 외부의 간섭을 받는다면 그것은 더 이상 이성적 판단이라고 할 수 없기 때문이다. 이성에 의한 진리를 추구하는 철학부는 대학에서 필수적이다. 철학부가 추구하는 진리에 의해서 상위 학부가 준칙으로 삼는 지침서의 옳고 그름이 판명될 수 있을 것이기 때문이다. 이

으로 개신교가 지배적이었던 프로이센의 대학에서 신학은 곧 성경의 신앙적 해석이었다. 그러나 법학부에서는 로마법이나 자연법이 비중 있게 다루어지고 의학부에서는 생리학 같은 기초 의학이 논의되었다는 점을 생각하면 칸트가 법학부나 의학부의 교수진이 실정법이나 의료규정을 가르쳐야 한다고 설명하는 것은 당시의 실상과도 들어맞지 않는 것 같다(Laurence Brokliss, "Curricula," in Hilde de Ridder-Seymoens(ed.), *A History of the University in Europe vol. 2: Universities in Early Modern Europe(1500-1800)*, pp. 569~620].

22 Kant, *The Conflict of the Faculties*, p. 35.

23 ibid., p. 34.

런 면에서 철학부는 상위 학부의 하녀라고 할 수도 있다. 칸트는 상위 학부를 섬기는 철학부를 상위 학부의 종복servant이라고 부르면서도 이 종복이 상위 학부의 뒤를 따라가면서 상위 학부가 입은 예복 드레스가 바닥에 끌리지 않게 옷자락을 들고 따라가는 하녀trainbearer인지 앞이 보이지 않는 상위 학부의 길을 안내하기 위해 횃불을 들고 앞길을 밝히는 하녀torchbearer인지는 생각해볼 문제라고 말하기도 했다.[24] 말하자면 칸트는 철학부가 상위 학부를 진리의 길로 이끄는 역할을 수행하며, 이런 뜻에서 철학부는 대학의 중추가 된다는 주장을 하는 것이다.

칸트가 『학부 간의 논쟁』에서 중점을 두고 논의하는 부분은 상위 학부 학문에 대한 철학부 교수들의 비판적 검증이다. 상위 학부의 학문이 철학부에 의해 검증되지 않는다면 상위 학부 학문의 오류는 시정되지 않고 대중에게 전달될 것이다. 이렇게 될 경우 상위 학부의 학문이 직접적으로 영향을 미치는 사회나 국가는 정상적으로 운영될 수 없다. 칸트는 상위 학부의 오류를 대학의 학자가 아닌 전문직 종사자들이 시정하려 할 때 생기는 폐해를 더 문제 삼는다. 칸트는 철학부 교수들이 상위 학부의 학문을 검증하지 않으면 상위 학부에서 교육받고 상위 학부의 지식을 현실에 적용해 가르치거나 실천하는 목회자, 법률가, 의사 등 실제 업무 종사자가 상위 학부 학문의 오류를 시정하려 하게 된다는 우려를 표명한다. 이렇게 되면 목회자나 법률가들이 대중에게 정부가 학문적 권한을 이양한 상위 학부의 학문이 잘못된 것임을 알리는 것이 되고, 이는 결국 정부에 대한 반역적 대중 선동이 될 것이라고 칸트는 생각한다. 따라서 실제 업무 종사자에 의한 상위 학부 학문

24 ibid., p. 45.

에 대한 비판은 엄격히 금지되어야 하며 오직 하위 학부 교수진에게만 상위 학부 학문에 대한 비판이 허용되어야 한다는 것이 칸트의 주장이다.[25]

하위 학부가 이성에 근거해 상위 학부의 학문을 검증하려 할 경우 당연히 상위 학부와 하위 학부 사이에는 논쟁이 생긴다. 칸트가 말하는 불법적 논쟁이나 합법적 논쟁은 실정법을 어긴다거나 준수한다는 뜻은 아니다. 칸트에게 법law(독일어의 Gesetz)은 보편성과 필연성을 갖는 법칙을 뜻한다. 이런 법은 자연에도 적용되는 법이며, 인류 사회에 적용될 때는 외부의 구속에서 벗어나는 동시에 자신의 의지를 실현하게 하는 자유를 보장하기 위한 이성의 실천으로서의 사회적 계약이다. 국가가 법을 제정하는 이유는 각자의 이성의 실천을 가능하게 하는 자유를 보장하기 위함이다. 보편성으로서의 법은 모든 개인을 그 법으로 보장할 수 있어야 한다. 법이 도덕에 부합하는 규범을 규정하는 것은 어떤 개인의 과도한 자유가 다른 사람의 자유를 침범할 수 있으며 이때 법의 보편성은 위협받기 때문이다. 따라서 이성의 실현체로서 국가는 그 이성을 견지하기 위해 법의 준수를 요구하는 것이다. 칸트가 말하는 법은 실천이성이 구체화될 수 있는 원칙적인 의미의 국가의 법이며, 현실에 적용되는 실정법이 아니다. 따라서 불법적 논쟁은 국가의 법체계를 혼란에 빠뜨릴 수 있는 논쟁이고, 합법적 논쟁은 국가의 법체계를 완성하는 데 기여하는 논쟁이다.

칸트는 공적 논쟁이 내용적으로도 불법이 될 수 있고 형태적으로도 불법이 될 수 있다고 한다.[26] 내용으로 불법이 되는 경우는 어떤 논점에 대해 공

---

25 ibid., p. 47.
26 ibid., p. 47.

적인 판단을 금지하고 있기 때문에 논쟁이 금지되는 경우에 해당한다. 칸트가 이런 내용으로 불법이 되는 경우를 더 이상 설명하지 않고 예시하지도 않기 때문에 어떤 경우가 불법이 되는지는 확실하지 않으나 아마 사회의 금기가 이 경우일 것이다. 예를 들어, 기독교 사회에서 신의 부재를 주장하는 경우라고 짐작된다. 칸트는 상위 학부와 하위 학부의 불법적 논쟁이 형식에 의해 불법이 되는 경우를 주로 논의한다. 칸트는 형식에 의한 불법적 논쟁은 논쟁이 이루어지는 과정에서 논쟁의 당사자가 상대방의 이성에 대해 객관적인 근거를 가지고 비판하는 것이 아니라 "주관적인 근거로, 경향성inclination(독일어로 Neigung)으로 자신의 판단을 결정해 뇌물로 매수하는 것과 같은 사기나 무력적 협박을 사용해 동의를 얻어내는" 것이라고 설명한다.[27] 칸트가 말하는 '경향성'은 객관적이며 보편적인 행동 원칙과 반대되는 개념으로, 주관적이며 감각적인 욕망에 의해 행동하는 특성을 말한다. 인간이 경향성에 지배되어 행동하면 이성에 의한 도덕적 판단이 불가능해진다는 것이다.[28]

칸트는 상위 학부와 하위 학부의 불법적 논쟁이 그들이 대중의 요구에 대응하는 각각의 방식이 정반대이기 때문에 생긴다고 주장한다. 하위 학부 교수들은 행복을 원하는 대중에게 이성에 근거한 삶의 원칙을 지킬 것을 요구한다. 다시 말해, 종교적으로는 올바른, 사회적으로는 정의로운, 육체적으로는 근신하는 삶을 살라고 요구하는 것이다. 이 말은 하위 학부 교수들이 대중에게 경향성에서 벗어난 이성적 삶을 살라고 요구한다는 뜻이다. 그러

---

27 ibid., p. 47.

28 Howard Caygill, *A Kant Dictionary*(Oxford: Blackwell, 1995), p. 253.

나 이런 삶은 알기는 쉽지만 실천하기는 어려워서 대중적 취향에 맞지 않는다고 칸트는 말한다.

하위 학부 교수진이 제시하는 삶의 지침에 만족하지 못하는 대중은 이제 상위 학부 교수들이 배출한 전문 직업인에게서 자신들의 행복을 구한다고 칸트는 말한다. 대중은 평생을 망나니같이 살았으면서도 마지막 순간에 천국으로 가는 길을, 범법을 저질렀으면서도 승소하는 길을, 육체의 쾌락을 추구했으면서도 건강한 삶을 얻을 수 있는 길을 안내해줄 것을 전문 직업인에게 요구한다는 것이다. 말하자면, 대중은 이런 전문 직업인을 초자연적 지식을 갖춘 점쟁이나 마법사로 대한다는 것이다.[29] 전문 직업인이 이런 대중의 요구에 부응해 기적을 일으키는 자로 자신들을 내세우면 대중은 이들에게 몰려들고 철학부 교수들을 경멸할 것이라고 칸트는 설명한다. 이런 경멸에도 불구하고 철학자의 사명에 따라 철학부 교수들은 이런 전문 직업인들이 대중을 현혹하는 점쟁이나 마법사가 되면 안 된다고 경고한다.

또한 상위 학부 교수들이 이런 철학부 교수들의 역할을 지지하는 것이 아니라 자신들이 배출한 전문 직업인의 편을 들어 이성적 법질서를 교란하는 데 동참하게 될 때 상위 학부와 철학부 교수들 사이에는 불법적 논쟁이 생긴다고 칸트는 주장한다. 전문 직업인을 편드는 상위 학부 교수들은 이성이 아니라 마법 같은 위계로 대중의 지지를 받으려 하기 때문이다. 더구나 상위 학부는 국가가 제정한 법체계에 의해 세워졌기 때문에 정부는 상위 학부 교수들의 행위를 용인하기가 쉽다.[30] 그러나 원칙적으로 정부의 법이란 이

---

29 Kant, *The Conflict of the Faculties*, p. 49.

30 ibid., p. 51.

성에 근거한 것이다. 따라서 대중을 대상으로 전문 직업인이 수행하는, 상위 학부 교수들이 영합하는 마법사 같은 행위에 대해서 이성에 근거해 비판하는 철학부 교수들을 정부는 지원해야 한다. 칸트의 논지에 따르면, 정부가 상위 학부를 편들어 철학부 교수들과 상위 학부 교수들 사이에 불법적 논쟁이 생기면 무질서가 초래되며 결국 정부가 위태롭게 된다.

상위 학부와 하위 학부의 합법적 논쟁은 이성의 발로인 법체계 안에서 합법적으로 이루어지는 논쟁이다. 상위 학부는 정부의 권한으로 상위 학부에 위임한 내용을 가르친다. 따라서 그 내용은 일단 법적 권한이 있는 것으로 인정하고 존중해야 한다. 그러나 그 내용은 이성에 기반을 두고 있지만 인간이 만든 것이므로 완전무결일 수 없다. 따라서 정부는 그 내용의 진위에 지속적으로 관심을 가져야 하며, 그 내용이 이성과 부합되는지를 이성에 의해 검증되기를 기대해야 한다. 이성은 철학부의 소관이기 때문에 철학부 교수들이 상위 학부의 가르침을 검증하는 것은 그들의 권한이며 의무다. 그러나 당연히 상위 학부 교수들은 철학부 교수들의 검증을 받아들이지 않기 때문에 이들 사이에 논쟁이 생긴다고 칸트는 설명한다.[31] 하지만 이 논쟁은 합법적이다. 이성의 범주 안에서 논쟁이 진행되기 때문이다.

칸트는 상위 학부가 가르치는 내용을 그 발생에 따라 역사적인 것, 이성적인 것, 감정적인 것으로 나눌 수 있지만 이들 모두는 철학부에 의해 이성으로 검증되어야 한다고 설명한다. 상위 학부가 가르치는 내용이 종교적 믿음이어서 절대 복종을 요구한다고 해도 그 기원이 역사적으로 발생한 것이라면 그 내용은 철학부 교수들의 비판적 검토 대상이 된다. 또한 그 내용이

---

31 ibid., p. 53.

이성에 의해 발생한 것이라면 철학부 교수들은 그것에 대해 이성적 적법성과 도덕적 정당성을 검증해야 한다. 상위 학부가 가르치는 내용이 주관적이고 감정적 기원을 갖고 있어도 이는 이성적 검증의 대상이 된다고 칸트는 주장한다.[32]

칸트는 상위 학부와 하위 학부의 논쟁을 다음과 같이 정리한다.

첫째, "이 논쟁은 중재 조정으로 끝낼 수 있는 것이 아니다. 이 논쟁은 최종적으로 이성이라는 법적 강제력이 있는 재판관의 판결을 받아야 한다".[33] 칸트가 상위 학부와 하위 학부의 논쟁을 말하면서 이와 같은 법률 용어를 쓰는 것은 상위 학부의 학문이 국가의 법으로 규정되어 있기 때문이며, 그 국가의 법에 대한 검증 역시 국가의 실정법보다 상위에 있는 자연법에 의해 이루어져야 함을 말하고 있기 때문이다. 칸트에게 법은 인류 사회에서 순수 이성이 실천이성으로 발전한 것이다. 따라서 이성의 판결을 받아야 하는 학부 사이의 논쟁은 철학부가 상위 학부에 굴복하거나 그 학부와 화해하지 않고 오직 그들의 사명인 이성에 의한 진리를 내세우는 것이어야 한다고 칸트는 주장하는 것이다.

둘째, "상위 학부와 하위 학부의 논쟁은 끝날 수 없다. 그리고 철학부 교수들은 이 논쟁이 유지될 수 있도록 항상 준비하고 있어야 한다".[34] 정부가 제정해 상위 학부에 위탁한 제 규정을 상위 학부는 전문 직업인을 통해 대중에게 전달하지만 제 규정은 인간이 만든 것이기 때문에 오류가 있을 수

32 ibid., pp. 53~54.
33 ibid., p. 55.
34 ibid., p. 55.

있고 적절하지 않을 수도 있다. 상위 학부는 이미 지배력을 행사하고 있어서 제 규정에 있을 수 있는 오류나 비적합성을 시정하려 하지 않는다. 따라서 철학부 교수들만이 이런 상황에서 오류나 비적합성을 지적해 진리를 지킬 책임을 갖고 있다는 것이 칸트의 주장인 셈이다. 철학부 교수들이 그들의 역할을 수행하는 한 상위 학부와 하위 학부의 논쟁은 지속될 수밖에 없다고 칸트는 말한다.

셋째, "이 논쟁은 정부의 권위를 훼손하지 않는다. 이 논쟁은 정부와 대학교수진 사이에서 벌어지는 논쟁이 아니라 대학교수진 사이에서 벌어지는 논쟁이기 때문이다".[35] 정부는 학자가 아니기 때문에 상위 학부가 제정한 현실적 실효성이 있는 법과 제도가 이성에 근거한 진리에 부합하는지 여부를 판단할 수 없다고 칸트는 설명한다. 따라서 철학부 교수진이 현실의 법과 제도를 검증해야 한다고 주장한다. 이 말은 철학부 교수들이 현실의 정부가 행사하는 법과 제도를 비판하더라도 그 비판 행위는 정부를 위한 것이라는 뜻이다. 결국 칸트는 현존하는 정부의 권위를 부정하지 않는 것 같은 태도를 보이면서도 사실상 미래에 나타날 바람직한 정부 또는 국가는 이성적 법과 제도에 바탕을 둔 정부나 국가이며, 이 일은 철학부 교수들에 의해 주도되어야 함을 주장하는 것이다.

넷째, 이런 논쟁은 학자들뿐만 아니라 대중에게도 유용하다. 이 논쟁이 대학이 완결에 이르는 길을 열어줄 뿐만 아니라 "대중의 자유로운 판단력"을 저해하는 정부가 강요한 제한들을 정부 스스로 제거하는 길을 열 수 있기 때문이다.[36] 여기에서 칸트는 대학이 추구하는 이성적 자유를 대중 역시

---

35 ibid., p. 57.

향유할 수 있을 때 이상적인 국가가 형성될 수 있음을 주장한다. 칸트의 이런 주장은 나중에 훔볼트가 대학이 추구하는 목표를 민족(국민)의 지적·정신적 성장에 둘 때 다시 되풀이된다. 말하자면, 대중의 이성적 판단력이 궁극적으로 대학의 학문을 통해 성취된다는 칸트의 주장은 나중에 훔볼트가 민족의 지적·정신적 성숙이 결국 대학에 의해 이루어진다는 신념으로 베를린대학교를 설립할 때 현실화되었다고 볼 수 있다.

상위 학부와 하위 학부의 논쟁에 대한 칸트의 결론적 진술은 미래에 나타날 새로운 대학의 청사진이다. 칸트는 학부 사이의 논쟁을 정리하면서 다음과 같이 진술한다.

> 이렇게 해서 마지막이 언젠가는 처음이 될 것이다(하위 학부가 상위 학부가 될 것이다). 물론 하위 학부의 권위가 높아진다는 뜻이 아니라 권위를 행사하는 정부에 조언을 준다는 면에서 그렇다는 뜻이다. 왜냐하면 정부는 철학부가 행사하는 자유, 그리고 이런 자유로부터 얻어지는 더 나은 통찰력이 정부 자체가 가지고 있는 절대 권위보다도 정부의 목적을 이루는 데 더 나은 수단이 된다는 것을 알 수 있을 것이기 때문이다.[37]

『학부 간의 논쟁』의 결론에서 제시된 대학은 국가[38]를 진리로 이끈다는

---

36 ibid., p. 59.

37 ibid., p. 59.

38 『학부 간의 논쟁』에서 칸트는 '정부(government, 독일어의 Regierung)'라는 말을 쓴다. 그러나 당시 프로이센이 헌법으로 규정된 국가 체제로서 행정부와 입법부가 분리되기는 했지만 군주가 절대 권력을 갖고 있었기에 칸트가 말하는 정부는 사실상 국가에 해당한

점에서 국가에 도움이 된다. 또한 국가는 대학의 존립을 가능하게 한다는
점에서 대학의 수호자다. 물론 여기에서의 대학과 국가는 현실에 존재하는
국가나 정부는 아니다. 앞에서 언급했다시피 현실의 대학교수로서 칸트는
당시의 정부로부터 학문의 자유를 억압받았다. 따라서 『학부 간의 논쟁』에
나오는 대학이나 국가는 경험적이나 현실 역사에 존재하는 대학 또는 국가
가 아니라 현실에서는 그렇지 않더라도 마땅히 그래야 하는바, 즉 당위로서
의 국가와 대학이다. 다른 말로 하면, 국가와 대학이 정상적으로 작동하도
록 하기 위해서는 대학을 이성적 진리로 이끌 철학부가 대학의 중심이 되도
록 정부가 지원해야 한다는 뜻이다. 이성적 진리를 추구하는 철학부가 대학
의 중심이 될 때 궁극적으로 국가는 대학의 도움으로 이성적 법과 제도를
운영할 수 있게 된다는 것이 칸트가 제시하는 대학과 국가관인 것이다. 결
국 칸트는 플라톤이 꿈꾸던 이상 국가, 즉 철학자 왕이 지배하는 국가를『학
부 간의 논쟁』에서 다시 제시하는 것이다.[39]

다. 따라서 칸트가 쓰는 정부라는 용어를 여기에서는 '국가'로 바꾸어 쓴다.
39 『학부 간의 논쟁』의 결론에 대한 필자의 독해는 소극적인 독해, 즉 칸트가 진술하는 바
를 왜곡하지 않고 거의 그대로 수용하는 독해다. 칸트의 『학부 간의 논쟁』에 대한 적극
적인 독해로 주목할 만한 글은 자크 데리다(Jacques Derrida)의 독해다. 「지레 역할로서
의 학부 간의 논쟁(Mochlos; or, The Conflict of Faculties)」에서 데리다는 칸트가 상위
학부와 하위 학부의 균형을 통한 대학(학문)의 도약을 주장하는 것으로 칸트의 저서를
독해한다[Jacques Derrida, "Mochlos; or, The Conflict of the Faculties," in translated
by Richard Rand and Amy Wygant, in Richard Rand(ed.), *Logomachia: The Conflict
of the Faculties*(Lincoln: University of Nebraska Press, 1992), pp. 1~34 참조]. 강영안
은 『학부 간의 논쟁』을 갈등 상황을 타개하기 위한 철학자의 깨어 있는 이성의 의의를
주장하는 것으로 해석한다[강영안, 「갈등 상황에서의 철학과 철학자의 소명: 〈학부 간의
갈등〉을 통해서 본 칸트의 관점」, ≪칸트연구≫, 21권(2008), 33~61쪽 참조].

칸트의 철학이 선험철학이라는 데서 드러나듯이 칸트의 국가관은 현실의 국가를 관찰한 결과가 아니다. 칸트는 현실의 국가를 이루게 하는 법 원리를 먼저 제시한다. 칸트가 생각하는 국가는 헌법constitution(독일어의 Verfassung)이 구체화된 것이다. 국가를 이루는 헌법은 우주의 구성 원리('constitution'은 '헌법'이라는 뜻 이전에 '구성'이라는 뜻이며, '헌법'이라는 의미로 쓰일 때 국가의 구성 원칙을 말한다)가 인간 사회에 적용된 것이다. 칸트가 말하는 우주의 구성은 우주를 이루는 각각의 행성이, 그리고 그 행성을 이루는 각각의 자연적 존재들이 태양 같은 중심체를 두고 조화를 이룬 조직체다. 이 우주는 신의 뜻을 구현하는 방식으로 구성되어 있다. 이러한 우주의 조화로운 질서가 인간 사회(칸트가 말하는 도덕의 세계)에 적용되면 인간세계의 구성 원칙인 헌법은 이성적 존재로서의 인간이 자신의 행복을 구현하면서도 다른 사람의 행복을 방해하지 않는 조화로운 질서를 구현하기 위한 법체계라는 뜻이 된다.

법체계의 필요성은 동물과는 달리 인간만이 고유하게 갖고 있는 자유의지의 이중성에서 기인한다. 자유의지는 인간이 동물의 감각적 본능에서 벗어나게 해준다. 그러나 칸트에 의하면, 모든 인간이 이런 감각적 본능에서 자유로운 것은 아니다. 앞에서 언급한 대중의 경향성은 모든 인간이 이런 감각적 본능의 지배에서 완전히 자유롭지 않다는 것을 보여준다. 칸트가 민주주의가 국가 체제에 바람직하지 않다고 주장하는 것은 모든 인간이 이성적 자유의지를 갖추고 있지는 않다고 보았기 때문이다.[40] 인간이 자유의지를 합리적으로 사용하면 동물적 감각의 세계에서 벗어난 이성적 질서를 이

---

40 임혁제, 『칸트의 철학』(철학과 현실사, 2006), 332쪽.

룰 수 있다. 또한 자유의지는 인간의 자기 결정권을 갖고 있음을 말하는 것이기에 당위로서의 질서를 추구할 수 있는 능력을 인간이 갖고 있음을 말하는 것이기도 하다. 이성적 인간의 자율성은 그러한 자율성이 타인에게도 보장되어야 하기 때문에 모든 면에서 자유로운 것이 아니라 타인의 자유를 제한하지 않는 한도 안에서의 자유다. 따라서 이성적 인간은 자신들의 자유를 확보하기 위해서 인간세계 질서의 구성 원리인 헌법을 기반으로 국가를 구축하는 것이다.

칸트는『학부 간의 논쟁』이나 다른 저서에서 대학 교육에 대해 직접 논의하지는 않는다. 그러나 칸트가 상위 학부 교수진과 하위 학부 교수진의 논쟁을 다루면서 궁극적으로 주장하는 것이 하위 학부인 철학부가 대학의 중심이 되어야 한다는 주장임을 생각해보면, 결국 칸트는 대학의 사명이 이성적 판단력을 갖춘 인간을 양성하는 것이라고 주장하고 있음을 알 수 있다. 칸트가『순수이성비판kritik der reinen Vernunft』과 이의 후속작인『실천이성비판Kritik der praktischen Vernunft』을 통해 주장하는 것은 사물 자체의 규칙에 대한 이해understanding(독일어의 Verstand)가 신의 뜻이 발현된 인간세계의 원칙을 깨닫는 이성reason(독일어의 Vernunft)으로 발전해야 하고, 이러한 이성에 의한 세계 질서를 구축해야만 인간에게 고유한 자유의지가 실현된다는 것이다. 따라서 칸트가 생각하는 대학의 사명은 이성적 인간을 양성하는 것이라고 이해할 수 있다. 그리고 이런 이성적 인간이 책임감을 가지고 자유의지를 행사하는 바람직한 국가 구성원이 될 수 있다는 것이다.

3. 훔볼트의 학문의 자유 대학:
근대 대학의 원형 '베를린대학교'[41]

칸트가 『학부 간의 논쟁』을 쓰던 18세기 말에 유럽 대륙은 정치적·사회적으로 격변기를 맞고 있었다. 1789년에 시작되어 1794년까지 이어진 프랑스혁명은 프랑스를 왕권국가에서 민족국가로 국가 체제를 변화시켰고 이어서 유럽의 다른 지역에서도 민족국가 체제를 촉발했다. 국가의 주권도 군주에서 민족(국민)으로 옮겨 가고 있었다. 설령 국가의 최고 권력자가 군주라고 해도 그 군주의 권력은 신에게서 부여받은 독점적 권력이 아니라 국가 구성원인 민족에게서 나온다는 사상이 일반화되기 시작했다.

이런 상황에서 정치권력은, 적어도 명분상으로는, 왕권 강화가 아니라 민족국가 체제의 강화를 위한 노력을 경주해야 했다. 프랑스혁명기를 이어받은 나폴레옹 체제는 프랑스 국가 체제의 강화가 국가 엘리트 양성을 통해 이루어진다는 믿음을 가졌다. 이와 관련해 나폴레옹 체제는 중세 이래로 유지되어온 대학university이 국가 엘리트 양성에 효율적이지 않다는 믿음을 가졌고, 이에 대학을 폐쇄하고 소규모 전문 인력 양성을 위한 고등교육기구를 설립했다. 공병 장교 양성을 위해 에콜 폴리테크니크École Polytechnique를, 일반 장교 양성을 위해 생시르Saint Cyr를, 고등교육 인력 양성을 위해 에콜 노말École Normale을 설립했다.[42] 프랑스에서 교수와 학생의 모임이라는 뜻의

---

41 현재 학교명은 설립에 결정적인 기여를 한 훔볼트의 이름을 붙인 베를린훔볼트대학교다.

42 Christophe Charle, "Patterns," in Walter Rüegg(ed.), *A History of the University in Europe vol. 3: Universities in the Nineteenth and Early Twentieth Centuries(1800-1945)*(Cambridge: Cambridge University Press, 2004), p. 35.

대학université은 이때 없어졌다.[43] 나폴레옹의 고등교육 모델은 학문의 국가주의였다. 국가 운영의 목표를 강성대국으로 설정할 수 있다면 아마도 나폴레옹의 고등교육 모델은 성공적이라고 할 수 있을 것이다. 이런 관점에서 이 모델이 성공적이었다고 말할 수 있는 것은 이탈리아, 스페인 등 남부 유럽의 국가들이 이 모델을 채택한 데서 확인할 수 있다.

그러나 대학이 학문을 추구하는 조직이고 국가의 역할에는 학문 진흥도 포함된다는 관점에서 보면 프랑스 모델은 실패한 것이다. 당시 프랑스에서는 전문 인력 양성이 고등교육의 목표였기 때문에 연구 설비나 도서관에 대한 투자는 미약했다. 국가 관리를 직접 양성하는 법학 분야의 교수들에 대한 대우는 좋았지만 인문학이나 자연과학 분야 교수들은 수입을 확보하기 위해 과외의 일을 해야만 했다. 이런 상황에서는 연구가 제대로 진행될 리가 없었고 따라서 학문적 성과는 뒤처질 수밖에 없었다.[44]

프랑스의 나폴레옹식 고등교육 모델과 정반대되는 모델을 채택한 국가가 프로이센이다. 이는 칸트가 주장했던 바와 같이 기본 학문인 철학을 대학의 중심에 놓은 것을 의미한다(다시 말해, 여기에서의 철학은 순수 자연과학을 포함한 넓은 의미의 인문학 또는 문리학을 말한다). 당시의 프로이센은 1806년 나폴레옹의 침공으로 영토의 1/3을 잃고 전쟁배상금을 물어야 했으며 영토 안에 프랑스군의 주둔을 용인해야 했다. 이때 할레대학교Univerität Halle를 비롯한

---

43 프랑스에서 대학(université)은 1895년에 이르러 복원된다[Walter Rüegg, "Themes," in Walter Rüegg(ed.), *A History of the University in Europe vol.3: Universities in the Nineteenth and Early Twentieth Centuries(1800-1945)*(Cambridge: Cambridge University Press, 2004)], p. 3.

44 Charle, "Patterns," p. 46.

여러 대학교가 폐쇄되는 수모도 겪었다. 국가적 위기를 겪으면서 근대화의 필요성을 인식한 프로이센은 의무교육과 징병제를 도입하고 농노를 해방하고 유대인에게 시민권을 부여하는 등 근대적 민족(국민)의 총합으로서의 민족국가 체제를 정비하기 시작했다.

국가 정비를 위한 개혁정책에서 프로이센 정부는 대학 정책으로 프랑스의 고급 전문 인력 양성 정책과는 정반대의 방식을 취했다. 당시 국왕 프리드리히 빌헬름 3세는 "국가는 물리적인 힘에서 잃은 것을 정신적인 힘으로 보충해야 한다"라고 선언했다.[45] 이로부터 프로이센 국가의 교육·학문정책은 교육을 통한 국민의 정신적 성숙과 학문의 발전을 지향했다. 이처럼 프로이센이 시도한 학문정책의 결과물이 바로 1810년에 세워진 베를린대학교다. 베를린대학교의 설립은 칸트가 정상적인 대학의 모습이라고 주장했던 철학 중심의, 즉 인문학 중심의 대학이 현실화된 것이다(19세기 중반에 현대적 의미의 기초 자연과학도 본격적으로 추가된다).

베를린대학교 설립에는 학문과 대학의 본질에 대한 당대 철학자들의 여러 논의가 개입되어 있으나[46] 이 대학의 이념을 명확하게 보여주는 주장은

---

45 이광주, 『교양의 탄생: 유럽을 만든 인문정신』(한길사, 2009), 677쪽 재인용.

46 베를린대학교는 프리드리히 슐라이어마허(Friedrich Schleiermacher)의 인식의 자유를 보장하는 철학과 그 철학 중심의 대학론, 프리드리히 셸링(Friedrich Schelling)의 교양론, 프리드리히 실러(Friedrich Schiller)의 심미적 교육론, 요한 피히테(Johann Fichte)의 민족정신의 함양을 목적하는 교육과 학문론, 칸트의 이성 중심의 대학론, 훔볼트의 학문의 자유론 등의 결합체라고 볼 수 있다. 이에 대한 간략한 소개는 이광주, 『교양의 탄생: 유럽을 만든 인문정신』, 677~701쪽을 참고하라. 빌 레딩스(Bill Readings)는 베를린대학교가 칸트의 이성의 대학론에서 시작되었지만 민족국가를 완성하는 교양(culture, 독일어의 Bildung) 대학으로 완성되었다고 주장한다. 레딩스는 이를 칸트, 실러, 피히테, 슐

홈볼트의 「베를린 학문기구들의 정신과 조직에 대해Uber die innere und äussere Organisation der höheren wissenschaftlichen Anstalten zu Berlin」[47]에서 확인할 수 있다. 홈볼트는 당시 내무부의 종교 및 교육 담당 국장으로서 베를린대학교 설립에 주도적인 역할을 하고 있었다. 홈볼트의 당시 직책은 오늘날 교육부 장관에 해당할 것이다. 홈볼트의 이 글은 그가 교육 담당 내무부 관리로서 베를린대학교 설립을 준비하는 과정에서 쓰였다. 이 글에서 홈볼트는 기본적으로 베를린대학교의 이념과 조직을 진술하고 있지만 단지 대학 정책에 대해서만 서술하고 있지는 않다. 정부의 학문정책과 교육정책을 포괄하는 이 글은 대학뿐만 아니라 초·중등교육, 순수 연구기관으로서의 학술원, 목적 연구소 등에 대해서도 진술하고 있으며, 이런 의미에서 이 글의 제목에 '학문기구들'이라는 표현을 쓰는 것이다.

이 글에서 홈볼트는 철학을 비롯해 기반 학문이 대학의 중추가 되어야 하고, 대학의 학문은 실용성을 추구하지 말아야 하며, 대학에서의 학문 발전은 대학 구성원의 지적·정신적 성숙을 가져올 뿐만 아니라 국가를 이루는

라이어마허 등의 대학과 학문론을 점검하면서 논의한다[Bill Readings, *The University in Ruins*(Cambridge, Harvard UP, 1996), pp. 54~69 참조]. 레딩스의 이 책은 한국어로 번역되어 있기도 하다[빌 레딩스, 『폐허의 대학: 새로운 대학의 탄생은 가능한가』, 윤지관·김영희 옮김(책과 함께, 2015) 참조].

47 원제목을 직역하면 '베를린에 있는 상급 학문기구의 안과 밖 구성에 대해' 정도가 될 듯하다. 필자는 에드워드 실스(Edward Shils)의 영역본[Wilhelm von Humboldt, "On the Spirit and the Organisational Framework of Intellectual Institutions in Berlin," translated by Edward Shils, "Reports and Documents: University Reforms in Germany," *Minerva*, vol. 8(1970), pp. 242~250]을 참고했다. 독일어 원문은 구할 수 없어서 참고하지 못했음을 밝힌다.

민족(국민)의 지적·정신적 성숙을 가져온다고 주장한다. 훔볼트의 이런 주장은 『학부 간의 논쟁』에서 칸트가 대학의 역할로 내세운 이성적 진리 추구의 이념을 계승하고 있다. 말하자면, 칸트가 『학부 간의 논쟁』에서 대학의 근본적인 이념을 제시했다면 훔볼트는 이 글에서 대학 운영의 구체적인 청사진을 제시한다.

훔볼트는 이 글의 첫머리에서 학문의 사명을 다음과 같이 제시한다.

> 학문기구에서 구현되는 훈육된 지적 행위의 개념은 민족(국민)의 정신문화를 일으키는 데 가장 가치 있는 요인이 되는 개념이다. 이런 목적의 학문기구는 가장 심오하고 포괄적인 의미의 학문wissenschaft을 육성하는 것을 과제로 삼는다. 학문기구의 소명은 자연적·내적 필연성에서 발생하는 지적·정신적 문화의 실체 자체를 정교하게 만드는 데 매진하는 것이다.[48]

여기에서 훔볼트는 대학을 비롯한 학문기구의 사명이 국가를 이루는 민족 구성원의 지적·정신적 성숙을 가져오게 하는 것이라고 언명한다. 이는 국가권력을 위한 것도 아니고 국가의 특수 계층을 위한 것도 아니다. 훔볼트가 말하는 학문은 물질적 실용성을 위한 것도 아니고 사회적 지위를 위한 것도 아니다. 학문을 통한 지적·정신적 성숙('교양敎養'이라고 흔히 번역되는 독일어의 'Bildung')이 국가에 기여한다면 그것은 국가를 이루는 민족 구성원 각각의 지적·정신적 성숙이며, 민족 구성원의 이런 성숙이 결국 바람직한 국가를 형성하는 데 도움이 된다는 것이다. 이와 같이 민족(국민)의 지적·정

48 ibid., pp. 242~243.

신적 성숙을 가져오게 하는 것이 학문임을 먼저 선언한 다음에 홈볼트는 이런 학문의 역할을 수행하는 대학의 모습을 구체적으로 제시한다.

홈볼트는 가장 심오하고 포괄적인 의미의 학문은 "철학과 문리학philoso-phy and art"[49]에서 발현된다고 주장한다.[50] 학문의 근본인 철학, 즉 문리학은 특정 전문 분야를 다루는 학문과는 달리 편협성에 치우치지 않고 세속적 욕망을 부추기는 실용성과도 거리를 둘 수 있게 하기 때문이다. 정확히 같은 의미는 아니라 해도 우리는 이 말에서 칸트가 이상적으로 생각했던 철학부 중심 대학이 홈볼트에게서도 되풀이됨을 확인할 수 있다. 홈볼트는 학문 자체를 추구하는 이런 근본 학문을 학문 연구자가 제한 없이 자신의 뜻대로 추구할 때 제대로 된 지적·정신적 성숙을 이룰 수 있다고 주장한다. 따라서 대학 이전의 교육과정을 마친 학생들이 대학에 합류했을 때 이들의 지적·

---

49 'art'를 '인문학'으로 번역한 것에 대해서는 〈각주 5〉를 참고하기 바란다. 홈볼트는 이 부분에서 'philosophy'와 'art'의 의미에 대해 부연 설명하지 않는다. 이 말이 홈볼트가 대학의 제도를 논의하는 맥락에서 사용되었기 때문에 여기에서의 'art'가 현대적 의미의 '예술'이 아님은 분명하다. 대학제도의 역사에서 'faculty of arts'와 'faculty of philosophy'가 혼용되어 사용되었다는 점을 다시 생각해보면 홈볼트의 'philosophy and art'는 동어반복이라고 이해할 수 있다. 한편, 인문학과 자연과학을 연구하고 가르치는 학부는 중세에는 주로 자유교양학부(faculty of liberal arts) 또는 학부(faculty of arts)라고 불렀다. 중세 대학에서 학부과정을 지칭하는 데 쓰인 라틴어 'ars(영어의 arts)'는 그리스어 'technê(기예)'를 번역한 말로, 경험에 대비되는 학문 일반을 지칭한다(안재원, 「인문학(human-itas)의 학적 체계화 시도와 이에 대한 비판에 대해서: ars 개념을 중심으로」, 《서양고전학연구》, 39권(2010), 104쪽 참조]. 따라서 18세기에 주로 사용되었던 철학부의 '철학(philosophy)'과 중세 대학의 '학문(ars, arts: 여기에서 필자가 '문리학'이라고 옮기기도 한 학문)'은 사실상 같은 뜻이다.

50 Humboldt, "On the Spirit and the Organisational Framework of Intellectual Institu-tions in Berlin," p. 245.

정신적 성장을 도와주는 조건은 그들의 학문 추구에 자유를 주는 것이다. 물론 이 자유는 학문 세계를 선도하는 교수들에게도 적용된다.

훔볼트는 대학을 비롯한 학문기구 운영의 지배적 원칙은 "자유와 고독"의 분위기를 만들어주는 것이라고 한다.[51] 학생에게는 자신이 원하는 분야를 자유롭게 선택하며 이를 가르치는 교수를 자유롭게 선택할 자유를 말하고, 교수에게는 자신이 원하는 분야의 지식을 어떤 제한도 받지 않고 추구할 수 있는 자유를 말한다. 베를린대학교를 말할 때 학문의 자유를 첫째로 꼽는 것은 교수에게는 가르치는 자유lehrfeiheit가, 학생에게는 배우는 자유lernfreiheit가 주어졌기 때문이다.

훔볼트가 말하는 고독einsamket은 학문 연구자들이 학문적 사색과 탐구를 위해 학문 이외의 것에 정신을 뺏기지 않을 분위기가 대학에서 조성되어야 함을 뜻한다. 훔볼트는 이 글에서 학문 탐구자의 고독에 대해 더 이상 설명하지는 않는다. 그러나 훔볼트와 같이 이상적인 대학을 꿈꾸었던 피히테가 대학은 소도시에 위치해야 한다는 이유로 "소도시에서는 학문 정신이나 학문적 분위기가 극히 쉽게 생겨난다. 대도시의 대학에서는 그러한 일은 드물거나 전혀 불가능한 것으로 생각된다"라고 말했던 것을 생각해보면 훔볼트가 생각했던 대학인의 고독은 학문이 아닌 다른 즐거움이 가능한 한 배제된 상태를 뜻한다고 볼 수 있다.[52] 훔볼트는 대학의 학자들에게 일종의 수도원의 수사와 같은 삶을 기대했다고 짐작할 수 있다. 다른 측면에서 보면 대학의 학자들에게 필요한 고독은 실생활에서 대학인이 곤란을 겪지 않도록 국

---

51 ibid., p. 243.

52 이광주, 『교양의 탄생: 유럽을 만든 인문정신』, 686쪽 재인용.

가가 지원해야 한다는 뜻도 포함한다고 이해할 수 있다. 안정적인 의식주를 제공받지 못하는 대학인은 자유로운 학문 탐구를 방해하는 돈벌이에 관심을 가질 수밖에 없기 때문이다.

훔볼트가 대학의 조건으로 고독의 원칙을 말할 때 이는 학문이 혼자서 이루어지는 것이라고 주장하는 것은 아니다. 훔볼트는 학문이 협동을 필요로 한다고 말한다.[53] 이는 대학교수들이 가르칠 대상인 학생을 필요로 한다는 뜻만은 아니다. 훔볼트는 한 사람의 지적 성취는 지적 열정을 일으켜야 하며 협동을 통해서 한 사람의 지적 성취가 사그라지지 않고 인간들이 공동으로 소유할 수 있는 학문적 업적이 된다고 진술한다.[54] 이런 학문적 협동이 억압과 사심 없이 이루어질 때 학문 활동은 끊임없이 스스로 새로워지는 과정이 될 수 있다는 것이다. 이렇게 될 때 교수와 학생의 관계는 지식을 전수하는 자와 지식을 전수받는 자의 관계가 아닌, 학문의 상호 협력자 관계로 새로 정립된다. 학생은 교수의 학문을 확인하고 새로운 학문을 열게 하는 사람이 되고, 교수는 학생을 지적·정신적 성숙을 가능하게 하는 학문의 길로 인도하는 사람이 된다. 훔볼트는 이런 이유로 학생이 없는 연구소나 학술원은 대학에 비해 바람직한 학문적 성취가 이루어질 수 없는 곳이라고 말한다. 단적으로 그는 학문적 목적을 위해서라면 학술원이나 연구소는 없어져도 된다고 말하기도 했다.[55] 대학에서는 필요할 때는 교수들이 강의를 할 필요 없이 전적으로 혼자서 연구에 매진할 수 있는 환경이 조성될 수 있기

---

53 Humboldt, "On the Spirit and the Organisational Framework of Intellectual Institutions in Berlin," p. 243.

54 ibid., p. 243.

55 ibid., p. 248.

때문이다.

홈볼트는 대학에 대한 국가의 역할을 대학의 구성에 대한 틀과 물질적 지원에 한정해야 한다고 주장한다. 대학을 설립해주지 않거나 그런 대학에 재정적 지원을 해주지 않는다면 대학의 학문은 위축될 수밖에 없기 때문이다. 그러나 홈볼트는 또한 대학에 대한 재정적 지원의 방식을 정부가 결정하면 안 된다고 주장한다. 이는 대학의 자율적 운영을 방해할 가능성이 있기 때문이다. 대학의 구성과 물적 지원을 별개로 한다면 홈볼트는 국가가 대학에 개입하면 안 된다는 사실을 다시 강조한다. 국가는 그 자체로 학문 수행 능력이 없기 때문에 (여기에서 우리는 칸트의 말을 다시 듣는다) 국가가 어떤 식으로든 대학의 학문에 개입하면 그것은 곧 편견을 일으킨다는 것이다.[56]

대학의 구성과 관련해 홈볼트는 국가가 개입하지 말아야 한다고 주장하면서도 교수의 선임은 국가의 몫이어야 한다고 주장한다.[57] 오늘날 대학교수들이라면 홈볼트의 이런 주장에 대해 대학의 자율성을 해친다는 이유를 들어 동의하고 싶지 않을 것이다. 그러나 홈볼트는 학문의 자유가 국가에 의해서도 방해받을 수 있지만 대학 조직 자체에 의해서도 방해받을 수 있다고 언급한다. 대학이 스스로 교수를 선임하면 특정 관점을 가진 교수를 선임할 가능성이 있고, 이는 다른 관점의 학문을 위축시킬 수 있다는 것이다.[58]

---

56 ibid., p. 244.

57 ibid., p. 246.

58 홈볼트의 이 말은 현실화되어 오늘날에도 독일에서는 대학교수의 선임이 그 대학이 속한 지방정부의 몫으로 되어 있다. 홈볼트의 대학 구성 원칙은 정당하기도 하지만 독일 대학의 역사적 현실에서는 문제 있는 제도이기도 하다. 정부 자체의 편견이 대학교수의

칸트의 이성의 대학이라는 이념으로 초안이 잡히고 훔볼트의 학문의 자유를 보장하는 대학으로 구체화된 대학이 베를린대학교다. 설립 초기에는 칸트가 말했던 철학부(역사, 문학, 지리학 등의 역사철학과 수학, 논리학, 형이상학 등의 이성철학을 망라하는)를 중심으로 신학부, 법학부, 의학부가 같이 있는 대학으로 출발했다. 그러나 19세기 중반 이후 자연과학 분야를 본격적으로 도입하고 이 분야를 지원할 현대적 연구 설비를 갖추면서 베를린대학교는 인문학뿐만 아니라 자연과학 분야에서도 서구의 학문을 선도하는 대학이 된다.

독일의 대표적인 철학자들 게오르크 헤겔Georg Hegel, 루트비히 포이에르바흐Ludwig Feuerbach, 카를 마르크스Karl Marx, 아르투어 쇼펜하우어Arthur Schopenhauer, 빌헬름 딜타이Wilhelm Dilthey, 헤르베르트 마르쿠제Herbert Marcuse 등이 이 대학 출신이고 페르디낭 드 소쉬르Ferdinand de Saussure도 박사학위 논문을 쓸 때는 이 대학에서 수학했다. 또한, 자연과학 분야의 학문적 성과의 지표라고도 할 수 있는 노벨상 수상자가 이 대학에서 40여 명 배출되었다. 이 상이 제정된 1901년 이후 1950년대까지는 거의 매해 베를린대학교 출신이 노벨상을 수상했다는 뜻이다. 19세기 말 유럽 외 지역에서 학문의 근대화가 요구될 때 미국이나 일본은 베를린대학교로 유학생을 보내 근대 학문을 배워 오게 했다. 일본의 근대 대학과 미국의 연구 중심 종합대학은 이 학교를 모델로 삼아 구축되었다. 현재 전 세계에 일반화된 연구 중심 종합대학은 베를린대학교를 모델로 삼았다고 할 수 있다.

선임에 영향을 미칠 수 있기 때문이다. 나치 시대에 마르크스주의자나 유대인이 대학교수로 선임되지 못하거나 현직 교수가 대학에서 추방된 사례는 정부의 교수 선임권이 남용되었다는 사실을 말해준다.

4. 몰락하는 대학

중세 시대에 시작된 대학은 오랜 세월을 거치면서도 'university'라는 말의 뜻 그대로 공부하는 사람들의 공동체였다. 나폴레옹식 고등교육정책과 같이 국가권력이 고등 학문을 필요로 하면서도 대학이라는 학문공동체를 인정하지 않을 때는 대학이라는 이름을 쓰지 않고 '학교école'라는 용어를 썼다. 군대의 사관을 양성하는 고등교육기관 역시 대학이라고 하지 않고 배움의 장소라는 뜻의 학교나 아카데미academy라고 한다. 즉, 이 말은 한국어의 '대학'에 해당하는 'university'라는 말을 쓰는 대학은 학문공동체였다는 뜻이다. 그러나 현대의 대학은 '대학university'이라는 이름을 내세우기는 하지만 더 이상 학문공동체가 아니다. 이제 대학은 내부에서는 순위 다툼이 벌어지는 경쟁의 장이 되었고 외부로부터 연구와 교육의 지침을 시달받기도 한다.

학문 자체를 추구하는 학자들의 모임인 학문공동체로서의 대학은 이미 몰락했거나 적어도 몰락하는 과정에 있다. 이 원인은 여러 곳에서 찾을 수 있겠지만 두드러지는 원인은 미국식 사립대학제도이고, 이 제도가 왜곡하면서 수용한 베를린대학교 모델이다. 여기에서 미국의 대학을 언급하는 것은 미국의 대학이 한국을 비롯한 전 세계의 대학 운영 모델로서 현재 막강한 영향력을 행사하고 있으며, 이런 미국식 대학 운영 모델이 전 세계의 대학을 파멸로 몰아가고 있기 때문이다.

처음부터 미국의 대학은 학문공동체가 되기 어려운 구조로 출발했다. 미국의 대학은 볼로냐대학교와 같이 학생조합으로 출발한 것도 아니었고 파리대학교와 같이 교수조합으로 출발한 것도 아니었다. 학생조합이나 교수조합으로서의 대학 운영의 주체는 대학 구성원이다. 자신들을 위한 정부가 없던 시절에 설립되기 시작한 미국의 대학은 개인이나 사적 조직에 의해 설립되었고, 외부인이 주도하는 이사회가 운영의 주도권을 가졌다. 더구나 미국의 대학은 학생등록금이 대학운영비의 큰 몫을 차지하는 사립대학이었기에 대학에서의 공부가 개인의 출세라는 사적 동기가 작용하기 쉬운 구조를 갖고 있었다. 19세기 후반부터 설립되기 시작한 미국의 공립대학은 유럽의 일반적인 대학의 모형과 유사하기는 했지만 20세기 중반 이후 정부의 대학 재정 삭감으로 인해 공립대학의 면모를 상당히 잃고 사립대학과 대동소이하게 되었다. 또한 운영 주체 역시 이사회이기 때문에 대학의 지배 구조로 볼 때는 사실상 사립대학과 별 차이가 없다.

미국에서 대학이 학문공동체로서의 위상을 근본적으로 잃게 되는 계기는 미국식 베를린대학교의 도입이다. 19세기 중반 학문의 자유를 모토로 한 베를린대학교에서 학문적 성취가 확인되자 미국에서는 과거 지식 전달을 주요 목적으로 하는 교육 중심 대학이 충분하지 않음을 알게 되었고, 이에 새로운 지식을 탐구하는 연구 중심 대학이 설립되어야 한다는 의식이 형성되었다. 이에 따라 베를린대학교가 연구 중심 대학의 모델이 되고, 이 학교를 모델로 삼아 1876년에 존스홉킨스대학교The Johns Hopkins University가 설립되었다.

존스 홉킨스라는 거부가 기부한 700만 달러(현재의 화폐가치로 환산하면 약 15억 달러)의 기금으로 설립된 이 대학은 연구와 교육이 동시에 진행되어야 한다는 연구 중심 대학을 표방했고 대규모의 실험 설비 등을 갖춤으로써 미국의 연구 중심 대학들을 선도한다. 인문학이나 사회과학 분야의 연구나 교육을 소홀히 한 것은 아니지만 이 대학의 연구와 교육은 자연과학 분야(특히 의학)의 연구에 집중되었다. 더구나 이 대학은 사립대학의 지배 구조를 갖고 있었다. 교수와 직원은 기업형 위계 조직으로 구성되었으며 대학의 최고결정기구로서의 이사회는 기업인이 장악했다. 이 대학의 경영진은 "대학을 기업처럼 경영하지 않을 이유가 있어?Why can't a college be run like a business?"라고 흔히 말했다.[59] 베를린대학교의 설립 목적인 학문을 통한 지적·정신적 성장은 무시되었고, 대학의 후원자인 국가가 대학 운영에 개입하지 말아야 한다는 원칙 역시 존스홉킨스대학교에서는 실종되었다. 그러나 성과를 목표하는 기업 운영 방식이 이 대학에 적용되었을 때 그 연구 성과는 대단한 것이었다. 따라서 이 대학 모델은 곧 시카고대학교가 설립될 때 적용되었고 나아가 과거의 교육 중심 대학이었던 하버드대학교Harvard University나 예일대학교Yale University를 연구 중심 종합대학으로 변화시키는 데 기여했다.

대학을 기업처럼 경영하겠다는 존스홉킨스대학교 이사진의 기획은 대학에 대한 국가의 재정 지원이 격감하던 20세기 후반에 미국의 거의 모든 대학에서 노골적으로 표면화된다. 대학 경영은 이제 기업에 의한, 기업을 위한 경영이 되기 시작한다.[60] 기업의 성과가 수치로 평가되듯이 학생의 학업 성과와 교수의 연구 성과가 수치로 평가된다. 대학 외부 기관 역시 대학을 수치로 평가하기 시작한다. 그러나 대학의 교육·연구 성과는 원칙적으로 수치로 표시될 수 있는 것이 아니다. 더구나 근대 대학의 모델이 된 베를린 대학교가 지향했던, 학문을 통한 지적·정신적 성장은 수치로 환산될 수 없다. 이런 이유로 중세의 대학부터 시작해 근대의 베를린대학교까지 학생의 학습 성과에 대해 합격, 우수 합격, 불합격의 개념은 있었지만 이를 수치로

---

59 John R. Thelin, *A History of American Higher Education*(Baltimore: Johns Hopkins University Press, 2004), p. 113.

60 이에 대한 조금 더 상세한 논의는 이 책의 제3장 '대학 기업화의 원조: 미국 대학의 기업화'를 참고하라.

평가하지는 않았다. 미국의 대학에서도 초기에는 수치화된 평가제도가 없었으나 19세기 말에 이르자 표준화되고 일반화되었다.[61] 교수에 대한 순위 평가도 없었다. 명문대학이라는 개념은 있었지만 그런 대학이 순위로 정해지지는 않았다.

대학을 포함한 조직을 운영하기 위해서는 효율성이라는 개념이 필요하다. 수치는 이를 표시하는 편리한 방법일 수는 있다. 그러나 현대의 대학에서 수치는 학문의 내용을 증명하는 지표가 아니다. 평가 지표가 선행하고 그 지표에 따라 교육과 연구가 수치로 측정될 수 있게 계량화된 것이다. 그리고 평가 지표에 포함되지 않는 대학공동체의 활동은 대학 경영진의 관심거리가 아니다. 그리고 그 모든 수치는 '수월성excellence'으로 변환된다. 이런 수치로 표시되는 수월성의 대학 모델은 이제 전 세계의 대학으로 파급되기 시작한다. 민족 구성원의 지적·정신적 성숙을 목표했던 베를린대학교의 이념이 몰락하는 현장의 이면에는 세계화라는 이름으로 진행되는 초민족적·초국적 자본의 수월성을 위한 수치가 작동한다. 그리고 대학 내외에서 끊임없이 이어지는 수치화된 평가는 대학의 존재 이유 자체를 위협하고 있다.

수치는 원칙적으로 목적이나 방향을 제시하지 못한다. 수치는 그 자체로는 내용을 담지 못한다. 어떤 지표를 제시하고 그 지표에 따라 수치가 높아지는 것은 다른 말로 하면 그 지표의 이면을 제시하면 수치가 낮아짐을 뜻한다. 예를 들어, 대학 평가에 중요한 지표가 된 국제화 지표에서 높은 수치는 지역이나 국가공동체에 대한 기여도가 낮음을 뜻한다. 대학의 내부 사정

61 Mark W. Durm, "An A Is Not An A Is Not An A: A History of Grading," *The Educational Forum* 57(Spring 1993), p. 3.

을 아는 사람이라면 연구업적 수치가 높은 교수가 학문의 발전에 기여하고 있다는 생각을 별로 하지 않을 것이다. 강의평가 수치가 높은 교수에게서 학생들의 지적·정신적 성장을 기대하는 대학인 역시 별로 없을 것이다.

물론 연구업적평가나 강의평가에서 수치가 낮다는 것이 학문과 교육에 더 기여한다는 뜻도 아니다. 필자가 강조하는 것은 대학을 대상으로 이루어지는 수치화된 평가가 대학에 대해서 진술하는 것이 별로 없다는 사실이다. 그 자체가 기업이면서도 여타의 다른 기업의 이익을 위해 대학을 평가하는 ≪U. S. 뉴스 & 월드 리포트U. S. News & World Report≫ 대학 평가나 ≪중앙일보≫ 대학 평가 같은 언론사들의 대학 평가는 그 막강한 영향력과는 어울리지 않게 사실상 대학에 대해 말해주는 것이 없다. 수월성을 신조로 삼는 현대의 대학에서 칸트의 이성의 대학이나 훔볼트의 지적·정신적 성장을 위한 대학은 존재할 수 없게 된다. 수치화된 대학에서 교수와 학생은 대학의 주체가 아니라 관리 대상으로 전락한다. 결국 학문공동체로서의 대학은 몰락한다.

제3장

대학 기업화의 원조: 미국 대학의 기업화

1. 수치화된 대학

"자, 내가 원하는 것은 사실입니다. 이 아이들에게 사실만을 가르치세요. 사실만이 삶에서 필요한 것입니다. 다른 아무것도 심어놓지 마세요. 다른 것들은 다 뽑아버리세요."[1] 찰스 디킨스Charles Dickens의 『어려운 시절Hard Times』에서 교장인 그래드그라인드Gradgrind는 교사에게 교육 지침을 이와 같이 시달한다. 그래드그라인드로 대표되었던 19세기의 실용주의적 교육은 이제 더욱 정교하게 숫자로 체계화되었다. 학습 성과는 석차, 백분율, 학점으로 표시된다. 학생들은 학점, 토익 점수 등의 수치화된 스펙으로 자신을

---

[1] Charles Dickesn, *Hardtimes*(New Jersey: Piper Books, 2015), p.5. 괜찮은 한국어 번역본으로는 찰스 디킨스, 『어려운 시절』, 장남수 옮김(창비, 2009)이 있다.

내세운다. 무엇을 배우고 무엇을 아는지는 중요하지 않다. 교수들의 연구 역시 논문 편수, 저서의 수, 특허의 수, 연구비 규모 등의 수치로 평가된다. 어떤 연구를 하는지는 중요하지 않다. 교수와 학생은 대학이라는 학문공동체의 주체가 아니다. 그들은 생산성, 효율성, 경제성을 내세우는 대학 경영진의 관리 대상이다. 대학 경영진의 정책 결정과 집행은 모두 돈으로 표준화된다. 대학은 기업이 되었다. 대학이라는 기업의 생산직 업무 종사자인 교수들은 대학의 수익을 위해 경영진이 원하는 연구와 교육을 수행한다. 대학이라는 기업이 생산한 상품인 학생들은 다시 더 큰 시장을 주도하는 더 큰 기업의 생산 공정 부품이 되기 위해 상품으로 팔려나간다.

이 장은 대학의 기업화를 주도해왔던, 그리고 현재도 주도하는 미국 대학을 다룬다. 우리의 관심은 한국 대학의 기업화가 가져오는 문제이지만 한국 대학의 기업화를 논의하기 위해서는 대학 기업화의 원조이자 전 세계적으로 대학의 기업화를 이끌고 있는 미국 대학을 살펴보는 일이 우선 필요하기 때문이다. 따라서 이 장은 다음 장에 이어지는 '한국 대학의 기업화'를 논의하기 위한 토대 역할을 한다. 우선 자율적 공동체로서의 대학의 기원과 현대의 연구 중심 대학의 규범이 되었던 베를린대학교의 사례를 살핀다. 이는 현재 전 세계 대학의 역할 모델이 되고 있는 미국의 대학이 대학 본연의 위상과 얼마나 어긋나 있는지를 드러내기 위함이다. 다음으로 미국 대학의 역사와 기업화 과정 그리고 그 양상을 다룬다. 그다음으로 미국 대학이 어떻게 다른 세계의 대학을 변화시키고 있는지 논의한다. 마지막으로 기업화 대학에서의 인문학의 위상을 논의한다.

2. 대학의 기원: 자율적 학문공동체로서의 대학[2]

대학에 해당하는 영어의 'university'는 공동체, 조합, 조직 등을 뜻하는 라틴어 'universitas'에서 온 말이며 중세에는 동업자조합인 길드와 같은 뜻이었다.[3] 대학을 말할 때 'universitas'는 'universitas magistrorum et scholarium'의 줄임말로 선생과 학생들의 동업자조합이라는 뜻이다. 우니베르시타스universitas로 명명되었던 최초의 대학은 12세기에 형성된 이탈리아의 볼로냐대학교였다. 볼로냐의 우니베르시타스는 우선 학생들의 조합이었다. 법률을 가르치는 사설 학원이 많았던 당시 볼로냐에는 유럽 여러 지역의 학생들이 모여들었고, 이렇게 모인 학생들은 수강료를 내면서 법률을 공부했다. 이렇게 해서 자연스럽게 학생 동업자조합이 만들어졌다. 이것이 최초의 대학이다.

학생조합은 교수들을 고용해 급료를 지불했기 때문에 그들의 학습에 관해 거의 전권을 가지고 있었다. 따라서 학생조합은 교수들과도 충돌이 있었고 볼로냐 코뮌commune과도 주거 문제 등과 관련해 충돌이 있었다. 이에 학생들은 집단행동을 통해 다른 도시로 이주해버리기도 했는데, 볼로냐를 떠난 학생들이 세운 대학으로 파도바대학교가 있다. 이에 대응해 코뮌은 학생들이 그 도시에 거주함으로써 생기는 경제적 이익을 확보하기 위해 교수와

---

2 이 장에서 대학의 역사를 다루는 부분은 제2장의 내용과 어느 정도 겹치지만 대학 역사의 다른 면모를 보여주기 때문에 장 전체의 맥락을 고려해 이 장에 포함했다. 기업이 된 현대의 대학과 자율적 공동체였던 중세의 대학, 인간을 키워내는 학문을 추구했던 근대의 대학을 대비하고 싶기 때문이다.

3 'university'를 '대학'이라고 말하는 것에 대해서는 제2장 〈각주 1〉을 참고하라.

학생들이 그 도시에 체류하도록 조치를 취해야 했고, 결국 14세기 초엽에 코뮌이 교수들의 급료를 지원하기 시작했다.[4] 코뮌이 교수의 급료를 지원한다는 것은 대학운영비가 대학 교육의 직접적 수혜자라고 할 수 있는 학생의 등록금에 의존하지 않는다는 뜻이다. 유럽 남부에 있는 볼로냐대학교가 코뮌이 대학 재정을 지원하는 방식으로 운영되었다면 나중에 생긴 파리대학교나 옥스퍼드대학교 등 북부 유럽의 대학은 교회나 국가(또는 왕실)가 대학 재정을 지원하는 방식으로 운영되었다. 교회나 국가는 지식인조합인 대학을 자기편으로 만들 필요가 있었기 때문이다. 이렇게 초창기의 볼로냐대학교를 제외하고는 대학의 재정은 그 대학이 속한 도시, 교회, 또는 국가가 대부분 책임지는 구조가 되었다.[5]

볼로냐대학교에 뒤이어 생긴 파리대학교는 볼로냐대학교와는 달리 교수

---

4 이석우, 『대학의 역사』(한길사, 1998), 128쪽.

5 예외적으로 중세의 스코틀랜드 대학은 등록금을 받았다(이석우, 『대학의 역사』, 290쪽). 영국의 대학은 1980년대 이전까지는 등록금이 없었다. 독일에서는 일부 대학에서 등록금제도를 도입했지만 학생들의 항의로 폐기되었다. 프랑스는 연간 30만 원 정도의 학생 등록비를 받지만 집세, 대중교통, 식당 등에서 학생 할인이 있기 때문에 등록금을 훨씬 넘는 경제적 이득이 생긴다. 스웨덴, 네덜란드 등 북부 유럽의 대학은 등록금을 면제할 뿐만 아니라 학생에게 학생 수당을 지급한다(독일에서도 학생 수당을 지급해왔으나 축소되는 추세다). 반면 정착 식민 세계인 미국, 뉴질랜드 등에서는 등록금을 받았다(같은 정착 식민지였지만 오스트레일리아에는 대학등록금이 없었다). 사실 유럽 지역 대학의 등록금 체계는 간단히 말하기 어려울 만큼 매우 복잡하고 최근에는 자주 변하기도 한다. 또 어느 시기를 염두에 두는지에 따라 등록금의 부과 유무와 그 정도가 달라지기도 한다. 가계 소득 수준, 각 대학의 운영 방식, 정부 보조, 장학금 등이 등록금 책정에 작용하기도 하고 정부가 등록금에 관한 새로운 규정을 만들기도 하기 때문이다. 가장 변화무쌍한 나라는 영국이다. 마거릿 대처 정부가 신자유주의 정책을 국가정책으로 도입한 1980년 이후 영국은 현재 전 세계에서 가장 비싼 등록금을 받는 나라가 되었다.

들의 조합이었다. 초창기의 파리대학교는 가톨릭교회의 지원을 받으면서 성장했기 때문에 학생들의 통제를 받을 필요가 없었다. 교수들은 자체적으로 선출한 임원들을 통해 대학을 운영하고 통제했으며, 교회의 지원을 받으면서도 자신들의 전문성을 내세워 교회의 간섭을 배제하려 했다. 이렇게 대학은 교수들의 자율적 공동체로서의 전통을 만들어가기 시작했다. 대학이 자율적 공동체가 된 것은 교황과 황제가 대학에 대해 자치 특권을 부여했기 때문이다. 교수 가운데 선출된 총장은 대학을 대표할 뿐 아니라 대학에 관련된 민사·형사 사건에 대한 재판권도 가졌다. 개별 교수들은 강의를 하지 않을 권리가 있었으며 교수 집단 전체로서의 대학은 다른 도시로 이주할 권리도 갖고 있었다. 대학인이 당시의 일반인에게 적용되던 도시법, 교회법, 국법에 구속되지 않으면서 대학 자체의 재판권을 가지고 있었다는 것은 대학이 학문공동체로서의 자유를 이미 확보하고 있었음을 의미한다.

3. 근대 대학의 형성 : 베를린대학교와 학문의 자유

중세 이후 16세기에서 18세기까지의 초기 근대 대학은 중앙집권 체제를 갖추고 있던 왕권국가의 지원에 의지하게 된다. 왕권국가로서는 교회를 견제하면서 중앙집권 체제의 효율적인 운영을 위해 고급 교육을 받은 관리들이 필요했기 때문에 대학을 설립하고 지원할 필요가 있었다. 현재 전 세계에서 대학의 설립과 운영이 대부분 국립대학 형태를 띠는 이유는(미국과 한국의 사립대학은 전 세계적으로 보면 예외 형태에 속한다) 그 방식이 이러한 초기 근대 대학의 운영 방식에서 유래되었기 때문이다. 그러나 군주들은 대학을 국가를 위한 관리양성기관이라고 받아들였기 때문에 교과과정, 총장 또는 학장의 임명 등 대학의 제반 운영에 간섭을 하기도 했다. 따라서 초기 근대의 대학은 양적 팽창을 이루기는 했지만 자율적 학문공동체로서의 대학의 위상은 위축되었다. 그러나 이 시대에도 교수의 임용에 관해서는 대학의 자율이 보장되었고 상당한 학문적 발전 역시 이루었다.[6] 또한 초기 근대 대학은 중세 대학의 교과과정을 대부분 받아들였지만 라틴어가 아니라 영어, 프랑스어 등의 세속어로 교육하는 방식이 도입되었다는 점에서 대학의 지역화 역시 점차 진행되었다고 할 수 있다. 또한 이 시기의 대학은 르네상스 휴머니즘에 근거한 인간 중심의 인문학의 발전이 이루어지고 있었다는 점에서 세속화되기도 했다. 이는 중세의 대학이 신학을 장려하는 교회의 지원을 받으면서 보편 언어인 라틴어로 교육이 이루어졌다는 사실과 대조되는 것이다.

대학의 역사에서 획기적인 전환점은 1810년의 베를린대학교 설립이다. 1806년 나폴레옹의 침공으로 예나대학교와 할레대학교가 폐쇄되는 수모를 겪으면서 민족적 위기감이 일었던 당시 프로이센[7]은 고등교육에 대한 새로운 전기를 마련할 필요가 있었다. 당시 프로이센의 교육정책을 책임지던 훔볼트는 근대국가로서의 프로이센을 일으키기 위해서는 프로이센의 지성을 일으켜야 한다고 생각했다. 이를 위해 최고의 학자들이 완벽한 학문적 자유

---

6   John C. Scott, "The Mission of the University: Medieval to Postmodern Transformations," *The Journal of Higher Education* 77.1(2006), p. 11.

7   신성로마제국 해체 이후 독일은 여러 소국으로 분할되었으며 프로이센은 그중 하나였다. 나중에 베를린대학교 출신이기도 한 오토 폰 비스마르크(Otto von Bismarck)가 프로이센을 이끌고 1871년에 독일의 통일을 이루며 독일제국이 탄생한다. 즉, 프로이센은 현재의 독일이라고 할 수 있다.

를 보장받으면서 연구를 수행하는 것이 필요하다고 판단했고, 이를 구체화한 것이 베를린대학교였다.

홈볼트는 베를린대학교를 운영하는 세 원칙으로 첫째 연구와 교육의 일치, 둘째 학생의 학습의 자유와 교수의 교육의 자유, 셋째 순수 학문의 진흥을 제시했다.[8] 홈볼트가 제시하는 연구와 교육의 일치는 중세의 대학과는 달리 교수의 연구가 선행되고 그 연구 성과를 학생들에게 교육하는 것이었다. 따라서 중세의 대학이 과거 지식의 전승을 목표한 것에 비해 홈볼트가 제시한 대학의 연구와 교육은 새로운 지식을 추구하고 가르치는 것을 목표한다. 이 연구와 교육의 일치는 두 번째 원칙인 학습의 자유와 교육의 자유로 이어진다. 학생들로서는 자신이 원하는 분야를 어떤 외부의 금기 사항에도 방해받지 않으면서 학습하는 것이다. 또 교수의 교육의 자유 역시 교수의 연구 결과가 무엇이든 이 결과를 학생들에게 제한 없이 교육할 수 있는 자유를 말하는 것이다. 순수 학문의 진흥이란 철학을 중심으로 한 인문학의 진흥과 수학, 물리학 등의 기초 자연과학의 진흥을 근대 대학이 도모해야 한다는 것이다. 이는 중세 대학의 대학원 과정에 있었던 신학, 법학, 의학과 같은 위상을 근대의 대학에서는 순수과학이 확보해야 함을 의미한다.

학문의 자유를 바탕으로 베를린대학교에서 이루어진 순수 학문의 발전은 이 학교의 교수였던 철학자 슐라이어마허와 헤겔, 물리학자 알베르트 아인슈타인Albert Einstein, 그리고 이 학교 출신인 마르크스와 프리드리히 엥겔스 Friedrich Engels, 시인 하인리히 하이네Heinrich Heine, 철학자 발터 벤야민Walter Benjamin, 범아프리카 운동을 이끌었던 윌리엄 두 보이스William Du Bois, 철학

---

8   Scott, "The Mission of the University: Medieval to Postmodern Transformations," p. 20.

자 에른스트 카시러Ernst Cassirer, 현대 생화학의 창시자 에밀 피셔Emil Fischer 등의 명성에서 확인할 수 있다. 홈볼트가 진작하려 했던 기초과학으로서의 인문과학과 자연과학은 일차적으로는 순수과학의 진흥을 통해 프로이센의 학문의 토대를 쌓는 것이었다. 그러나 홈볼트가 의도했던 효과는 더 나아가서 인문학에서의 철학, 문헌학philology[9]을 통해 프로이센의 문화를 고양해 프로이센의 민족 형성에 대학이 기여하는 것이었다. 독일 문화·문학 연구가 대학에서 학문적 위상을 갖게 됨으로써 이 연구는 곧 독일 정신을 연구하는 것이 되었다. 이렇게 대학에서 구축되는 독일의 정신이 독일의 민족국가를 형성할 토대가 된다는 것이다.

여기서 주목할 점은 베를린대학교를 모태로 하는 연구 중심 대학의 교육 목적이 민족국가를 운영할 관리를 양성하는 것이 아니라는 점이다. 1789년의 프랑스혁명을 통해 근대국가가 민족국가(또는 국민국가) 형태로 확고하게 자리 잡고 난 뒤에 이 민족국가를 이루는 민족은 개인의 자유의지에 의해 권리를 행사하는 시민의 집합체라는 이념이 일반화되었다. 이러한 근대 민족국가 구성원인 권리 주체로서의 민족(시민)을 양성하는 것이 홈볼트가 생각했던 대학의 사명이었다. 바람직한 프로이센 국가 구성원은 독일의 정신이 고양된 사람이어야 한다는 것이다. 이런 성숙한 정신이 '교양Bildung'이다. 결국 대학은 교양을 위한 것이다. 독일 문화·문학을 탐구함으로써 교양을 쌓는 대학은 곧 독일 정신의 집합체가 되며, 이는 독일이라는 민족국가의 소규모 형태라고 할 수 있다.[10] 19세기 초 베를린대학교에서 시작된 문헌학

---

9 당시는 민족문학이 학문적 위상을 갖지 못했기 때문에 문헌학은 현대적 의미에서 민족문학 연구가 된다.

연구가 다른 민족국가의 대학에 적용되었을 때 영국에서는 영문학, 프랑스에서는 프랑스문학이 대학의 교과과정과 연구 분야로 정착되었다. 즉, 훔볼트가 창안한 연구 중심 대학은 민족국가의 형성에서 핵심적인 역할을 하게되었다. 또한 훔볼트가 기획한 교육과 연구가 일치된 연구 중심 대학으로서의 베를린대학교는 오늘날 전 세계 거의 모든 종합대학에서 규범적 역할을하고 있다.

4. 현대의 미국 대학: 대학 기업화의 원조

자치권에 근거한 학문공동체로서의 중세 대학은 자율적 공동체로서의 대학의 전통을 세웠다. 또한 순수 학문 추구를 목표했던 근대의 베를린대학교는 학문의 자유라는 대학의 전통을 세우면서[11] 전 세계 근현대 대학의 규범이 되었다. 중세와 근대를 거치면서 대학은 학문을 추구하는 자율적 공동체로서의 위상을 확립한 것이다. 대학은 외부의 지원을 받으면서도 간섭은 받지 않는 자율적 학문공동체였다. 미국의 대학은 중세의 대학과 근대 베를린대학교를 원형으로 삼으면서도 이들 대학과는 다른 기업식 대학이 되었다.

처음부터 미국 대학은 기업화되기 쉬운 구조를 갖고 있었다. 미국 대학의

---

10 Readings, *The University in Ruins*, p. 67.

11 물론 이런 전통이 항상 유지된 것은 아니었다. 히틀러가 집권한 제3제국 시대에 독일의 다른 대학과 마찬가지로 베를린대학교는 나치 교육기관으로 변모했다. 유대인을 비롯해 나치즘에 반대하는 교수들이 이 대학에서 추방되었으며, 불온서적이라는 이름으로 2만 권에 이르는 장서가 불태워졌다.

기업화는 애초에 미국 대학이 사립대학으로 시작했다는 사실에 기인한다. 1636년에 설립된 미국 최초의 대학인 하버드대학교는 당시 식민지 정부로부터 재정적 지원을 받기도 했지만 동시에 학생들로부터 등록금도 받았다. 이는 중세의 대학이 주로 교회의 재정적 지원으로, 근대 이후의 대학이 정부의 재정으로 운영되었다는 사실과 크게 대조된다. 정부나 교회가 대학운영비를 전적으로 지원한다면 대학 운영자의 관심은 예산 확보가 아니라 대학이라는 학문공동체 자체의 발전일 것이다.

그러나 사립대학으로 출발한 미국 대학에서는 처음부터 대학의 재정을 확보하는 일이 대학 운영자의 중요 역할이 될 수밖에 없었다. 미국의 독립 이후에 생겨난 주립대학 역시 사립대학과 근본적으로 다른 재정 구조를 갖고 있지는 않았다. 사립대학에 비해 주정부의 재정적 지원을 더 받기는 했지만 주정부 예산으로만 운영되는 체제는 아니었다. 사실상 미국의 주립대학은 유럽이나 세계의 여러 나라에서 일반화된 국립대학 운영 방식과는 다른 구조를 갖고 있다. 엄밀하게 말하면 미국의 주립대학은 국립대학이 아니라 사립대학의 한 유형이다. 이렇게 미국 대학의 재정 구조는 정부지원금, 학생등록금, 정부 이외의 외부 기관과 개인의 기금으로 이루어진다.

정부가 전적으로 대학의 재정을 담당하지 않을 때 정부는 재정적 여유가 있을 때는 대학을 정상적으로 지원하겠지만 재정이 여의치 않을 때는 대학에 대한 지원금을 축소한다. 주정부의 지원금이 줄어들면 대학 운영자는 예산 확보를 위해 등록금을 올리거나 다른 외부의 지원을 찾게 된다. 이에 따라 미국의 대학 예산을 구성하는 한 중요 부분이 기업이나 부유한 개인이 기부하는 발전기금이 된다. 예를 들어 하버드대학교라는 이름을 남긴 존 하버드John Harvard는 그의 장서와 자산의 절반을 하버드대학교에 기증해 학교 발전에 큰 기여를 한 인물로 기록된다. 그러나 자선가의 역할은 대학의 교육과 연구의 방향을 결정하기도 한다. 목사였던 존 하버드의 영향으로 초창기 하버드대학교의 모토가 '그리스도와 교회를 위한 진리'였고(현재는 '진리 veritas'라고만 되어 있다), 이 대학이 주로 목회자 양성기관의 역할을 수행했다는 사실은 대학이 외부기금을 받을 때 대학 본연의 위상을 유지하기 어렵다는 것을 말해준다.[12] 또한 거금을 출연해 명예를 얻게 되는 후견인은 사업에 성공한 기업가이기 쉽다. 기업가의 출연은 대학 운영에 직접적인 영향이 없더라도 기업가에 대한 우호적인 정서를 대학에 심어놓는다는 점에서 대학의 기업화에 영향을 미친다.

기업가가 기금을 출연하면서 대학의 교육과 연구를 기업에 기여하는 방식으로 수행하라고 요구할 경우 대학을 기업에 종속시키는 결과가 나타난다. 미국 대학의 예산에서 기금의 비중이 높다는 것은 그만큼 대학이 기업화될 가능성이 높다는 뜻이다. 대학등록금 역시 대학의 기업화에 영향을 미친다. 학생이 대학 교육을 위해 대학운영비를 부담하는 것은 그 교육비에 대한 보상을 기대하게 하고 결국 대학 교육을 실용적 목적을 위한 것으로 만들기 쉽다. 실용적인 대학 교육은 결국 취업 교육이라는 뜻이기 때문이다. 이는 대학 교육을 기업이 원하는 교육으로 바꾸어놓는다.

미국 대학이 기업화될 가능성은 대학의 지배 구조에서도 찾을 수 있다.

---

12 대학 기부금은 사회정의에 어긋나는 방식으로 작동하기도 한다. 미국 대학 역사상 두 번째로 설립된 윌리엄메리대학교(College of William and Mary, 이 대학명은 영국의 공동 군주였던 윌리엄 3세와 메리 2세의 이름을 딴 것이다)에 300파운드를 기증하는 조건으로 당시 영국 왕은 교수형에 처하게 된 범죄자 세 명을 구명해주기도 했다[John R. Thelin, *A History of American Higher Education*(Baltimore: Johns Hopkins University Press, 2004), p. 16].

초창기부터 미국 대학은 외부 인사로 구성된 이사회, 그리고 그 이사회가 지명한 총장이 대학을 지배하는 구조였다. 이는 초창기 미국 대학이 표방했던 옥스퍼드대학교나 케임브리지대학교의 방식은 아니다. 옥스퍼드대학교나 케임브리지대학교의 교수들은 그 대학의 재정적 지원자인 왕실이나 교회의 간섭을 배제해왔으며 또 교수 가운데 선출되는 총장의 위상은 대학의 지배자가 아니라 교수의 대표였기 때문이다.[13] 총장이 교수의 대표라는 생각은 베를린대학교를 구상했던 독일 철학자들의 생각이기도 했다. 훔볼트와 동시대 철학자였던 슐라이어마허는 대학을 대표하는 총장 선출 방식에 대해 총장은 "동료 중 첫째(여기에서 그는 영어의 'the first among equals'에 해당하는 라틴어 'primus inter pares'를 사용한다)"이기에 "대학 전체의 민주주의적 특성이 제한되지 않도록 교수들 중에서 그리고 그 교수들에 의해 규정된 절차에 따라 제한된 임기 동안만 역할을 하도록 선출되어야 한다"라고 말했다.[14] 즉, 중세의 조합으로서의 대학 시절부터 근현대의 연구 중심지로서의 대학 시절까지 대학은 자율적 공동체의 위상을 유지했다.

미국 대학의 총장은 교수진이 아니라 주로 외부 인사로 구성된 이사회가 선출하며, 이사회는 총장에게 대학을 지배하는 관리자로서의 권한을 부여한다. 이런 지배 구조에서 교수들은 총장과 이사회의 관리 체제 아래에 놓인다. 총장은 학교 운영에 대해 교수회에 보고하는 것이 아니라 자신을 임명한 이사회에 보고한다. 이렇게 외부 인사로 구성된 이사회 그리고 그 이사회가 임명한 총장에 의해 대학이 지배되고 운영되는 것이 미국 대학이다.

13 Thelin, *A History of American Higher Education*, p. 11.

14 Readings, *The University in Ruins*, p. 204 재인용.

예를 들어, 하버드대학교 법인 이사회는 총장을 포함해 11명으로 구성되어 있는데, 2018년 기준 이사진은 정치인, 기업인, 전직 관료, 타 대학교수 등 모두 외부인이며, 이 이사회에서 선출되는 총장 역시 하버드대학교의 교수 출신이 아니다.[15] 즉, 하버드대학교의 정책과 운영은 외부 인사들이 장악하고 있는 셈이다. 이 말은 하버드대학교 법인 이사회 구성원의 성향에 따라 학교의 정책이 변할 수 있으며, 기업인의 영향력이 점점 커지는 현재의 상황을 보면 대학이 기업의 영향을 크게 받을 수 있는 구조에 놓여 있다는 것이다.

이런 상황은 공립대학이라고 할 수 있는 주립대학에도 적용된다. 캘리포니아대학교University of California 체제 아래에 있는 버클리대학교를 보면 버클리대학교 총장은 캘리포니아대학교 이사회에서 선출되는데, 이사회 구성원 26명 중 18명은 주지사가 지명하며 당연직 7명은 주지사, 부지사 등 현직 정치인이나 관료다(1명은 학생 대표다). 주지사가 지명하는 18명은 사회 각계를 대표한다고 되어 있으나 기업인이 상당수를 차지한다. 주립대학 역시 사립대학과 마찬가지로 학교의 운영이 외부의 영향 아래 놓여 있는 것이다. 대학 내부의 관리 체제 역시 마찬가지다. 부총장, 처실장, 학장 등 대학 운영의 책임자들은 해당 대학의 교수들 중에서 선출될 수도 있지만 기본적으로 외부에서 행정관리 업무 능력을 인정받은 사람들로 채워진다. 결국 미국의 대학은 기업식으로 그리고 기업 친화적으로 운영된다.

19세기 후반부터 설립되기 시작한 미국의 연구 중심 종합대학 역시 대학

---

15 2018년 기준 현 총장 드류 포스트(Drew Faust)는 역사학 교수를 겸직하고 있지만 하버드대학교 총장이 되기 전에는 펜실베이니아대학교 교수였다.

의 기업화에 영향을 미친다. 미국 최초의 연구 중심 대학으로 설립된 존스홉킨스대학교는 대학이 기업을 위한 연구기관으로 변하는 길을 열어놓았다. 이 학교는 독일의 연구 중심 대학인 베를린대학교를 모델로 삼아 설립되었다. 그러나 베를린대학교가 순수과학, 특히 인문학 가운데 철학 중심의 연구 중심 대학이었던 것에 반해 존스홉킨스대학교는 인문학 분야도 포함하지만 의학과 공학 중심의 자연과학을 중점적으로 육성하는 연구 중심 대학이다. 연구와 교육을 일치시키고 세미나를 통해 연구를 협동으로 진행하는 대학원 중심 대학이라는 점에서는 베를린대학교와 유사하나 베를린대학교가 순수 학문을 진작했다면 존스홉킨스대학교는 실용적 목적의 학문 탐구를 진작한다.[16] 베를린대학교는 사실 인문학을 핵심으로 하는 연구 중심 대학이었지만 자연과학에서도 괄목할 만한 업적을 냈다. 베를린대학교에서 이루어지던 자연과학의 발전을 위한 대규모 지원은 존스홉킨스대학교에도 적용되어 자연과학과 공학 등에 대해 대규모 지원이 이루어졌다. 그 결과 존스홉킨스대학교의 자연과학과 공학, 의학 분야에서 괄목할 만한 발전이 이루어졌다.[17]

학문의 자유를 바탕으로 인문학을 중심에 두는 연구 중심 대학인 베를린대학교와 자연과학 중심의 미국식 연구 중심 대학 사이에는 차이가 있다. 학문의 자유를 바탕으로 인문학 중심의 연구 중심 대학에서 이루어지는 연

---

16 Jeniffer Washburn, *University Inc.: The Corporate Corruption of Higher Education* (New York: Basic, 2005), pp. 32~33. 한국어 번역본으로 『대학주식회사』, 김주연 옮김 (후마니타스, 2011)가 있다.

17 미국의 연구 중심 대학은 존스홉킨스대학교에서 시작되어 시카고대학교 등으로 이어졌다. 현재 미국의 명문 종합대학은 모두 연구 중심 대학이라고 할 수 있다.

구는 그 연구 결과가 사회적 윤리나 종교적 원칙과 어긋난다고 하더라도 이를 진작한다. 이 경우 연구 결과는 새로운 지식을 창출하는 동력이 된다. 그러나 의학, 자연과학, 그리고 이를 응용한 공학 등 실용 학문에서는 연구 결과가 실용성이 없다고 판단될 때 연구자가 더 이상 그 연구를 진행할 이유가 없어진다. 따라서 실용적 목적을 위해 연구가 진행되면 새로운 지식 창출에는 한계가 존재하며 연구 방향 역시 실용성에 초점이 맞춰진다. 또한 실용적 목적의 연구는 그 연구의 실용성이 적용되는 분야의 관심을 끌고 또 그곳의 지원을 받게 된다. 외부 기관이 순수 학문 분야에 우선해 실용적 목적의 연구에 기금을 출연하고 지원하면 결과적으로 순수 학문 연구는 위축된다. 순수 학문 분야의 연구자가 상대적 박탈감을 겪을 수 있기 때문이다.

실용적 목적의 연구가 연구 중심 대학의 중요 분야가 되기 시작한 시기는 제2차 세계대전 이후 냉전 시대다. 베를린대학교 교수를 역임하기도 한 아인슈타인이 이룩한 순수물리학의 발전이 궁극적으로 군사적 목적을 위해서도 유용하다는 것을 미국 정부는 인식하게 된다. 이에 따라 미국 정부는 정부가 필요한 연구를 수행하도록 미국의 연구 중심 대학에 대규모의 연구비를 지원하기 시작한다. 군사적 목적에 이용할 수 있는 연구를 대학에서 수행하도록 부추겼다는 사실은 1950년의 한 통계에서 대학에 대한 정부연구비의 87%가 국방부와 원자에너지위원회Atomic Energy Commission(핵무기 개발을 관장한 기구)에서 나왔다는 것에서 확인된다.[18,19] 냉전 시대의 전략적·군

18 Washburn, *University Inc.: The Corporate Corruption of Higher Education*, p. 42.

19 군사적 목적의 연구를 수행했던 주목할 만한 연구소로 항공우주공학 연구를 주도했던 캘리포니아공과대학(California Institute of Technology)의 제트추진연구소(Jet Propulsion Laboratory), 공중방어(air defense) 연구를 주도했던 MIT의 링컨연구소(Lincoln

사적 목적 연구는 자연과학에만 국한된 것은 아니었다. 초강대국이 된 미국은 전 세계에 대한 지배력을 강화하고 유지하기 위해 지역학, 심리학, 커뮤니케이션학, 인류학 등 사회과학 분야의 연구에도 정부연구비를 지원했다. 미국의 연구 중심 대학은 냉전 이후 정부가 발주하는 외부 연구를 대규모로 수행함으로써 순수 학문 탐구 기구라는 대학의 위상을 본격적으로 방기하기 시작했다. 1980년대 이후에는 기업이 발주하는 연구를 적극적으로 수행하기 시작하면서 미국의 연구 중심 대학은 조금 더 분명하게 기업화된다.

미국 대학의 기업화는 1980년의 '베이돌법the Bayh-Dole Act'[20]에 의해 가속화된다.[21] '베이돌법'은 외부 연구비 지원으로 이루어진 대학의 연구 결과에

Laboratory), 핵무기 개발을 주도했던 버클리대학교의 로렌스리버모어연구소(Lawrence Livermore Laboratory) 등을 꼽을 수 있다.

20 미국의 '베이돌법'은 정부연구기금에 의한 연구 결과에 대해 연구자 개인, 대학, 또는 기업이 특허권을 가질 수 있도록 허용한 법이다. '베이돌법' 이전에는 정부기금에 의한 연구 결과는 정부가 소유하는 것으로 간주되었다. '베이돌법'은 정부가 대학에서 이루어지는 연구 결과에 대해 소유권을 갖게 되면 그 연구 결과가 상용화되기 어렵다는 이유로 대학의 연구 결과에 대한 사적 소유권(특허권)을 인정한 법으로 1980년에 제정되었다. 이 법이 제정되기 이전에 대학교수들은 대학에서 이루어지는 연구 결과를 개인이 소유한다는 발상을 가지고 있지 않았다. 1955년 소아마비 백신을 개발한 조너스 소크(Jonas Salk) 피츠버그대학교 교수가 백신의 특허를 누가 소유하느냐는 질문에 "모든 사람이 아닐까? 특허는 없어. 태양으로 특허권을 얻을 수는 없잖아?"(Jacob H. Rooksby, "Myriad Choices: University Patents under the Sun," *Journal of Law and Education* 42.2(2013), p. 317 재인용)라고 대답했다는 일화가 이를 잘 반영한다. 이 법은 한편으로는 대학에서 이루어지는 연구를 이윤 추구 목적으로 전용할 수 있게 했으며, 다른 한편으로는 대학에서 이루어지는 학문적 성과를 학문공동체의 다른 구성원들과 공유하지 않는 것을 정당화했다. 한국에서는 2000년에 미국의 '베이돌법'과 거의 같은 내용을 담은 '기술이전촉진법'이 제정되었다.

21 Masao Miyoshi, "Ivory Tower in Escrow," *Boundary 2* 27.1(2000), p. 18.

대해 대학이 특허권을 소유할 수 있도록 하는 것을 골자로 하는 법이다. 역으로 말하면 이 법이 시행되기 전에는 대학에서의 연구 과정과 결과는 학문 공동체, 더 나아가서 공공이 공유하는 것으로 인식되었다. 대학의 연구 결과가 특허권의 대상이 된다는 것은 대학 소속 연구자의 연구 결과를 다른 연구자들과 공유하지 않겠다는 것을 의미한다. 또한 이는 대학에서 이루어지는 연구가 학문적 목적이 아니라 이윤을 추구하는 상업적 목적으로 수행될 수 있음을 의미하기도 한다. 이렇게 '베이돌법'은 대학이 이윤 추구 기업으로 변하게 하는 데 결정적으로 기여한다.

'베이돌법'과 더불어 1981년에 시작된 로널드 레이건Ronald Reagan 대통령의 레이거노믹스라고 불리는 공공기금 축소 정책 역시 대학의 기업화를 가속화한다. 레이건과 조지 H. W. 부시George H. W. Bush로 이어지는 공공기금 축소 정책은 빌 클린턴Bill Clinton 시대에도 별다른 변화 없이 이어지며 아들 조지 W. 부시George W. Bush 시대에는 해당 정책이 더욱 확고해진다. 중앙정부의 공공기금 축소 정책은 대학을 직접적으로 지원하는 주정부에 조금 더 구체적으로 영향을 미친다. 대학에 대한 정부의 지원이 활성화되었던 1960년대와 1970년대에 주립대학의 재정뿐 아니라 주립대학 규모 자체가 확대되었다면, 레이거노믹스가 확고해진 1990년대부터는 주립대학에 대한 주정부 지원이 급감하기 시작한다. 1991년 주립대학 예산에서 주정부지원금이 차지하는 비중이 전체적으로 74%인 것에 비해 2004년에는 64%로 축소되었다. 이 해에 일리노이주, 미시건주, 버지니아주에서는 각각 25%, 18%, 8%로 축소되었다.[22] 이에 따라 각 대학은 재정을 확보하기 위해 등록금을 인상

---

22 David Schultz, "The Corporate University in American Society," *Logos* 4.4(2004), p. 4.

할 필요가 있었다. 그 결과, 1993년에서 2004년까지 사립대학의 등록금은 5746달러(37%)가 인상되었고 주립대학은 1927달러(54%)가 인상되었다. 이에 따라 대학졸업생 평균 부채 역시 1993년 9250달러에서 2004년 1만 9200 달러로 늘어났다.[23]

대학의 재정을 확보하기 위한 노력은 학생의 등록금을 올리는 것으로만 나타나지 않는다. 대학은 기업의 기금을 유치하기 위해 기업에 호의적인 연구와 교육을 수행하게 된다. 또한 내부적으로 비용을 줄이기 위해 비효율적이라고 판단되는 학문 단위를 줄이거나 없애고, 비용이 많이 들고 신분이 보장되는 종신교수의 수를 줄이며 비용이 적게 드는 대학원생이나 시간강사로 교육을 담당하게 한다. 즉, 기업식 경영이 도입되는 것이다.

미국 대학의 기업화는 세 가지 방식으로 나누어 생각해볼 수 있다. 첫 번째 방식은 비영리를 목적하는 일반 정규대학에서 이루어지는 기업식 경영이다. 이는 기업식 효율성을 극대화하는 방식으로 대학을 운영하는 것과 기업 친화적으로 대학을 운영하는 것을 말한다. 두 번째 방식은 영리 대학을 설립하고 운영하는 것이다. 세 번째 방식은 기업 안에 직원 업무 교육기구로 대학을 설립해 운영하는 것이다.[24]

---

23 Washburn, *University Inc.: The Corporate Corruption of Higher Education*, p. xiv.

24 미국 대학의 기업화를 논의할 때 미국의 논자들은 이 세 방식에 대해 모두 '기업 대학(corporate university)'이라는 용어를 쓴다. 첫 번째 유형은 일반대학 대부분에서 이루어지는 방식으로, 미국의 논자들이 가장 관심을 갖고 논의하는 것이다. 케리 넬슨(Cary Nelson)이 스티븐 와트(Stephen Watt)와 함께 쓴 『학문의 핵심용어: 고등교육용 심술쟁이 사전(Academic Keywords: A Devil's Dictionary for Higher Education)』에서 넬슨이 사용한 'corporate university'라는 용어의 해설은 일반대학의 기업화를 설명하며, 영리 대학(for-profit university)과 기업 안의 사원 교육기관으로서의 기업 대학(corporate

일반대학의 기업화는 두 가지 방식으로 진행된다. 하나는 대학 재정을 경제성, 생산성, 효율성의 원칙에 근거해 운영하는 것이다. 경제성과 효율성을 추구하는 관리자가 경영하는 대학은 더 이상 자율적 학문공동체가 되지 않는다. 최소 비용으로 최대 효과를 내는 경제원칙을 적용하는 대학 운영 방식은 선택과 집중이라는 말로 집약되어 교직원 인원을 감축하기도 하고 가시적 성과가 적은 학문 단위를 폐쇄하기도 한다. 대학 경영진은 선택과 집중의 기준을 마련하기 위해 표준화된 계량적 지표를 도입한다. 그들은 이를 위해 논문 편수, 영향력 지수impact factor, 연구비 수주액 등 숫자에만 관심을 갖는다. 이 숫자의 합산으로 우수 교수, 우수 학문 단위를 산정한다. 외부의 대학 평가 기관 역시 이런 숫자에 근거해 우수대학을 선정한다. 이런 방식은 대차대조표와 손익계산서로 실적을 발표하는 기업과 대학이 같아지고 있음을 말해준다. 매출액, 당기순이익 등의 숫자로만 실적을 말하는 기업과 논문 편수, 교수대 학생 비율 등의 수치적 성과로만 실적을 말하는 대

---

university, 한국의 사내 대학에 해당)을 언급하지는 않는다[Cary Nelson and Stephen Watt, *Academic Keywords: A Devil's Dictionary for Higher Education*(New York: Routledge, 1999)]. 미국 대학의 기업화를 비판하는 대개의 논자들은 일반대학의 기업화와 함께 제도적으로 영리를 추구하는 것이 허용된 영리 대학의 출현과 번창 역시 문제 삼는다. 그러나 이 글에서 필자가 논의하는 기업의 사원 교육기관인 기업 대학(또는 사내 대학)에 대해서는 비판적인 논의를 찾아보기 어렵다. 그러나 한국 대학의 기업화를 염두에 두면서 미국 대학의 기업화를 논의하려면 세 번째의 사내 대학 역시 논의할 필요가 있다. 한국에서 진행되는 대학의 기업화를 생각할 때 삼성의 사내 대학으로 변하고 있는 성균관대학교를 염두에 두지 않을 수 없기 때문이다. 사내 대학으로서의 성균관대학교를 논의하려면 사내 대학의 원조인 미국의 기업 대학을 이해해야 한다. 여기에서 성균관대학교를 언급하는 것은 성균관대학교가 한국 대학의 기업화를 가장 분명하게 선도하고 있기 때문이다. 한국 대학의 기업화는 다음 장에서 본격적으로 논의한다.

학은 기본적으로 다를 바가 없기 때문이다. 기업의 실적 발표에서 어떤 물건을 어떻게 잘 만들었는지를 말하지 않듯이 대학의 실적 발표에서도 연구와 교육의 내용을 말하지 않는다. 빌 레딩스는 이를 두고 이제 대학은 기업이 되었다고 주장한다.[25]

일반대학 기업화의 또 다른 방식은 재정의 확보에서도 나타난다. 이는 등록금 인상, 발전기금 모금, 기금 확보를 위한 연구와 교육, 대학 시설의 임대나 판매를 통한 수익 확보 등의 형태로 나타난다. 등록금 인상은 대학 교육이 상품임을 확인하게 한다. 명문 사립대학의 비싼 등록금은 그 명문대의 교육이 고가의 상품임을, 주립 전문대학의 싼 등록금은 그 대학의 교육이 싸구려 상품임을 말하는 것으로 인식된다. 명문 사립대학은 그 대학의 상품 가치를 높이기 위해 등록금을 계속 인상하고, 2년제 전문대학은 교육 상품 시장에서 살아남기 위해 가격 대비 상품 가치가 높다고 대학을 홍보한다.

기업이 상품을 생산하고 판매하는 조직임을 생각하면 이 같은 대학 역시 기업이 된 것이다. 발전기금 출연의 대가로 대학의 건물이나 강의실에 기금 출연자의 이름을 붙일 때 대학은 기업적 성공을 이상화하게 된다. 기금출연자는 대개 기업적 성공을 이룬 사람이기 때문이다. 연구기금의 대가로 연구 결과를 기업에 제공하고 또 교육의 내용을 제품화해 온라인이나 DVD 등의 매체로 판매할 때 객관적이고 독립적이어야 할 연구와 교육은 자본의 지배 아래에 놓이게 된다. 대학 시설이 상품 판매장으로 변할 때 대학은 사회에 대한 비판적 전망을 견지하기 어려워진다. 이와 같이 대학이 수익 창출 기관으로 변할 때 대학의 존재 이유인 진리 탐구는 부차적인 것이 되고 만다.

---

25 Readings, *The University in Ruins*, pp. 22~23.

이제 대학은 기업이 되었거나 기업적 가치를 구현하는 기관이 되었다.[26]

케리 넬슨은 미국 대학의 기업화를 논의하면서 기업 대학의 양상을 다음의 목록으로 정리한다. 여기에 해당하는 대학은 기업 대학이다. 그러나 미국의 대학 가운데 이 범주에서 벗어나는 대학은 거의 없다고 볼 수 있다. 이는 미국 대학이 전반적으로 기업화되어 있음을 보여준다. 뒤에 논의할 영리 대학과 사내 대학으로서의 기업 대학 역시 넬슨이 제시한 열두 항목에 포함될 수 있으나 여기에서 넬슨이 염두에 두는 대학은 전통적으로 학문과 교육을 수행한다는 일반 정규대학이다.

1. 기업을 위해 용역 계약을 맺는 대학.
2. 기업과 재정적 협력 관계를 형성하는 대학.
3. 기업이 필요한 인력을 제공하기 위해 교과과정과 학위과정을 수립하는 대학.

---

26 미국의 기업뿐만 아니라 외국의 기업이나 정부에 의해 미국 대학의 연구가 유린되는 구체적인 예들이 소개된 문헌 중 한국어로 번역된 것으로 『대학과 제국: 학문과 돈, 권력의 은밀한 거래(Universities and Empire: Money and Politics in the Social Sciences during the Cold War)』에 실려 있는 로렌스 솔리(Lawrence Soley)의 「학계에 대한 기업의 새로운 야망」이 있다. 이 글에는 한국 정부가 한국국제교류재단(Korean Foundation)을 매개로 한국에 대한 호의적인 미국 여론을 형성하기 위해 미국 대학에 연구기금을 제공했다는 사실도 언급된다(브루스 커밍스 외, 『대학과 제국: 학문과 돈, 권력의 은밀한 거래』, 한영옥 옮김(당대, 2004) 참조). 미국 대학의 기업화에 대한 구체적이고 자세한 예는 앞서 언급한 Washburn, *University Inc.: The Corporate Corruption of Higher Education*, Benjamin Johnson(ed.), *Steal This University: The Rise of the Corporate University and the Academic Labor Movement*(New York: Routledge, 2003), Gaye Tuchman, *Wannabe U: Inside the Corporate University*(Chicago: Chicago University Press, 2011) 등에 잘 나와 있다. 한국어로 된 논문으로는 김누리, 「주식회사 유니버시티: 대학의 기업화와 학문공동체의 위기 1」, ≪안과 밖≫, 27호(2009)가 있다.

4. 기업의 기금으로 학문 단위, 연구직, 교수직을 대학 안에 설립함으로써 교
   과과정과 학문 단위 개발에 기업의 영향력을 수용하는 대학.
5. 수익 창출이라는 기업적 가치를 수용하는 대학.
6. 기업식 경영과 재무관리를 수용하는 대학.
7. 대학의 사업 부문을 기업에 판매하는 대학.
8. 교수나 직원이 기업을 위한 업무를 수행하는 대학.
9. 자문이나 연구를 통해 기업에게 고액의 기금을 받는 교수가 있는 대학.
10. 교수나 직원이 개발한 상품을 판매하기 위해 기업과 제휴하는 대학.
11. 직원과 학생에게 기업 문화를 주입하는 대학.
12. 이사회 같은 대학의 최고 의사결정기구를 기업인이 장악하는 대학.[27]

이 항목들에 대해 자세한 설명이 필요할지 모르나 대학 운영 방식과 대학
교수의 연구 활동을 대강이라도 알고 있는 사람에게는 구체적인 설명이 굳
이 필요하지 않을 것 같다. 이 모든 항목이 학문의 자율성과 객관성이라는
관점에서 문제가 되겠지만, 특히 11번 항목인 기업 문화를 대학에 주입하는
것은 기업의 이익에 대학이 복무하는 것이 문제되지 않는다는 가치관을 대
학 구성원에게 심어놓는 것이다. 말하자면 창의적이고 독립적인 연구 활동
대신에 기업을 위해 연구하면서 물질적 보상을 받는 대학의 연구자들에게
그들이 대학의 이념과 어긋나는 활동을 하고 있다는 의식조차 나타나지 않
게 하는 것이다. 이는 기업을 위해 활동하는 대학의 운영진, 교수, 직원을

---

27 Cary Nelson and Stephen Watt, *Academic Keywords: A Devil's Dictionary for Higher Education*(New York: Routledge, 1999), pp. 89~90.

전혀 문제 삼지 않게 만드는 가치관이 형성되게 한다. 넬슨이 정리한 항목들은 현재 미국 대학이 하고 있는 연구와 교육, 행정이 상당 부분 기업의 이익에 복무하는 방식으로 진행되고 있음을 보여준다. 대학이 학문 자체 또는 사회 전체의 공익을 위한 인재 양성이나 지식 생산이 아닌 기업의 이익에 복무하는 방식으로 운영되는 미국의 대학들은 ― 특히 대학원 중심의 연구 중심 대학들 ― 이제 대학으로서의 위상을 포기하고 있다고 말할 수 있다.

기업화된 대학의 두 번째 유형은 영리 대학이다. 대개의 미국 대학은 비영리 대학이지만 미국에는 영리 대학이라는 것이 있다. 현재 미국의 영리 대학은 1976년에 설립된 피닉스대학교The University of Phoenix를 비롯해 200개가 넘는다. 영리 대학은 말 그대로 영리를 목적으로 운영하는 대학이다. 아폴로 그룹Apollo Group, Inc.이 운영하는 피닉스대학교는 유가증권시장에 상장되어 있기도 하다.[28]

온라인으로 운영되는 이 학교는 한국을 비롯해 전 세계에 대학 교육을 판매하고 있다. 등록 학생 수가 정점이던 2006년에는 약 60만 명이 학생으로 등록되어 있었다. 이후 등록 학생 수가 감소하기 시작해 2016년 기준으로는 약 14만 명이 등록되어 있다. 학생 수 감소 요인으로는 온라인 대학의 수가 늘어났다는 점, 이 대학의 학습 성과가 기대에 미치지 못하는 점 등을 꼽을 수 있지만 어쨌든 학생 수 규모로 볼 때 피닉스대학교가 최대 대학인 것은 사실이다. 이 대학은 영리를 목적하기 때문에 비용을 최대한 줄인다. 캠퍼스가 없기 때문에 시설관리비도 없고 학생 활동에 대한 지원도 없고 도서관

---

28 「2015 Apollo Group Annual Report」. http://investors.apollo.edu/phoenix.zhtml?c=
79624&p=irol-reportsannual(검색일: 2009.10.15)

도 없다. 수업 대부분이 온라인으로 이루어지며 최소한으로 필요한 오프라인 수업은 대학과 임대 협력 관계에 있는 전 세계 각종 학교의 교실에서 이루어진다. 대학운영비에서 큰 비중을 차지하는 교수의 인건비는 전임교수를 거의 채용하지 않음으로써 해결한다. 이 대학의 홈페이지[29]나 아폴로 그룹의 홍보 자료에서는 전임교수의 수를 파악할 수 없다. 1990년대 말에 이 대학의 교수진이 전임교수 7명과 강좌당 1500달러를 받는 시간강사 3400명으로 이루어져 있었다는[30] 정보를 통해 추론해보면 사실상 이 학교가 전임교수 없이 운영되는 대학임을 알 수 있다. 그나마 있는 전임교수들도 정년보장제도 없이 단기 고용계약관계에 있다. 이는 이 대학이 연구와 연구를 바탕으로 한 교육 없이 학위 장사를 하는 대학임을 말해준다. 일반적으로 미국 대학 예산에서 학생등록금 비율은 20~30% 정도를 차지하고 나머지는 정부지원금이나 다른 기금을 통해 충당된다. 그러나 피닉스대학교는 학생등록금으로만 운영된다. 더구나 이 등록금 가운데 많은 부분이 아폴로 그룹 주주의 이익을 확보하기 위해 전용된다. 이는 이 학교가 양질의 교육에 관심을 가질 수 없는 구조로 운영되고 있음을 말해준다.

문제는 영리 대학에서 추구하는 교육의 상품화를 비영리인 일반 정규대학에서도 답습하는 것이다. 미국의 많은 대학이 온라인 수업 개설이나 비전임교수 비율 확대와 같은 방식으로 교육비용을 줄이고 있다. 심지어는 명문대학의 명성을 이용해 외국에 해당 학교의 캠퍼스를 조성함으로써 수익 창출을 도모하기도 한다. 예를 들어 조지메이슨대학교나 뉴욕주립대학교의

---

29 http://www.phoenix.edu

30 Masao Miyoshi, "Ivory Tower in Escrow," *Boundary 2* 27.1(2000), p. 21.

인천 송도캠퍼스에 미국 본교의 교수진이 와서 연구와 교육을 담당할 리는 만무하다. 그 미국 대학의 송도캠퍼스는 그들 대학의 명성에 기대어 학생을 모집하겠지만 그 명성에는 미치지 못하는 교수진과 교육, 그리고 비싼 교육비로 운영될 것이며, 이는 뉴욕주립대학교나 조지메이슨대학교가 피닉스대학교의 영리 추구 방식을 답습하고 있다는 것을 의미한다.

대학 기업화의 세 번째 방식은 기업 대학, 즉 사내 대학[31]이다. 기업 대학은 기업의 인사 부서에서 담당하던 사원 연수를 조금 더 효율적이고 체계적으로 수행하기 위해 생겨난 기업 내 사원 교육기관이다. 대표적인 기업 대학은 맥도널드사가 운영하는 햄버거대학교Hamburger University다. 햄버거대학교는 매년 5천 명의 학생을 교육하고 있으며 최근에는 중국에도 분교를 열었다. 아직은 대학 자체가 학위를 수여하지는 않으나 이 대학에서 이수한 학과목은 다른 정규대학의 학위를 받을 때 정규과목으로 인정된다. 햄버거대학교는 사원 교육기관이기 때문에 등록금이 없다. 또한 학생들은 재학 중에 맥도날드사의 사원으로서 급여를 받기도 한다.

햄버거대학교와는 달리 많은 기업 대학은 정규 학위를 수여하기도 한다. 항공기 제조회사인 노스럽 그러만Northrop Grumman이 운영하는 노스럽대학교 Northrop University는 경영학석사MBA를 수여하고 엠지엠 그랜드 호텔MGM

---

31 미국에서 대학 구성원이 아닌 일반인은 'corporate university'라는 유형의 교육기관을 기업의 사원 교육기관이라고 이해한다. 한국의 사내 대학에 해당하는 말이다. 따라서 이 글에서 기업 대학이라는 말 대신 사내 대학이라는 말을 쓰는 것이 적절할 것 같기도 하다. 그러나 현재 미국의 'corporate university'는 사내 대학으로서의 면모를 넘고 있다. 이제 'corporate university'는 기업의 안이든 밖이든 기업이 원하는 사원 교육을 담당하는 교육기관을 총칭한다. 따라서 여기에서는 'corporate university'를 '기업 대학'이라고 칭한다.

Grand Hotel이 운영하는 오즈대학교University of Oz는 박사학위를 수여하는데, 이 박사학위 명칭이 특이하게도 Th. D.Doctor of Thinkology(궁리학?)이다.[32] 기업 대학은 자체의 교수진과 교과과정을 갖고 운영하기도 하고 다른 정규대학과의 협력 관계를 통해 운영하기도 한다. 기업 대학은 급변하는 현대의 지식 기반 경제 상황에서 전통적인 대학이 제공하지 못하는 유연하면서도 최첨단의 기술과 지식을 교육한다고 표방한다.[33]

이미 언급한 햄버거대학교, 노스럽대학교를 비롯해 월트디즈니사가 운영하는 디즈니대학교Disney University, 모토로라사가 운영하는 모토로라대학교Motorola University 등 미국의 기업 대학은 현재 2천 개에 이른다. 일반적으로 기업 대학은 기업이 소속 사원을 교육하기 위한 사내 교육기관에 머물렀으나 이제는 범위를 확대해 독립적인 대학의 위상을 갖추려고도 한다. 기업대학교류협회Corporate University Xchange는 이제 기업 대학은 기업이 주도하는 대학이 아니라 기업 대학 자체가 직업교육 프로그램을 개발하면서 기업인에게 그 교육과정을 홍보하고 판매하면서 독립적인 대학 체제로 발전해야 한다고 주장하기도 한다. 이 협회의 대표가 쓴『기업 대학: 최고 인력 구축을 위한 지침Corporate Universities: Lessons in Building A World-Class Work Force』은 독립적인 기업 대학을 설립하는 데 필요한 노하우를 설명한다.

기업 대학과 영리 대학은 대학의 기업화가 가장 노골적으로 진행되는 대

---

32 Mark Allen, "Introduction: What is a Corporate University and Why Should an Organization Have One?" http://www.globalccu.com/images2010/globalccu-ebooks/The-Corporate-University-Handbook.pdf(검색일: 2009.10.12)

33 Jeanne C. Meister, *Corporate Universities: Lessons in Building A World-Class Work Force*(Boston: McGraw-Hill, 1998), p. 1.

학이다. 대학의 이념이라고 할 수 있는 학문의 자유에 근거한 순수 지식 추구와는 너무나 거리가 멀기 때문이다. 그러나 영리 대학과 기업 대학은 차이가 있기도 하다. 영리 대학이 대학 자체가 기업이 되어서 학생들의 등록금으로 영리를 추구하는 데 비해 기업 대학은 학생의 입장에서는 무상으로 기업이 원하는 교육을 제공하기 때문이다. 그러나 기업 대학이 기업에서 독립해 자체적으로 학교를 운영하면서 기업이 원하는 교육을 제공함으로써 영리를 추구할 경우에는 사실상 영리 대학과 구별되지 않는다. 심각한 것은 전통적인 정규대학에서 순수 학문 중심의 학문공동체가 퇴색해가고 있는 것과는 달리 기업 대학과 영리 대학은 점점 더 규모와 영향력이 커지고 있다는 점이다.

5. 기업이 된 미국 대학의 세계적인 파급 효과

영리를 추구하는 기업의 관점에서 학문 탐구와 교육이 이루어질 때 그 학문과 교육은 한계를 가질 수밖에 없다. 모든 속박이나 한계를 벗어난 자유로운 지적 추구가 진정한 의미에서 학문이라고 할 수 있다면 기업화된 대학에서 이루어지는 연구는 이익 추구를 목적하기 때문에 그 연구는 학문이 아니라 사업이라고 할 수 있다. 정신의 고양을 통해 인간적 성숙을 추구하는 것을 교육이라고 할 수 있다면 취업과 출세를 위한 공부는 교육이 아니라 훈련 또는 투자다.

독일 괴팅겐대학교에서 수학하고 19세기 후반 코넬대학교에서 영문학 교수를 역임한 제임스 모건 하트James Morgan Hart는 "가르치는 자유든 배우는 자유든 그 어느 것이라도 제한된다면, 그 기관이 아무리 돈이 많고 아무리

학생이 많고 아무리 건물이 웅장해도 그것을 대학이라고 할 수는 없다"라는 말을 남겼다.[34] 1950년대에 드와이트 아이젠하워Dwight Eisenhower 대통령이 컬럼비아대학교의 교수진을 호칭하면서 "대학에 고용된 사람들employees of the university"이라고 하자 한 교수가 "교수진이 바로 대학이지요the faculty are the university"라고 대통령의 잘못을 고쳐주었다는 이야기도 있다.[35] 이런 일화를 단지 옛날이야기나 시대착오적인 이야기라고 치부할 수는 없다. 대학university은 이 말이 뜻하는 그대로 선생과 학생의 공동체이기 때문이다. 교수의 연구와 학생의 배움이 경영진의 관리 대상이 된 미국의 기업화된 대학에서 진정한 의미의 대학은 더 이상 존재하지 않는다고 할 수 있다.

그러나 미국 대학은 현재 전 세계 대학의 역할 모델이 되어 있다. 이는 대학평가제도에 크게 힘입었다. 미국 언론 기업인 U. S. 뉴스 & 월드 리포트나 영국의 언론 기업인 타임스 고등교육Times Higher Education이 주도하는 세계 대학 평가에서 미국 대학은 항상 선두를 차지하고 영국 대학이 그 뒤를 따른다. 타임스 고등교육이 주도하는 2016년 QS 세계 대학 평가에서는 10위권 대학 중 1위인 MIT를 비롯해 미국 대학이 5개, 영국 대학이 4개를 차지했다. 여러 해 전까지 영국 대학은 한두 개만이 순위권에 올랐지만 최근에는 많은 대학이 순위권에 진입했다.

이런 평가를 사실 그대로 받아들이면 미국 대학이 전 세계 대학의 모델이

---

34 Washburn, *University Inc.: The Corporate Corruption of Higher Education*, p. 32 재인용.

35 Frank Donoghue, *The Last Professors: The Corporate University and the Fate of the Humanities*(New York: Fordham University Press, 2008), p. 84. 한국어 번역본으로 프랭크 도너휴, 『최후의 교수들: 영리형 대학 시대에 인문학하기』, 차익종 옮김(일월서각, 2014)이 있다.

되는 것이 당연하다고 할 수도 있다. 그러나 이 평가 체계는 상당한 정도 미국과 영국 대학 중심이다. 이 평가의 근간이 되는 동료 평가나 국제화 지표 등에서 영어권 대학이 절대적으로 유리하기 때문이다. MIT, 스탠퍼드, 하버드, 케임브리지대학교가 신통치 않은 대학은 아니지만 그 대학이 과연 전 세계에서 첫째가는 대학이라고 할 수 있을지는 상당히 의심스럽다. 가끔씩 순위가 바뀌기는 하지만 상위 대학에 포함된 대학 명단은 거의 변동이 없으며 그중 하버드대학교는 자주 1위로 선정된다. 필자는 이 학교가 돈만 많지 별것 없다고 생각한다. 많은 사람이 이 말에 동의하지 않겠지만 하버드대학교 출신의 세계적인 학자를 쉽게 꼽을 수 없다는 것은 이 학교가 학문적으로 명성을 가질 만한 대학이 아님을 말해준다.[36]

반면 프랑스의 에콜노르말쉬페리외르는 2016년 순위는 33위에 불과하지만 인문사회과학 분야에서 이 학교는 세계 최고라고 하는 것이 옳다. 모리스 메를로퐁티Maurice Merleau-Ponty, 레이몽 아롱Raymond Aron, 루이 알튀세르Louis Althusser, 미셸 푸코Michel Foucault, 자크 데리다, 에티엔 발리바르Étienne Baliba, 자크 랑시에르Jacques Ranciere, 에밀 뒤르켐Emile Durkheim, 피에르 부르디외Pierre Bourdieu 등 현대 학문을 주도하거나 주도했던 거장들이 이 학교 출신이다. 물론 매해 진행되는 QS 세계 대학 평가 방식을 받아들인다면 여기

---

36 온라인 백과사전인 위키피디아(http://www.wikipedia.org)에서 미국 하버드대학교, 독일 베를린대학교, 프랑스 에콜노르말쉬페리외르(École Normale Supérieure) 출신 인사들을 비교해보면 이를 손쉽게 알 수 있다. 하버드대학교 출신의 저명인사로는 정치인이 압도적으로 많지만 학문적 업적을 내세울 만한 인물은 철학자 헨리 데이비드 소로(Henry David Thoreau)가 고작이다. 이와 달리 19세기 이후 현대 학문을 세운 거장들이 베를린대학교나 에콜노르말쉬페리외르에서 수학했다.

에서 언급한 거장들은 평가 항목에 포함되지 않을 것이다. 그러나 역으로 말하면 이는 QS 평가 방식 자체가 객관적인 평가라고 할 수 없는 이유도 된다. 학문은 1년 단위로 평가되기 어렵기 때문이다. 이렇게 편파성을 띠는데도 QS 세계 대학 순위는 현재 권위를 갖고 영향력을 행사하고 있다. 그리고 이 평가 체계에서 최고 대학이 되어 있는 미국 대학의 운영 방식을 세계의 대학들이 따르고 있다. 기업식 대학 평가는 결국 미국의 대학뿐만 아니라 전 세계 대학들을 기업화하고 있다.

미국의 기업화된 대학을 역할 모델로 설정하는 대학들은 미국식 대학 경영을 따라가는 방식으로 우선 학생들에게 등록금을 받기 시작한다.[37] 앞에서 언급했듯이 전 세계 대학 대부분은 교회나 정부로부터 재정을 지원받아 왔고, 학생들의 등록금으로 재정을 확보하지는 않았다. 이는 영국, 프랑스, 독일, 스웨덴 등 유럽의 대학에만 해당되는 것이 아니다. 사회주의를 채택했던 과거의 소련이나 현재의 쿠바, 북한에서 학생등록금이 없는 것은 당연하다고 하겠지만 아프리카의 나이지리아에 있는 대학이나 남미의 브라질에 있는 대학 역시 여기에 해당된다. 그러나 등록금을 받는 미국 대학과 마찬

37　유럽의 대학에서 등록금제도를 도입하는 것이 직접적으로 미국 대학제도의 영향이라고 말하기는 어려울지 모른다. 영국의 경우 1980년대에 대학생이 급격히 증가했고 이는 정부의 재정 부담으로 이어졌다. 그리고 이를 타개하기 위해 등록금제도가 도입되기 시작했다. 1990년대 이후의 신자유주의 경향 역시 정부의 복지 예산 축소로 이어졌으며 이 흐름이 유럽 각국에서 대학에 대한 정부의 지원 축소에도 영향을 미쳤다고 볼 수 있다. 그러나 국가 연합체(united states)로서의 미국이 구소련 체제의 몰락으로 전 세계에서 절대적인 영향력을 행사하기 시작하면서 유럽 각국 역시 미국과 유사한 국가 연합체인 유럽연합을 공고히 하면서 미국의 여러 정책을 모방하고 있다는 점도 유럽의 대학 정책에 영향을 미친다고 볼 수 있다.

가지로 영국에서는 1980년대 대처 수상 시절에 학생등록금제도를 도입했고 점점 그 액수를 인상해왔다. 프랑스 역시 소액이지만 최근에 등록금제도를 도입했다. 독일에서도 비록 실패했지만 등록금제도를 도입하려 했다. 북구 유럽의 경우에는 자국민 학생뿐 아니라 외국인 학생에게도 등록금을 면제해주고 나아가 학생 수당도 주었지만 최근에는 외국인 학생을 대상으로 등록금 납입 제도를 도입하려고 한다.

대학 교육을 포함한 모든 공적 교육은 교육받는 개인을 위한 것이기도 하지만 궁극적으로는 그 사회를 위한 것이다. 그러나 대학 교육을 받기 위해 등록금을 내야 한다면 경제적 취약계층은 개인의 능력 때문이 아니라 경제적·사회적 이유로 대학 교육에서 배제된다. 이는 결국 그 사회로서는 사회에 기여할 수 있는 인재를 잃는 것이다. 경제적 이유로 대학 교육을 받는 계층과 그렇지 못한 계층이 생긴다면 이는 경제적 계급 관계를 고착하는 것이기도 하다. 이제 유럽 사회의 전통이었던 교육 평등의 원칙이 사라지기 시작한 것이다.

기업식 경영을 하는 미국 대학이 끼치는 영향은 대학의 지배 구조 변화에서도 나타난다. 전통적으로 유럽 대학은 정부의 지원은 받지만 간섭은 받지 않는 지배 구조를 유지해왔다. 공식적으로 정부가 교수를 임명하기 때문에 교수들은 공무원과 유사한 신분이었지만 교수 각 개인이 학문 단위가 될 만큼 교수들의 학문적 자유가 보장되었다. 사실 유럽의 대학은 앞에서 언급한 '교수가 대학이다'라는 주장이 명제로 되어 있던 세계였다. 그러나 유럽 각국이 유럽연합으로 통합되면서 유럽연합은 대학 운영 방식에도 통일성을 기하려 했고 또 대학에 대한 지원금을 비롯해 공공 기금에 의해 유발되는 정부 부채를 청산하려는 시도도 하게 되었다.

이런 상황에서 '신공공관리new public management'라는 개념이 도입된다.[38]

신공공관리란 공공 부문의 정책과 집행을 신자유주의에 바탕을 두고 관리하는 체제를 뜻한다. 대학 부문에 대한 신공공관리 정책이 정부의 지원을 합리화하면서 각 대학에 자율권을 주는 정책이라고 하지만, 구체적으로는 성공적이라고 평가되는 미국의 기업식 대학 운영을 유럽의 대학이 도입해야 한다는 것이다. 즉, 대학에 대한 신공공관리 정책은 대학의 자율화, 고등교육의 확대, 교육기관 사이의 조화, 시장성의 확대, 수월성 제고를 촉구하는 것이다.

　여기에서 대학의 자율화란 정부가 총장을 비롯한 대학의 운영진에게 대학 운영에 관한 전권을 주는 것을 뜻한다. 여기에는 대학 교육을 일반 시민에게 돌려주어야 한다는 개념도 들어 있는데, 이는 곧 교수의 권한을 축소하는 것을 뜻하게 되어 전통적으로 최고 의사결정기구였던 교수평의회가 자문기구로 격하된다. 사실상 일반인이 대학 운영에 직접 관여할 수 없다는 점에서 결국 대학의 자율화란 대학의 지배 구조를 교수 중심에서 총장 중심으로 전환하는 것을 말한다. 고등교육의 확대란 엘리트를 위한 고등교육이 대중을 위한 교육으로, 그리고 그 교육이 고등교육을 받은 대중의 삶에 경제적으로 도움이 되어야 함을 말한다. 구체적으로는 직업전문학교, 사립대학, 온라인고등교육기관 등이 많이 설립되어야 한다는 것이다. 교육기관 사이의 조화란 유럽연합 국가 사이에 학생과 교수의 교류가 활성화되도록 대학이 표준화되어야 함을 말한다. 시장성의 확대란 대학이 시장과 기업에 친화적이어야 함을 뜻한다. 구체적으로는 사립대학의 확대, 자본주의적 가치

---

38 Barbara Sporn, "Convergence or Divergence in International Higher Education Policy: Lessons from Europe". http://net.educause.edu/ir/library/pdf/ffpfp0305.pdf

의 진작 등이 이루어져야 함을 말한다. 수월성 제고란 교육과 연구 성과에 대한 객관적, 즉 계량적 평가가 도입되어야 함을 말한다.

이는 결국 유럽의 대학들이 기업식으로, 기업 친화적으로 운영되는 미국의 기업화 대학과 같이 변화되어야 한다는 것이다. 미국의 기업식 대학을 향한 유럽 대학의 변모는, 바바라 스폰Barbara Sporn이 신공공관리 정책이 현실화되는 오스트리아의 대학을 구체적인 예로 들고 있듯이,[39] 유럽에서 점점 현실화되고 있다.[40]

미국의 기업식 대학의 영향은 유럽의 대학에만 해당되는 것이 아니다. 유럽의 대학은 대학 자체의 규범적 모델이었기 때문에 이들 대학이 미국식 대학으로 변하면 다른 지역의 대학 역시 미국의 기업식 대학으로 변하게 된다. 중국, 대만, 일본, 한국 등의 대학에서는 유럽의 대학보다 훨씬 이전에 미국의 기업식 대학 운영이 보편화되었다. 이로써 우리는 전 세계적으로 대학의 기업화가 더욱 보편화되고 가속화된다는 것을 알 수 있다.

---

39 스폰은 2013년 오스트리아에서 '대학조직법(the University Organization Act)'이 제정되면서 대학 운영에 관한 여러 사항이 정부에서 각 대학으로 이전되었음을 지적한다. 이 법이 제정된 해에 오스트리아에서는 직업전문학교 제도가 시작되었으며 1997년에는 대학 평가가 의무적으로 시행되기 시작했다. 1998년에는 사립대학 설립을 가능하게 하는 법을 제정했다. 2002년 오스트리아 의회에서 대학의 자율화를 명분으로 제정된 '대학법 (the University Act)'은 교과과정, 교직원 채용, 대학 조직, 대학 재정 등에 관한 사항을 각 대학에 위임했으며 이를 통해 고등교육 전반에 걸쳐 경쟁 체제를 도입했다. 이에 대해 스폰은 신공공관리 정책이 실현되는 것이라고 말했다.

40 Sporn, "Convergence or Divergence in International Higher Education Policy: Lessons from Europe".

6. 대학 기업화 시대의 인문학

미국의 기업식 대학이 보편화되었을 때 학문 구조에는 큰 변화가 있을 것이다. 기업이 원하는 연구와 교육이 아닌 학문 분야는 위축되거나 퇴출될 것이다. 수학, 물리학 등의 기초과학이 위축되겠지만 이 학문이 기업에서 유용하게 쓰일 공학이나 경영학의 기초 학문의 특성을 갖고 있기 때문에 어느 정도의 명맥은 유지할 것이다. 그러나 기업적 가치에 적대적인 가치를 연구하고 진작하는 인문학은 살아남지 못할 것이다. 인문학은 기업적 가치보다는 인간적 가치를, 현실보다는 이론을 탐구하는 학문이기 때문이다. 인문학은 또한 기업식 가치가 용납하기 어려운 정신의 자유를 추구한다. 현재 미국의 중소 규모의 대학에서는 그리스·라틴문학 같은 고전문학에 대한 연구와 교육은 사멸한 지 오래지만 대학의 핵심이었던 철학과 역시 점점 없어지는 추세다. 역사학과가 없는 대학 역시 많다. 철학, 문학, 역사학으로 대표되는 인문학은 머지않아 대학에서 추방될지도 모른다. 학문 세계에서 인문학이 사라지는 것은 학문 자체가 사라지는 것과 같다. 궁극적으로 인문학은 모든 학문의 근본이기 때문이다.

그러나 미국의 대학에서 인문학은 완전히 사라지지 않는다. 인문학이 확고하게 자리를 잡고 있고 앞으로도 현재의 위상이 좀처럼 변하지 않을 곳이 있기 때문이다. 바로 미국의 명문 사립 종합대학과 명문 사립 문리대학이다. ≪U. S. 뉴스 & 월드 리포트≫ 대학 평가에서 종합대학 순위로 거의 항상 1위를 차지하는 하버드대학교는 학부의 경우 경영학, 법학, 의학 등 기업 친화적이거나 전문직 교육기관이 아예 없다(공학은 있다). 철학, 영문학, 독문학 등은 말할 것도 없고 미국 대부분의 대학에서 찾아보기 어려운 켈트어문학, 그리스·라틴문학, 중동어문학, 산스크리트어문학 등의 학과도 있다.

하버드대학교와 동급이라 할 수 있는 프린스턴대학교Princeton University 역시 다른 대학이 갖추지 않은 고전문학, 고고학, 종교학, 노문학 등을 학부 전공으로 두고 있다. ≪U. S. 뉴스 & 월드 리포트≫의 문리대학 평가 순위에서 거의 항상 1위를 차지하는 윌리엄스대학교Williams College에는 기업이나 전문직과 관련된 학과나 프로그램이 아예 없다. 이 학교는 모든 문리대학이 그렇듯이 철학, 역사, 문학 그리고 순수 자연과학 중심으로 교육이 이루어진다. 이 학교 역시 다른 학교에서 보기 어려운 그리스·라틴문학, 종교학, 예술사 등의 전공을 두고 있다. 문리대학 평가에서 거의 동급인 애머스트대학교Amherst College 역시 마찬가지다.

미국에서 인문학 교육은 소수 특권층이 전유할 수밖에 없는 명문 사립대학에서만 주로 이루어지고 있고 앞으로도 그럴 것임을 알 수 있다. 이는 명문 사립대학의 등록금이 워낙 비싸기 때문이다. 이들 대학은 등록금으로만 현재 4만 2천 달러 정도를 받고 있으며 기타 비용을 더하면 1년에 6만 달러 정도가 된다. 현재 미국의 평균 가계소득이 1년에 5만 달러 정도임을 감안하면 이들 대학은 극소수 특권층에게만 개방되어 있음을 알 수 있다.

인문학 교육을 받은 명문 사립대학 출신 인사가 미국의 상층부를 차지하면서 미국 사회의 방향을 좌우한다. 더 나아가 전 세계에서 차지하는 미국의 막대한 영향력을 생각하면 전 세계의 정치와 경제가 미국의 명문 사립대학 출신 인사들에 의해 좌우되고 있다고도 할 수 있다. 대통령 후보였던 힐러리 클린턴Hillary Clinton이 명문 문리대학인 웰즐리대학교Wellesley College 출신이다. 미국 하원의장을 지낸 낸시 펠로시Nancy Pelosi는 트리니티대학교Trinity University 출신이며 대법원장 존 G. 로버츠John G. Roberts는 하버드대학교 출신이다. 미국 재무장관을 지낸 티모시 가이트너Timothy Geithner는 다트머스대학교Dartmouth College 출신이며 연방준비제도이사회 위원장을 지낸 벤

버냉키Ben Bernanke는 하버드대학교 출신이다.

말하자면 미국의 정치·경제 영역에서 정책결정자들은 대부분 사립 명문 대학 출신이라고 할 수 있고, 이들이 오늘날 전 세계 체제를 주도하고 있는 것이다. 이들은 물론 명문 사립대학에서 인문학 중심의 학부 교육만 받고 대학 교육을 마친 사람들은 아니다. 이들은 인문학 중심의 학부 교육을 받고 나서 전문 대학원에서 법학이나 경제학, 경영학 등을 공부한 사람들이다. 이들이 정치, 경제에 대한 정책결정자로서의 식견을 가질 수 있는 것은 기초 학문인 인문학의 토대 위에서 전문 지식을 갖추었기 때문이다. 미국의 특권층은 인문학 중심의 명문 사립대학에서 교육받았을 뿐만 아니라 자신들의 자녀에게도 인문학 중심의 명문 사립대학에서 교육받게 한다.

미국을 지배하는 이들이 대학의 기업화를 통해 대부분의 대학에서 궁극적으로 인문학을 위축시키는 역할을 하고 있다는 것은 결국 인문학을 그들이 속한 소수 특권층의 전유물로 변화시키는 역할을 하고 있다는 말과 같다. 대부분의 대학생이 기업화 대학에서 기업이 원하는 교육을 받을 때 이들 특권층은 인간과 사회에 대한 깊이 있는 이해와 포괄적인 전망을 갖게해주는 인문학을 교육받았고 교육받고 있는 것이다.

기업 대학의 시대가 왔지만 이른 시일 안에 모든 대학에서 인문학이 사라지거나 모든 연구가 기업만을 위한 연구로 변하지는 않을 것이다. 그렇지만 대학의 기업화는 계속되고 가속화될 것이다. 먼 미래의 일이 되겠지만 전 세계적으로 대학이 기업화되고 미국의 소수 명문 사립대학에서만 전통적으로 대학이 추구해왔던 인문학이나 기초 자연과학 분야의 연구와 교육이 이루어진다면 이매뉴얼 월러스틴Immanuel Wallerstein이 세계체제론에서 설명했던 자본의 집중과 노동의 국제적 분화가 지식 세계에서도 구현될 것이다. 지식 생산 세계에서 미국의 명문 사립대학은 월러스틴이 말했던 중심을 차지할 것이며 이 외의 대학은 반주변이나 주변을 차지할 것이다. 명문 사립대학은 필요한 만큼의 지식을 주변과 반주변을 차지하는 다른 대학에 공급할 것이다. 그리고 주변부의 대학은 그 지식을 제한적으로 소비하면서 학문의 국제 교류라는 이름의 매개체를 통해 중심부의 미국 명문 사립대학에 인간과 사회현상에 대한 원자료를 공급하게 될 것이다.

이렇게 될 때 인문학은 인간을 위한 학문이 아니라 체제를 위한 학문이 된다. 월러스틴은 세계 체제에서 미국의 헤게모니가 쇠퇴할 것이라고 예측하지만 지식 세계에서 미국 명문 사립대학의 중심적 역할은 더욱 확고해질 것이다. 더 이상 인간을 위한 인문학의 미래는 없다.

제4장

한국 대학의 기업화

1. 학문공동체로서의 대학의 위기

2010년 3월 10일, "오늘 나는 대학을 그만둔다. 아니 거부한다!"로 시작하는 대학 거부 선언에서 고려대학교 학생이었던 김예슬은 "큰 배움도 큰 물음도 없는, '대학大學' 없는 대학에서, 나는 누구인지, 왜 사는지, 무엇이 진리인지 물을 수 없었다"라고 외쳤다. 김예슬의 말대로 대학은 "글로벌 자본과 대기업에 가장 효율적으로 '부품'을 공급하는 하청업체"가 되어 있기 때문이다.[1] 대학이 진리를 추구하는 곳도 아니고 정의를 구현하는 꿈도 심어주지 못한다는 이유로 대학을 거부한다는 김예슬의 신랄한 비판에도 대학은 꿈쩍도 하지 않는다. 고려대학교 강수돌 교수나 오슬로대학교의 박노자 교수

---

1   김예슬, 『오늘 나는 대학을 그만둔다, 아니 거부한다』(느린걸음, 2010), 12쪽.

의 칼럼을 통한 김예슬에 대한 지지, 그리고 인터넷 블로그에서 김예슬에 대한 찬반 토론을 볼 수 있지만 대학 사회 자체가 집단적으로 반성하는 움직임은 전혀 없다. 최소한 김예슬이 소속되었던 고려대학교 경영대학의 교수와 학생들만이라도 김예슬이 거부하게 된 대학의 모습을 반성하고 대학의 참뜻을 되살리려고 노력했어야 했다. 그리고 필자 역시 별다른 행동을 하지 못했으며, 이에 대해 부끄럽게 생각한다.[2]

대학이라는 말 자체에 내포된 큰 배움과 큰 물음이 있어야 하는 곳이 대학이라고 김예슬이 주장할 때 이는 유교의 경전인 『대학大學』의 가르침을 말하는 것이라고 할 수 있다. 실천윤리를 가르치는 소학과 달리 대학은 사물의 이치를 깨닫는 격물에서 시작해 맑은 덕을 드러낸다는 명명덕, 백성을 새롭게 한다는 신민, 그리고 최선을 다해 가장 합당하고 적절하게 행동하고 처신한다는 지어지선까지 가르치기 때문이다. 유교 경전에서 대학의 가르침은 인간 사회 자연의 근본원리를 모색해 세상을 이롭게 하는 것이라고 이해할 수 있다. 물론 유교 경전의 '대학'과 라틴어 'universitas(영어의 university)'의 뜻인 교수와 학생들의 학문공동체로서의 '대학'은 같은 뜻이 아니다. 그러나 서양어 'universitas'를 한자문화권에서 '대학大學'으로 번역해 사용하는 것은 학문공동체로서의 대학이 추구하는 것이 유교 경전의 대학과 유사한 것임을 의식한 결과일 것이다.

'universitas'가 'universitas magistrorum et scholarium(영어의 'community of masters and scholars'로 선생과 학생의 공동체라는 뜻)'의 줄임말임을 생각해

---

2   필자는 뒤늦게 민주화를 위한 전국교수협의회를 통해 진보인터넷언론 ≪레디앙≫에 "타락한 대학에서 희망: 김예슬 선언에 대한 단상"이라는 제목의 글을 쓴 바 있다. http://www.redian.org/archive/49479 참조.

보면 대학은 강의실이 있는 건물을 뜻하지도 않고 총장이나 이사장이 정점에 있는 위계 조직을 뜻하지도 않는다. 대학은 학문 연구라는 공동의 목적을 가진 사람들의 조합체다. 중세 시대 서양에서 이루어진 학문공동체로서의 대학은 당시 최고 권위자인 교황에게서 자치 특권을 부여받아 자율적 공동체가 된다. 대학이 자율적 공동체가 되어야 하는 것은 학문 탐구는 속성상 외부의 규율이나 간섭을 받으면 위축될 수밖에 없기 때문이다. 자율적 학문공동체로서의 대학의 위상은 근현대 대학의 규범이 된 독일의 베를린대학교를 통해 더욱 확고해진다. 연구와 교육의 일치, 교습과 학습의 자유, 순수 학문의 진흥을 모토로 삼았던 베를린대학교는 학문 발전의 모범을 보임으로써 전 세계 대학의 규범이 된다.

학문의 자유를 바탕으로 이루어지는 자율적 공동체로서의 위상을 확고하게 가질 때 대학은 본래의 사명인 학문 탐구를 온건하게 수행할 수 있음을 보여주는 것이다. 그러나 현대의 대학은 기업의 이익을 위해 복무하는 기관이 되고 있다. 대학은 위기를 맞고 있다. 이 장은 한국 대학이 모델로 삼은 미국 대학의 모습을 개괄한 다음 이와 비교하면서 한국 대학이 어떻게 기업화되고 있는지를 살핀다. 그리고 결말에서 대학의 기업화가 초국적기업 자본주의가 득세하는 현재의 역사적 흐름과 이와 연관된 민족국가의 위기 역시 반영하고 있음을 논의한다.

2. 대학 기업화의 원형: 미국 대학의 기업화[3]

한국 대학의 기업화를 살피기 위해서는 우선 미국 대학의 기업화를 간단하게나마 살피는 일이 필요하다. 한국 대학은 미국 대학을 규범으로 삼아 모방하고 있기 때문이다. 사실상 한국 대학은 미국 대학의 기업화 양상을 추종하면서도 기업화의 정도는 훨씬 더 심하다고 할 수 있다. 한국 대학이 규범으로 삼은 미국 대학은 대학의 역사나 운영 양상을 볼 때 일반적인 대학의 모습에서 아주 벗어나 있다. 전 세계 대학 대부분이 공립 또는 국립 형태로 운영되는 것과 달리 미국 대학은 사립대학 (주립대학도 상당 부분 개인이 교육비를 부담한다는 점에서 결국 사립대학과 같다) 형태로 운영되어왔기 때문이다. 또한, 전 세계 대부분의 대학에서 대학운영비가 정부의 재정으로 부담되는 것과 달리 미국 대학에서 운영비는 정부의 지원이 있더라도 학생등록금과 기업을 비롯한 외부 지원금이 큰 몫을 차지한다. 따라서 거의 정부의 재원으로 운영되는 다른 국가의 대학과 달리 미국 대학의 운영자들은 끊임없이 대학의 재정을 효율적으로 관리하면서 동시에 더 많은 재정을 확보하기 위한 노력을 경주해야 한다. 이것이 미국 대학이 기업의 이익에 복무하거나 그 자체로 기업이 되어야 했던 역사적·사회적 조건이다.

미국 대학의 기업화는 크게 보아 세 가지 양상으로 나누어 생각해볼 수 있다. 첫째는 일반 정규대학의 기업화다. 이는 경제성, 효율성, 생산성이라

---

3 이 절은 제3장 '대학 기업화의 원조: 미국 대학의 기업화'의 주요 논점을 간추린 것이다. 이 장이 다루는 한국 대학의 기업화를 이해하기 위해서는 대학 기업화의 원조에 해당하는 미국 대학의 기업화를 먼저 살펴보는 것이 필요하다고 판단했기 때문이다. 이 장을 독립된 하나의 글로 읽을 독자의 편의를 위한 것이기도 하다.

는 기업 운영 원칙에 근거해 대학을 기업식으로 운영하는 것과 기업의 기금을 확보하기 위해 기업 친화적인 방식으로 대학을 운영하는 것을 말한다. 대학을 기업식으로 운영할 때 학교의 운영 목표는 학문의 진흥이 아니라 대학 재정의 효율적 관리가 된다. 생산성이 떨어지거나 수요가 적은 학문 단위는 폐쇄되거나 축소된다. 대학 시설은 수익을 내는 수단이 되면서 상가로 변한다. 기금 확보를 위해 기업에게서 기금을 받을 때 건물과 강의실은 기업 가치를 홍보하는 전시장이 된다. 기업에게서 연구기금을 받는 교수의 연구는 객관적이고 보편적인 진리를 추구하기보다는 기업의 이익을 위한 용역 연구가 되기 쉽다. 이렇게 기업 친화적이 된 미국의 대학은 자율적 학문 공동체로서의 위상을 잃으면서 기업의 하청기관으로 변모하게 된다.

미국 대학이 기업화되는 두 번째 양상은 영리 대학의 설립과 운영이다. 전 세계 대부분 국가에서와 달리 미국에는 대학 운영을 통해 이익을 추구하는 영리 대학이 있다. 영리 대학의 대표적인 예로 피닉스대학교를 들 수 있다. 이 대학은 증권거래소에 상장되어 있기도 하다. 대학이 그 자체로 기업인 것이다. 이 대학이 공식적으로 준학사, 학사, 석사, 박사 등의 학위를 수여하기 때문에 학위가 필요한 많은 사람이 이 학교에 등록한다. 현재 이런 종류의 영리 대학은 200개가 넘고 그 숫자는 점점 증가하고 있다. 심각한 문제는 최소 비용으로 최대 이익을 추구하는 이런 영리 대학의 운영 방식을 다른 일반대학도 답습하고 있다는 것이다.

미국 대학이 기업화되는 세 번째 양상은 기업 대학(한국의 사내 대학에 해당한다)의 설립과 운영이다. 기업 대학은 종업원의 사내 연수를 체계적으로 구현하기 위해 설립된 대학이다. 따라서 기업 대학은 대학이라는 이름을 걸고 있으나 사실은 사원 연수 기관이다. 기업 대학의 모든 운영비는 기업이 책임지며 학생들 또한 기업의 사원이기 때문에 등록금을 내지 않을 뿐만 아니라 급여도 지급받는다. 맥도널드사의 햄버거대학교가 대표적인 기업 대학이며, 이 외에도 많은 기업이 기업 대학을 운영하고 있다. 최근에 기업 대학은 기업에서 독립해 운영하려는 움직임을 보여주고 있기도 하다. 이렇게 될 때 기업 대학은 학생들의 등록금으로 학교를 운영하려 할 것이며 결국 영리 대학과 유사한 대학이 된다.

일반대학의 기업화, 영리 대학과 기업 대학의 설립과 운영 등으로 설명할 수 있는 미국 대학의 기업화는 대학 자체가 영리를 추구하는 기업이 되거나 기업의 하청 연구기관 또는 직업훈련기관으로 변모하고 있음을 보여준다. 미국 대학은 이제 학문공동체로서 대학의 본래의 위상을 잃고 있다. 오늘날 한국 대학은 대학이라고 말할 수 없는 이러한 미국 대학을 추종하고 있다.

3. 한국 대학의 기업화

미국의 대학과 마찬가지로 한국의 대학은 처음부터 역사적·사회적으로 기업화될 조건을 갖추고 있었다. 미국의 대학이 사립대학으로 출발함으로써 기업화될 가능성을 애초부터 가지고 있었던 것과 마찬가지로 한국 대학 역시 사립대학으로 시작했기 때문이다. 최초의 근대식 대학 교육을 수행했던 숭실학당 대학부, 이화학당 고등과, 배재학당 대학과 등이 사립 교육기관이었고 이후 대학 체제를 갖춘 보성전문학교나 연희전문학교 역시 사립 교육기관이었다. 조선총독부가 설립한 경성제국대학은 국립대학(엄밀하게 말하면 관립이라고 하겠지만)이었지만 이 대학 역시 등록금을 받고 있었기 때문에 대학의 규범을 세운 유럽의 대학과는 달리 사립대학의 속성을 갖고 있었다. 더구나 조선인 학생은 전체 학생 중 10% 정도에 불과했기 때문에 조

선인을 위한 대학이라고 할 수도 없었다.[4]

해방 후 대한민국 정부가 들어선 이후에도 이런 상황은 특별히 달라지지 않았다. 서울대학교를 비롯해 여러 국립대학이 생겼지만 대부분의 대학이 사립대학이었으며 이들 대학이 학생등록금으로 운영되었다는 것은 기업식 경영이 처음부터 도입되었다고 할 수 있다. 이는 국립대학의 경우도 마찬가지다. 비록 사립대학에 비해서는 정부의 재정적 지원이 많았지만 여전히 국립대학 재정의 많은 부분이 학생등록금으로 충당되기 때문이다. 이는 세계 대부분의 국가에서 정부가 대학 재정을 책임지는 것과는 다른 현상이다. 정부가 운영비를 책임지는 국립대학 체제에서는 교육 목적이 학문의 진흥과 바람직한 민족국가의 구성원 양성으로 설정되지만, 대학운영비를 학생이 부담하는 사립대학 체제에서는 공식적으로 설정되는 대학 교육의 목적과는 별개로 개인의 신분 유지나 신분 상승이 대학 교육을 받는 목적이 되기 쉽기 때문이다. 개인이 교육비를 부담하는 사립대학 체제에서는 대학 교육을 투자 개념으로 인식하는 기업적 가치관이 대학을 지배하게 된다.

한국 대학의 기업화는 1995년 김영삼 정부 시절 「세계화 정보화 시대를 주도하는 신교육체제 수립을 위한 교육개혁 방안(5·31 교육개혁안)」[5]이 발표되면서 체계화되고 본격화된다. 「5·31 교육개혁안」이 발표된 이후 대학과

4　정준영, 「경성제국대학과 식민지 헤게모니」(서울대학교 대학원 박사학위 논문, 2009), 166쪽. 정준영은 1924년 경성제국대학 설립 이후 1942년까지 졸업생 1820명 가운데 조선인이 189명에 불과함을 밝히고 있다. 교수진 역시 의학부에서 조교수로 재직했던 조선인 2명을 제외하면 전부가 일본인이었다고 한다.

5　「5·31 교육개혁안」의 문제점을 심도 있게 다룬 논의로 전국교수노동조합 엮음, 『우리대학, 절망에서 희망으로』(노기연, 2006)에 실린 여러 논문을 참고할 수 있다.

관련된 정책과 법안으로 대학설립준칙주의, 대학정원 자율화, 국립대학 민영화, 총장직선제 폐지, 교수 계약제, 등록금 자율화, 교육시장 개방, 대학평가 등이 도입되거나 바람직한 안으로 제시되었다. 이 교육개혁안의 핵심은 한국의 제도 교육을 자본주의적 경쟁 체제로 전환하는 것이었다. 「5·31 교육개혁안」이 발표되고 이를 뒷받침하는 각종 정책과 법안이 도입된 지 20년 정도 지난 지금 한국의 대학에서는 앞에서 개괄한 미국 대학의 기업화 문제가 거의 그대로 나타나고 있다. 차이가 있다면 한국에서 그 문제의 심각성이 훨씬 더하다는 것이다.

자율을 내세우면서 경쟁을 부추기는 대학 교육정책은 대학의 기업식 경영을 가속화하고 있다. 대학이라는 학문공동체의 대표자 역할을 했던 대학총장은 이제 대학 운영에서 경제성, 효율성, 생산성을 강조하는 경영인이 되었다. 이제 곳곳의 대학에서 총장을 비롯한 대학 운영진은 스스로를 경영진이라고 부르고 있다. 기업의 경영 성과를 대차대조표와 손익계산서를 통해 수치로 표시하듯이 이제 대학은 운영 성과를 대학정보공시를 통해 수치로 표시하고 있다. 대학의 모습을 투명하게 알리겠다는 대학정보공시제도에서 공시 사항은 교수들이 무엇을 연구하고 학생들이 무엇을 배우는지를 알려주지 않는다. 알려주는 것은 학생 수, 교원 수, 대학 예산, 교수의 논문 편수, 학생의 취업률 등에 관한 수치다. 대학 경영진을 긴장하게 만드는 각종 대학 평가 역시 수치에 의해 결정된다. 그리고 이런 수치의 조합이 대학의 학문과 교육을 말해주는 것이라고 받아들인다.

총장을 비롯한 대학 경영진은 이런 수치를 관리하는 사람들이다. 이들은 수치를 관리하기 위해 학부생이나 대학원생의 노동임금을 장학금(근로장학금, 조교장학금 등)으로 변환하고 학문공동체 내부의 토론의 장을 억압한다(한국연구재단 등재학술지를 발간하지 않는 교내연구소 폐쇄 등). 최소 비용으로 최대 효과를 낸다는 경제성의 원칙에 입각한 경영 방침은 선택과 집중이라는 이름으로 구체화되어 외연적 성과가 많지 않은 기초 학문 분야는 위축시킨다.

대학의 기업식 경영은 대학 자체가 기업 같은 사업체가 되게 한다. 매년 등록금을 물가상승률보다 높은 비율로 인상하기도 하고, 이를 통해 축적한 적립금으로 대규모 금융자산을 조성해 증권시장에 투자한다. 대학의 건물과 시설은 임대 사업의 대상이 된다. 임대 사업을 선정할 때 그 임대 사업이 학생과 교직원의 편의와 복지에 이바지할지의 여부는 관심사가 아니다. 중요한 것은 임대 수입을 얼마나 확보할 수 있는지다.

미국의 '베이돌법'[6]과 같은 목적으로 2003년에 국내에서 제정된 '산업교육진흥 및 산학협동 등의 촉진에 관한 법률'은 대학이 산학협동이라는 이름으로 수익 사업을 할 수 있게 했다. 이에 근거해 만들어진 대학의 산학협력단과 관련 기업은 대학 자체를 기업으로 만들고 있다. 교수의 연구실은 사업장이 되고 교수는 기업 임원이 되며 그 교수가 가르치는 학생들은 그 교수가 설립한 기업의 직원이 된다. 학생들은 실습이라는 이름으로 상품 생산 공장에 투입되어 노동자가 된다. 산학협력에 의해 만들어진 각종 생산물은 기업화 대학의 이익을 창출하는 상품이 된다. 교수들은 자신의 연구 결과를 사적 이익을 위해 특허출원을 한다. 심지어 대학 경영진은 이를 부추긴다. 학자의 연구 결과를 배타적으로 소유하면서 부를 창출하는 것을 당연하게 받아들이는 것이다. 이는 연구 성과를 학문공동체와 공유하지 않으려는 풍토를 당연시하게 한다. 공적 학문기구로서 대학의 존재 이유가 사라지는 것

---

6 '베이돌법'에 대해서는 제3장 〈각주 20〉을 참조하라.

이다.

　기업은 기업에 필요한 상품 개발, 자체 개발한 상품의 성능 확인, 판매 전략 기획, 조직 관리 등을 위해 전문 지식을 갖춘 인재를 필요로 한다. 그리고 그러한 인재를 양성하거나 고용하는 것은 많은 시간과 비용을 필요로 한다. 그런 기업에 필요한 연구 인력을 저비용으로 제공하는 곳이 대학이다. 대학에서 급여를 받는 교수진은 기업이 발주하는 용역 연구를 저비용으로 수행해주기 때문이다. 교수들은 대학원생이라는 연구보조원까지 자체 조달한다. 또한 교수들도 기업이 원하는 연구를 하려 한다. 기업연구비는 대학에서 제공하는 정규 급여에 추가해 생기는 상여금과 같은 것이며 연구비 수주 규모 역시 교수 평가의 요소로 작용하기 때문이다. 대학 경영진도 기업 연구를 부추긴다. 교수진이 수주하는 기업연구비는 대학의 외형적 재정 규모를 확대하기 때문이다.

　기업이 원하는 연구를 교수가 수행할 때 그 피해는 대학 자체를 넘어 일반 사회로 파급된다. 교수가 기업을 위한 연구를 위해 시간과 노력을 쓸 때 대학이 추구해야 하는 객관적이고 보편적인 학문 연구를 위한 시간과 노력은 그만큼 줄어든다. 또한 객관성을 담보할 것 같은 교수진에 의해 기업이 개발한 상품의 성능이나 효능이 확인될 때 그 상품을 구매하는 일반인의 판단력은 호도된다. 교수에 의해 수행되는 기업 상품에 대한 평가 결과가 기업이 원하는 결과가 아닐 때 기업과 교수의 연구 계약관계는 지속되기 어렵다. 따라서 객관적이고 보편적이어야 할 교수들의 연구는 기업에 호의적인 연구 결과가 되기 쉽다.

　대학의 교육 역시 기업을 위한 교육이다. 이 장의 도입부에 언급한 "오늘 나는 대학을 그만둔다, 아니 거부한다"라는 선언에서 김예슬은 "대학은 글로벌 자본과 대기업에 가장 효율적으로 '부품'을 공급하는 하청업체가 되어내 이마에 바코드를 새긴다"라고 주장한다.[7] 김예슬이 주장하는 바와 같이 대학은 기업을 위해 존재하며 기업을 위한 고품질 노동자 생산을 교육 목표로 삼는다. 기업을 위한 대학 교육의 구체적인 사례가 한국 대학 대부분에서 시행하는 졸업인증제다. 영어 인증, 공학 인증뿐 아니라 정보 인증, 자격증 인증, 한자 인증 등 대학에서 정상적인 교육을 받았음을 증명하기 위해 주는 졸업인증은 대학생들에게 기업의 실무에서 필요한 능력을 갖추라는 요구다. 대학도 졸업인증제가 학생들의 취업을 위한 것이라고 밝히며, 대학 교육이 기업이 원하는 교육이 되고 있음을 숨기지 않는다. 대학생들은 졸업 인증제가 요구하는 범주를 훨씬 넘어서 기업이 원하는 방식으로 자신의 제원을 만들어간다. 이른바 '스펙 쌓기'의 대상이 되는 학점, 토익 점수, 자격증, 영어 연수, 인턴, 특별활동, 봉사 활동이 모두 취업을 위한 제원이 된다. 상품의 특성을 뜻하는 제원specifications이 학생들에게 적용될 때 인간인 학생들은 상품이 되고 만다.

미국에서 번창하고 있는 기업으로서의 대학인 영리 대학이 2018년 현재까지 한국에는, 적어도 제도적으로는, 아직 없다. 사립대학의 설립과 운영에 관한 사항을 규정하는 '사립학교법'의 적용 대상인 학교법인이 민법상 비영리법인이기 때문이다. 비영리법인은 영리 사업을 하지 않는 법인이며, 설사 영리 사업을 하더라도 그 사업 수익이 법인의 구성원인 자연인에게는 배분될 수 없다. 그러나 많은 사학법인의 관계인들은 여러 방식으로 대학 운영을 통해 영리를 취한다. 이들은 학교나 법인 재산을 개인 목적으로 유용하거나 횡령하며, 법인 재산을 무상이나 저가로 임대해 사용하고, 교비를

---

7   김예슬, 『오늘 나는 대학을 그만둔다, 아니 거부한다』, 12쪽.

횡령하기도 하며, 학교 건축 등의 공사를 체결하면서 리베이트를 챙기기도한다. 이것들 모두 불법행위다. 그러나 이들 불법행위가 가시화되는 것은 교수 같은 대학 내부인이 신분의 위협을 감수하면서 정부기관에 진정하거나 검찰 등에 고발할 때뿐이다.[8]

영리를 위한 대학 운영이 실제적으로는 광범위하게 이루어지면서도 제도적으로는 불법이었다면 이제 사립대학 운영자들은 영리 추구를 위한 대학 운영을 합법화하려 시도하고 있다. 그 첫째가 '사학청산법' 추진이다.[9] '사학청산법'의 요체는 사립대학이 폐교될 경우 그 대학과 법인의 일정 자산을 원래의 출연자에게 환원할 수 있도록 허용하는 것이다. 이는 출연의 뜻 자체를 왜곡하는 법안이다. 출연出捐이라 함은 법률적으로 어떤 사람이 자기의 의사에 따라 돈을 내거나 의무를 부담함으로써 재산상의 손실을 입고 남의 재산을 증가시키는 일을 뜻한다. 사학법인을 설립하기 위해 어떤 사람이 자신의 재산을 출연했다면 출연이 완료된 시점에 그 출연된 재산은 이미 공적 자산인 것이다. 이를 확고히 하기 위해 현재의 '사립학교법'은 사학법인이 청산될 경우 잔여 자산을 법인 정관이 정하는 자, 국가, 또는 지방자치단체에 귀속하도록 규정하고 있다. 따라서 사학법인들이 추진하는 '사학청산법'은 공공의 자산을 사유 자산으로 바꾸겠다는 것이다. 이 법안이 법률로 제

---

8 사학재단의 비리를 폭로하는 내부고발자는 인사권이 있는 재단에 의해 대부분 파면되거나 해임되기 때문에 재단의 불법적인 영리 추구 행위는 좀처럼 외부에 알려지지 않는다. 전국교수노동조합의 인터넷 홈페이지(http://www.kpu.or.kr)나 해직된 교수들의 단체인 전국교권수호모임의 인터넷 카페(http://cafe.naver.com/pr1129.cafe)에서 재단 비리 사례들을 확인할 수 있다.

9 '사학청산법'에 관한 논의는 이화영, 「부실사학 퇴출정책의 문제점」, 전국교수노동조합 엮음, 『우리대학, 절망에서 희망으로』(노기연, 2006), 127~143쪽을 참고했다.

정되어 효력이 나타나면 사립대학 운영은 법인 설립자의 손쉬운 재산 확보 수단으로 변질될 것이다.

둘째는 영리 대학 설립 추진이다. 2004년 전국경제인연합회(전경련)는 보도자료를 통해 "대학설립을 비영리법인으로 한정함으로써 산업계의 인력 수요에 맞는 고등교육이 효율적으로 이루어지지 못하고 있다"라고 주장하면서 "교육을 통한 이윤 추구가 목표인 영리 전문대학을 허용해야 한다"라고 주장했다. 더 나아가서 장기적으로 4년제 대학과 대학원에도 영리 대학이 허용되어야 한다고 주장한다. 전경련이 주장하는 영리 대학 설립은 교육 영역까지 영리를 추구하는 시장으로 개편해야 한다는 것이며 공적 교육기관도 사적 이익 추구 수단인 기업으로 전환하겠다는 발상이다. 아직까지는 사학법인들이 주장하는 '사학청산법'이 법률로 제정되지 않았고 또 영리 대학이 허용되고 있지는 않다. 그러나 대학을 기업화하려는 시도는 계속될 것이며 이런 시도가 현실화될 때 대학은 공적 교육기관의 위상을 완전히 잃어버릴 것이다.

대학 기업화의 조금 더 완벽한 형태는 일반대학을 기업의 사내 대학으로 전환하는 데서 나타난다. 사내 대학은 미국의 맥도널드사에서 운영하는 햄버거대학교처럼 기업체에서 사원 교육을 체계적으로 수행하기 위해 기업 안에 두는 사원 교육기관이다. 「5·31 교육개혁안」의 후속 조치로 제정된 1999년의 '평생교육법'은 사내 대학의 설립을 가능하게 했다. 삼성전자에서 삼성전자공과대학교를, 대한항공에서 정석대학을, 하이닉스에서 하이닉스 캠퍼스를 설치해 운영하고 있으며 그 밖에도 여러 기업이 사내 대학을 운영하고 있다.

그중 삼성 그룹이 운영하는 삼성전자공과대학교는 사내 대학 중 가장 체계적으로 운영되고 있고 가장 널리 알려져 있기도 하다. 전문학사, 학사, 석사, 박사 과정을 갖춘 삼성전자공과대학교는 2002년 이래 지금까지(2014년까지?)[10] 전문학사 130명, 학사 95명, 석사 195명, 박사 13명을 배출했다. 삼성전자 직원인 삼성전자공과대학교 재학생은 학비를 내지 않으며 사원으로서의 급여도 지급받는다. 이는 사내 대학이 기업의 인력 개발을 위한 것이어서 그 비용을 기업이 부담하는 것은 당연하기 때문이다. '평생교육법' 32조는 사내 대학의 종업원 교육에 필요한 경비는 "해당 종업원을 고용한 고용주가 부담함을 원칙으로 한다"라고 규정하고 있다. 이는 삼성전자공과대학교의 운영에 필요한 교수와 교직원 인건비, 교육시설비, 유지관리비 등뿐만 아니라 재학생이 삼성전자의 직원이기 때문에 학생들이 받는 급여도 삼성전자가 부담해야 함을 말해준다. 삼성은 이러한 사원 교육기관이 있는데도 1997년 인수한 성균관대학교를 삼성의 사원 연수를 위한 사내 대학으로 바꾸어놓고 있다.

성균관대학교의 휴대폰학과(2017년에 IT융합학과로 개명) 신설과 운영은 이 대학이 삼성의 사내 대학이 되고 있다는 사실을 분명히 드러낸다. 휴대폰학과는 휴대폰 분야의 특화된 고급 인력 양성을 목표로 2006년 일반대학원에 신설되었다. 휴대폰학과의 가장 주목할 만한 특징은 이 학과의 장학제도다. 이 학과의 모든 학생에게는 등록금이 면제된다. 이에 더해 석사과정

---

10 삼성전자공과대학교가 2018년 현재도 운영되고 있는지는 파악이 안 된다. 인터넷 검색 엔진으로 '삼성전자공과대학교'를 검색하면 이 대학 관련 홍보 기사가 2014년으로 끝이 난다. 2014년 이전에 있었던 이 대학의 학위수여식이나 이 대학이 좋다는 취지의 홍보 기사는 여전히 찾아볼 수 있다. 뒤에서 논의하는 내용에서 이해할 수 있겠지만 성균관대학교를 일정 정도 사내 대학으로 전용한 삼성전자로서는 비용이 들어가는 삼성전자공과대학을 굳이 유지할 필요가 없었을 것이라는 판단을 했을 것이라고 필자는 짐작한다.

학생은 월 100만 원, 1~4학기 박사과정 학생은 월 140만 원, 5~6학기 박사과정 학생은 월 170만 원, 7~8학기 박사과정 학생은 월 200만 원을 장학금으로 받았다.[11] 또한 이 학과의 모든 졸업생은 졸업과 동시에 삼성전자에 취업한다. 따라서 휴대폰학과 학생은 사실상 삼성전자의 수습사원이며 이 학과에서 하는 공부는 삼성전자의 업무 교육이다. 그러나 휴대폰학과는 성균관대학교에 속하기 때문에 이 학과를 운영하는 데 필요한 교수와 직원 인건비, 시설비 및 시설관리비, 일반관리비, 운영비, 실험실습비 등은 성균관대학교의 교비에서 지출된다. 삼성전자는 결국 수습사원 교육을 위해 학생의 장학금 중 일부를 제외한 모든 비용으로 성균관대학교의 교비 예산을 전용하는 셈이다. 즉, 삼성은 삼성전자공과대학교를 운영하는 비용에 비해 아주 적은 비용을 쓰면서 더 좋은 교수진을 이용해 더 좋은 여건에서 신입사원 교육을 하고 있는 것이다.

휴대폰학과만큼 삼성과 밀접한 관계를 맺고 있지는 않지만 성균관대학교 대학원 과정에 있는 이동통신공학, 반도체디스플레이공학, 반도체시스템공학, 임베디드소프트웨어, 초고층장대교량공학, 보험금융 등의 전공은 삼성을 비롯한 산업체의 직원을 위한 프로그램이다. 초일류 기업 삼성 그룹의

---

11 이 장의 내용은 ≪역사비평≫에 이 글을 게재한 2010년 기준이다. 2014년 모집요강에는 '학업장려금(삼성전자 지원금 월 40만 원, 소속연구실 지원금 월 90만 원 수준)'이라는 말이 있다. 2017년 3월 현재 2015년 이후의 장학금 지급 기준은 찾지 못했다. 2010년과 비교했을 때 장학금이 상당히 줄어들었다. 지금도 이런 장학금이 유지되는지는 확인하지 못했다. 삼성전자로서는 굳이 미래의 사원에게 재정 지원을 하지 않더라도 이 학과에 지원자가 많기 때문에 장학금 규모를 축소하거나 없애고 있다고 짐작한다. 즉, 휴대폰학과(IT융합학과) 운영이 학문적 목적이 아니라 기업의 인력 수급 계획에 의해 이루어지고 있음이 확인된다.

성장의 중요 요인 가운데 하나라고 할 수 있는 하청업체 이용 전략이 직원의 직업훈련에도 적용되는 것이다. 성균관대학교 측도 굳이 이를 부인하지 않는 것 같다. 서정돈 성균관대학교 18대 총장은 2010년 3월 10일 자 ≪한국일보≫ 인터뷰 기사에서 외국의 명문대학과 협정을 맺을 때 성균관대학교를 삼성 그룹이 운영하는 대학이라고 말했다고 하며 졸업생 상당수가 삼성에 취업되었다는 사실도 알려준다.

성균관대학교가 자율적 학문공동체로서의 대학이라면, 또는 "인격을 도야하고, 국가와 인류 사회의 발전에 필요한 학술의 심오한 이론과 그 응용 방법을 교수·연구하며, 국가와 인류 사회에 공헌함을 목적"으로 하고 있는 '고등교육법' 28조가 규정하는 대학이라면 휴대폰학과와 같은 직업훈련 프로그램은 있을 수 없는 학문 단위다. 휴대폰학과는 학술을 연구하는 학과라기보다는 종업원 교육을 수행하는 사내 대학 프로그램이기 때문이다. 휴대폰학과는 통신공학이나 컴퓨터 프로그램 등 공학에 관한 일반 이론을 연구하는 학문 분야를 특정 기업이 생산하는 특정 생산품을 위한 학문 분야로 위축시킴으로써 대학이 지향해야 할 자유로운 학문 연구의 진작을 훼손하고 있다. 성균관대학교의 휴대폰학과 설치와 운영은 대학의 학문을 기업에 종속시키는 대표적인 예다.

기업에 예속된 대학의 모습은 2008년 두산 그룹의 경영진이 재단의 이사진이 된 중앙대학교에서도 나타난다. 아직까지 중앙대학교에서는 성균관대학교의 휴대폰학과의 설립·운영과 같이 대학을 노골적으로 사내 대학으로 전환하려는 시도는 없다. 그러나 조금 더 넓은 의미에서 중앙대학교는 기업의 사원 연수원이 되고 있다. 회계학을 전교생 필수과목으로 정하거나 취업률을 근거로 학과를 통폐합하는 시도들은 중앙대학교를 기업을 위한 직업훈련소로 전환하는 것이다. 기업을 위한 대학으로 변모하고 있는 중앙대학교는 어쩌면 성균관대학교보다 더 근본적으로, 더 보편화된 형태로 대학을 기업의 직업훈련소로 바꾸어놓을지도 모른다. 그리고 기업화된 성균관대학교의 모습이 발전하는 대학의 모습으로 인정되듯이 중앙대학교 역시 기업을 위한 대학으로 분명하게 가시화될 때 발전하는 대학으로 인정될 것이다. 그리고 다른 대학도 이들 학교를 모범으로 삼아 기업에 예속된 대학으로 변모시킬 것이다. 이 같은 기업에 대한 대학의 예속화는 성균관대학교, 중앙대학교, 울산대학교 등 대기업 경영진이 사학재단을 운영하는 대학에 한정되지 않는다. 한국의 거의 모든 대학이 기업을 위한 연구와 교육을 수행하고 있기 때문이다. 학문공동체로서의 대학은 소멸되고 있다.

4. 대학의 기업화와 민족국가의 쇠퇴

대학이 기업화됨으로써 학문공동체가 소멸되고 있다는 것은 학문 자체가 소멸되고 있음을 뜻하기도 하지만 다른 한편으로는 민족국가가 쇠퇴하고 있음을 보여주기도 한다. 서양 중세의 대학이 자율적 학문공동체의 전통을 세웠다면 근현대 대학의 모델이 된 독일(1810년 베를린대학교 설립 당시는 프로이센)의 베를린대학교는 연구 중심 대학이기도 했지만 동시에 바람직한 민족국가의 구성원을 양성하기 위한 대학이기도 했는데, 대학의 기업화는 이러한 베를린대학교의 모형을 위협하기 때문이다.

프랑스혁명을 시발로 근대에 형성되기 시작해 현재는 전 세계에 일반화된 국가 형태인 민족국가nation-state는 원칙적으로[12] 민족nation에 의해 구성되는 국가state다. 따라서 국가의 위상은 민족의 자질에 의해 결정된다고 할 수 있다. 1806년 나폴레옹의 침공으로 위기를 겪으면서 예나대학교와 할레대학교가 폐쇄되는 수모를 당하기도 했던 당시의 프로이센은 민족국가로서의 위상을 정립하기 위한 정책의 일환으로 프로이센을 대표하는 대학을 설립하기로 한다. 당시 프로이센 정부의 교육정책 담당 관료로 이 일을 책임진 철학자 훔볼트는 칸트, 실러, 셸링, 슐라이어마허, 피히테, 프리드리히 슐레겔Friedrich Schlege 등이 논의하고 주장한 대학 학문으로서의 철학의 우위, 본성과 이성의 조화로서의 문화 또는 교양의 의의, 민족성 발현 학문으로서의 독일어문헌학, 교양이라는 이른바 정신의 성숙 과정으로서의 대학 교육, 인간 본성과 국가 이성의 중재기관으로서의 대학, 국가와 대학의 상호 보완적 관계 등을 구현하는 대학으로 베를린대학교를 설립한다.[13] 훔볼트는 대학 교육을 통해 철학, 교양, 민족성 등이 고양된 독일 민족이 형성되며 이러한 독일 민족에 의해 이루어지는 국가가 이상적인 민족국가라고 생각했다.

다시 말해, 대학은 국가 관리를 양성하는 기관도 아니고 국가 체제에 순응하는 국민으로서의 민족 구성원을 양성하기 위한 것도 아닌, 국가를 구성하는 주체로서의 민족 구성원을 양성하기 위한 것이어야 한다는 것이다. 이

12 사실상 민족국가가 민족의 뜻에 의해 구성된다는 것은 원칙이나 명분일 뿐이다. 18세기와 19세기를 거치면서 왕정국가를 무너뜨리고 민족국가를 세운 부르주아계급은 민족국가의 정당성을 확보하기 위해 해당 국가의 평민을 그 체제의 주권자로 상정한다. 의회와 같은 대의 민주주의 제도가 그 대표적인 방식이지만 이 제도는 부르주아의 이익을 확보하고 유지하는 장치다. 그러나 이 원칙은 때로는 국민 복지 제도의 도입에서 보듯이 현실적인 작용을 하기도 한다.

13 대학에 대한 독일 관념 철학자들의 논의를 여기에서 과도하게 축약한 면이 있다. 빌 레딩스의 『폐허의 대학』의 4장 '이성의 한계 내에서의 대학(The University within the Limits of Reason)'과 5장 '대학과 문화의 관념(The University and the Idea of Culture)'에 대학에 대한 이들 철학자들의 논의가 실려 있다.

렇게 되었을 때 대학과 국가의 관계에서 양자는 상호 보완적인 관계가 된다. 대학은 민족국가가 구현해야 하는 이상을 위한 지적 탐구의 장이고 국가는 대학에서 이루어지는 지적 탐구의 결과를 수행하는 구현체가 되는 것이다. 이런 관계가 설정될 때 국가는 대학에서 이루어지는 지성적 사고를 보호하는 수호자 역할을 하게 되고, 대학은 국가가 구현해야 할 지성적 사고를 창출하는 역할을 하게 된다.[14]

국가의 보호와 지원을 받지만 간섭은 받지 않으면서 학문을 추구하는 것이 보장된 베를린대학교는 처음에는 철학, 의학, 법학, 신학 학부를 갖춘 대학으로 출발했지만 19세기 중반 자연과학 분야를 포함하고 이를 지원하는 대규모 연구 시설을 갖추면서 전 세계 연구 중심 대학의 모델이 된다. 또한 이상적 민족국가의 주체적 구성원을 양성하려는 기획을 가졌던 베를린대학교의 교육 모델은 전 세계의 국립 또는 민족 대학의 모델이 된다. 특히 제2차 세계대전을 전후해 식민 체제에서 해방된 신생국들이 국립대학을 설립할 때 베를린대학교는 대학 설립의 모형이 되었다. 대한민국 '헌법' 32조가 규정하는 "대학의 자율성"이나 '고등교육법' 28조가 대학의 목적으로 규정하는 "대학은 인격을 도야하고, 국가와 인류 사회의 발전에 필요한 학술의 심오한 이론과 그 응용방법을 교수·연구하며, 국가와 인류 사회에 공헌함을 목적으로 한다"는 말 역시 훔볼트가 구현하려 했던 대학의 이상을 진술하는 것이다.

대학의 기업화는 훔볼트가 구현하려 했던 대학의 이상을 위협한다. 이는 곧 대학의 기업화가 민족국가의 이상을 위협하기도 한다는 것이다. 기업의

---

14 Readings, *The University in Ruins*, p. 69.

절대 선은 이윤 추구이기 때문에 이 목적에 부합하지 않는 가치는 부정된다. 기업화된 대학이 민족국가 체제가 원칙적으로 옹호하는 학문적 가치나 교육적 가치를 부정하는 것은 대학을 통제하는 기업이 민족국가의 가치를 수용하지 않을 뿐 아니라 그러한 민족국가의 통제에서 벗어나 있거나 벗어나려 하기 때문이다. 현실적으로는 기업 대부분이 국가 체제 안에서 작동하고 있다. 그러나 대학을 기업화하는 데 중추 역할을 하는 대기업은 국가 체제를 넘어선다.

예를 들어, 한국의 최대 기업인 삼성전자는 따져보면 한국 기업이라고 말할 수 없다. 삼성전자의 본부가 한국에 위치하고 있고 경영진 다수가 한국 국적을 갖고 있기는 하지만 이 기업을 움직이는 자본금의 절반 정도가 초국적 금융자본이다. 삼성전자의 제품 판매는 거의 대부분 해외에서 이루어지며(90% 정도) 제품 생산 역시 상당 부분 외국에서 이루어진다(생산 공장이 국내에는 7개가 있는 반면 해외에는 32개가 있다). 즉, 삼성전자는 국가의 통제에서 벗어나 있는 초국적기업[15]이라는 것이다. 한국 대기업의 초국적화는 삼성전자에만 해당되는 것은 아니다. 현대, LG, SK 등 한국의 대기업 대부분

---

15 초국적기업(transnational corporation)이라는 말과 다국적기업(multinational corporation)이라는 말은 두 용어가 투자, 경영, 생산, 판매 등의 과정이 하나의 국가 단위를 넘어 작동한다는 의미에서 대개 혼용된다. 굳이 구별하면 다국적기업이 해당 기업의 기원이 되는 본국과 어느 정도 긴밀한 관계를 갖는 기업을 말하는 데 반해 초국적기업은 그런 관계가 없는 기업을 말한다. 삼성전자의 본부가 한국에 있다는 점을 중시하면 이 기업을 다국적기업이라고 해야 적절하겠지만 투자, 자본, 생산, 판매 등이 이루어지는 양상을 보면 초국적기업이라고 할 수 있다. 예를 들어, 삼성전자의 해외 종속회사는 현지에 공급할 상품을 생산하고 판매하기 위한 것만은 아니다. 국내에서 판매되는 삼성전자의 상품 상당 부분이 저임금 노동력이 확보되는 해외 공장에서 생산된 상품임을 감안하면 삼성전자는 기업의 이익을 확보하기 위해 국적을 초월하고 있음을 알 수 있다.

이 초국적기업이다. 이런 초국적기업이 통제하거나 초국적기업의 가치를 구현하려는 기업화된 대학은 더 이상 이상적 민족국가의 구성원을 양성하는 대학이 될 수 없다.

국가가 대학을 보호하고 또 대학이 이상적 민족국가를 구현하는 토대를 제공하는 상호 보완적 관계를 기대할 수 없는 것은 오늘날 국가가 점점 더 민족국가의 위상을 잃어가고 있는 데서도 유래한다. 19세기 유럽과 아메리카에서 지배적인 국가 형태가 된 민족국가는 20세기 중반 무렵 식민 체제에서 독립을 이룬 대부분의 아시아와 아프리카 지역에서도 채택된다. 식민주의 시대 이후, 즉 '탈식민postcolonial' 시대에 나타난 아시아와 아프리카의 신생국이 민족국가를 국가 형태로 채택한 것은 그 지역의 인민의 총합체로서의 민족의 의지가 구현되는 국가가 형성되었음을 표방하는 것이었다. 그러나 이른바 '탈식민' 시대의 신생 민족국가에서 진정한 의미로 민족의 의지에 의해 그리고 민족의 이익을 위해 국가가 운영된 것은 아니었다. 이들 국가의 지배자들은 여전히 과거 식민 체제와의 협력을 통해 국가를 운영했기 때문이다.

신생국의 지배 체제가 국가를 운영하는 방식은 크게 보아 냉전이 종식되기 시작한 1980년대 무렵부터 크게 변한다. 냉전 시대에는 국가 체제를 위협하는 '적국'이 있었기 때문에 그 적국에 대항하는 체제로서의 '조국'이 견고하게 유지될 필요가 있었다. 그러나 소련 체제의 몰락으로 시작된 냉전의 해체로 적국이 존재하지 않는 시대가 도래했고, 이에 따라 국가 지배 체제의 유지를 위해 민족이나 국가 이데올로기가 덜 중요해지는 시대가 도래했다. 탈냉전 시대에는 국가 간의 관계에서 정치적·군사적 견제 또는 협력 관계는 덜 중요해지고 경제적 협력 관계가 더 중요하게 되었다. 국가 간의 경제적 협력 관계를 대표하는 세계무역기구WTO, 자유무역협정FTA 등이 1990

년대 이후 본격화된 것은 이런 변화를 반영했기 때문이다. G7이나 G20 같은 정상회담은 세계무역기구나 자유무역협정에서 추진하는 관세장벽 철폐, 국제금융자본의 안정화 등을 제도화해 초국적 자본주의 체제를 공고히 하는 역할을 하고 있다.

여기에서 주목할 것은 국가가 초국적 자본주의 체제를 공고히 할 때 국가 체제 자체는 약화된다는 점이다. 국가는 그 체제를 유지하기 위해 국경을 설정하고 그 국경 안으로 들어오는 외부 세력을 통제하기 위해 관세를 부과한다. 또한 국경 안에서 활동하는 개인과 법인에게 세금을 부과한다. 관세나 세금 부과는 국가의 존재를 인식시키는 장치이면서 동시에 국가 체제를 작동하는 데 필요한 경비를 확보하는 수단이기도 하다. 따라서 관세나 세금을 인하하거나 철폐하는 것은 국가의 작용을 위축시키는 것과 같다. 그러나 오늘날 국가는 초국적기업 또는 자본을 위해 관세를 철폐하거나 인하해 국가 체제를 위축시킨다. 또 국가는 초국적기업을 유치하기 위해 부지를 제공하기도 하고 세금, 종업원의 노동조건 등에서 특혜를 주기도 한다. 이는 곧 현대의 국가가 초국적 자본을 위하면서 초국적 자본의 지배를 받는 기구가 되었다는 말이다. 이제 국가는 민족국가라는 말이 함의하는 민족을 위한 국가가 아님을 분명하게 드러내고 있다.

1990년대 중반부터 현재까지 한국에서 대학의 기업화, 민족국가의 쇠퇴, 초국적기업 자본주의의 득세가 맞물리면서 연이어 진행되고 있다는 것은 세 현상이 결국 하나의 흐름임을 말해주는 것이다. 1995년에 발표된 「5·31 교육개혁안」을 통해 대학이 기업화되는 시점을 전후해 1995년 세계무역기구가 출범했고 한국은 이 기구에 가입했다. 1993년에 개방되기 시작한 한국의 금융시장은 1997년 외환위기에 의해 촉발된 국제통화기금의 지배를 거치면서 1998년에 완전히 개방되었다. 1998년에 여러 국가와의 자유무역협정을 추진하기 시작해 현재 유럽연합 등과 협정이 체결되었고 미국과의 협정 역시 완성되었다. 이제 한국 사회는 초국적 자본주의가 지배하는 사회가 되었다. 또한 국가 간의 경제협력의 결과로 한국은 이제 외형으로는 10대 무역대국, 종합 국력 17위, 외환보유고 세계 5위 등의 경제대국이 되었다. 그러나 그런 외형적 성장이 한국 사회의 구성원에게 배분되는 것은 아니다. 1990년대 중반 이후 소득, 분배, 지출 등의 영역에서 중산층이 위축되면서 양극화가 심화되어왔다는 것은 국가의 복지 정책 등을 통한 소득분배 기능이 약화되었음을, 그리고 경제성장의 과실을 초국적기업과 그런 초국적기업의 운영자들이 상당 부분 독점해왔음을 의미하는 것이다. 이제 국가는 초국적기업과 초국적 자본의 하수인이 되었다.

한국의 대학이 민족국가로서의 국가 기능 약화와 더불어 초국적 자본과 기업을 위한 대학이 되고 있다는 사실은 1990년대 중반 이후 나타나기 시작한 영어 강의 열풍에서도 확인된다. 영문학과라면 영어로 쓰인 문학작품을 공부하거나 영어를 분석하기 때문에 영어로 수업을 진행하는 것이 바람직할 것이다. 그렇지만 영문학과이더라도 한국 문화나 문학과의 관계에서 영문학을 공부하는 것이기 때문에 영어로 수업을 진행하는 것이 모든 면에서 정당화될 수는 없다. 그러나 현재 한국의 대학에서는 영어영문학이 아닌 학문 분야에서도 영어로 수업을 진행하고 있다. 많은 대학에서 신임교수들은 의무적으로 영어로 수업을 하라는 요구를 받고 있기도 하다. 영어 강의는 심지어 국어국문학과에도 해당된다. 영어로 수업을 진행해본 사람이라면 수업 내용이 한국어로 할 때에 비해 부실해진다는 것을 알고 있을 것이다. 이는 학생도, 교수도 그리고 영어 강의를 요구하는 대학 본부의 운영진도 알고 있는 사실이다.

결국 영어 수업에서 중요한 것은 교과 내용의 충실한 전달과 이에 근거한 활발한 지적 토론이 아니다. 영어 수업의 목표는 단지 영어 구사 능력 향상이다. 영어 수업을 듣는 학생들은 영어 수업의 이점으로 교과 내용에 대한 정확한 이해를 꼽지 않는다. 그들은 영어 수업을 통해 우선 영어 듣기 능력, 다음으로 영어 말하기 능력 향상을 꼽는다. 그들은 심지어 영어 글쓰기 능력에도 별 관심이 없다. 영어 듣기와 말하기 능력 훈련은 오랫동안 기업체가 대학에 요구해왔던 사항이다. 영어 구사 능력은 초국적기업이 된 한국 기업의 활동에서 필수적인 요소가 되어 있기 때문이다. 기업의 이런 요구를 실현하는 장치로 ≪중앙일보≫, ≪조선일보≫ 같은 친기업적인 대학 평가 기관은 대학 평가에서 국제화 지표를 중요 평가 척도로 설정하고 있으며, 이를 수용한 것이 많은 대학에서 이루어지는 영어 수업이다. 이제 영어는 영국이나 미국의 사회와 문화를 이해하기 위해 필요한 언어가 아니다. 영어는 초국적기업의 기업 활동을 위한 언어이고, 대학은 이런 기업을 위한 언어의 훈련장이 되고 있다.

기업 대학의 운영자 관점으로 볼 때 영어가 초국적 자본의 언어이기 때문에 대학에서 이 언어의 습득 훈련을 할 필요가 있다면 영어 이외의 언어는 위축시켜야 한다. 중국이나 일본어를 훈련한다고 생각되는 중문과나 일문과는 현재로서는 축소 대상이 아니다. 한국 기업의 지정학적 위치로 볼 때 중국이나 일본어는 기업에 필요한 언어이기 때문이다. 그러나 전통적으로 서구 학문 언어의 중심축을 이루던 독일어나 프랑스어는 그 언어가 기업 언어로 작용할 여지가 크지 않기 때문에 축소 대상이 된다. 동국대학교, 경남대학교, 대구가톨릭대학교 등에서는 독문과 또는 불문과를 폐과시켰으며 이런 추세는 앞으로 계속될 것이다.

독일어나 프랑스어가 대학에서 사라지면 근현대 학문의 토대를 세운 칸트, 헤겔, 푸코, 데리다 등의 철학 텍스트를 온전히 이해하는 것이 불가능해질 것이다. 대학에서 독문과, 불문과 등을 퇴출시키는 것은 근현대 학문의 기반을 붕괴시키는 것이다. 초국적 자본주의의 지배라는 관점에서 볼 때 독문과, 불문과 등 민족 언어학과의 폐과는 민족국가의 기반으로서의 대학을 부정하는 것이다. 근현대 대학의 출발점이었던 베를린대학교가 철학과 문헌학(현대의 국문학, 영문학 등 민족문학 연구에 해당한다)을 연구와 교육의 중심으로 설정했던 것은 대학과 민족국가 사이에 등가 관계를 설정했기 때문이다. 민족 언어와 문학 연구 단위로서의 독문학, 불문학이 대학에서 사라진다는 것은 남아 있게 될 영문학과나 국문학과 역시 민족어로서의 영어 또는 한국어를 매개로 한 언어와 문학(그리고 문화) 연구 단위로서 작동하지 않게 됨을 의미한다. 하나의 민족은 다른 민족과 구별되면서 공존하는 관계를 가질 때 그 존재 의의가 확인되는 것이기 때문이다. 대학은 이제 민족국가 안에서 그리고 다른 민족국가와 관계를 맺으면서 작동하는 학문공동체로서의 위상을 잃고 있다.

대학은 죽어가고 있다. 학생들은 '스펙 쌓기'라는 이름으로 스스로를 상품화하면서 기업에 팔려 갈 준비를 하고 있다. 교수들 역시 논문 편수, 연구비 수주액, 강의평가 점수 등으로 스스로를 수치화하면서 대학 경영진의 관리 대상이 되고 있다. 한국의 대학은 인간, 사회, 자연에 대한 보편적 지식을 추구하는 자율적 학문공동체가 아니다. 문제 있는 현실을 극복하면서 바람직한 미래상을 제시하는 비판적 지식 역시 더 이상 대학에서 생산되지 않는다. 대학의 이런 암담한 현실을 극복할 수 있는 길이 있는지 필자는 알지 못한다. 분명한 것은 교수들과 학생들이 이런 기업화된 대학의 관리 체제 아래에서 성과 경쟁을 하고 스펙 경쟁을 하는 한 대학의 미래는 없다는 것이다.

제5장

대학 자본주의: 대학 공공성의 소멸

1. 대학개혁 폭풍

대학이 학문의 상아탑이라는 말은 옛말이다. 지금은 경쟁의 시대다. 오직 경쟁력 강화만이 대학의 미래를 보장할 수 있다. 학생도 경쟁해야 하고 교수도 경쟁해야 한다. 지구화 시대인 오늘날 대학 간의 경쟁은 전 지구적 차원에서 진행된다. 교수와 학생 모두가 전 지구적 안목과 경쟁력을 갖춰야 한다. 경쟁의 성과는 논문으로, 연구비 수주로, 취업률로 확인된다. 성과 없는 교수는 교수직을 내려놓아야 한다. 실업자를 양산하는 학문은 없어져야 한다. 현재를 개혁하면서 미래를 준비하지 않는 대학은 존재할 수 없다. 앞으로 나아가지 않는 교수, 진보하지 않는 대학은 퇴출되어야 한다.

현재 대학에 부는 경쟁과 개혁의 바람은 발터 벤야민이 「역사철학 테제 Theses on the Philosophy of History」에서 말한 '미래의 폭풍'을 떠올리게 한다. 벤야민은 이 논문에서 파울 클레Paul Klee의 그림 '새로운 천사Angelus Novus'를 언급하면서 이 천사를 '역사의 천사'라고 말한다. 하늘까지 쌓여 있는 쓰레기 앞에서 이 천사는 현재에 머물면서 죽은 자들을 불러일으켜 산산이 부서진 쓰레기 잔해를 모아 다시 결합하고 싶어 한다. 그러나 폭풍은 천사가 등을 돌리고 있는 미래로 계속해서 천사를 떠밀고 있다. 천사가 보고 있는 것은 이 쓰레기의 파국뿐이다. 천사는 미래로 부는 폭풍 때문에 현재 쌓여가는 쓰레기를 치울 수 없다.

벤야민은 이 미래로 부는 폭풍을 '진보'라고 부른다.[1] 벤야민은 이 글을 쓰던 1940년대 당시 파시즘에 대항하던 세력이 파시즘에 굴복할 수밖에 없었던 이유가 진보에 대한 믿음이라고 한다. 진보에 대한 믿음은 역사가 앞으로 나아간다는 믿음, 앞으로 사회가 더 좋아진다는 믿음, 미래의 희망을 가져야 한다는 믿음이다. 역사의 진보를 믿는다는 것은 현재의 문제를 망각해도 된다는, 현재에 행동하지 않아도 된다는 믿음이기도 하다. 벤야민은 진보주의적 역사관을 배격한다. 벤야민에게 역사는 미래로 발전해가는 역사가 아니다. 벤야민은 역사를 구성의 대상으로, 그리고 현재를 메시아적 지금시간Jetztzeit으로 충만된 순간이라고 파악한다. 벤야민이 말하는 혁명은 지금시간의 의미로 충만한 과거를 현재로 소환해 현재를 폭파하는 것이다. 구체제를 폭파한 프랑스혁명은 과거의 로마를 소환한 것이라고 벤야민은 말한다. 벤야민의 역사관에 따르면, 현재에 쌓여가는 쓰레기는 미래에 치워지지 않는다. 벤야민은 현재의 쓰레기는 과거를 소환해 폭파해야 한다고 주장한다.

1 Walter Benjamin, "Theses on the Philosophy of History," translated by Harry Zohn, in Hannah Arendt(ed.), *Illuminations*(New York: Schocken Books, 1969), pp. 257~258.

현재의 대학에 몰아치는 미래의 폭풍은 대학 자본주의academic capitalism[2]다. 시장을 통한 사적 이윤 추구를 근본으로 하는 자본주의 체제는 16세기 이후 본격화되기 시작해 오늘날 통용되는 경제체제, 그리고 이런 경제체제를 유지하는 정치, 문화, 이데올로기 체제의 총합이다. 그러나 대학은 자본주의 체제가 구축되기 이전에 형성되었고 자본주의 체제가 구축된 이후에도 상당 기간 자본주의 체제 내부에 존재하면서도 자본주의의 영향에서 벗어나 있었다.

12세기부터 20세기 중반까지 대학 역사의 대부분에서 대학은 자본주의적 시장의 원리가 작용하지 않는 곳이었다. 대학의 역사가 시작된 유럽에서

---

[2] 여기에서 말하는 대학 자본주의는 영어권 논자들이 사용하는 'academic capitalism'을 옮겨 온 말이고 이 글의 내용 역시 영어권 논자들이 'academic capitalism'을 논의하는 틀을 빌리기도 한다. 'academic capitalism'을 한국에 먼저 소개한 반상진 교수는 이 말을 '학문 자본주의'로, 이 개념을 주요 논제로 삼아 박사학위 논문을 쓴 오승현은 '고등교육 자본주의'로 옮기고 있다. 모두 타당한 번역이지만 필자는 이 말을 '대학 자본주의'로 옮긴다. 'academy'는 원래 고대 그리스에서 지혜의 신 아테네의 성소가 있던 숲 이름인데, 여기에서 비롯되어 학문전수기관을 뜻하게 되었다. 'academic capitalism'에서 말하는 'academy'는 중·고등학교나 비공식 교육기관을 말하는 것이 아니라 바로 '대학교'다. 'academic capitalism'은 대학의 '학문'이나 '교육'뿐 아니라 대학에서 벌어지는 전반적인 자본주의적 양상을 설명하기 위해 고안된 말이기에 필자는 이 말에 대한 적절한 한국어가 '대학 자본주의'라고 생각한다. 서로 다른 번역어가 혼란을 줄 수 있지만 이 용어, 더 나아가서 이 개념에 대한 논의를 불러일으키고 싶은 생각에 필자는 선행 연구자들의 번역과 일부러 다르게 번역하고 있음을 밝힌다. 'capitalism'이라는 말 역시 대개 '자본주의'라고 옮겨지고 있으나 사실상 이 말이 '사유재산 제도에 바탕을 둔 경제체제와 생산양식'을 뜻하는 말임을 생각하면 '자본주의'보다는 '자본주의 체제'라고 옮기는 것이 더 적절할 것이다. 한국어의 '주의'는 믿음이나 이론을 뜻하기 때문이다. 이런 이유로 이 글에서 필자는 실라 슬로터(Sheila Slaughter) 등이 말하는 'academic capitalism'을 뜻할 때 '대학 자본주의'에 겸해 '대학 자본주의 체제'라는 말도 쓴다.

는 물론 19세기 중반 이후 대학이 설립된 다른 지역에서도 대학은 상당한 정도 사적 이익을 위해 존재하지 않았고 시장의 지배를 받지도 않았기 때문이다.[3] 미국 같은 일부 지역의 대학은 공적 지원 체계가 충분하지 않았지만 전 세계 대부분의 대학은 교회나 정부 또는 이에 준하는 공적 조직의 지원을 받으면서 지식 자체 또는 지식의 공적 가치를 추구하고 있었다. 대학은 상아탑이라는 별칭에 준하는 상태를 유지하고 있었다. 그러나 20세기 중반 냉전 체제가 끝나고 전 세계에 대한 미국의 영향력이 커지면서 미국식 대학 운영 방식 역시 전 세계로 파급되기 시작한다. 사립대학 중심의 미국의 대학 체제는 원래부터 기업자본의 지배를 받기 쉬운 조건에 있었다. 이런 미국 대학은 1980년대부터 정부의 재정 지원이 급감함에 따라 운영자금난이 심해지기 시작했고 자구책으로 수업료를 인상하고 기업기금을 끌어들이면서 매우 빠른 속도로 자본주의 체제로 변한다.

이 장에서는 우선 전 세계 대학으로 파급되어가는 대학 자본주의 현상을 그 진원지인 미국 대학을 중심으로 살피고 난 다음 한국 대학에 퍼져 있는 대학 자본주의의 양상을 살핀다. 이어서 대학 자본주의 체제에 의해 공공재로서의 대학의 지식이, 그리고 공공성을 가져야 하는 대학 교육이 파괴되는 현실에 대해 논의한다.

3 과거의 대학이 항상 학문공동체로서의 대학의 이상적인 사명을 구현하고 있었다는 뜻은 아니다. 교수들은 사적 이익을 위해 학생들을 갈취하기도 했고, 종교권력이나 정치권력은 그들의 이익을 위해 대학의 조직을 동원하거나 대학을 지배하기도 했다. 학생들 역시 출세 수단으로 대학 교육을 선택하기도 했다. 그러나 학문의 자유나 대학의 자치라는 원칙은 유지되었고 학문은 그 자체의 목적을 위해 존재한다는 원칙 역시 견지되었다. 기본적으로 대학이 자본주의적 시장이 되거나 시장의 지배를 받지는 않았다는 뜻이다.

2. 대학 자본주의의 발흥과 전개

대학이 출현하기 시작한 12세기 무렵부터 대규모의 과학 기술 연구가 대학의 중심 과제로 상정되기 시작한 20세기 중반 이전까지만 해도 돈이 대학을 지배하지는 않았다. 학생조합으로 출발한 볼로냐대학교 같은 곳에서는 교수의 급여를 충당하기 위해 수업료를 내는 관행이 있었지만 이내 교수의 급여나 대학운영비의 대부분을 교회나 국가가 부담하기 시작하면서 대학이 돈을 모으는 일에 나서지는 않았다. 대부분 교수들에게는 성직자 신분이 부여되었기 때문에 교수의 급여는 교회가 부담했다. 중세의 대학에서는 대학에서 배우는 지식이 신이 주신 선물이라고 인식되었기 때문에 학생들이 수업료를 내지 않았다.[4] 교수와 학생들은 성직자와 수도사 같은 직분을 갖고 있었기에 경제적 풍요와는 거리가 먼 삶을 살았다.

19세기 초기 근대국가에 의해 근대 대학이 설립되면서 교수의 급여는 물론 운영비, 심지어 경우에 따라 학생의 생활비까지 국가가 지원하는 체제가 확립되기 시작했다.[5] 이때의 대학은 근대의 민족국가(또는 국민국가)가 주도

---

4 Jacques Verger, "Teachers," in Hilde de Ridder-Symoens(ed.), *A History of the University in Europe vol. 1: Universities in the Middle Ages*(Cambridge: Cambridge University Press, 1992), p. 15. 학생들은 학위를 받을 때 학위비를 내야 했는데, 이 비용이 가장 큰 부담이었다. 또한 학생들은 학생회비(조합비)를 내기도 했지만 이 돈은 학생 행사에 전적으로 쓰이는 돈이었다[Aleksander Gieysztor, "Management and Resources," in Hilde de Ridder-Symoens(ed.), *A History of the University in Europe vol. 1: Universities in the Middle Ages*, p. 133].

5 Paul Gerbod, "Resources and Management," in Walter Rüegg(ed.), *A History of the University in Europe vol. 3: Universities in the Nineteenth and Early Twentieth Cen-*

해 설립했기 때문에 대학의 규모 역시 팽창했다. 규모가 팽창하면서 정부의 재정 지원 규모도 늘어나기 시작했다. 근대의 대학은 교육뿐만 아니라 연구 역시 강조했는데, 이에 따라 연구 지원 비용 역시 늘어나야 했다. 19세기 후반부터는 대학에서 자연과학의 규모가 커지기 시작했고 실험연구실이 설립되기 시작했다. 그러나 아직까지도 연구에 대한 강조는 도서관 시설의 확대를 뜻했지 현대 대학에서 볼 수 있는 대규모 실험실과 고가의 실험 장비를 뜻하지는 않는다. 근대국가는 대학의 교육을 통한 교양인 양성이 근대 민족국가의 기반이 된다고 생각했기에 대학을 설립하고 지원하면서 근대적 지식인 양성을 대학의 목적으로 설정했다. 20세기의 유럽에서는 복지국가 체제가 자리 잡아감에 따라 이전까지 간헐적으로나마 수업료를 부과하던 관행이 거의 자취를 감추었다. 의료, 주거와 함께 교육은 국민 복지의 기본이라는 사회적 합의가 이루어졌고, 이에 필요한 비용은 국가 재정으로 충당하는 것이 당연시되었다. 1960년대까지는 미국에서도 공립대학(주립대학)에서는 주민에게 거의 수업료를 부과하지 않았다.

돈이 대학을 지배하게 된 계기는 냉전 이후 미국의 대학이 정부기관의 목적 연구기금을 받기 시작한 것이다. 제2차 세계대전의 승리에서 대학교수인 과학자들의 기여가 결정적이었음을 알게 된 미국 정부는 전쟁이 끝난 이후에도 정부가 필요로 하는 연구 개발research & development을 대학교수들에게 의뢰하기 시작했다. 대학이 수주하는 연구에는 국방과 관련된 무기 개발뿐만 아니라 의료나 산업 정책 등도 포함되었다. 자연과학 분야의 연구기금이 큰 몫을 차지했지만 사회과학 분야도 포함되었다. 사회과학자들은 국무부

tury(1800-1945)(Cambridge: Cambridge University Press, 2004), p. 111.

나 CIA가 요구하는 미국의 해외 정책 연구를 수행했다. 미국의 대학 예산에서 정부 예산의 비중은 1946년에는 5% 정도였지만 1980년대에는 15% 수준으로 자리 잡게 된다.[6]

그러나 모든 대학이 정부의 연구비를 수주하지는 않았다. 냉전 시대에 접어들면서 전체 대학 예산에서 정부의 비중이 늘어났지만 정부의 연구비는 상위 10% 정도의 대학에 집중되었다. 정부의 연구기금을 받는 대학들은 재정이 넉넉해지면서 연구 설비를 더욱 잘 갖추게 되었고, 이는 다른 대학에 경쟁을 불러일으켜 정부의 연구기금을 수주하는 노력을 기울이게 만들었다. 또한 상위 대학 내부에서도 정부연구기금을 받는 학문 단위는 대학 운영진의 집중 지원 대상이 되었다. 즉, 정부연구비를 매개로 대학 간, 그리고 대학 내부의 학문 단위 간 경쟁이 시작된 것이다.

정부연구비를 받는 상위 대학에서는 대학의 역할을 교육이 아니라 연구로 설정하게 되었다. 연구 수주를 주도하는 교수들은 연구비의 일부를 급여로 받으면서 연구비 수주가 많지 않은 교수들에 비해 높은 연봉을 받게 되고 책임 강의 시수가 줄어드는 혜택까지 받으면서 교수직이 사적 이익을 확보하는 수단이 될 수 있음을 알게 된다. 이제 교수들은 연구비 수주를 위해 연구 기획을 하게 되면서 기업가enterpriser(수익을 얻기 위해 조직을 기획하고 운영하는 사람)와 유사하게 되었다.[7] 대학 운영진 역시 정부의 개발연구비 수주를 부추기고 집중 지원 분야와 그렇지 않은 분야를 정책적으로 결정하면

---

6   리처드 르원틴, 「냉전과 대학의 변모」, 노엄 촘스키 외, 『냉전과 대학』, 정연복 옮김(당대, 2001), 207쪽.

7   같은 책, 213쪽.

서 사적 기업과 유사하게 대학을 운영하기 시작했다.

냉전 시대의 미국 대학은 지식을 추구하는 학문공동체로서의 대학과는 거리가 멀어지고 있었지만 여전히 근대 대학의 면모를 일정 정도 유지하고 있었다. 훔볼트가 제창한 근대 대학이 이상적인 국가를 위한 지적 성숙을 이룬 교양인 양성이었음을 상기해보면 냉전 시대의 미국 대학 역시 국가를 위해 연구 개발 프로젝트를 진행하고 있었다는 점에서 적어도 명분상으로는 대학과 국가는 연계되어 있었다. 그러나 1980년에 입법된 '베이돌법'[8]의 영향을 받기 시작하면서, 그리고 냉전의 종식으로 사회주의 블록과의 체제 경쟁의 필요성이 없어짐에 따라 정부 발주 연구비 규모가 줄어들기 시작하면서 미국 대학은 한편으로는 수익을 추구하기 위해 다른 한편으로는 대학 운영에 필요한 재원을 확보하기 위해 기업기금 등의 사적 재원을 대규모로 끌어들이기 시작한다. 즉, 대학은 돈 자체를 위해, 그리고 돈의 필요성 때문에 사기업과 유사해지기 시작한다.

대학 자본주의라는 말을 본격적으로 쓰기 시작한 슬로터[9]와 래리 레슬리

---

8 '베이돌법'에 대해서는 제3장 〈각주 20〉을 참고하라.

9 슬로터는 1990년에 에드워드 해킷(Edward Hackett)이 대학에 나타난 과학 연구의 변화를 기술하면서 '대학 자본주의'라는 말을 사용했다고 밝히고 있다[Sheila Slaughter and Larry L. Leslie, *Academic Capitalism: Politics, Policies, and the Entrepreneurial University*(Baltimore: Johns Hopkins University Press, 1997), p. 8]. 그러나 '대학 자본주의'를 체계적으로 분석하는 것은 슬로터와 래리 레슬리가 함께 쓴, 앞서 인용한 책 『대학 자본주의: 정치, 정책, 기업 대학(Academic Capitalism: Politics, Policies, and the Entrepreneurial University)』이 1997년에 발행되면서 시작되었다. 이 저서는 미국, 영국, 오스트레일리아, 캐나다의 공립대학이 기업화를 부추기는 정부 정책에 의해 대학이 시장으로 변하고 있음을 통계와 인터뷰 등을 통해 실증적으로 밝히고 있다. 이후 대학 자본주의의 개념을 조금 더 이론적으로 체계화한 저서 『대학 자본주의와 신경제: 시장, 국가,

Larry Leslie는 대학 자본주의를 "외부의 기금을 확보하기 위해 노력하는 대학과 교수들의 시장 행위market behavior와 유사 시장 행위market-like behavior"라고 규정한다.[10] 그들이 말하는 '시장 행위'는 대학이 직접 수익을 추구하는 행위로, 특허권이나 로열티를 파는 행위, 대학 산하에 기업을 설립해 영리를 추구하는 행위, 대학의 로고 등을 상품화해 판매함으로써 수익을 추구하는 행위, 서점·문구점·식당·기숙사 등을 이용해 수익을 창출하는 행위를 망라한다. '유사 시장 행위'는 대학의 조직적 특성을 이용해 외부기금을 끌어들이는 행위로, 외부 연구기금, 외부 기탁금, 발전기금, 산학협력에 의한 기업 자금 유입 등을 뜻한다. 이들은 학생들이 내는 수업료 같은 비용도 유사 시장 행위라고 규정하는데, 이는 수업료가 학부모라는 외부 자금원으로부터 오는 대학기금이기 때문이다.

사실 대학은 그 자체로 수익을 추구하는 영리 조직이 아니기 때문에 항상 운영기금을 외부에서 조달해왔다. 중세의 대학은 교회나 도시로부터, 전근

고등교육(Academic Capitalism and the New Economy: Markets, State, and Higher Education)』이 슬로터와 게리 로드스(Gary Rhoades)의 공저로 2004년에 발행되었다 [Sheila Slaughter and Gary Rhoades, *Academic Capitalism and the New Economy: Markets, State, and Higher Education*(Baltimore: Johns Hopkins University Press, 2004)]. 2014년에는 슬로터의 제자들인 브렌던 캔트웰(Brendan Cantwell)과 일카 카우피넨(Ilkka Kauppinen)이 편집하고 슬로터가 서문을 쓴 편저 『지구화 시대의 대학 자본주의(Academic Capitalism in the Age of Globalization)』가 발행되었다[Brendan Cantwell and Ilkka Kauppinen, *Academic Capitalism in the Age of Globalization* (Baltimore: Johns Hopkins University Press, 2014)]. 이 장에서의 대학 자본주의에 대한 필자의 개괄은 세 저서에서 그 내용을 발췌해 정리한 것이다.

10 Slaughter and Leslie, *Academic Capitalism: Politics, Policies, and the Entrepreneurial University*, p. 8.

대의 대학은 왕실로부터, 근대의 대학은 정부로부터 재정 지원을 받았다. 근대까지 대학에 대한 재정적 지원은 대학이 추구하는 보편적 지식의 전달이나 탐구를 방해하지 않았으며 특정 집단의 이익을 확보하기 위한 것도 아니었다. 그러나 대학 자본주의 체제에서 대학이 추구하는 재원은 기업자본을 위한 것이 되었으며, 이에 따라 대학이 원래 추구해왔던 보편적 또는 공공재로서의 지식의 속성은 왜곡되기 시작한다.

대학 자본주의가 출현한 역사적 이론적 배경으로 슬로터(그리고 그와 함께 대학 자본주의를 대학에 관한 중심 연구 과제로 설정하는 레슬리와 로드스)는 신자유주의 국가the neoliberal state, 신경제the new economy, 그리고 지구화globaliza-tion[11]를 든다.

자유 시장, 규제 완화, 사유재산권 옹호를 근간으로 하는 신자유주의neo-liberalism는 1970년대의 세계적인 경제 불황을 타개하기 위해 제시된 이론이며, 1980년부터 미국과 영국에서 (그리고 한국에서는 1990년대 이후) 도입된 국가정책이다. 1930년대의 불황을 정부가 시장에 적극적으로 개입해 해결한 이후 1960년대까지는 케인스주의라고 불리는 수정 자본주의의 시대였

---

11 대학 자본주의를 본격적으로 다루기 시작한 『대학 자본주의: 정치, 정책, 기업 대학』에서는 대학 자본주의의 출현 배경으로 정부가 대학에 지구화(세계화)라는 통칭으로 거론할 수 있는 국가 경쟁력 강화를 요구하는 데서 우선 찾고 있다. 이는 이 저서가 영어권 주요 국가인 미국, 영국, 오스트레일리아, 캐나다 정부의 고등교육정책(대학 정책)을 비교하고 있기 때문에 나올 수 있는 주제라고 할 수 있다. 그러나 이 글에서는 슬로터 등이 논의한 주제보다는 대학 자본주의 체제가 미국에서 본격적으로 시작되었다는 데서 착안해 미국 정부의 대학 정책의 배경이 된 신자유주의를 먼저 다룬다. 필자는 이 글에서 대학 자본주의의 이론적 배경과 전개 양상을 신자유주의 국가정책, 지식 기반 경제로서의 신경제, 지구화로 나누고 있지만 논자들이 이렇게 분류해 대학 자본주의를 논의하고 있다는 뜻은 아니다.

다. 이때 국가정책은 소득 평준화와 완전고용을 추구함으로써 복지국가의 기틀이 마련되고 있었다. 당시는 자유방임을 토대로 하는 순수 자본주의 체제와 국가 주도의 계획경제를 근간으로 하는 사회주의 체제 모두 문제가 있다는 수정 자본주의의 주장이 설득력을 얻으면서 자본과 노동의 타협을 이룬 시기이기도 했다.[12] 수정 자본주의는 국가, 시장, 민주주의 제도가 융합된 형태를 지향했다. 수정 자본주의 체제 아래에 있는 사회민주주의 국가들은 보건 의료, 주거, 교육과 같은 사회를 유지하는 기본적인 조건은 시장의 지배에서 분리하는 정책을 유지했다.[13] 그러나 수정 자본주의 체제에서도 1970년대에 들어서면서 경기 침체가 심각해졌고 이를 타개하기 위한 정책이 요구되었다. 유럽 여러 지역에서는 정부의 역할이 더욱 강조되었으나 미국과 영국에서는 정부의 역할을 축소하고 시장 원리를 회복하는 것이 경제를 활성화시킨다는 신자유주의 주장이 득세했다. 그리고 미국의 레이건 정부와 영국의 대처 정부는 이를 정부 정책으로 수용한다.

신자유주의 체제의 정부 정책은 복지를 축소하고 기업의 생산성 향상에 초점을 맞춘다. 신자유주의는 이론적으로는 정부의 개입을 최소화하고 시장 원리에 경제를 맡겨야 한다고 주장하면서도 자본의 이익을 위해서는 정부 권력을 강력하게 행사한다.[14] 자본시장 개방, 무역 자유화, 노동 유연성 확보 등의 신자유주의 정부 정책은 국가권력이 적극적으로 개입하지 않고서는 불가능한 정책이기 때문이다. 신자유주의 정부의 일관된 정책은 기업

---

12 데이비드 하비, 『신자유주의: 간략한 역사』, 최병두 옮김(한울아카데미, 2007), 95쪽.

13 같은 책, 95쪽.

14 같은 책, 94~95쪽.

자본을 위해 규제를 완화하면서 기업 활동의 자유를 보장하는 것이다. 이에 따르면, 시장이 개입하지 않아야 한다는 합의가 어느 정도 이루어진 공공 영역마저도 시장에 자리를 내주게 된다. 공공재의 사유화(민영화) 역시 정부의 정책으로 추진된다. 교육도 예외일 수는 없다.

이때부터 신자유주의 정부 정책에 의해 대학에 정부의 재정적 지원이 급감하기 시작한다. 이에 따라 대학 역시 자구책으로 재원 확보를 추구하기 시작했다. 미국에서는 대학생에 대한 무상 학비 지원이 장기 상환 대출 학자금으로 전환되는 동시에 수업료가 오르기 시작했다.[15] 영국에서는 대학생들에게 수업료를 부과하기 시작했다. 미국에서는 '베이돌법'에 의해 대학의 지식 역시 사유화될 수 있는 길이 열리면서 대학 지식이 훼손되기 시작했다. 대학의 교육은 보편적 지식의 추구나 민주 시민 양성이 아니라 인적자원 양성으로 그 목적이 변하게 된다. 학생들 역시 대학 교육을 미래의 경제적 보상이 좋은 직업을 얻기 위한 투자라고 생각하게 된다. 학생들은 교수와 같이 학문 활동을 수행하는 학문공동체의 일원이 되는 것이 아니라 교육 상품의 마케팅 대상인 고객이 된다. 경제적 효율성을 강조하는 정부의 노동 유연화 정책도 대학에 영향을 미쳐 전임교수 비중이 줄어들고 비전임교수 비율이 늘어나기 시작한다. 영국에서는 1988년에 '교육개혁법The Education Reform Act'이 제정되면서 아예 종신교수제도가 폐지된다. 대학 교육을 상품으로 보는 관점이 늘어나면서 피닉스대학교 같은 영리 대학이 늘어나고 전통적인 비영리 대학 역시 영리를 추구하는 방식으로 대학을 운영하기 시작

---

15 Slaughter and Leslie, *Academic Capitalism: Politics, Policies, and the Entrepreneurial University*, p. 73.

한다. 대학 시설은 학생들을 상대로 상품을 판매하는 시장으로 변한다.

슬로터 등이 대학 자본주의의 한 요체로 설정하는 신경제[16]는 대학의 고급 지식을 수익을 위한 원자재로 설정하는 체제다.[17] 이를 지식 경제know-ledge economy 또는 지식 기반 경제라고 부르기도 한다. 대량생산을 근간으로 하는 제조업 중심의 산업사회가 서비스산업 중심의 탈산업사회로 변모함에 따라 지식, 정보의 생산과 분배가 부의 창출을 이루고 경제 발전을 이끈다는 것이 신경제 또는 지식 기반 경제의 요체다.

지식 기반 경제에서는 제조업 분야에서도 육체노동보다는 지식노동이 중요한 역할을 하며 나아가 지식 자체가 상품이 된다. 지식 기반 사회에서는 브랜드, 지적재산권, 인적자원 같은 무형자산이 경제 활동에서 중요한 몫을 차지하게 되고, 지식을 기반으로 무형자산을 확보하고 생산하는 경제를 추구하게 된다고 한다. 미국에서 제정된 '베이돌법'이나 한국에서 제정된 '기술이전촉진법'은 경제 발전을 위해 학문적 연구 결과물인 대학의 지식에 대해 특허권을 부여할 수 있게 한 제도로서, 대학의 공적 지식에 대해 사적 소유권을 부여하는 제도다. 지식 기반 경제는 지식을 사유화함으로써 지식을 시장의 지배에 속하게 한다. 신경제 옹호자들은 지식과 지식에 의해 촉진되

---

16 슬로터가 말하는 신경제는 1990년대 미국의 호황기를 가져온 것으로 여겨지는 디지털 경제를 뜻하는 신경제와 같은 뜻은 아니다. 슬로터가 신경제의 요인으로 원자재로서의 지식을 언급하는 것을 생각하면 슬로터가 말하는 신경제는 피터 드러커(Peter Drucker)가 말하는 가치 창출을 위해 지식을 사용하는 경제, 또는 1996년의 OECD 보고서에서 말하는 생산성 향상과 경제 발전을 위해 지식을 생산하고 활용하는 경제를 뜻하는 지식 기반 경제(knowledge-based economy)와 같은 의미를 갖는다.

17 Slaughter and Rhoades, *Academic Capitalism and the New Economy: Markets, State, and Higher Education*, p. 17.

는 지식 기반 산업을 발전시키는 것이 경제 발전에 이바지한다고 주장한다.

지식이 경제 활동의 중요 요인이 되면서 기업은 대학의 지식을 기업의 기술 혁신이나 기업 관리를 위해 활용하려 한다. 대학에 대한 기업의 재정적 지원은 기업 목적에 맞는 지식을 대학에서 생산하도록 유도하기 때문에 대학의 지식은 기업을 위한 지식으로 변모하게 된다. 외부의 재원을 확보하는 노력을 해야 하는 대학이나 교수들은 기업을 위한 지식을 생산하는 것이 대학의 목적에 부합하지 않는다는 생각을 하지 않게 된다. 대학은 또한 대학에서 생산되는 지식 자체를 상품으로 상정하기도 한다. 연구 결과물에 대해 특허권이나 저작권을 확보하고 이를 기업이나 일반 소비자에게 판매하려 한다. 대학 교육 역시 상품이 되어 경쟁력 있는 대학은 경쟁력 있는 교육 상품을 판매하는 시장이 되기 때문에 비싼 등록금을 받는 것이 정당화된다. 대학은 온라인 강좌를 상품으로 설정해 대학 외부인에게도 판매하기 시작한다. 교육을 받는 학생들은 인적자원으로 자리매김되면서 교육의 목적은 기업이 필요한 지식과 정보를 갖춘 인적 자본이 된다.

지구화는 일반적으로 자본, 사람, 정보, 지식, 이데올로기, 문화 등이 국경의 제한을 받지 않고 자유롭게 교류되면서 정치, 경제, 문화 체계가 새롭게 형성되는 현상을 말한다.[18] 지구화는 교통수단이나 정보기술 등의 발달에 따른 현상이기도 하지만 민족국가(또는 국민국가)의 영향력이 축소되는 현상이기도 하다. 즉, 민족국가 단위의 삶의 방식이 점차 약화되고 초국적 삶의 방식이 확대되는 현상이다. 그러나 민족국가 체제가 축소된다는 말이

---

18 Ilkka Kauppinen and Brendan Cantwell, "The Global Enterprise of Higher Education," in Cantwell and Kauppinen(eds.), *Academic Capitalism in the Age of Globalization*, p. 138.

정부의 역할이 축소된다는 뜻은 아니다. 신자유주의 체제가 시장 원리에 따라 정부의 개입이 축소되어야 한다는 원칙을 내세우면서도 기업자본의 시장 영향력을 높이는 방식으로 국가권력을 행사하는 것과 마찬가지로 지구화 현상에서도 정부의 역할은 축소되지 않는다. 국가의 이익이라는 이름으로 무역 자유화를 추진하는 주체는 바로 정부이며, 이런 정부가 추진하는 무역 장벽의 제거는 궁극적으로 기업자본의 이익을 확보하기 위한 정부 정책이기 때문이다.

이런 면에서 대학 자본주의 논의의 장을 연 슬로터가 대학 자본주의의 배경으로 지구화를 내세울 때 지구화가 정부의 국가 경쟁력 강화 정책에서 나온 것이라는 설명[19]은 정당하다고 할 수 있다. 국가 간의 경제적 경쟁이 치열해지고 미국이나 영국 등이 아시아권의 신흥국가들에게 세계 시장의 점유율을 점차 내어주는 상황에서 미국 같은 서구 국가가 보유한 신지식을 산업에 활용함으로써 경제적 국가 경쟁력을 강화해야 한다는 주장이 출현하게 된다는 것이다. 이런 맥락에서 지구화는 신자유주의 정부 정책이나 신경제와 같은 내용이지만 다른 모습이라고 이해할 수 있다.

경제적인 면에서 지구화는 국제간의 투자나 교역에서 국가 사이의 장벽을 제거함으로써 자본의 수익을 극대화하는 것이다. 이때 투자나 교역의 대상은 금융자본시장이나 산업 생산품만을 의미하지는 않는다. 전통적으로 상품이 될 수 없는 지식이나 대학 교육 역시 포함된다. 1994년 세계무역기구는 우루과이 협상을 통해 타국에서 지적재산권을 보호해야 한다는 규정

---

19 Slaughter and Leslie, *Academic Capitalism: Politics, Policies, and the Entrepreneurial University*, p. 36.

을 만들었다. 즉, 지식이나 예술 창작과 같이 기본적으로 기존의 지식 체계나 기존 예술 작품에 근거해 만들어지는 공유물, 다시 말해 사실상 개인의 기여는 많지 않다고 할 수 있는 지식이나 예술 등에 대해 수익을 확보해주는 배타적 소유권을 인정하고 자국에서와 마찬가지로 타국에서도 이 권리의 보호를 강제하는 조항이 만들어진 것이다.

지식이 상품이 될 수 있다면 교육 역시 상품이 된다. 지구화 시대의 대학은 유학생을 대규모로 유치하거나 외국에 자국의 대학을 설립하는 방식으로 수익을 추구한다. 대학 자본주의가 심각한 문제로 떠오르기 전에도 미국 대학은 유학생을 받아들이면서 수익을 추구했지만, 대학 자본주의가 본격화된 1980년대 이후 영국과 오스트레일리아의 대학 역시 유학생에게 고액의 수업료를 부과함으로써 수익을 추구하기 시작한다. 영국과 오스트레일리아에 대학수업료제도가 아예 없던 상황에서 수업료제도가 만들어지고 일정 기간 자국민에게는 정부가 수업료를 지원하는 체제로 변하게 된 제도의 이면에는 영어권 대학이 누릴 수 있는 상품으로서의 영어라는 대학 지식을 외국에 판매하는 방식이 작동했다고 할 수 있다. 오스트레일리아는 유학생 유치와 해외 대학 설립을 통해 대학의 교육과 지식을 상품으로 적극적으로 전환하는 국가로 알려져 있다. 이 분야의 무역 수지 흑자는 2016년 기준 219억 호주달러로, 철강과 석탄 수출에 이어 세 번째를 차지할 정도다.[20]

지구화 현상에 의해 국가 간의 교류가 활성화됨에 따라 대학의 연구진 구

---

20 Department of Foreign Affairs and Trade, Australian Government, "Australia's trade in goods and services". http://dfat.gov.au/about-us/publications/trade-investment/austr alias-trade-in-goods-and-services/Pages/australias-trade-in-goods-and-services-2016.as px

성이나 연구비 수주 방식 역시 국가 단위를 넘어선다. 경제적 국가 경쟁력을 높이기 위해 대학의 지식이 활용되어야 한다는 생각은 기업과 대학의 협력 체제를 낳았지만 지구화 시대의 기업은 초국적기업으로 변하기 때문에 산학협력 역시 초국적 체제가 된다. 아일랜드, 프랑스, 덴마크 등 유럽 9개 국가의 대학이 참여해 조직한 응용과학 대학 네트워크UASnet: the Universities of Applied Sciences Network는 유럽의 연구와 혁신 전략에 대학이 기여함을 목표로 대학, 정부, 기업이 참여하는 연구 조직이다.[21]

국가 경쟁력 제고라는 명분으로 대학의 연구가 기업을 위한 지식을 생산해야 한다고 주장하는 것은 대학 자본주의를 정당화하는 신자유주의 국가 정책이지만, 응용과학 대학 네트워크의 경우처럼 지구화 시대에 국가 단위를 넘어서 기업을 위한 지식을 생산해야 함을 주장하게 될 때 이제 명분은 국가가 아니라 유럽이 된다. 유럽 국가에 속한 대학들만으로 기업을 위한 연구 네트워크가 구성될 때는 유럽의 이름으로 정당화되지만, 유럽의 대학과 미국의 대학이 협력 체제를 구축할 때는 서구 대학의 경쟁력 강화를 명분으로 내세울지 의문이 들 정도다. 더 나아가서 아시아의 대학과 유럽의 대학, 미국의 대학이 네트워크를 구성한다면 전 세계의 경쟁력 강화를 위해 대학의 연구가 이루어져야 한다는 말이 나올 수도 있을 듯하다. 응용과학 대학 네트워크는 국가 경쟁력 강화를 위해 대학이 기업과 연계해 경제 발전에 이바지할 수 있는 인력과 지식을 산출해야 한다는 말이 사실상 허구이며, 국가의 이익과는 관계없는 기업자본의 이익을 위해 대학의 연구가 이루

---

21 Ilkka, Kauppinen and Brendan Cantwell, "Transnationalization through Global Production Network," in Cantwell and Kauppinen(eds.), *Academic Capitalism in the Age of Globalization*, p. 149.

어지고 있음을 보여주는 예증이라고 할 수 있다.

3. 한국의 대학 자본주의

앞서 필자는 대학 자본주의의 발흥과 전개 양상을 신자유주의, 신경제, 지구화의 관점에서 살펴보았다. 이런 이유로 명문 사립대학이 대학의 제도와 운영 방식을 선도하는 미국의 대학 체제는 사립대학 중심 체제라고 할 수 있으며 이에 따라 대학의 공공성이 기본적으로 허약하다. 또한 이런 이유로 미국은 대학 자본주의 체제가 자리 잡기에 좋은 조건에 있었다고 할 수 있다. 미국에서 시작된 대학 자본주의는 캐나다, 영국, 오스트레일리아의 대학을 거쳐 이제 거의 전 세계 대학에서 만연한 현상이라고 할 수 있다. 기본적으로 학생들의 수업료로 운영되는 사립대학이 없던 중남미의 여러 나라에서 이제는 사립대학 체제가 급속도로 확대되고 있는 것은 미국식 대학 자본주의가 남미의 대학까지 확산되고 있음을 보여준다.[22]

한국의 대학 자본주의는 미국, 오스트레일리아, 영국의 대학 등에 비해

---

22 일례로 칠레는 1980년까지는 대학수업료제도가 없었다. 1981년에 교육개혁의 일환으로 수업료제도가 도입되었는데, 2010~2014년까지 학생들이 정부의 대학 무상교육을 지속적으로 요구할 당시 칠레 대학의 수업료는 "국내총생산의 2%로, 한국을 제외한 세계 최고의 비율"[Alex Usher, "Free Tuition in Chile," *Inside Higher Ed.* 22(October 2014). https://www.insidehighered.com/blogs/world-view/free-tuition-chile-0]이라는 말이 있었다. 칠레 정부는 2016년부터 대학 무상교육이 복원될 것이라고 약속했지만 현재 전체 대학생의 절반 정도만 무상교육의 대상이다. 정부가 약속한 시기는 지났지만 전면 무상교육은 지속적으로 추진되고 있다.

늦게 나타났지만 전개 양상은 더 야만적이다. 물론 한국의 대학 자체가 사립대학이 많은 수를 차지하는 데다 거의 전적으로 학생들의 수업료로 재정을 충당하는 현실을 생각해보면, 한국의 대학은 처음부터 대학 자본주의 체제였다고 할 수도 있다. 족벌 사학이라고 불리듯이 많은 사립대학이 사실상 사유화되어 있으며, 이들 대학 소유자들은 대학을 자신들의 사업체로 생각하기 때문이다.

개인 사업의 양상을 띠는 한국 대학의 고질적인 문제를 도외시할 수 없지만 한국에서 대학 자본주의 체제가 본격화된 것은 김영삼 정부가 발표한 1995년의 5·31 교육개혁이 시행된 이후다. 「5·31 교육개혁안」에서 시대적 배경으로 지적하는 '지식정보사회', '세계화', '산업화'는 대학 자본주의의 이론적·역사적 배경과 일치한다. 또한 교육개혁의 지향점이 '수월성'이고 이를 위해 '자율과 경쟁'을 도입하겠다는 교육개혁의 추진 원칙 역시 신자유주의의 원리를 그대로 수용했다고 볼 수 있다. 즉, 5·31 교육개혁은 바로 신자유주의의 원리 아래 한국의 교육을 자본주의 체제로 재구성하려는 기획을 갖고 있었다.

이후 대학 설립에 필요한 최소 요건만 갖추면 대학의 설립을 허가하는 설립준칙주의가 도입되었다. 설립준칙주의에 의한 대학의 설립 요건 약화는 1995년 당시에는 돈이 많은 개인들에게 대학 사업의 길을 열어주는 효과가 있었다. 1997년 이후 현재까지 전문대학, 대학원대학을 포함해 새로 설립된 대학이 100여 곳이 넘는다. 1995년 당시 대학의 입학 정원이 49만 8천 명이었던 것에 비해 2002년에 65만 7천 명으로 늘어났다가 2017년에는 32만 명으로 줄어들었다. 1995년 기준으로 볼 때 2002년에는 15만 8천 명이 증가했으며, 상당수 2년제 대학이 4년제로 전환된 점을 고려하면 전체 대학 재학생 수는 입학생 규모로 생각할 때보다 훨씬 더 증가했다. 그러나 2006년부터는 입학 정원이 줄어들기 시작했고 2017년에는 정점 대비 절반이 넘는 약 33만 명이 감소했다. 이는 5·31 교육개혁이 지향하는 자율과 경쟁이라는 대학 정책이 인구 변화, 고급 인력 수급 등 장기 계획을 전혀 고려하지 않은 조치였음을 보여준다.

현재 진행 중인 대학 구조조정 역시 당시 대학 시장에 진출한 대학 사업자들의 퇴로를 열어주기 위한 것이라고 판단될 여지가 상당하다. 사적 자산을 공적 자산으로 변환하는 출연 행위를 통해 이미 공적 자산이 된 대학의 자산을 학교법인의 이사진에게 되돌려주겠다는 이른바 '사학청산법'은 공적 자산을 사유화하려는 대학 사업자의 사업 이익을 보전하겠다는 발상이 아니라면 있을 수 없는 비윤리적이고 반사회적인 구상이기 때문이다.

한국의 대학에서 대학 자본주의의 양상은 광범위하게 퍼져 있으며 더욱 심화되고 있기도 하다. 대학운영비를 학생들의 수업료로 충당하는 구조는 변함없지만 정원 외 입학생이나 유학생의 규모는 역사상 최대치에 이른다. 2017년 4월 교육부가 발표한 「2003~2017 국내 외국인 유학생 현황」에 따르면, 한국 대학의 외국인 유학생 규모는 2003년에 1만 2314명이었으나 15년이 지난 2017년에는 12만 3800명에 이른다. 15년 사이에 10배가 증가한 것이다. 외국의 대학에서 선진 학문을 배운다는 원래의 취지가 전혀 없는 것은 아니겠지만 한국의 학문이 선진 학문이라는 데는 선뜻 수긍하기 어렵고,[23] 유학생이 특정 국가 출신에 몰려 있다는 현실은 해외 학생 교육이라는 원래의 목적보다는 등록금 수입이라는 목적이 훨씬 크게 작용하고 있음을

---

23 필자가 담당하는 과목을 수강하는 외국인 학생 가운데 유럽이나 미국에서 온 학생들(대부분 교환학생)은 한국에 온 이유를 문화 체험이라고 말한다. 중국인 학생들은 대부분 유학생인데, 한국에 온 이유를 중국의 대학에 입학하기 어려웠기 때문이라고 말한다.

확인할 수 있다.

2015년 10월 8일 자 ≪한국대학신문≫은 유학생들 상당수가 불법체류자가 되었다는 국회의 국정감사 사실을 보도하면서 대학들이 교육이 아니라 등록금 수입을 목적으로 유학생을 유치했다는 점을 지적하기도 했다. 유학생들이 대학에서 정상적으로 수업을 받으면서 생활을 유지하고 있더라도 그들은 입학 정원의 규제를 받지 않기 때문에 강좌당 학생 수가 늘어나는 결과를 가져오며, 이는 결국 전체 학생들에게는 부실 교육을 초래하는 원인이 된다.

2012년 기준으로 한국인 해외 유학생 규모(12만 3천 명, 2016년 기준 22만 3900명)가 중국(69만 4천 명), 인도(18만 9천 명)에 이어 세계 3위라는 것은 세계 대학의 자본주의 시장에서 한국인 유학생이 중요 수익 창출의 원천이라는 사실을 말해준다. 이에 더해 한국은 외국 대학을 위해 이제 국내에 대학 자본주의 시장을 만들어주고 있기도 하다. 인천 송도에 위치한 인천경제자유구역에는 미국의 유타대학교, 뉴욕주립대학교 스토니부룩캠퍼스, 조지메이슨대학교, 벨기에 겐트대학교의 해외 분교가 있다.

이들 대학은 외국인 투자가의 기업 활동을 보장한다는 취지로 조성된 인천경제자유구역에 인천시와 한국 정부의 지원을 받아 설립되었다. 즉, 교육이나 연구보다는 대학 자본주의의 일환인 대학의 기업 활동으로 해외 분교가 설립되었다고 볼 수 있다. 이들 대학은 모두 연 2만 달러 정도의 수업료를 받고 있는데, 이는 한국의 일반적인 사립대학 수업료의 두 배가 넘는 금액이다. 이뿐만 아니라 인천경제자유구역청의 산하 기구인 송도글로벌대학 운영재단이 이들 학교의 대학운영비를 지원하도록 조례로 규정되어 있다. 외국 대학의 설립뿐만 아니라 지속적인 수익 사업을 보장하기 위해 한국 정부가 행정적으로, 나아가 재정적으로도 지원하고 있다는 말이다.

이런 대학들은 미국 또는 벨기에 대학의 해외 분교의 차원을 넘어 다국적 또는 초국적 대학의 면모를 보여주기도 한다. 예를 들어, 2015년 기준 뉴욕주립대학교 스토니브룩캠퍼스 한국 분교의 총장은 산업자원부 산하 연구소인 전자부품종합기술연구소의 소장을 역임하면서 연구 사업의 수익을 괄목할 만하게 끌어올린 경력이 있으며, 연구 개발에 경영전략을 도입해 사업화할 수 있는 분야를 개발했다고 알려진 인물이다. 이런 경력을 인정받아 건국대학교의 대외협력 부총장이 되었고, 이어서 뉴욕주립대학교 스토니브룩캠퍼스 한국 분교의 경영을 책임지게 되었다.

이 분교는 컴퓨터과학과 기계공학 등 산업과 직접 연관된 학문 단위 중심으로 학부과정과 대학원 과정을 운영하면서 정보, 기술과 관련된 연구소 역시 운영하고 있다. 이 대학의 대표적 연구소인 CEWIT KoreaCenter for Excellence in Wireless & Information Technology, Korea는 한국과 미국의 공동연구를 바탕으로 저탄소 녹색성장 및 성장 동력 산업 분야의 글로벌적인 연구를 한다고 밝히고 있다. 아직 해외 대학의 한국 분교의 역사가 길지 않아 어떤 성과를 내고 있는지를 확인하기는 어려우나 이런 교육과 연구 방식은 다국적 기업 또는 초국적기업의 형태를 모델로 이루어지는 다국적 또는 초국적 대학의 면모를 보여준다.

대학 자본주의가 작동하는 한국의 대학 캠퍼스는 말 그대로 시장이 되었다. 한때 대학공동체 구성원들의 상부상조를 위해 설립되던 생활협동조합은, 이제는 대학 구성원의 관심이 없어지기도 했지만, 임대 수입을 극대화하기 위해 외부 사업체에 캠퍼스 시설을 임대하는 대학 경영 정책으로 말미암아 거의 고사되었다. 이제 대학 캠퍼스에는 학생과 교수를 상대로 수익 사업을 벌이는 사업체가 만연해졌다. 문구점이나 식당은 물론이고 심지어 민자 기숙사까지 등장하면서 대학은 이제 기업자본의 수익 사업 대상이 되고 있다. 대학 시설을 교육이나 연구 이외의 목적에 전용되지 못하게 함으로써 대학의 상업화를 방지하는 각종 규제 장치는 이제 대학의 공공성을 지켜야 할 정부에 의해 허물어지고 있다. 2012년에 정부는 입법을 통해 대학 안에 영리를 추구하는 호텔이 설립될 수 있는 길을 열어놓았으며, 대학의 교육과 연구용 자산 역시 수익용 자산으로 전환할 수 있게 만들었다.

교수들은 연구비 수주에 내몰리고 있다. 연구비 수주는 이제 교수 업적평가의 중요한 평가 항목이 되는 정도를 넘어 일부 대학에서는 재임용이나 승진의 필수 조건으로 제도화되고 있다. 외부 연구비를 수주하기 위한 사업 설명회가 끊임없이 열리고 여기에 참여하라는 안내문이 교수들에게 수시로 전달된다. 아직까지는 순수 학문 진흥을 위한 연구기금이 어느 정도 있지만 점점 더 정부연구기금은 기업을 위한 연구기금으로 변하고 있다. BKBrain Korea 21 사업이나 HK(인문한국) 사업 같은 대규모 정부연구기금은 표면적인 취지는 세계적인 연구 인력 양성이지만 실상은 대학의 연구 인력을 산업을 위한 연구 인력으로 변환하는 작업이다.

나아가 각 대학의 산학협력단은 대학 기업화의 전초 기지로 작동하고 있다. 연구기금 수주를 늘리기 위해 기업연구기금 유치를 독려하고 기업연구 결과를 관리하는 산학협력단은 기업과의 협력 연구가 대학의 연구를 위축시킨다는 되풀이되는 지적에도 불구하고 점점 더 연구 규모를 확대하고 있다. 교수들 역시 기업연구기금의 일부를 보상으로 지급받는 것에 고무되어 기업연구기금 수주를 추구하고 있기도 하다. 교수들은 이제 스스로의 금전적 보상을 위해, 더 크게는 대학 자본주의 체제의 한 부품이 되어 앵벌이에 나서고 있다.

대학에 대한 재정 지원은 대학 지식의 공공성을 유지하기 위한 기본 조건이다. 그러나 정부는 공공재로서의 대학 지식을, 사회적 공공성의 기반이 되는 대학 교육을 근본적으로 흔들기 위해 정부의 재원을 활용하고 있다. 2015년 고현철 부산대학교 교수의 투신자살의 원인이 된 정부의 국립대학 총장직선제 무력화 시도는 정부가 헌법이 보장하는 대학의 자치를 흔들기 위해 국가의 공적 교육 예산을 사용하는 기획 가운데 하나다. 2016년에 정부가 추진했던 '산업연계 교육활성화 선도대학 육성사업(프라임PRIME 사업)'은 기업이 직접 필요로 하는 인력 양성 학문 단위를 조성하기 위한 기획이지만 대학의 근본 학문 단위를 초토화하는 결과를 초래한다. 이미 여러 해에 걸쳐 구조조정이라는 이름으로 대학의 기초 학문 단위가 고사되어가는 상황에서 프라임 사업이 계속 진행될 경우 많은 대학에서 순수 자연과학이나 인문학 분야의 학문 단위가 사라질 것이라고 예상할 수 있다. 대학에 대한 국가의 재정 지원은 거의 없으면서도 정부의 영향력은 막강한 한국의 상황에서 한국의 대학 자본주의 체제는 정부에 의해 완성되어가고 있다.

4. 지식과 대학의 공공성 소멸

앞서 살펴본 대학 자본주의의 현황은 이제 대학이 지식과 교육을 상품으로 바꾸어 수익을 추구하는 기업으로 변하고 있음을 보여준다. 앞서 진술한 대학의 수익 창출 방식들 말고도 대학 마케팅 전략, 기업식 성과 관리와 조직 관리 등 여기에서 언급하지 않은 여러 다른 방식이 있으며, 이들 모두가 대학 자본주의 체제가 지향하는 수익을 추구하는 방식 또는 수익을 추구하기 위한 기반 체제를 구축하는 방식이다. 구체적으로 대학 자본주의를 구현하는 방식은 열거할 수 없을 정도로 다양하다. 대학 자본주의가 만연한 미국, 영국, 오스트레일리아, 캐나다의 사례들을 읽다 보면 대학이 수익을 추구하는 방식은 다양하고 치밀하며 그 정당성 역시 확보했다는 생각이 들 정도다.

　대학 자본주의에 대한 학문적 논의의 장을 연 슬로터는 자신의 저서인 1997년의 『대학 자본주의: 정치, 정책, 기업 대학』(레슬리와 공저)과 2004년의 『대학 자본주의와 신경제: 시장, 국가, 고등교육』(로드스와 공저)에 대해 회고하면서, 많은 독자가 이 저서들에 개진된 대학 자본주의 체제에 대한 비판을 간과하고 이 저서들을 대학 자본주의의 지침서how-to manual로 생각하는 것에 대해 무척 놀라고 실망했다는 말을 한다.[24] 이는 대학 자본주의에 대한 논의를 주도하는 학자들이 대학 자본주의의 양상을 기술하는 데 많은 지면을 할애하는 것에 그 이유가 있기도 하다. 슬로터의 제자로 2014년에 발행된 『지구화 시대의 대학 자본주의』를 엮은 캔트웰과 카우피넌은 대학 자본주의에 대한 논의가 대학 자본주의에 대한 "이론적 설명이 아니라 기술적 진술a descriptive account rather than an explanatory theory"이라는 비판을 받고 있음을 토로하기도 했다.[25]

　대학 자본주의 체제를 대학 구성원이 구현해야 하는 현실로 또는 피할 수 없는 대세로 받아들이지 않기 위해서는 대학이 추구하는 지식 자체에 대한 성찰이 필요하다. 흔히 대학의 공공성에 근거해 대학의 기업화나 상업화를 비판하지만 대학의 공공성 이전에 대학이 추구하는 지식의 본질을 먼저 고려할 필요가 있다. 대학 자본주의 체제 역시 대학이 추구하는 지식과 이를 전달하는 교육을 수익 창출의 근간으로 삼고 있기 때문이다. 사회 구성원

24　Cantwell and Kauppinen(eds.), *Academic Capitalism in the Age of Globalization*, p. viii.
25　ibid., p. 6.

모두를 위해 대학이 존재하고 또 대학이 정상적인 역할을 할 때 사회 구성원 모두에게 도움이 된다는 뜻인 대학의 공공성이 중요하고 또 사회 구성원들에게 설득력이 있다.

하지만 대학의 공공성은 대학이 추구하는 지식에서 파생되는 것이기 때문에, 지식 자체가 본질상 자본주의 체제에서의 상품이 될 수 없음을 주장하는 것이 더 필요한 일이라고 할 수 있다. 지식 자체를 추구하는 것이 대학의 역할이라는 칸트식 대학론이나 도덕적·사회적 책임감을 주입하기 위해 지식이 존재하고 전승된다는 한나 아렌트Hannah Arendt식 주장은 과거의 지식 공공성의 개념일 뿐이며 현재는 개인 차원의 인적 자본 개발이 대학의 공공성이 되어야 한다는 주장[26]을 만날 때 시대의 변화를 인식하고 대세에 따라가야 한다는 역사주의적 관점의 위험성을 확인하게 된다.

대학 자본주의는 대학의 교육과 지식을 상품으로 설정함으로써 이루어지는 경제활동이다. 따라서 대학 자본주의를 비판하기 위해서는 대학 자본주의가 전제하는 지식의 상품성을 반박해야 한다.

경제학에서 재화(효용이 있는 유무형의 물질)는 경합성과 배제성에 근거해 사유재private goods, 자연독점재 또는 클럽재natural monopolies or club goods, 공유재common resources, 공공재public goods로 나뉜다.[27] 사유재는 이를테면 된장찌개와 같이 내가 먹어버리면 없어져서 다른 사람은 먹을 수 없기 때문에 된

---

26 예를 들어 다음 논문에 있는 주장. Joanna Williams, "A critical exploration of changing definition of public good in relation to higher education," *Studies in Higher Education* (2014). http://dx.doi.org/10.1080/03075079.2014.942270(검색일: 2014.10.2)

27 N. Gregory Mankiw, *Principles of Economics*, 3rd edition(Mason, Ohio: Thomson, 2004), pp. 224~225.

장찌개가 주는 효용성을 두고 내가 다른 사람과 경쟁하는 관계가 형성되는 것이다. 이를 두고 된장찌개는 경합성이 있다고 한다. 그리고 내가 된장찌개를 차지하면 다른 사람은 그 된장찌개를 차지할 수 없기 때문에 그 된장찌개에 대한 나의 소유는 다른 사람의 소유를 배제한다. 이는 된장찌개의 배제성에 해당한다. 즉, 사유재는 경합성과 배제성을 갖는 재화로서 상품성이 가장 높다고 할 수 있다. 자연독점재(클럽재)는 통신 회사의 설비와 같이 내가 전화를 할 때 다른 사람이 전화 쓰는 것을 방해하지 않으므로 경합성은 없는, 그렇지만 통신 회사의 서비스에 가입하지 않으면 그 통신 회사의 설비를 이용할 수 없기 때문에 배제성이 있는 재화다. 공유재는 바다의 어장과 같이 내가 어떤 물고기를 잡아버리면 다른 사람은 그 물고기를 잡을 수 없기 때문에 경합성이 있는, 그렇지만 누구나 물고기를 잡을 수 있기 때문에 배제성은 없는 재화다. 공공재는 공중파 방송과 같이 한 사람의 청취가 다른 사람의 청취 몫을 줄이지 않기 때문에 경합성이 없으며 누구나 청취할 수 있기 때문에 배제성도 없는 재화다.

경합성과 배제성에 근거해 재화를 분류하는 방식은 절대적이지 않다. 사유재인 학용품을 교육기관에서 학생들에게 충분히 지급할 때 그 학용품은 경합성과 배제성이 소거되어 공공재가 된다. 도로는 원래 공공재이지만 그 도로를 사용하는 사람들에게 통행료를 부과하면 자연독점재가 되어버린다. 재화의 속성을 말해주는 경합성과 배제성은 고정되어 있지 않고 조건에 따라 변할 수 있는 것이다.

대학에서 생산되는 지식은 원리상 공공재다. 어떤 지식을 내가 습득해도 다른 사람이 습득할 지식의 몫을 줄이지 않기 때문에 경합성이 없고 또 지식 습득을 특정인이나 집단에게만 허용할 수 없기 때문에 경합성도 없다. 이것이 지식의 근본적 속성이다. 더구나 지식은 공공성이 확보될수록, 즉 배제성을 제한할수록 그 양은 늘어나는 특성이 있는 재화다. 많은 사람이 지식 활동에 제한 없이 참여하면서 그 지식을 활용할 경우 지식 자체가 확대되기 때문이다. 따라서 공공재로서의 대학 지식을 유지하고 발전시키기 위해서는 지식의 공공성을 담보할 수 있는 기구에 의해 지식이 공급되고 관리되어야 한다.

초창기 대학의 역사에서 교황 알렉산더 3세가 "지식은 하느님이 주신 선물이기 때문에 매매의 대상이 될 수 없다"라고 천명하면서 대학의 재정을 교회가 부담하겠다고 했을 때 당시 사회의 공적 기구는 교회였으며, 이 공적 기구가 공공재로서의 대학의 지식을 책임졌다고 할 수 있다. 근대 이후의 사회에서 공적 기구는 국가다. 공공재인 국방이나 치안을 국가가 책임지는 것과 마찬가지로, 그리고 공공재를 개인에게 귀속하거나 시장 원리에 맡기면 공공성이 유지되지 않는 것과 마찬가지로 지식 역시 국가에 의해 유지되고 지원되어야 한다. 개인이 내는 수업료나 시장의 흐름에 따라 재정적 지원이 대학에 유입되면 공공재로서의 지식의 속성이 유지될 수 없기 때문에 대학의 재정은 정부에 의해 이루어져야 한다.[28] 정부는 원칙적으로 모든 사회 구성원을 대표하며 이들의 이익을 위해 존재하는 기구이기 때문에 지식의 공공성을 담보할 수 있는 거의 유일한 공적 기구라고 할 수 있다. 공공성이 없는 조직이나 개인이 대학의 지식 생산이나 유통에 개입할 경우 공공재로서의 지식의 내재적 특성이 훼손되면서 지식의 본질이 위협받게 된다.

지식의 공공재적 성격을 유지하기 위해 정부가 대학을 보호하면서 재정

---

28 Jandhyala B. G. Tilak, "Higher education; a public good or a commodity for trade?: Commitment to higher education or commitment of higher education to trade," *Prospects* 38(2008), p. 451.

적 지원을 해야 하는 이유는 공공재로서의 지식의 내재적 속성이 훼손되지 않도록 하기 위해서이지만 현실적으로 더 중요한 이유는 지식의 외부 효과 externality다. 경제학에서 외부 효과는 해당 경제 행위의 당사자가 아닌 제삼자에게 미치는 부정적 또는 긍정적 효과를 뜻한다.[29] 지식 자체에 대한 욕구에 의해 추동되는 지식 추구 행위는 부정적 효과를 가져올 수도 있다. 파우스트의 전설에서 파우스트가 악마와 거래하면서까지 지식을 추구함으로써 자신을 파멸시키는 것은 중세 기독교 세계의 기준으로는 끝없는 지식 추구의 결과로 신의 영역을 침범해버리는 부정적 외부 효과를 보여주는 것이라고 이해할 수 있다.

대학에서 추구하는 지식이 대학 외부의 세계로 파급되었을 때의 부정적 효과를 통제하기 위해 국가는 법률 같은 제어장치를 두고 있지만 대학 지식의 긍정적 외부 효과, 즉 대학의 사회적 유용성이 매우 크기 때문에 대부분의 근대국가는 대학을 보호하면서 대학에 대한 재정적 지원을 책임지고 있다. 지식의 발전에는 한계가 없다는 사실과 마찬가지로 지식의 사회적 유용성 역시 무한하다고 할 수 있다. 대학의 지식과 그 지식을 전달하는 교육에서 파급되는 중요한 사회적 유용성 가운데 일부를 다음과 같이 예시할 수 있다.

우선 대학의 지식과 교육은 국가 구성원인 국민을 양성하는 데 기여한다. 근대국가의 주권은 국민에게 있다. 따라서 이상적인 국가는 이상적인 국민의 총합이다. 한국의 '고등교육법'에서 대학의 목적으로 "대학은 인격을 도야하고, 국가와 인류 사회의 발전에 필요한 심오한 학술이론과 그 응용방법

---

[29] Mankiw, *Principles of Economics*, p. 204.

을 가르치고 연구하며, 국가와 인류 사회에 이바지함을 목적으로 한다"라고 규정할 때 언급되는 "인격을 도야하고"의 대상은 대학 교육의 당사자인 교수와 학생이며 인격 도야를 이룬 교양인이 국가와 인류 사회에 이바지함을 '고등교육법'은 원칙적으로 밝히고 있다. 근대국가의 국가 구성 원리인 국민국가(민족국가)의 기반은 국민(민족)이기 때문에 지적·도덕적 성숙을 이룬 교양인이 국가를 이루는 국민이 될 때 그 국가는 이상적인 국가가 된다는 것이다. 이런 이유로 국가 운영을 책임지는 정부는 국가를 위해 대학을 보호하고 지원해야 한다.

다음으로 대학의 지식은 전 사회로 파급되면서 전 사회적 지식이 된다. 대학의 지식이 사회적 지식이 되는 첫 단계는 제도 교육일 것이다. 제도 교육을 담당하는 초·중등 교육기관의 교사들은 대학 교육을 받은 사람들이다. 대학 교육을 받을 때 그들은 대학의 지식 생산과 유통의 당사자가 되지만 대학을 벗어나 교육 주체가 되어 학생들을 가르칠 때 그들의 지식은 외부 효과로 작용한다. 사회적 지식은 교사가 아닌 사람들에 의해서도 전달되는데, 마찬가지로 대학 교육을 받은 지식인들의 주도에 의해 전달되고 확산된다. 이런 뜻에서 대학 교육과 지식의 외부 효과는 사회적 지식의 확대 재생산에 기여한다.

대학의 지식이 대학 외부로 확산될 때 사회적·경제적 발전에 기여한다는 점도 대학의 지식의 긍정적 외부 효과로 언급할 수 있다. 대학의 지식은 산업 발전에 이용될 뿐만 아니라 개인의 더 나은 삶을 영위할 수 있게 하는 지적·기술적 자산의 바탕이 된다. 또한 대학의 지식은 사회가 공유할 수 있는 가치 형성에 이바지해 사회 안정에 기여한다. 사회가 공유하는 가치가 없다면 그 사회는 혼란에 처할 수밖에 없다. 낮은 차원에서는 바른생활이라고 불릴 수 있는 일상의 규범이 있어야 사회적 일상생활이 유지된다. 보다 높은 차원에서는 정치, 사회, 경제, 문화 등의 영역에서 국가 또는 사회가 지향하는 가치를 공유하기 위한 논의의 장이 유지되기 위해서 필요한 것이 사회적 지식이다. 그리고 그런 사회적 지식은 대학에서 생산된다.

대학 자본주의 체제는 사회적·경제적 발전을 위해 대학의 지식이 기여하는 외적 효과에 집중한다. 그러나 대학 지식의 긍정적 외부 효과는 지식의 공공성이다. 대학 지식의 외적 효과가 경제 발전에 이바지하더라도 공공성을 위한 경제 발전은 원칙적으로 사회 구성원 전체를 위한 경제 발전이다. 그러나 대학 자본주의 체제가 지향하는 경제 발전은 대학 지식의 독점 체제를 지향하면서 지식을 자본의 이익을 위해 전용하는 방식으로서의 경제 발전이며, 구체적으로 말하면 기업의 수익을 위한 경제 발전이거나 기업화된 대학의 수익을 위한 경제 발전이다.

대학 자본주의 체제는 공공재로서의 지식을 상품화할 수 있는 자연독점재로 변환해 지식의 공공성을 위협한다. 지식은 사용해도 소진되지 않기 때문에 경합성을 갖지 않는다. 따라서 지식에 대한 접근성을 제한해 배제성이 작동하도록 함으로써 지식을 상품화한다. 즉, 공공재인 지식을 자연독점재로 변환하는 것이다. 미국의 '베이돌법'이나 한국의 '기술이전촉진법'은 대학의 연구 결과물인 지식에 대해 특허권을 허용함으로써 해당 지식의 접근성을 제한한다. 해당 지식을 필요로 하는 개인이나 기업이 그 지식에 접근하기 위해서는 돈을 지불해야 하기 때문에 그 지식은 상품이 되며 상품이 갖는 특성으로 말미암아 지식의 유통과 확산은 제한된다. 결과적으로 지식의 근본 속성이 왜곡된다.

대학의 연구 결과물이 경제 발전에 이바지하게 해야 한다는 명분을 내세우는 산학협력은 사실상 대학의 공적 지식에 대해 특정 기업에 소유권을 부여해 지식의 확산을 방해할 뿐만 아니라 다른 기업이나 다른 분야의 경제 발전조차 가로막는 결과를 낳는다. 대학 교육 대상인 학생을 상대로 이루어지는 대학 자본주의 체제인 수업료 부과 제도는 수업료를 낼 수 있는 학생들만 대학의 지식에 접근할 수 있도록 만들어 그 외의 학생이나 사회 구성원을 대학의 지식에서 배제하는 작용을 한다. 교육을 받는 것이 아니라 지식 상품을 구매하는 소비자가 된 학생들은 자신들이 구매한 지식 상품을 미래를 위한 투자 자본으로 생각한다. 즉, 대학 교육을 통해 인적 자본이 형성되는 것이다. 투자의 속성이 투자 대비 수익의 극대화를 지향하기 때문에 투자의 대상이 될 수 있는 대학의 지식은 경영학이나 공학 분야 등 산업에서 활용됨으로써 수익이 산출되는 지식이다. 수익이 제한되거나 수익을 창출하는 것이 목적이 되기 어려운 철학이나 수학 등 기본 학문은 현재의 교육 소비자이자 미래의 인적 자본 투자가인 학생들에게 선택 대상이 되지 않으며 결국 기본 학문은 대학에서 고사된다.

비경합성과 비배제성을 가장 큰 특징으로 하는 기본 지식은 대학의 근간이 되는 지식이지만 대학 자본주의 체제에서는 기피 학문이 되면서 퇴출될 위험에 항상 노출되어 있다. 대학 자본주의 체제에서 공공재적 특성을 가장 잘 유지하는 철학, 수학 등 다른 지식의 근본이 되는 원리적 지식은 상품성이 낮기 때문에 가치가 없는 것으로 판단되어 대학의 지식 생산 공정에서 배제될 가능성이 높다. 반면 공공성이 상대적으로 낮은 반면 상품성은 높은 (예를 들어 특허권이나 실용신안권으로 이어지는) 산업이나 금융 지식은 대학 자본주의 체제에서 집중 육성 대상이 된다. 대학 자본주의는 지식의 본질 자체를 부정하며 지식 생산의 기반을 흔든다.

대학 자본주의 체제가 공고해질수록 대학 지식의 긍정적 외부 효과 역시 위축된다. 이 체제의 발전 형태가 초국가적·초민족적임을 생각해보면 대학은 국민국가(민족국가)의 교양 있는 시민 양성이라는 목적을 달성하지 못한다. 초국가적 대학 자본주의 체제에서 양성되는 인재는 인적 자본으로서 기업자본의 이익에 복무하는 노동력이거나 투자가로서의 개인이다. 대학에서 양성되는 피교육자의 자질은 인적 자본을 이루는 지식, 기술력 등의 총합 이상이 아니기 때문이다. 투자 대비 수익, 최소 비용 최대 효과 등 경영 원리가 지배하는 대학 자본주의 체제에서 대학의 지식은 보편적인 사회적 지식으로 파급되지 않는다. 지식에 배제성이 작동하기 때문이다.

상품으로 변한 지식은 이제 그 지식 상품을 구매할 수 있는 자들에게만 제한적으로 공급된다. 표면적으로는 대학 교육을 받은 사람이 많아지겠지만 대학 교육 이수자의 지식은 보편적 지식이 아니라 인적 자본의 구성 요소가 되는 기술, 정보, 또는 업무 지침 등으로 제한된다. 대학은 사회가 공유할 수 있는 가치를 더 이상 제공하지 않는다. 대학에 의해 제공되는 가치 가운데 투자 규모와 수익 규모로 재단되는 기업적 가치가 압도적이다. 대학 자본주의 체제에서 공공재로서의 지식은 존재하지 않는다. 학문의 자유도 존재하지 않으며 대학의 자치도 존재하지 않는다. 대학 자본주의 체제에서 대학은 파멸의 길로 내닫는다.

5. 대학을 파괴하자

미국에서 시작되고 영국과 오스트레일리아 등으로 확산되는 대학 자본주의의 흐름은 가뜩이나 공공성의 기반이 허약한 한국의 대학을 붕괴시키고 있다. 당분간 이 거대한 흐름은 멈출 것 같지 않고 또한 막아낼 수도 없을 것 같다. 대학 자본주의의 궁극적인 배후에 있는 기업자본주의는 더욱 야만적으로 되고 있으며, 기업자본의 앞잡이 역할을 하는 정부는 공권력을 이용해 대학을 압사시키고 있다. 대학을 지켜야 할 교수와 학생들은 성과 경쟁과 취업의 압박으로, 대학이 몰락하고 있다는 사실조차 의식하지 않고 있다. 현 상태의 대학 자본주의의 흐름이 지속되는 한 조만간 대학에서 모든 사람이 향유해야 할 지식 생산은 멈추게 될 것이고, 지식 계승의 사명 역시 수행되지 않을 것이다. 대학의 지식은 기업 설비나 인력의 사용설명서 수준으로만 유지될 것이며, 대학 교육 이수자는 프로그램에 따라 작업하는 로봇이 될 것이다.

이런 미래를 위해 작동하는 현재의 대학, 대학 자본주의가 지배하는 대학은 폭파되어야 한다. 폭파 프로그램은 대학의 자치가 보장되었던 중세의 대학 또는 대학의 공공성이 확보되었던 근대의 대학이어야 한다. 물론 역사적으로 존재했던 중세나 근대의 특정 대학이 이상적인 대학의 모습을 갖추었던 것은 아니다. 그러나 대학의 역사를 복구하면서 이상적인 대학의 상을 구축하고 그에 따라서 현재의 대학을 파괴하고 대학을 새롭게 세울 때 지식을 추구하는 학문공동체로서의 대학이 제자리를 찾을 수 있을 것이다.

제6장

대학의 기업화와 학문의 자유

1. 학 문 의 자 유 는 계 속 억 압 된 다

한국의 한국교원단체총연합회와 전국교직원노동조합을 비롯해 127개 국가의 401개 교육 단체로 구성되어 3천만 명 이상의 교수와 교사를 회원으로 둔 국제교원노조연맹Education International은 학문의 자유에 대한 2007년 보고서에서 한국을 학문의 자유가 "제한된restricted" 국가로 분류했다.[1] 이에 대한 근거로는 경찰 정보원이 대학을 사찰하고 '국가보안법'이 표현의 자유를 억압하고 있음을 제시했다. 2009년 농민대회에 참여하려는 서울대학교 공과

---

[1] Education International, "Protecting and Defending Academic Freedom: Report on Current Situation," VIth International Higher Education and Research Conference (session 2)12-14(November 2007), p. 8. http://firgoa.usc.es/drupal/files/2007-00248-01-E.pdf(검색일: 2018.4.21) 참조.

대학 학생회를 경찰이 사찰한다거나 2011년 기무사령부가 대학교수를 사찰했던 경우 등 밝혀진 사례로 미루어보면 오늘날에도 정부기관이 대학의 학생 활동이나 교수 활동을 감시하고 있다고 생각할 수밖에 없다. '국가보안법'이 표현의 자유뿐만 아니라 학문 활동의 자유 역시 억압하고 있음은 두말할 나위도 없다. 물론 경찰과 정보부 요원이 노골적으로 대학 안에 상주하고 모든 출판물을 상시적으로 검열하던 유신 시대와 비교해보면 오늘날 국가권력에 의한 학문의 자유 침탈의 정도가 덜하기는 하다. 그러나 대부분의 교수나 학생들이 학문의 자유를 침해받고 있음을 의식하지 않더라도 현재 한국의 대학에서 학문의 자유가 제한되어 있다는 사실은 분명하다.

학문의 자유에 대한 침해는 국가권력에 못지않게, 아니 사실은 더 심각하게 자본권력에 의해 이루어지고 있다. 국가권력에 의한 학문의 자유 침해가 특정인이나 특정 집단 또는 특정 사안에 대한 학문적 탐구와 그 결과의 진술을 억압하는 것이라면, 자본권력에 의한 학문의 자유 침해는 대학과 학문 자체를 자본권력의 도구로 변화시키는 방식으로 구현된다. 자본권력은 국가권력이 학문의 자유를 침해하는 방식과 마찬가지로 특정 사안이나 특정 집단에 대한 탐구를 억압하기도 하지만 교수를 비롯한 대학 구성원들에게 자본의 가치를 자발적으로 수용하게 만들어 학문의 보편성과 공공성을 훼손한다.

국가권력에 의한 학문의 자유 침해가 폭력적 수단을 사용함으로써 그 침해가 가시적이라면 자본권력에 의한 학문의 자유 침해는 대학 구성원들 스스로에 의해 자발적으로 이루어지는 방식을 취하게 되면서 학문의 자유가 침해되고 있다는 사실 자체를 망각하게 한다. 더 나아가 국가권력을 조종하고 통제하는 자본권력은 국가권력을 선두에 내세워 대학에 대한 자본의 지배를 용이하게 만들기도 한다. 자본권력에 의한 학문의 자유 침해는 때로는 폭력적으로, 때로는 자발적으로 순응하게 하면서 그리고 때로는 자본권력 자체의 역량으로, 때로는 국가권력을 동원하면서 대학의 모든 곳에서 상시적으로 이루어진다. 학문의 자유가 침해될 때 대학은 학문의 탐구와 전수라는 정상적인 기능을 수행할 수 없다.

이 장에서는 오늘날 대학에서, 특히 한국의 대학에서 자본권력이 학문의 자유를 침해하는 양상을 살펴본다. 먼저 '학문의 자유' 개념을 살핀다. 이어서 한국 대학과 역사적·구조적으로 유사한 미국의 대학에서 이루어졌던 학문의 자유의 역사를 개괄한다. 그다음 오늘날 한국의 대학에서 학문의 자유가 침해되는 양상을 살피고 학문의 자유를 지키기 위해 대학 구성원들이 대학의 지배 구조에 개입할 것을 제안한다.

2. '학문의 자유'의 개념과 역사: 대학과 국가의 관계

"모든 국민은 학문과 예술의 자유를 가진다"라는 대한민국 '헌법' 22조 1항의 규정은 학문의 자유[2]가 국민의 기본권임을 말하고 있다. 또한 "교육의

---

2 이 장에서 논의하는 '학문의 자유'는 근본적으로 서양의 대학 전통에서 유래된 개념이다. 한국어의 학문의 자유에 해당하는 서양어는 영어로 'academic freedom' 또는 독일어로 'academische Freiheit'이다. 'academy(독일어의 Akademie)'는 학문 자체가 아니라 학문 활동이 이루어지는 장소를 뜻한다. 학문 활동은 초·중등학교 같은 교육기관보다는 주로 대학에서 이루어지기 때문에 'academic freedom'에서 말하는 'academy'는 '대학'이라고 할 수 있다. 따라서 'academic freedom'은 대학 구성원 개개인의 학문 활동의 자유를 뜻할 수도 있고 대학 구성원 전체의 합으로서 대학 조직 단위의 운영의 자유를 뜻할 수도 있다. 이런 면을 고려한 것인지 헌법학자 김철수는 독일어의 'academische Freiheit'를

자주성, 전문성, 정치적 중립성 및 대학의 자율성은 법률이 정하는 바에 의해 보장된다"라는 '헌법' 31조 4항의 규정은 대학 운영은 대학을 이루는 내부 구성원들이 결정해야 하며 이에 대해 외부 권력이 개입하지 못하도록 국가가 보장하겠다는 선언이다.

학문의 기본 속성이 기존의 지식을 수용하면서도 이에 대해 지속적으로 의문을 제기하며 그 지식을 변화시키고 새로운 지식을 추구하는 것이기 때문에, 학문 활동에 미리 정해진 틀이나 한계가 있다면 학문 활동 자체가 정상적으로 이루어질 수 없다. 이런 의미에서 헌법이 학문의 자유가 국민의 기본권임을, 그리고 학문 활동을 하는 사람들로 구성된 대학의 자율성이 보장되어야 함을 선언한 것은 학문을 진흥하고 학문 탐구자를 보호해야 한다는 국가의 의무를 선언한 것이라고 볼 수 있다. 또한 학문 활동은 주로 대학에서 이루어지기 때문에 헌법에서 말하는 학문의 자유는 대학인의, 특히 대학의 학문을 주도하는 교수의 학문의 자유를 뜻한다고 이해할 수 있다. 교수들은 자주성과 전문성을 가지고 학문을 탐구하는 사람들이며, 이런 사람들의 학문 활동이 이루어지는 대학의 운영이 이들에 의해 이루어지는 것은

'대학의 자유'로, 대학의 자유와 구분되는 개개인의 학문 활동의 자유를 뜻하는 'Wissenschaftsfreiheit'를 '학문의 자유'로 옮기고 있다[김철수, 『헌법학개론』(박영사, 2007), 810쪽]. 독일어 'Wissenschaftsfreiheit'에 해당하는 영어는 'scientific freedom'이겠지만 영어권에서는 일반적으로 'scientific freedom'을 자연과학에서의 학문의 자유를 뜻한다. 영어권에서 일반인의 학문의 자유를 말할 때는 'intellectual freedom'이라는 용어를 쓰기도 한다. 그러나 이 용어 역시 학문 활동의 자유를 뜻하기보다는 학문 자료에 대한 접근의 자유, 즉 도서관 이용이나 저작권 등의 문제를 다룰 때 주로 사용된다. 이 장이 대학에서 이루어지는 학문 활동을 다루고 있기 때문에 여기에서 말하는 '학문의 자유'는, 영어의 'academic freedom'에 해당하는 '대학에서 이루어지는 학문 활동의 자유'라는 뜻을 염두에 둔 것이다.

당연하다. 대학 운영에 비전문가인 외부인이 개입하면 학문의 자주성, 전문성이 훼손될 것임을 예상할 수 있기 때문이다. 헌법은 학문 자체의 발전을 위해 학문의 자유와 대학의 자율성이 필요함을 선언하고 있는 셈이다.

대한민국 헌법이 학문의 자유와 대학의 자율성을 말하고 있기 때문에 그 헌법을 기반으로 구성된 대한민국이라는 국가가 학문의 자유와 대학의 자율성을 보장하는 것은 당연할 듯하다. 그러나 오늘날 그 국가는 학문의 자유도, 대학의 자율성도 보장하지 않는다. 헌법 조항 자체가 "법률이 정하는 바에 의해"라는 유보 사항을 둠으로써 대학의 자율성 보장이 제한될 수 있음을 이미 인정하고 있다. 학문의 자유를 규정한 22조 1항 자체에는 이를 제한할 수 있다는 유보 조항이 없지만 '헌법' 37조 2항은 "국민의 모든 자유와 권리는 국가안전보장, 질서유지 또는 공공복리를 위해 필요한 경우에 한하여 법률로써 제한할 수 있으며"라는 진술로 학문의 자유 역시 제한할 수 있음을 밝히고 있다.

필요한 경우에 따라 학문의 자유를 제한할 수 있다는 말은 사실상 학문의 자유가 보장되지 않는다는 말과 같다. 대부분의 일상적인 학문 활동에서는 학문 연구자가 학문 자유의 보장을 요구할 필요가 없다. 학문의 자유를 억압할 수 있는 권력이 경계할 만한 내용이 없을 것이기 때문이다. 학문의 자유를 주장할 필요가 있는 경우는 그런 학문 활동이 권력과 충돌을 일으키는 경우이고, 그런 권력으로부터의 보호가 바로 학문의 자유다. 대법원은 학문의 자유가 "진리의 탐구를 순수한 목적으로 하는 경우에 한하여" 인정되고 "북괴 또는 국외공산계열의 활동을 찬양, 고무하거나 이에 동조할 목적으로 표현물을 제작, 반포, 취득하는 행위는 학문활동이라 할 수 없다"라고 판결한 바 있다.[3] 국가기구가 어떤 식으로든 학문의 자유를 유보할 때 학문의 자유는 존재하지 않는 것과 마찬가지다.

언론 기고문이 '국가보안법' 같은 현행 법률을 명백하게 위반하거나 폭발물 제조를 학생들에게 가르치거나 실험실에서 인간 생체 실험을 무분별하게 진행하는 교수는 처벌 대상이 된다. 그리고 이런 경우 학문의 자유를 주장하더라도 국가 사법체계의 처벌에서 벗어날 수 없다. 이런 행위에 대한 국가기관의 처벌은 국가를 유지하는 현행 사법체계상 정당하다고 할 수 있다. 그러나 학문 자체의 관점으로 보면 이런 행위에 대한 처벌의 정당성이 학문의 자유에 대한 유보의 정당성이 되지는 않는다. 학문 자체는 한계 없는 질문의 연속으로 이루어지면서 끊임없이 새로운 지식 체계를 구성하는 것이기 때문이다.

학문의 결과가 그 자체로 사회에 이익이 되는지의 여부는 학문 자체의 관점에서는 부수적인 문제에 불과하다. 갈릴레오 갈릴레이Galileo Galilei가 입증한 지동설은 당시의 기준으로는 위험한 이론이었고 또 이를 입증한 갈릴레오를 교회가 처벌한 것은 종교적 관점에서는 정당하다고 말할 수도 있다. 그러나 학문의 관점에서 지동설은 입증되고 공유되어야 하는 정당한 지식이다. 학문적 정당성과 국가적 또는 사회적 정당성은 모순될 수 있다. 국가적 또는 사회적 정당성이 없다고 해서 학문적 정당성이 없는 것은 아니며 그 반대도 마찬가지다. 따라서 학문 활동의 정당성 여부는 학문의 관점에서 평가되어야 하며, 이에 대해 외부인이 개입하지 말아야 한다는 원칙이 학문의 자유와 대학의 자율성이다.

대학의 자율과 학문의 자유의 관계에서 교수 개인의 학문의 자유는 그 개인이 교수 전체 조직으로서의 대학의 자치와 맺는 관계에 의해 결정된다.

---

3   대판82도1847, 공693,1034. 김철수, 『헌법학개론』, 821쪽 재인용.

학문의 자유 아래 학문 활동을 하는 각각의 교수들의 총합이 대학이라는 조직으로 나타날 때 대학은 학문 자유의 결집체가 된다. 이때 대학 운영은 교수들의 합의로 이루어지며 대학의 자치는 이상적으로 구현된다.

그러나 학문의 자유가 보장되는 동시에 교수들의 완벽한 자치로 운영되는 대학은 현실적으로 존재한 사례가 없다. 이와는 정반대로 대학의 자치는 보장되면서 개별 교수들의 학문의 자유는 보장되지 않는 경우가 있을 수 있다. 중세 대학이 이에 해당한다. 중세 대학에서 학장(총장)은 교수 또는 학생들의 총의로 선출되었다.[4] 그리고 자체적으로 재판권을 갖고 있었다. 중세의 대학은 자치가 거의 보장된 조직이었다. 그러나 중세 대학의 학문은 교수들이 새로운 지식을 자유롭게 추구하는 방식으로 이루어지지는 않았다. 중세 대학의 진리는 종교적 또는 학문적 권위에 의해 이미 정해진 것이었으며, 교수들의 강의는 이런 진리를 해설하는 것이었다.[5] 학문 활동은 종교적 믿음과 전통적 권위를 벗어나지 않는 한도 안에서만 허용되었다. 이런 상황에서는 근현대의 대학에서 말하는 새로운 지식 추구로서의 학문이 나타나기 어려웠다.

'학문의 자유'라는 용어의 출현과 이것의 필요성의 제기는 국가가 대학의 학문과 운영에 개입하면서 시작되었다. 학문의 자유에 대한 학문적 논의의 출발은 칸트의 『학부 간의 논쟁』이다. 칸트는 자신의 저서 『순전한 이성의 한계들 안에서의 종교』가 프로이센 정부로부터 출판 금지 처분을 당하자 이에 대한 대응으로 『학부 간의 논쟁』을 썼다.

---

4 초기의 학생 중심 대학에서는 학생들의 총의로 학장이 선출되었다.

5 Haskins, *The Rise of Universities*, p. 70.

칸트의『학부 간의 논쟁』은 기본적으로 상위 학부인 신학부, 법학부, 의학부의 학문에 대해서는 외부의 통제나 규범이 인정될 수 있지만 하위 학부인 철학부의 학문, 즉 순수 학문은 이성에 근거한 지식 자체의 내재적 발전으로 이루어지기 때문에 외부의 간섭을 받으면 필연적으로 위축될 수밖에 없다는 주장을 담고 있다. 칸트의 관점에서 학문의 자유란 학문의 토대인 이성이 본성에 따라 자유롭게 발전하는 것을 독단적인 외부 권력이 간섭하면 안 된다는 것이다. 칸트에게 학문은 이성의 자유로운 발현이다. 말하자면 학문의 자유가 보장되어야 대학이 성립되며, 더 나아가 대학 자체가 자유를 본질로 하는 이성의 구현체라는 것이다.

학문의 본질이 자유로운 이성의 발현이라는 칸트의 주장에 따르면, 대학에는 외부 권력이 개입할 여지가 없어야 한다. 그러나 칸트의 후예로서, 근대 대학의 모델인 베를린대학교를 구상한 훔볼트는 학문의 자유를 주장하면서도 동시에 대학에 대한 정부의 개입을 인정한다. 우선 훔볼트는 대학 학문의 발전을 위해 지배적인 원칙은 "자유"라고 주장한다.[6] 여기에서의 자유는 교수들에게는 가르치는 자유, 즉 연구와 교수의 자유를 말하고 학생들에게는 배우는 자유, 즉 수강 선택권을 뜻한다.

가르치는 자유와 배우는 자유가 동시에 보장되어야 하는 이유는 교수와 학생이 오직 학문적 열정으로 자유롭게 상호 협력할 때 학문이 발전하고, 이런 학문적 과정을 거친 사람들이 이상적인 국가를 이루는 이상적인 국민이 된다고 훔볼트는 생각했기 때문이다. 훔볼트는 대학과 국가의 관계에서

---

6 Wilhelm von Humboldt, "On the Spirit and the Organisational Framework of Intellectual Institutions in Berlin," translated by Edward Shils, "Reports and Documents: University Reforms in Germany," *Minerva* 8(1970), p. 243.

국가의 역할은 "학문적 재능이 있는 교수를 선발하고 교수들의 학문적 활동의 자유를 보장하는 것"이라고 규정한다.[7] 그는 국가가 교수를 선발해야 하는 이유로 학문의 자유는 국가권력에 의해서 위협받을 수도 있지만 새로운 관점이 나타나는 것을 두려워하며 특정 관점을 고수하려는 교수진에 의해서도 위협받을 수 있다는 점을 주장한다.

교수 인사권을 대학 자체가 아니라 대학의 후원자인 국가가 행사해야 한다는 훔볼트의 주장은 학문의 자유, 학문의 발전에 대한 국가의 양면성을 고려하게 한다. 근현대의 대학은 대부분 국가가 설립하고 그 재정 역시 국가가 부담한다.[8] 대학에 들어가는 막대한 인건비, 시설비 등에 대한 국가의 지원이 없으면 사실상 대학은 운영될 수 없다. 칸트나 훔볼트식으로 생각하면 국가는 대학에 대해 후원자 역할만 하고 간섭하지 말아야 한다. 그러나 근현대 대학의 역사를 보면 국가가 대학에 개입하면서 학문 활동의 자유를 위축시켜온 것은 사실이다.

이에 대해 제럴딘 스러프Geraldine Thrope는 "국가가 학문의 자유를 지원할 때 교육과 교수 신분보장의 자율성이 확보된다. 국가가 학문의 자유를 약화하거나 없애버릴 때 대학이 갖는 특권과 대학에 대한 보호는 변질된다. 이 경우 개별 교수들에게 적용되는 학문의 자유와 기관으로서의 대학이 행사하는 자치는 분리되며 상호 적대적인 관계가 만들어진다"라고 말했다.[9] 국

---

7 ibid., p. 246.

8 한국이나 미국에서 일반화되어 있는 사립대학은 전 세계적 관점에서 보면 예외에 속한다. 최근에 영국을 비롯한 몇몇 국가에서 대학 재정을 등록금으로 충당하는 것과 같이 국공립대학이 사립대학으로 변해가고 있기도 하다. 이 문제는 이 장의 뒷부분에서 논의한다.

가가 학문의 자유를 억압할 때 기관으로서의 대학이 여전히 자치성을 유지한다고 말할 수 있는 것은 대학에 대한 국가의 간섭은 사실상 대학의 지배 기구를 통해 행사되기 때문이다.

국가가 대학의 자율성과 교수의 신분보장으로 학문의 자유를 지원할 때 학문이 발전하는 경우는 훔볼트가 구상하고 설립했던 베를린대학교다. 베를린대학교가 설립된 1810년부터 나치 시대가 시작되었던 1930년대 초반까지 독일 정부는 베를린대학교의 후원자이자 학문 활동의 보호자 역할을 했다. 결과적으로 독일의 학문은 발전했다. 헤겔이 이 대학의 교수였으며 마르크스도 이 대학에서 수학했다. 노벨상이 제정된 이후 1930년대까지 거의 매년 이 대학의 교수나 이 대학에서 수학했던 사람들이 노벨상을 수상했다. 나아가 19세기 말의 베를린대학교는 전 세계에서 대학 설립의 모델 역할을 했는데, 일본의 도쿄대학교나 미국의 존스홉킨스대학교가 베를린대학교를 설립 모델로 삼았다.

국가가 학문의 자유를 억압할 때 학문은 당연히 위축된다. 나폴레옹이 집권한 19세기 초의 프랑스에서는 고등교육개혁이라는 이름으로 대학이 없어지고 국가주도형 전문 관료 양성기관인 그랑제콜grandes écoles이 세워진다. 인문학자들은 대학에서 쫓겨나 일반인의 교양 교육만을 담당하게 되었다. 모든 고등교육은 국가가 관리했다. 이런 상황은 19세기 말까지 거의 100년 동안 지속되었다. 이 시기 프랑스는 학문의 불모지로 평가된다. 나치 시대의 독일의 대학이나 유신 시대의 한국의 대학에서 기존 지식 체계나 질서에

9 Geraldine Thorpe, "Academic Freedom and Marx," *Critique: Journal of Socialist Theory* 37.4(2009), p. 538.

도전하는 새로운 지식이 나올 수 없었다는 것은 말할 필요도 없다. 학문의 자유가 억압될 때 생산되는 지식은 기존 질서를 옹호하고 공고히 하는 지식이 될 수밖에 없다. 본질적 의미에서 이런 지식을 학문적 지식이라고 말할 수는 없을 것이다.

학문의 속성상 학문의 자유가 없다면 학문 자체가 없다고 할 수 있다. 또한 학문 활동의 중심지인 대학에 학문의 자유가 없다면 대학 자체의 정당성도 없다고 할 수 있다. 초창기의 대학부터 20세기 중반 무렵의 대학에서 나타났던 학문의 자유 문제는 교수 개인의 학문 활동이 자신이 그 일부인 대학과 어떤 관계를 맺는지, 그리고 국가는 대학에 대해 어떤 역할을 하는지에 의해 결정되었다. 그리고 대학의 역사를 돌이켜볼 때 학문의 자유가 이상적으로 구현된 경우는 별로 없었다. 학문의 자유는 자치 조직인 대학 자체에 의해 억압되기도 했고 국가의 개입에 의해 훼손되기도 했다. 그러나 학문의 자유는 자본 또는 자본이 지배하는 시장에 의해 억압되기도 한다. 크게 보아 20세기 중반부터 현재까지, 그리고 아마 미래에도 학문의 자유는 자본에 의해 억압될 것이다.

3. 자 본 의 대 학 지 배 와 학 문 의 자 유

학문의 자유는 독일에서 논의되기 시작했지만 이 원리가 현실에서 구체화된 곳은 미국이다. 독일에서 학문의 자유를 말할 때 그 자유는 주로 국가권력의 간섭을 받지 않아야 한다는 의미에서의 자유다. 미국에서 학문의 자유를 말할 때 그 자유는 주로 기업자본의 위협으로부터의 자유를 뜻한다.

한국에서 학문의 자유는 과거에는, 특히 유신 시대와 같이 폭압적 정권이 지배하던 시대에는 국가권력으로부터의 자유를 주로 뜻했다. 이런 면에서 한국에서 이루어져왔던 대학의 자율성과 학문의 자유에 대한 논의는 주로 국가권력으로부터의 자유였다.[10] 그러나 현재 한국에서 문제되는 학문의 자유는 주로 기업자본과 관련된다. 사립대학이 다수를 차지하는 한국 대학의 현실에서 학문의 자유를 위협하는 주체는 대학의 지배 구조를 장악한 자본가들이다. 이들은 대학의 학문을 자본의 이익을 실현하기 위한 도구로 바꾸어버린다. 이런 상황은 미국 대학의 상황과 유사하다. 이런 의미에서 현재 한국에서 진행되는 학문의 자유에 대한 억압을 살펴보기 위해서는 미국 대학의 학문의 자유 침해 상황을 함께 살펴볼 필요가 있다.

자본이 학문의 자유를 위협하는 양상은 크게 두 가지다. 첫째는 자본이 장악한 대학의 지배 구조이고, 둘째는 기업자본에 의한 지식의 사유화다. 사립대학이 대다수를 차지하는 미국의 대학에서 대학의 최고 의사결정기구는 이사회board of trustees다.[11] 이사회의 구성원에는 교수나 학생이 일부 포함되는 경우도 있지만 대부분 기업인이고 정치인이나 법률가 또는 언론인이 일부 포함되기도 한다. 이사회는 총장을 선출하며 재정, 인사 정책 등 대학의 중요 사항을 결정한다. 미국에서 대학의 자율성이나 자치가 보장된다고 말할 수 있다면 이 말은 학생을 포함해 교수진이 대학을 구성하고 그 구성원에 의해 대학이 자율적으로 운영된다는 뜻이 아니다. 미국의 대학에서 대

---

10 다음의 저서나 논문이 주로 국가권력에 의해 학문의 자유가 훼손되는 문제를 다루고 있다. 박일경, 「학문의 자유」, ≪법정≫, 20권, 3호(1965), 18~21쪽. 이혜숙, 「대학교수의 학문의 자유」, ≪고등교육연구≫, 5권, 2호(1993), 57~76쪽.

11 특정 대학의 이사회의 이름은 다를 수 있다. 예를 들어 하버드대학교의 이사회는 'board of overseers'라는 명칭을 갖고 있다.

학의 자율이나 자치는 대학을 지배하는 이사회가 정부 같은 외부의 간섭 없이 대학을 운영한다는 뜻이다.

이때 학문의 자유를 누려야 할 주체는 학문 탐구자들이 아니라 이들을 관리하고 지배하는 기구로서의 대학이 된다. 이를 리처드 히어스Richard Hiers는 "(대학)기구의 학문의 자유institutional academic freedom"라고 부른다.[12] 1819년의 다트머스 판례Dartmouth College v. Woodward Case[13]는 정부가 사립대학의 운영에 개입할 수 없음을 확인하게 해준 판결이다. 이 판결 이후 미국의 사립대학은 사기업이라는 인식이 공고해진다. 현재 미국의 공립(주립)대학 역시 사립대학과 마찬가지로 최고 의사결정기구는 이사회이기 때문에 설립 주체가 정부라는 사실에도 불구하고 지배 구조는 사립대학과 별 차이가 없다. 미국의 공립대학 이사진 역시 다수가 기업인 또는 기업에 친화적인 정치인이다.

기업인이 지배하는 미국 대학에서 학문의 자유가 쟁점으로 부각되기 시작한 시기는 19세기 말이다. 당시 대학의 운영을 기업의 운영처럼 생각하는 이사진은 기업인의 가치를 훼손하는 강의나 발언을 하는 교수를 해고하는 것을 그들의 정당한 권리라고 생각했다. "총장이든, 교수든, 직원이든, 청소부든 이들 모두는 이사진의 필요에 의해 고용된 사람들이기 때문에 이사진

---

12 Richard Hiers, "Institutional Academic Freedom vs. Faculty Academic Freedom In Public Colleges and Universities: A Dubious Dichotomy," *Journal of College and University Law* 29.1(2002), p. 36.

13 이 판례는 다트머스대학교의 이사진을 주정부가 임명할 수 있도록 이 대학의 정관을 개정하려는 뉴햄프셔주정부의 시도에 대해 사기업의 운영에 정부가 개입할 수 없는 것과 마찬가지로 사립대학의 운영에 정부가 개입할 수 없다는 판결이다(John R. Thelin, *A History of American Higher Education*(Baltimore: Johns Hopkins University Press, 2004), pp. 70~73].

이 필요 없다고 생각하면 당연히 해고된다"는 이른바 '임의 고용employment at will'의 원칙이 적용되었다.[14]

기업인이 장악한 이사회가 교수의 학문의 자유를 유린했던, 그리고 이로 말미암아 미국 교수들이 학문의 자유를 본격적으로 주장하기 시작한 대표적인 사례가 1900년에 스탠퍼드대학교 설립자의 부인인 제인 스탠퍼드Jane Standford가 경제학 교수였던 에드워드 A. 로스Edward A. Ross를 파면한 사건이다. 당시 로스 교수는 아시아계 노동자의 미국 이민을 막아야 한다고 주장했는데, 아시아계 노동력을 이용하는 서부 철도산업으로 부를 쌓던 스탠퍼드 가문의 입장에서 로스의 주장은 용인할 수 없는 것이었다. 이 사건에 대해 여러 교수가 로스가 파면되면 자신들도 교수직을 사임하겠다고 주장하며 이사진의 전횡을 비판했지만 결국 로스 교수는 파면된다.[15]

이 사건을 계기로 미국에서는 1915년 미국대학교수협의회American Association of University Professors가 결성되고, 이 협의회의 노력으로 교수 신분보장제도가 정착되어 임의고용의 관행은 거의 사라졌다(교수 신분보장제도에 대해서는 뒤에서 다룬다). 그러나 이사회에 의한 학문의 자유 침해는 사라지지 않았다. 기업인이 대다수를 차지하는 이사회는 대학 운영에서 "경쟁력 강화, 효율성, 비용 효과를 의사결정 과정에서의 최고의 기준"으로 설정하기 때문이다.[16] 또한 대학의 지배 구조가 기업의 지배 구조와 유사해지면서 대학의 운

---

14 Matthew W. Finkin and Robert C. Post, *For the Common Good: Principles of American Academic Freedom*(New Haven: Yale University Press, 2009), p. 32.

15 Nelson and Watt, *Academic Keywords: A Devil's Dictionary for Higher Education*, pp. 29~30.

16 Adrianna J. Kezar, "Challenges for the Higher Education in Serving the Public Good,"

영 목표 역시 기업과 같아진다. 이사회에 의해 임명된 총장은 이사회의 정책을 실현하는 역할을 수행하게 되면서 학문의 수장으로서의 위상을 잃어버리고 기금 모금자로 전락하거나 대학 구조를 성과 중심으로 변화시키려 한다. 학문적 가치가 아니라 기업적 가치에 의해서 대학의 학과나 연구소를 신설하거나 폐쇄할 때 대학 구성원의 신분은 위협받게 되며 결국 학문의 자유는 위축된다.

자본이 대학의 지배 구조를 장악했을 때 나타나는 학문의 자유 위축 현상은 한국에서도 유사하게 나타난다. 물론 독일의 제도를 도입한 한국의 헌법과 법률은 학문의 자유와 대학의 자율을 헌법 차원에서는 보장하고 있다. 그러나 헌법재판소는 구체적으로 대학의 운영과 관련해 대학의 자율을 따질 때는 그 주체가 학문 탐구의 주체인 교수나 학생이 아니라 대학을 대표하는 총장[17]이라고 판단하거나 사립대학법인[18]이라고 판단하고 있다.[19] 사립대학은 대학 설립자가 독자적인 교육 목적을 구현하기 위해 설립한 것이기 때문에 사립대학의 법인 이사회가 대학 운영의 궁극적 주체가 되고, 이것이 헌법이 보장하는 자유권으로서의 행복추구권이라는 것이다.

in Adrianna J. Kezar, Tony C. Chambers and John C. Burkhardt(eds.), *Higher Education for the Public Good*(San Francisco: Jossey-Bass, 2005), p. 27.

17 헌법재판소 2003년 9월 25일 선고: 2001헌마814, 815, 816, 817, 818, 819 병합 결정.

18 사립대학의 법인을 흔히 '사학재단' 또는 '재단'이라고 부른다. 그러나 '사립학교법'에 따라 사립학교를 설치, 경영하는 것을 목적으로 설립된 법인의 명칭은 '학교법인'이다. 학교법인은 비영리법인이라는 점에서는 재단법인이나 사단법인과 유사하지만 사립학교의 특수성 때문에 이들과는 구분된다. 이런 점을 반영해 필자는 사립학교를 운영하는 법인을 '재단'이라고 하지 않고 '학교법인' 또는 줄여서 '법인'이라고 쓴다.

19 헌법재판소 2001년 1월 18일 선고: 99헌바63 결정.

헌법재판소가 대학 자치의 주체를 국공립대학의 경우 총장으로, 사립대학의 경우 학교법인 이사회에 의해 임명되는 총장이나 사학법인 자체로 규정하고 있다는 사실은 한국의 대학에서 자치를 보장하는 대학의 자율성이 교수(학생을 포함해)라는 학문 탐구의 주체가 가져야 하는 학문의 자유의 원칙과 어긋남을 보여준다. 따라서 총장이나 사학법인이 학문의 발전 자체를 위해서가 아니라 기업적 가치를 제고하기 위해 대학을 운영할 때 학문의 자유는 위축될 수밖에 없다.

학문의 자유나 대학의 자치를 말할 때 대부분의 논자는 이 뜻이 외부의 간섭으로부터의 자유이고 이를 훼손하는 대표적인 주체가 국가라고 말해왔다.[20] 그러나 학문 활동을 하는 교수들 자신이 아니라 기업인 같은 외부 인사로 구성된 사학법인 이사회가 대학의 최고 의사결정권자가 되어 학문의 자유를 위협할 때 국가의 개입은 배제되어야 할 것이 아니라 필요한 것이 된다. 물론 국가권력이 권력 자체의 이익을 위해 대학과 대학의 학문을 위협하는 경우가 대학의 역사에서 늘 있었다. 그러나 원칙적으로 국민 모두를 위해 교육과 학문정책을 입안하고 이를 실행할 책임이 있는 국가가 대학에서 이루어지는 학문의 자유에 대한 훼손을 대학의 자치라는 이름으로 방기한다면 대학의 공공성 또는 지식의 공공성은 확보될 수 없다.

국가권력으로부터 대학을 보호할 필요도 있지만 국가권력은 대학과 학문

---

20 이런 주장을 하는 대표적인 논자들은 다음과 같다. 박덕원,『대학과 학문의 자유』(부산외국어대학교 출판부, 2000), 37~142쪽. 김철수,『헌법학개론』, 813쪽. Beshara Doumani, "Between Coercion and Privatization: Academic Freedom in the Twenty-First Century," in Beshara Doumani(ed.), *Academic Freedom after September 11*(New York: Zone, 2006), p. 11.

의 보호를 위해 행사될 필요도 있다. 1991년의 '교원지위향상을 위한 특별법' 제정을 근거로 설립된 교원소청심사위원회가 대학교수를 포함한 교원의 신분을 어느 정도 지켜주고 있는 것은 대학과 학문의 공공성을 지키기 위해 국가권력이 대학 운영에 개입할 필요가 있다는 사실을 말해준다. 물론 바람직하게는 대학의 재정을 전적으로 국가의 재정으로 충당하고 국가권력이 교원의 지위를 보호하며 학문의 공공성을 확보하려는 노력을 할 때 학문의 자유는 조금 더 이상적으로 지켜질 것이다.

한국에서 교원소청심사위원회가 일정한 정도 교수의 신분을 보호하는 역할을 함으로써 국가가 학문 자유의 원리에 일부분 기여하기도 하지만 사실상 이런 경우는 항상 예외적인 경우다. 교원소청심사위원회의 역할은 교원에 대한 부당한 징계가 있을 경우 해당 교원을 구제하는 일이다. 그리고 교원 징계는 상시적으로 일어나는 일이 아니다. 학문 자유의 관점에서 볼 때 오늘날 국가는 사학법인과 공모 관계에 있다. 한국에서 신자유주의가 시작된 1990년대 이후 한국의 교육은 자본에 복무하는 교육으로 변하고 있다. 국가는 대학을 기업식으로 운영하려는 국공립대학의 총장이나 사학법인을 옹호하고 지원하고 있다. 2014년부터 시작된 대학 구조조정 계획은 취업률 같은 지표를 중요 지표로 제시해 대학의 교육과 학문을 자본을 위한 교육과 학문으로 바꾸어 놓음으로써 모든 인간을 위해 추구되어야 할 학문의 본질을 위협하고 있다.

자본이 대학의 학문을 위협하는 양상은 경제학적 관점으로 볼 때 더 분명해진다. 지식은 경제학에서 공공재[21]로 분류된다. 경합성도 없고 배제성도

---

21 공공재로서의 지식의 개념에 대해서는 제5장 177쪽을 참고하라.

없는 공공재는 해당 사회 구성원 모두가 이용할 수 있지만 소진되지는 않는 재화다. 따라서 공공재를 유지하기 위한 비용은 사회 구성원 모두가 부담해야 한다는 원칙에 의해 국가가 부담한다. 예를 들어 국방비는 국가가 부담한다. 마찬가지로 지식은 모든 사람을 위한 것이기 때문에 모두가 자유롭게 이용할 수 있어야 하며, 또 지식을 생산하고 유지하는 비용(교육이나 연구기관을 운영하는 비용) 역시 원칙적으로 사회 구성원 모두가 부담해야 하기 때문에 정부 재정으로 부담해야 한다. 사실 초창기 대학의 후원자였던 교황 알렉산더 3세가 "지식은 신이 주신 선물이어서 사고파는 것은 위법"이라는 원칙을 천명한 것은 경제학적 관점에서는 공공재로서의 지식의 본성을 말하는 것이라고 할 수 있다.[22]

더구나 지식이라는 공공재는 다른 공공재와는 달리, 사유재와는 더욱더 달리, 사용할수록 소진되는 것이 아니라 팽창하는 특성이 있다. 특히 수학이나 철학 같은 순수 지식은 공유의 범위가 응용 학문이나 기술적 지식에 비해 훨씬 넓다. 배제성이 없는 순수 학문의 지식은 사적 이익으로 전용하기 어렵기 때문에 공적 보호와 지원이 없으면 이런 학문을 추구하는 학자들이 줄어드는 특성 역시 갖고 있다. 순수 학문의 지식이든 응용 학문의 지식이든 대학에서 추구하는 지식은 인간과 사회의 인식, 가치, 규범, 산업 등 인간 사회를 이루는 모든 분야의 토대를 제공한다. 즉, 지식의 공공성이 훼손될 때 지식 자체가 위축되고 왜곡되며 궁극적으로는 전체 사회가 손해를 보게 된다.

---

22 Paolo Nardi, "Relations with Authority," in Hilde de Ridder-Symoens(ed.), *A History of the University in Europe vol. 1: University in the Middle Ages*(Cambridge: Cambridge University Press, 1992), pp. 79~80.

대학의 학문의 자유를 말할 때 기존의 논의는 주로 학문 탐구자 개인의 신분보장을 기준으로 삼아왔다. 그러나 현재 대부분의 대학에서 나타나는 학문의 자유 침해의 주된 양상은 자본이 지식의 공공성을 훼손하는 방식으로 나타난다. 특히나 미국과 한국의 대학에서 학문의 자유 침해는 대학의 학문을 시장 원리로 규정할 때 두드러진다. 수요와 공급의 상호작용에 의해 가격이 결정되고 또 높은 가격의 상품이 양질의 상품이라는 시장 원리가 대학에 적용될 때 대학의 경영 모토는 수월성을 취한 경쟁력이 된다.

대학 경영에서 말하는 경쟁력은 어떤 지식이 공공성을 더 갖고 있는지를 뜻하지 않는다. 여기에서의 경쟁력은 자본이 지배하는 시장의 수요를 뜻하는 것으로, 사실상 상품 생산에 이바지하는 지식, 기업의 이익 산출에 이바지하는 지식, 기업이 원하는 인재를 양성하는 교육을 의미한다. 이런 경쟁력을 측정하는 척도가 대학순위평가다. 대학순위평가에서 중요 지표가 되는 논문 편수, 취업률, 대학의 재정 규모 등은 결국 자본의 요구에 대학의 학문과 교육이 순응하는 정도를 평가하는 지표가 된다. 즉, 이런 지표는 대학 지식의 사유화를 가늠하는 척도가 된다.

또한 학문의 자유를 말할 때 기존의 논의는 자유freedom를 국가권력 같은 외부의 간섭이 없음을 뜻하는 것으로 이해해왔다. 물론 학문의 자유가 논의되기 시작한 19세기 독일의 대학이나 20세기 초 미국의 대학에서 자유는 외부의 간섭 없이 학자들이 원하는 대로 연구하고 가르치고 발표하는 자유를 뜻했다. 그러나 대학의 학문에 대한 자본의 공세가 문제시되는 오늘날, 자유를 뜻하는 영어의 'free(또는 독일어의 frei)'를 비용이 없는, 즉 공짜라는 뜻으로 이해할 때 학문의 공공성을 더 잘 확인할 수 있다. 앞에서 말했듯이 공공재를 이용하는 개인들은 비용을 직접 지불하지 않는다. 공공재를 운영하는 주체는 그 운영으로 경제적 이익을 직접 추구하지도 않는다. 그러나 공공재 가운데서도 가장 공공성이 크다고 할 수 있는 지식을 사유화하려는 시도가 이루어지고 있는 현장이 바로 오늘날의 대학이다. 대학 지식의 사유화가 이루어지는 예로 여러 가지가 있겠지만 대표적으로 수업료와 지적재산권을 꼽을 수 있다.

대학의 역사에서 수업료가 완전히 없었던 적은 별로 없다. 그러나 또한 현재 미국이나 한국의 대학만큼 수업료가 많았던 적도 없다. 알렉산더 3세 같은 교황이 수업료 부과 금지라는 칙령을 내렸지만 교수들은 학위비 같은 편법으로 학생들에게 돈을 받기도 했다. 그러나 크게 보아 중세의 대학은 주로 교회가 대학의 재정을 지원했고, 전근대와 근대의 유럽 대학은 국가가 대학의 재정을 책임졌기 때문에 학생들이 직접 대학에 내는 돈은 많지 않았다. 대학의 전통이 시작되었고 근현대에 이르러 대학의 공공성이 확립된 유럽의 대학에는 수업료가 없다.[23]

수업료는 지식 습득을 위해 지불하는 비용이다. 그러나 지식은 모든 사람이 공유하는 공공재이기 때문에 가격이 형성될 수 없다. 그러나 수업료를 부과하는 미국(캐나다 포함)이나 한국의 관행은 지식 습득을 목표하는 "대학 교육을 공공재가 아니라 사유재로 인식하는" 데서 나온다.[24] 수업료제도는 대학 교육을 시장 원리에 종속시킨다. 일반 상품인 사유재와 마찬가지로 대학 교육 역시 수요가 있으면 그에 해당하는 가격이 형성된다는 식이다. 이런 관점이 형성될 때 명문대학의 수업료가 비싸게 책정되는 것은 당연하다

---

23 영국 대학에는 원래 수업료가 없었는데, 신자유주의의 기수라고 할 수 있는 대처 정부에서 수업료를 부과하기 시작했다.

24 Howard Woodhouse, *Selling Out: Academic Freedom and the Corporate Market* (Montreal: McGill-Queen's University Press, 2009), p. 29.

는 인식이 확산된다. 한국의 명문 사립대학인 연세대학교나 성균관대학교 등이 법인 전입금이 많아서 대학 예산 가운데 수업료 비중이 낮다는 것을 과시하면서도 동시에 한국에서 가장 비싼 수업료를 부과하고 있다는 사실 은 대학이 시장으로 변모되었다는 현실을 말해준다.

대학 교육이 시장의 지배를 받을 때, 비배제성이 원래의 속성인 대학의 지식에서 배제성이 작동하기 시작한다. 비싼 등록금을 지불할 능력이 없는 학생들은 수업료가 비싼 대학의 교육을 받을 수 없기 때문이다. 설령 경제 적인 어려움에도 불구하고 그런 대학에 합격한 학생은 수업료를 벌기 위해 학업 외의 다른 일을 해야 하기 때문에 지식 습득에 필요한 지적 사유와 지 적 훈련의 과정에 필요한 시간을 확보할 수 없다. 이때 대학 교육은 지식 습 득 과정이 아니라 학위증을 얻는 과정으로 전락하며, 결국 대학의 수업료는 학위증을 구매하는 가격이 되어버린다. 대학 교육의 시장성이 다시 확인되 는 셈이다.

나아가 비싼 수업료를 부과하는 명문대학 학생이 졸업 후에 다른 대학의 졸업생보다 더 많은 급여를 제공하는 기업에 취업할 때 수업료는 투자비용 이 된다. 투자가 많으면 수익이 많다는 경제 원리가 대학 교육에 적용되는 것이다. 이럴 때 대학 교육은 지식을 추구하는 과정이 아니라 수익을 얻기 위한 과정이 되며, 수익이 보장되지 않는 순수 학문은 기피 대상이 된다. 대 학의 시장화는 대학의 학문을 수익성 여부에 의해 추구되어야 할 지식과 그 렇지 않은 지식으로 구분하며, 결국 지식 자체의 자유로운 추구라는 학문의 자유의 원칙을 붕괴시킨다.[25]

---

25 교수의 연구 성과급 제도는 수업료와는 반대의 방식으로 학문의 자유를 위협한다. 교수

지적재산권 역시 공공재로서의 대학 지식을 사유화한다. 지적재산권 가운데 특히 문제되는 것은 특허권이다. 특허권은 산업에 이용할 수 있는 지식이나 기술에 대해 창안자가 갖는 독점적·배타적 소유권을 말한다. 대학에서 이루어지는 다양한 연구 결과물은 때로는 경제적 이익을 가져오는 새로운 상품을 만드는 데 이용될 수 있다. 그러나 대학의 연구는 원칙적으로 공적인 대학의 재정과 시설, 공공재로서의 기존의 지식을 이용한 결과다. 따라서 특정 교수의 연구 결과물 역시 공공재가 되어야 한다.

이런 사실에도 불구하고 대학교수들이 자신의 연구 결과물에 대해 특허권을 갖는 것을 허용하면 그 연구 결과물은 개인 소유물이 되어버린다. 1980년 '베이돌법'이 제정되기 전의 미국과 2000년 '기술이전촉진법'이 제정되기 전의 한국에는 교수의 연구 결과물이 특허권이라는 배타적·독점적 소유권의 대상이 될 수 있다는 생각이 없었다. 교수들은 연구 결과물을 논문으로 발표했고 다른 연구자나 관심 있는 일반인은 그 연구 결과를 공유했다. 그리고 공유된 지식은 다른 학자들에 의해 확인되고 수용되면서 또 다른 새로운 지식을 생산하는 데 이용되는 공유 자원이 되었다.

에게 적용되는 연구 성과급 제도는 연구 성과를 많이 만들어내는 학문 분야는 추구되어야 할 학문이 되고 그렇지 않은 학문은 기피 학문이 되게 만든다. 수학이나 철학 같은 분야의 연구자 개인당 연구 논문 편수는 공학이나 경영학 등 실용 학문 분야에 비해 떨어지기 쉽다. 이때 수학이나 철학은 기피 학문이 된다. 이는 순수 학문의 탐구를 위축하는 결과를 가져온다. 시장 원리가 학문을 지배할 때 연구 활동에서도 학문의 자유는 위축된다. 연구비의 많고 적음에 따라 학문적 관심과 분야가 좌우될 수 있고, 또 연구비 지원기관이 원하는 연구 결과를 연구자들이 만들어낼 가능성이 크기 때문이다. 기존의 논의는 이런 침해를 "금력에 의한 (학문의 자유) 침해"라고 규정해왔다(박덕원, 『대학과 학문의 자유』, 143~147쪽 참조).

'베이돌법'이나 '기술이전촉진법'은 교수들에게 그들의 연구가 특허권을 통해 큰돈이 될 수 있다는 생각을 심어주었고, 대학 경영진에게는 교수들의 특허권 지분을 일정 부분 확보하면 대학 역시 돈을 벌 수 있다는 생각을 심어주었다. 결과적으로 교수들의 연구 결과, 특히 공학이나 의약학 분야 연구 결과의 많은 부분이 특허권을 갖게 되었으며, 특허권에 귀속된 연구 결과는 다른 학자들이 이용하기 어렵게 되었다. 대학 경영진은 대학의 재정에 기여할 수 있다는 명분으로 교수들의 특허 등록을 장려함으로써 공유되어야 할 대학의 지식을 사적 소유물로 바꾸어버리는 데 앞장서기도 한다. 특허권을 취득할 수 있는 분야의 연구를 하는 교수들은 전체 사회의 지식을 증진하는 학문을 기피하고 특허권을 획득할 수 있는 분야의 연구에 힘을 쏟는 경향이 있다. 이때 지식 자체를 위해 자유롭게 탐구되어야 할 대학의 학문은 왜곡된다.

또 다른 종류의 배타적 독점권인 저작권 역시 학문의 자유를 위축시킨다. 대학의 학문에 적용되는 저작권의 대상은 학술논문이나 저서가 된다. 그러나 논문이나 저서의 내용은 전적으로 해당 저자의 사상만으로 이루어진 것이 아니다. 기존의 지식 체계가 상당한 정도 해당 논문이나 저서에 반영되어 있으며, 독창성을 이루는 부분은 일부라고 할 수 있다. 저작권이 작용할 때 다른 사람들의 이용이 제한됨으로써 해당 논문이나 저서의 지식은 경합성과 배제성이 작동하는 일반 사유재가 되어버린다. 저작권의 보호를 받는 저작물을 이용하기 위해서는 비용을 지불해야 하며, 심지어는 여러 저작권 보호 장치로 인해 해당 저작물에 대한 접근 자체가 봉쇄되기도 한다. 오늘날 인터넷의 발달로 지식과 정보가 공유될 수 있는 기반 체제가 구축되고 있는데도 저작권은 지식의 공공성을 훼손한다.

공공재로서의 지식을 사유화해 지식의 공공성을 훼손하는 방식으로 나타나는 학문의 자유 침해는 과거 국가권력이나 대학 지배 권력에 의한 학문의 자유 침해보다 훨씬 더 범위가 넓다. 심각한 문제는 지식의 사유화로 나타나는 학문의 자유 침해를 교수들이 별로 의식하지 않는 데 있다. 특허권이나 저작권을 소유함으로써 경제적 이익을 추구하기 위해 학문 활동을 하는 교수들은 자신들이 자유 의지로 학문 활동을 하고 있다고 믿기 때문이다. 그러나 학문의 공공성이 훼손되는 한 학문의 자유는 없다. 학문은 모두를 위한 것이었고 앞으로도 모두를 위한 것으로 남아 있어야 하기 때문이다.

4. 학문의 자유와 교수의 신분보장

헌법에 명시되어 있듯이 학문의 자유는 모든 사람에게 적용되어야 하는 기본권이다. 학문 활동을 위해 조직된 대학에서는 학문의 자유가 필수 조건이기도 하다. 학문의 자유가 없다면 학문 활동 자체가 불가능하기 때문이다. 대학 구성원 중에서도 특히 교수의 학문의 자유가 가장 중요하다. 대학의 학문 활동은 주로 교수들에 의해 이루어지고 교수들이 선도하기 때문이다. 교수의 학문의 자유는 교수의 신분보장과 직결된다. 신분보장이 없다면 교수들은 지배 권력이나 사회의 지배적 가치에 충돌을 일으킬 수 있는 지식, 또는 기존의 지식 체계에 혁명적인 변화를 일으키는 지식을 탐구할 수 없기 때문이다. 설사 이런 지식을 탐구하더라도 다른 학자나 학생 또는 일반인에게 이를 전달하기는 어렵다.

교수들의 자치 조직이었던 중세의 대학에서 교수의 신분보장은 교수의 신분을 갖게 되는 것으로 충족되었다. 중세 대학의 교수란 대학조합(길드)의 조합원 신분을 갖는 것이었기에 조합의 가입 허가를 받는 것으로 교수의 신분은 확인되었기 때문이다.[26] 교수들의 자치 조직으로서 중세 대학의 전통이 유지되었다면 교수들의 신분보장은 큰 문제가 되지 않았을 것이다. 변호사가 사법시험 합격과 같은 일정한 자격을 갖춘 다음 변호사협회에 가입함으로써 그 신분이 보장되는 것과 같은 방식이 대학교수에게도 적용될 것이기 때문이다. 이때 어떤 교수가 그 자격을 문제 삼을 만한 심각한 범법 행위 등을 저지른 경우 해당 교수의 징계를 교수 사회 내부에서 논의해 결정할 것이기 때문에 교수의 신분이 외부의 힘에 의해 좌우되지 않는다.

중세 대학의 전통이 거의 없어진 오늘날 학문의 자유를 위해 교수 신분을 보장하는 대표적인 제도가 정년보장(유럽이나 미국의 경우는 종신교수tenure)[27] 제도다. 교수진이 아니라 외부 인사로 구성된 이사회에 의해 대학의 지배 구조가 장악될 때, 그리고 교수 신분보장제도가 없을 경우 교수의 신분은 위협받게 된다. 이런 지배 구조는 미국과 한국의 사립대학에서 두드러지는데, 이런 상황에서 교수 신분보장제도를 정착시킨 곳이 미국이다.

앞에서 언급한 로스 교수 파면 사건을 계기로 미국 대학의 교수진은 교수의 학문의 자유를 위해 교수 신분보장제도의 필요성을 인식한다. 1900년 로스 교수가 스탠퍼드대학교에서 파면되던 당시 같은 대학의 교수였던 철학자 아서 러브조이Arthur Lovejoy, 당시 로스 교수와 같이 미국경제학회의 회원이었던 에드윈 셀리그만Edwin Seligman 등이 교수의 권익을 보호하는 단체의 필요성을 인식하고 이를 조직하기 시작한다. 이런 과정을 거쳐 1915년에 미

---

26 박덕원, 『대학과 학문의 자유』, 177쪽.

27 유럽이나 미국 대학의 교수 신분보장제도로서의 테뉴어(tenure)제도는 종신교수제도이지만 한국의 교수 신분보장제도는 정년보장제도다. 따라서 이 장에서 말하는 교수 신분보장제도는 한국의 경우는 정년보장제도, 서구 대학의 경우는 테뉴어제도를 말한다.

국대학교수협의회가 결성되었고 당시의 저명한 철학자인 존 듀이John Dewey 가 초대 회장으로 선출된다. 초대 총회와 더불어 미국대학교수협의회는 미국 대학의 정년보장제도의 초석이 된「학문의 자유와 교수 신분보장에 대한 1915년 원칙 선언the 1915 Declaration of Principles on Academic Freedom and Academic Tenure」을 발표한다.

「1915년 원칙 선언」은 머리말에서 독일의 대학에서 도입된 가르치는 자유와 배우는 자유를 먼저 언급한 뒤 이 선언이 구체적으로 교수 연구의 자유, 대학 안에서 적용되는 교육의 자유, 대학 밖에서 적용되는 발표와 표현의 자유를 뜻한다고 밝힌다. 본문의 중요 내용은 법인 이사회, 교수직, 대학의 역할을 다룬다. 이 선언은 우선 법인 이사회가 대학을 지배하고 있지만 이사회는 재정적 후원과 운영을 위한 것이며 학문 분야에 개입할 권한이 없다고 말한다. 대학 운영은 공적인 목적을 위해 이루어져야 하기 때문에 사적인 이익 추구를 위해 대학을 통제하면 안 된다고 말한다. 교수직에 대해서는 교수의 일은 공적인 지식을 추구하고 이를 전달하는 것이기 때문에 금전적인 이익을 위해 학문 활동을 해서는 안 되고 또 법인 이사회의 통제를 받아서도 안 된다고 말한다. 대학의 기능에 대해서는 인간의 지식을 진작하는 것이 대학의 기능이기 때문에 학문 활동에는 자유가 보장되어야 한다고 말한다. 다음으로 학생들을 가르치는 데 교수는 진리를 어떤 유보도 없이 전달해야 한다고 말한다. 또한 대학은 사회에 봉사할 수 있는 여러 분야의 전문가를 양성하는 곳이라고 말한다.[28]

---

28 Finkin and Post, *For the Common Good: Principles of American Academic Freedom*, pp. 157~181.

「1915년 원칙 선언」은 학문 자유의 일반론을 미국 대학의 맥락에서 진술한 것이다. 이 선언이 중요한 것은 대학에서 필요한 학문 자유의 의의를 처음으로 체계화했기 때문이다. 법인 이사회의 권한이 제한되어야 함을 주장한 것 역시 이 선언의 중요한 의의라고 할 수 있다. 당시 법인 이사회가 대학을 일방적으로 지배하면서 임의 고용이라는 말로 교수의 신분을 일상적으로 위협하던 상황에서 법인 이사회의 전횡을 제한해야 할 이론적 명분을 제공하기 때문이다. 그러나 이 선언은 교수 신분보장의 구체적인 제도화를 말하고 있지는 않다.

이후 이 선언을 보강하고 구체화하는 「1925년 회의성명서Conference Statement of 1925」를 거쳐 「1940년의 원칙성명서the 1940 Statement of Principles on Academic Freedom and Tenures with 1970 Interpretive Comments」가 나오면서 교수 신분보장제도인 테뉴어제도가 성문화된다. 「1940년의 원칙성명서」에는 교수 테뉴어에 대해 일정의 계약 심사 기간probation period이 경과한 교수는 합리적인 이유가 제시되지 않는 한 테뉴어가 주어져야 하고 심사 기간은 7년을 초과할 수 없고 모든 임용 조건은 문서화되어야 한다고 진술하고 있으며, 심사 기간에 있는 교수에게도 다른 교수와 마찬가지로 학문의 자유가 주어져야 한다고 나와 있다.[29] 「1940년의 원칙성명서」에서 밝힌 테뉴어제도는 현재 미국 대부분의 대학에 적용되고 있으며 교수 신분보장의 중추적인 역할을 하고 있다.

사립대학이 압도적으로 많은 한국에서 교수 신분보장 문제는 크게 보아 미국의 대학과 유사하다.[30] 한국의 사립대학법인은 총장임명권뿐만 아니라

---

29 박덕원, 『대학과 학문의 자유』, 75~77쪽.

교원임용권을 가진다. 사학법인의 임명을 받는 총장이더라도 총장이 교원임용권을 가진다면, 또는 중세 대학의 전통을 준용해 교수평의회 같은 교수 조직이 교수임용권을 가진다면 외부 인사로 구성된 법인 이사회에 의해 교수의 신분이 위협받는 일이 많지는 않을 것이다.

그러나 현재 한국의 사립대학에서는 교원임용권이 법인 이사회에 귀속되어 있기 때문에 교원의 임용이나 징계가 법인 이사회의 뜻에 의해 이루어진다. 정년보장제도나 '교원신분보장법' 같은 법적 제도가 있지만 법인 이사회, 구체적으로는 이사장의 임의에 의해 교수의 신분이 좌우될 여지가 상당 부분 존재하는 것이다. 이 말은 곧 교수들의 학문의 자유가 사학법인에 의해 제한되어 있다고 할 수 있는 것이다. 더구나 대학 구성원이라면 당연히 관심을 가져야 할 대학의 재정 운영 현황에 문제를 제기하거나 대학인이나 사회에 불법 사항을 알릴 때 신분의 위협을 각오해야 하는 것이 현재 한국의 사립대학 상황이다.

기업 친화적인 연구와 교육을 부추기는 정부의 직접적인 지배를 받고 있는 국공립대학이든 기업인이 직접 대학을 지배하는 사립대학이든 간에 한

---

30 자본권력에 의해 학문의 자유에 대한 훼손이 심각한 미국 대학에서도 국가권력이 직접적으로 교수 신분을 심각하게 위협한 적이 있었다. 이른바 1950년대의 메카시즘(McCarthism) 시대다. 이 시대에는 국가에 대한 충성 맹세를 하지 않거나 진보 사상을 가진 교수들이 붉은 교수라는 낙인이 찍혀 대학을 떠났다(John R. Thelin, *A History of American Higher Education*(Baltimore: Johns Hopkins University Press, 2004), pp. 274~276 참조]. 한국의 경우는 유신 시대인 1975년에 시작된 대학교원 재임용제도가 국가권력에 의해 교수 신분이 위협받은 사례다. 이 제도는 교수와 부교수는 6년에서 10년, 조교수와 전임강사는 2년에서 3년으로 기간을 정해 임용하도록 규정했다. 즉, 정교수도 정년보장이 되지 않았다. 이 제도는 교수의 연구력 증진을 명분으로 내세웠지만 사실 국가권력이나 사학법인 권력에 순응하지 않는 교수들을 대학에서 제거하기 위해 도입된 것이었다.

국의 대학은 기업자본의 지배를 받고 있다. 기업자본이 대학을 지배할 때 대학에는 효율성, 경제성, 생산성을 추구하는 기업형 관리 체제가 도입된다. 이 체제의 대학에서 교수의 학문의 자유가 위협받는 조건은 특정 연구나 행위를 하는 특정 교수에 국한되지 않는다. 기업형 관리 체제가 대학에 도입될 때 교수들의 학문의 자유와 신분은 상시적으로 위협받는다. 순위로 표시되는 성과 경쟁 체제에서 성과를 내기 어렵거나 연구비 수주액 또는 취업률 등 숫자로 표시되는 경쟁 시장에서 선택을 받지 못하는 학문 분야는 고사되며, 이런 학문 분야에 소속된 교수들은 퇴출의 위협을 받게 된다. 교수들은 지적 욕구에 따라 연구 대상을 선택하는 것이 아니라 연구업적 성과가 용이한 분야를 선택해 연구를 진행한다. 학생들의 지성을 깨우치기 위해서가 아니라 고객 만족도 평가라고 할 수 있는 강의평가 점수를 올리기 위해서 학생들의 요구에 영합하게 된다. 교수들의 대외 활동은 학문적 소신에 의해서가 아니라 대외활동 업적 점수(봉사업적)를 높이기 위해 이루어진다. 교수들의 대학 밖 활동이 사회적 불의에 대한 비판이 아니라 사회 체제를 유지하기 위한 각종 위원회 활동이 된다. 숫자로 표시되는 업적 관리 체제에서 교수들의 학문 활동이 이루어지는 한 학문의 자유는 항상 위험에 처해 있다.

기업화된 대학은 이제 교수 신분보장제도 자체를 위협하기도 한다. 영국에서는 1980년대까지 유지되던 종신교수제도가 대처 정부의 신자유주의 정책이 대학에 도입되면서 대학의 효율성이라는 명분에 의해 폐지되었다. 미국에서는 현재까지는 종신교수제도가 유지되고 있지만 이 제도를 없애려는 시도가 되풀이되고 있다. 한국에는 정년보장제도가 있으나 정년보장 심사 기준이 지속적으로 상향 조정되고 있다. 교수 신분보장제도가 위협받을 때 대학교수들은 안정된 조건에서 학문을 자유롭게 추구할 수 없다.[31]

기업형 관리 체제의 대학에서 비정규직 교수들의 신분은 더욱더 위험에 노출된다. 대학의 학문 자유에 대한 논의는 흔히 정규직 교수, 특히 정규직 교수의 정년보장 여부를 따져왔다. 그러나 대학의 기업화가 심화된 미국이나 한국에서는 시간강사, 강의전담교수, 연구교수 등으로 불리는 비정규직 교수들이 대학 교원의 절반 이상을 차지하고 있다. 비정규직 교수가 대학에 만연하게 된 것은 경제성과 효율성이 대학 운영의 원리로 작동하기 때문이다. 정규직 교수와 거의 동일한 학문 활동을 하면서도 이들의 급여는 정규직 교수의 1/3이나 1/4 수준이다. 정규직 교수 1명의 비용으로 비정규직 교수 3~4명을 활용할 경우 대학의 성과는 동일 비용 대비 3~4배가 된다.

더구나 신분의 안정을 확보할 수 없는 비정규직 교수들은 대학 운영의 효율성에도 이바지한다. 신분이 보장된 정규직 교수들은 대학 행정조직의 운영 방침에 일정 정도 비판하거나 저항할 수 있지만 비정규직 교수들은 대학 운영 방침에 순응할 수밖에 없기 때문이다. 이들은 정규직 교수와 동일한 자격을 갖추었는데도 불구하고 단기 계약 상태로 대학의 교육과 연구를 담당하기 때문에, 그리고 일상적인 삶 자체를 위협할 정도로 빈약한 경제적 보상을 받기 때문에 학문 활동에 필요한 최소한의 정신적·물질적 조건을 확보하지 못한다. 이 같은 신분의 불안정성 때문에 이들에게는 학문적 소신

---

31 이석열 등이 작성한 교육과학기술부 정책 보고서 「대학 교원 임용제도 선진화 방안 연구」를 보면, 앞으로 한국의 대학에서 교수의 신분이 더욱 위협받을 것임을 확인할 수 있다. 2011년에 발표된 이 보고서는 교수의 정년보장 심사를 강화하는 방안과 비정년 교원 임용을 제도화하는 방안을 주 내용으로 하고 있다. 이 연구진은 이석열(남서울대학교), 이호섭(숙명여자대학교), 김규태(계명대학교)로 이루어져 있다[이석열, 「대학 교원 임용제도 선진화 방안 연구」(교육과학기술부, 2011) 참조].

에 따른 자유로운 학문 탐구를 기대하기 어렵다. 이들은 사실상 학문의 자유가 박탈된 대학의 교원들이다. 문제는 현재 비정규직 교수 비율이 점점 더 확대되는 것에 있다.

기업형 대학에서 학문의 자유를 억압하는 방식은 앞서 언급한 것들 외에도 다양하다. 대학 운영 방침에 비판적인 교수나 학생에게 징계 조치를 취하거나 온라인이든 오프라인이든 학생과 교수의 토론의 장을 봉쇄하는 일이 대학에서 흔히 일어난다. 취업 안내를 위한 외부 강사의 강의는 대학 본부의 지원 대상이 되지만 사회를 비판하고 대안을 제시하는 외부 강사의 강의는 허용되지 않는다. 기업이나 기업인의 이름을 단 건물이 늘어나면서 기업과 자본 친화적인 정서가 대학 구성원에게 자리 잡는 반면에 자본의 대학 지배에 의문을 제기하는 말이나 행동은 금기시된다. 기업적 가치와 기업식 대학 운영이 지배하는 대학에서 학문의 자유는 지속적으로 고갈된다.

5. 무엇을 할 것인가: 교수의 참여가 시급하다

교수와 학생들의 조합이라는 뜻인 대학universitas이 그 말이 뜻하는 그대로 학문공동체라면 학문의 자유는 억압되지 않을 것이다. 무엇을 가르치고 연구할지는 전적으로 대학 구성원에 의해 결정될 것이고, 기존의 지식 체계나 질서에 도전하는 새로운 지식은 학문공동체 안에서 토론을 통해 검증될 것이다. 새로운 지식 가운데 학문공동체 구성원 다수가 지지하는 지식은 학문 세계의 주도권을 갖게 될 것이며 다수의 지지를 받지 못하는 지식은 지식 세계의 주변부에 머물게 될 것이다. 또한 대학이 자율적 학문공동체로 유지되는 한 소수의 주변부 지식이더라도 폐기되는 일은 없을 것이다. 독립적이기도, 보완적이기도, 상호 충돌을 일으키기도 하는 수많은 지식의 공존을 가능하게 하는 곳이, 즉 백화제방백가쟁명百花齊放百家爭鳴이 이루어지는 곳이 대학이 될 것이다.

그러나 중세 대학의 전통을 따르는 자율적 학문공동체로서의 대학은 더 이상 존재하지 않는다. 근대국가의 기획을 대학에 이식한 근대 대학으로서 의 베를린대학교 모델은 사실상 국가권력이 대학을 통제할 수 있는 길을 열 어주었다. 이후 근대 대학에서 학문의 자유는 끊임없이 국가권력의 간섭을 받아왔다. 현재의 지배적인 대학 모델은 기업형 대학이다. 기업식 관리 체 제가 도입되고 산학협력이라는 이름으로 자본권력이 대학을 지배하는 현재 의 기업형 대학은 미국의 사립대학에서 시작되었지만 이제 전 세계로 확산 되고 있다. 한국의 대학은 아마도 미국식 기업 대학의 가장 타락한 양상일 것이다. 한국의 사립대학은 많은 경우 법인 이사장의 사유물이 되어 있고, 국립대학 역시 법인화가 진행되면서 실질적으로 사립대학이 되어가고 있 다. 형식적으로 국공립대학의 외양을 갖추고 있더라도 기업형 관리 체제가 도입되면서 이들 대학 역시 기업형 대학이 되고 있다.

이 장을 마무리하면서 필자는 한국의 기업형 대학에서 학문의 자유를 지 키기 위해 대학 구성원, 특히 교수들이 할 수 있는 몇 가지 사항을 제시한 다. 첫째는 대학 운영에 대한 교수의 참여를 확대하는 것이다. 현재 미국의 사립대학 구조가 도입된 한국의 사립대학에서, 더구나 사립대학이 이사장 개인의 사업체가 되어 있는 한국 대학에서는 대학 운영에 대한 교수의 참여 는 극히 제한되어 있다. 총장을 비롯해 교무처장 등 대학의 행정 담당자들 을 이사장이 임명하기 때문에 이들은 대학 구성원을 대표하지도 않고 대학 구성원의 뜻에 따라 대학을 운영하지도 않는다. 대학 구성원 가운데 중추적 인 부분을 차지하는 교수들이 대학 운영에 적극적으로 참여하지 않는 한 대학은 이사장 또는 이사장으로 대표되는 자본의 이익을 위해 운영된다. 대학 운영에서 교수와 학생들이 배제될 때 이들은 이사장의 대학 사업의 영조물[32]에 불과하며 결국 학문의 자유는 억압받고 학문은 왜곡된다.

다행스럽게도 대학의 전통이라는 관례에 의해, '고등교육법'이나 '사립학교법' 등의 법률과 각 대학의 정관과 학칙이라는 제도에 근거해 대학교수들이 대학 운영에 참여하는 길은 열려 있다. 각 대학은 대학 운영과 정책을 심의하는 기구로서 교수회를 두고 있으며 각종 위원회의 위원으로 평교수를 포함시키고 있다. 이른바 '함께 지배하기shared governance'가 적어도 제도적으로는 보장되어 있다. 함께 지배하기의 원칙이 유지되는 한 이사회나 이사장 또는 이사장의 하수인이라고 할 수 있는 총학장이나 여타 보직 교수들이 대학 운영에서 전권을 행사할 수는 없다.

문제는 교수들 대부분이 함께 지배하기의 원칙이 대학 운영에 적용된다는 사실을 의식하지 못하고 있다는 점이다. 전체교수회의나 단과대학교수회의가 열리면 교수들 대부분은 그 자리를 대학 정책에 대한 대학 본부 측의 설명을 듣는 자리라고 생각한다. 그러나 교수회는 대학 운영을 심의하는 기구다. 교수회의에서 대학 운영과 정책에 대한 심의가 제대로 이루어진다면 대학 본부 측이 대학의 학문과 대학 구성원의 신분을 위협하는 정책을 만들어내거나 집행하기가 어려워진다. 교수회의 심의를 통과하지 않은 대학 본부의 대학 운영 정책이나 행정 조치는 불법이 되기 때문이다. 징계위원회나 교과과정위원회 등 각종 위원회의 활동 역시 마찬가지다. 이런 위원

---

32 공공을 위한 사업에 필요한 인적·물적 자원이라는 뜻이지만 기업형 대학에서는 이사장 개인의 인적·물적 자원이라는 뜻이 되고 만다.

회의 위원들이 평교수나 학생들의 뜻을 대변할 때 교수나 학생의 신분은 상당한 정도 보호될 것이며, 공공성을 위한 학문 연구와 교육 역시 큰 훼손을 입지 않을 것이다.

둘째는 평교수 공동체를 조직하고 이를 활성화하는 것이다. 많은 대학에 교수협의회, 교수평의회 등의 이름으로 평교수들의 권리를 지키려는 조직이 있다. 하지만 이들 조직 대부분은 평교수들의 권익을 보호하고 학문의 자유를 지키려는 노력을 하기보다는 대학 본부에 순응하는 어용 조직이 되어 있다. 이는 이런 조직을 이끄는 의장이나 임원들이 전체 교수들의 권리를 옹호하려는 노력을 기울이지 않고 개인의 출세를 위해 교수 조직체를 이용하는 데 기인하기도 한다. 그러나 더 중요한 이유는 교수 조직체를 통해 교수의 권익을 지키고 학문의 자유를 수호하는 데 교수 자신들이 적극적이지 않기 때문이다. 정규직 교수들과는 비교도 안 되게 열악한 처지에 있는 비정교직 교수들은 참담한 상황에 놓여 있다. 그들은 대학 본부뿐만 아니라 정규직 교수가 행하는 농락의 위험에도 노출되어 있다. 따라서 절대 필요한 것이 교수들의 조직화이지만 그들은 조직화 자체를 시도하기가 어려운 처지에 놓여 있다.

정규직이든 비정규직이든 교수들과는 달리 대학 구성원을 통제하고 관리하는 대학 본부 측은 견고한 조직체를 갖고 있다. 대학 안에 있는 행정조직은 점점 전문화되고 있으며 규모 역시 커지고 있다. 이들은 전국대학교교무처장협의회, 전국대학교기획처장협의회 등을 조직해 연대하면서 대학을 통제하려는 정부와 긴밀한 협조 관계를 이루고 있다. 총장들 사이에도 역시 국공립대학총장협의회나 사립대학총장협의회와 같은 연대 조직이 있다. 반면 교수들은 여기에 대응할 수 있는 조직체가 사실상 없다. 전국국공립대학교수협의회나 한국사립대학교수회연합회 등이 있지만 영향력은 크지 않다

(열악한 조건에서 투쟁하는 국공련, 사교련의 의장과 임원들에게 경의를 표한다). 교수의 권리와 대학의 공공성을 위해 그나마 어느 정도 활동을 하는 조직체로 전국교수노동조합을 꼽을 수 있기는 하다. 그러나 이 조합에는 소수 진보적 교수들만이 참여하고 있고, 또한 이 조합은 법적 지위를 갖고 있지 않기 때문에 파급력 있는 활동을 하지는 못한다.

이제 교수들은 명목상으로나마 이미 존재하는 조직체를 활성화하거나 실질적으로 학문의 자유를 지키고 대학의 공공성을 일으켜 세울 새로운 교수 조직체를 구성할 필요가 있다. 학문의 자유가 극단적으로 위축되었던 20세기 초까지의 미국 대학에서 충분하지는 않지만 그나마 학문의 자유의 개념을 정립하고, 교수의 신분을 위협하는 상황이 생겼을 때 교수들이 개입해 시정을 요구할 수 있었던 것은 1915년에 미국대학교수협의회가 조직되었기 때문이다. 이와 유사한 교수 조직체가 한국에서도 만들어질 필요가 있다. 물론 중요한 것은 조직이 아니라 변화를 가져올 수 있는 교수들의 의식, 참여, 그리고 활동이다.

셋째는 학문의 자유를 지키고 대학 지식의 공공성을 확보할 수 있도록 법과 제도를 변화시키는 것이다. 우선 국공립대학의 경우 현재 정부가 추진하는 법인화 정책을 막아야 한다. 법인화가 대학의 공공성을 말살한다는 사실을 알리면서, 국가 재정의 지원을 받으면서도 대학의 자율성을 확보할 수 있는 체제를 확립해야 한다. 사립대학의 경우 법인이 대학 운영에 개입하지 못하도록 법을 정비해야 한다. 사립대학법인은 대학을 재정적으로 지원하기 위한 기구다. 원래의 취지와는 달리 사립대학법인이 교무와 학사에 개입해 영향력을 행사하는 한 대학의 자율성과 학문의 자유는 위태로울 수밖에 없다. 아마도 대학의 자율성과 학문의 자유를 위해 가장 효과 있는 현실적인 제도는 총장직선제일 것이다. 기업화 대학의 대표적인 면모가 이사회에 의한 총장임명제라는 점을 감안하면 이에 대한 처방은 대학 운영의 책임을 가진 총장을 교수들이 직접 선출하고 또 이렇게 선출된 총장이 대학의 공공성을 망각할 때 탄핵할 수 있는 제도를 도입하는 것이라고 할 수 있기 때문이다. 사학법인이 끊임없이 그들의 이익을 구현하고 확립하기 위해 관료와 정치인을 포섭하는 것에 대응해 대학의 핵심 구성원인 교수들 역시 대학의 공공성을 확보하기 위해 대학의 실상을 사회에 알리면서 관료와 정치인을 설득하고 압박해야 한다.

이런 제안들 말고도 여러 방안을 생각해볼 수 있다. 분명한 것은 대학이 처한 현재의 상태가 방치되는 한 학문의 자유는 끊임없이 훼손되면서 대학은 몰락의 길로 갈 것이라는 점이다. 어떤 식으로든 교수들이 대학 운영에 참여해야 한다.

제7장

대학의 기업식 관리 체제

1. 현 실 을 거 부 한 다

이제 대학은 더 이상 상아탑도 아니고 학문의 전당도 될 수 없다는 말을 자주 들을 수 있다. 지금은 기업이 사회 변화를 주도하는 시대이고, 대학도 이에 발맞춰 산업 발전에 이바지하는 연구를 하고 교육을 하는 것이 대학의 사명이 되어야 한다는 것이다. 이런 생각을 갖고 있는 독자라면 더 이상 이 글을 읽지 마시라고 권한다. 이런 독자에게 이 글은 시대착오적인 글이다. 이런 독자를 설득해 대학은 고유의 사명이 있으며 현재 그 고유의 사명이 위기에 처해 있다는 필자의 견해에 공감하게 할 만큼의 글쓰기 능력이 필자에게는 없다.

위 글은 이 장의 내용을 ≪안과 밖≫(36호, 2014)에 처음 발표할 때 쓴 것이다. 이 책의 독자가 이 책을, 적어도 이 장을 읽고 있다는 사실을 통해 대학 문제에 관련해서는 독자가 상당 정도 필자와 공감하는 바가 많을 것임을 확인할 수 있기 때문에 위의 말은 필요 없는 말이 된다. 그래도 이 장에 그대로 남겨두었다. 대학 스스로 경쟁력을 키워야 하고 기업 경쟁력 제고에 대학이 이바지해야 한다는 사람들이 득실거리는 곳이 대학임을, 독자와 필자 모두 이들과 맞서면서 정상적인 대학을 만들거나 복원해야 할 사명이 있음을 한 번 더 의식하자고 다짐하자는 뜻에서 그런 것이다. 이 장은 이 책을 읽어주는 그런 독자와 더불어 대학의 위기 문제를 본격적으로 논의하는 지평을 여는 것을 목적으로 한다.

미래를 위해 과거를 넘어서는 것이 바람직하고 역사의 흐름을 알면서도 이를 거스르는 것이 무모하다면 필자의 이 글은, 아니 이 책 전체가, 무모한 내용을 담고 있다. 그러나 역사의 흐름을 따라가는 것은 현재의 문제를 망각하는 것과 같다. 발터 벤야민은 「역사철학 테제」에서 파시즘의 승리는 역사가 진보한다는 믿음 때문이며 이런 파시즘에 맞서 싸우기 위해서는 역사 구조를 현재성the presence of the now(독일어로 Jetztzeit)으로 충만해 있는 시간으로 인식할 필요가 있음을 설파했다.[1] 벤야민이 말하는 역사의 현재성은 우리가 맞닥뜨리는 지금 여기의 역사는 과거, 현재, 미래의 모든 역사가 내재된 역사이며, 따라서 싸움은 지금 여기에서의 싸움이 되어야 함을 뜻한다.

오늘날 대학에는 대학의 역사 과정 전체가 내재되어 있다. 교수와 학생조합으로 11세기 말에 시작된 중세 시대의 대학은 주로 고전 지식을 교육했다. 16세기경부터 18세기까지 왕권이 강화되던 시기의 초기 근대의 대학은

---

1 Walter Benjamin, "Theses on the Philosophy of History," *Illuminations*, translated by Harry Zohn(New York: Schoken, 1969), p. 261.

왕조 국가의 관료를 양성하는 역할을 담당했다. 1810년에 세워진 베를린대학교를 모델로 한 19세기 초부터 20세기 중엽까지의 근대의 대학은 학문 자체의 발전이 민족국가의 발전이라는 전제하에 학문의 자유가 보장되는 지식 탐구의 장을 제공함으로써 지식 탐구를 통해 교양인, 즉 지적 성숙을 이룬 시민을 양성한다는 사명을 내세웠다.

20세기 후반 본격화된 미국의 기업식 대학은 대학의 사명을 사회에 쓸모 있는 지식을 제공하는 것으로 설정한다. 전 지구화globalization 시대라고 불리는 오늘날 대학은 민족국가 영역을 넘어서고 있다. 앞으로 대학은 더욱 기업화될 것이고 더욱더 초민족적·초국가적 자본을 위해 복무하는 체제가 확립될 것이다. 대부분 대학에는 그동안 대학이 변해왔던 특성이 모두 혼재되어 있다. 어떤 대학은 교육 중심으로, 어떤 대학은 연구 중심으로 운영된다. 어떤 대학에서는 기업의 지배가 노골적으로 드러나고 있고 어떤 대학은 국제화라는 이름으로 전 지구적 자본의 요구를 발 빠르게 수용하고 있다.

필자는 이 장에서 대학(라틴어의 universitas)이 뜻 그대로 학문을 추구하는 조직이어야 함을 전제한다. 라틴어 'universitas'는 원래 선생과 학생들의 모임universitas magistrorum et scholarium의 줄임말이다. 따라서 연구와 교육을 동시에 수행하는 조직으로서의 대학이 존재하기 위해서는 학문공동체가 유지되어야 한다. 필자는 또한 대한민국 '헌법'과 '고등교육법'에서 규정하는 대학의 위상을 염두에 두고 이 글을 쓰고 있다. '헌법' 31조는 "교육의 자주성·전문성·정치적 중립성 및 대학의 자율성은 법률이 정하는 바에 의해 보장된다"라고 규정하고 '고등교육법' 28조는 대학의 목적으로 "대학은 인격을 도야하고, 국가와 인류 사회의 발전에 필요한 심오한 학술이론과 그 응용방법을 가르치고 연구하며, 국가와 인류 사회에 이바지함을 목적으로 한다"라고 규정한다.

여기에서 헌법과 법률 조항을 제시하는 이유는 대학의 재정 구조, 교육 및 연구 성과, 취업률 등을 근거로 추진하는 정부의 대학구조개혁안이 바로 '헌법'과 '고등교육법'을 위반하고 있음을 우선은 환기하기 위함이다. 헌법과 법률을 수호해야 할 책임이 있는 정부가 자본의 요구에 굴복해 헌법과 법률이 규정하는 바의 대학을 몰락시키고 있다는 것이다. 심지어 '고등교육법'이 규정하는 대학은 사실상 근대 대학의 모델이 되었던 독일의 베를린대학교의 설립 이념을 진술하고 있다. 학문 탐구를 통한 정신의 성숙, 즉 교양의 함양이라는 이념을 바탕으로 대학이 운영되어야 한다는 근대 대학은 현재 한국의 대학뿐 아니라 전 세계 거의 모든 대학의 모델이다. 이런 근대 대학이 자본의 공세로 위기에 처해 있다. 벤야민이 말하는 역사의 현재성, 곧 의미 있는 행위는 지금 여기에서의 싸움이라는 것을 염두에 두고 대학을 생각할 때 대학 구성원인 교수와 학생이 해야 할 것은 자본에 의한 대학 지배를 인식하고 이에 저항하는 것이다.

이 장에서 필자는 기업식 성과 관리 체제가 확립되고 있는 대학의 지배 구조를 살핀 다음에 그와 같은 지배 구조 아래에서 대학의 연구와 교육이 훼손되는 양상을 논의한다. 마지막으로 현재 정부가 추진하는 구조개혁의 방향과 문제점을 언급한다.

2. 대 학 지 배 구 조 의 변 화: 기 업 식 성 과 관 리 체 제

현재 대학이 처한 위기는 지배 구조의 변화에서 유래한다. 11세기 말에 대학이 등장한 이후 교수와 학생은, 특히 교수는 대학의 지배 구조의 핵심에 있었다. 학생 중심 대학이었던 이탈리아 볼로냐대학교의 총장이 학생 자치 기구에 의해 선출된 학생 대표였다면 그 이후 생겨난 교수 중심 대학에서 총장은 교수들의 뜻에 의해 교수들 가운데 선출된 교수 대표였다. 이렇게 선출된 총장은 대학 구성원인 학생 그리고 교수들과 의논하고 합의하면서 대학을 운영했다. 함께 지배하기는 전통적인 대학 운영 방식이었다. 근대 대학의 원형인 베를린대학교를 구상한 핵심 인물 가운데 한 사람인 슐라이어마허가 대학 총장을 '동료 중 첫째'라고 부르면서 총장은 교수들의 직접 선거에 의해 선출된다고 말할 때[2] 그는 대학의 전통적인 지배 구조를 재확인한 것이었다.

대학의 지배 구조의 전통이 위기에 처한 것은 미국식 대학의 지배 구조가 미국을 넘어 전 세계로 파급되고 특히 한국에서는 거의 전적으로 수용되었기 때문이다. 초창기부터 미국에서는 대학의 대표인 총장이 대학 외부 인사가 다수를 차지하는 이사회에 의해 선출되었다. 말하자면 미국 대학의 총장은 교수나 학생들의 뜻에 의해서가 아니라 교회의 실력자나 지역 유지 등 대학 외부인의 뜻에 의해 선출되었다는 것이다. 그래도 초창기에는 해당 대학의 교수가 총장으로 선출되는 관행이 유지되었지만 20세기 중반 이후에는 대부분 해당 대학의 교수가 아닌 사람이 총장으로 선출되고 있다.

미국에서는 총장뿐만 아니라 부총장이나 학장, 심지어 학과장까지 해당 대학의 교수가 아닌 외부인이 임명되는 경우가 흔하다. 이런 사실은 대학의 행정조직이 해당 대학의 교수진과 유리되어 있음을 뜻한다. 이제 미국의 대학은 대학의 원래의 뜻인 선생과 학생조합이라는 의미를 잃고 대학 운영진, 그 운영진의 관리를 받으면서 연구물과 교육 상품을 생산하는 교수진, 그리

---

2 Readings, *The University in Ruins*, p. 54 재인용.

고 교육 상품을 구매하는 학생 소비자로 구성되어 있다고 할 수 있다.

사실 교수진이 서로 의논하고 합의하면서 대학을 운영하던 전통이 미국 대학에서 사라지기 시작한 것은 아주 최근의 일은 아니다. 1968년에 발행된 『미국의 대학: 현재와 미래The American University: How It Runs Where It Is Going』에서 자크 바르준Jacques Barzun은 관리 체제가 거의 필요 없던 과거의 소규모 대학과는 달리 학생 수의 증가와 대학 예산 규모의 팽창으로 전문적인 경영 체제가 필요해지면서 "신대학the new university"이 출현하고 있다고 말했다.[3] 1960년대에 미국에서는 사실상 당시까지 대학 교육에서 배제되었던 미국 중산층 내지 하층민이 '제대군인원호법GI Bill', 흑인민권운동, 여성운동 등으로 인해 대학 교육을 받기 시작했다. 이로써 대학 규모는 팽창하고 또 정부 역시 대학에 대한 재정 지원을 확대했다. 재정이나 인적 구성에서 과거와 달라진 대학을 운영하기 위해서 새로운 관리 체제가 대학에 확립되기 시작한 것이다.

그러나 바르준이 이름 붙인 신대학과는 상당히 다른 대학이 1980년대 이후에 나타나기 시작했다. 대학과 기업의 협력, 즉 산학협력을 촉진하기 위해 발의한 '베이돌법'이 1980년에 통과되면서, 그리고 대학에 대한 미국 정부의 재정 지원이 1980년대 중반 이후 지속적으로 삭감되면서 미국의 대학에서는 기업기금이 대학 예산의 중요한 몫을 차지하기 시작한다. 이후 미국에서는 기업을 위한 연구와 교육이 대학의 중요 역할이라고 할 수 있을 만큼 기업의 영향력이 커지게 된다. 이른바 기업 대학('corporate university' 또

---

3 Jacques Barzun, *The American University: How It Runs Where It Is Going*(New York: Harper, 1968), pp. 10~33.

는 'entrepreneurial university')[4]의 출현이다.[5]

기업 대학은 대학 운영 방식에서 최소 비용으로 최대 성과를 추구하는 기업식 경영을 도입한 대학이다. 기업 대학에서 대학 운영진은 교수와 학생을 대학 운영의 공동 책임자로 보지 않는다. 대학 운영진이 보기에는 학생은 물론이고 교수 역시 대학 행정이나 관리에 대한 전문적 능력도 없고 대학의 발전 방향에 대한 안목도 없다. 대학의 총장이나 고위직을 철학이나 문학 등 대학의 근본 학문을 전공한 교수가 맡던 과거와 달리 점점 경영학, 행정학, 공학 전공자가 맡고 있다는 사실은 대학 운영이 기업식 경영 또는 산학 협력의 관점에서 이루어지고 있음을 보여준다.

한국 대학의 사정도 미국의 대학과 다르지 않다. 다른 점이 있다면 한국에서는 대학의 기업화가 미국보다 늦은 2000년대 이후에 본격적으로 이루어지기 시작했다는 정도다. 1990년대 초반에 연세대학교의 송자 총장이 자신을 최고경영자 총장이라고 내세웠지만 그가 한 일은 사실상 외부기금(대학발전기금)을 적극적으로 유치한 정도였다. 한국에서 기업식 대학 경영이 본격화된 것은 2000년대 중반 이후다. 2006년에 취임한 카이스트의 서남표 총장은 철저한 성과 중심의 교수업적평가 체제와 등록금이 없던 이 대학에 성적이 낮은 학생에게 고액의 등록금을 부담하게 하는 등의 학생 관리 체제

---

4 미국의 대학 체제를 논의할 때 'corporate university'나 'entrepreneurial university'는 맥도날드대학교와 같이 사원 연수를 위한 대학을 지칭하기도 하고(한국에서는 사내 대학이라고 불린다) 기업식으로 운영되면서 기업을 위한 대학으로 변모하는 일반대학을 지칭하기도 한다. 여기에서는 물론 후자를 뜻한다. 미국 대학의 기업화와 기업 대학에 대해서는 제3장 '대학 기업화의 원조: 미국 대학의 기업화'를 참고하라.

5 Jennifer Washburn, *University Inc.: The Corporate Corruption of Higher Education* (New York: Basic, 2005), p. 69.

를 도입했다. 2007년에 취임한 동국대학교의 오영교 총장은 기업의 관점에서 경쟁력이 없는 학문 분야의 규모를 축소하거나 퇴출시켰다.

서남표 총장과 오영교 총장의 공통점은 두 사람 모두 해당 대학의 교수가 아니었다는 점이다. 대학의 총장임명권을 가진 대학의 이사회가 기업식 성과를 낼 수 있는 대학 경영자를 외부에서 영입한 사례다. 두 대학의 운영 모델은 이후 다른 대학에도 적용되기 시작했다. 2006년에 취임해 캠퍼스를 상업 단지로 바꾸었다는 평가를 받는 서강대학교의 손병두 총장 역시 기업식 경영을 대학에 도입한 기업인 출신 총장이다. 기업화 대학의 대표적인 사례로 꼽을 수 있는 성균관대학교와 중앙대학교에서는 기업 재단이 대학을 직접 운영하면서 교수들에 의한 총장선출제도가 우선 없어졌고 기업 활동에 직접 기여할 수 있는 학문 분야인 경영학이나 공학 분야의 규모가 확대되었다. 반면 인문학 같은 기반 학문 분야의 규모는 축소되었다.

여기에서 언급한 대학뿐만 아니라 한국 대부분의 대학이 기업식 경영이 필연적으로 될 수밖에 없는 지배 구조를 갖고 있다. 사립대학이 대다수를 차지하는 한국에서 대학 총장은 주로 법인 이사회에서 지명되는 형식을 띠지만 사실상 대학을 개인 재산으로 생각하는 이사장에 의해 지명되고 있다. 대학 총장이 교수나 학생의 뜻에 의해 선출되는 것이 아니라 이사장에 의해 지명된다는 것은 대학 운영이 교수와 학생이 아니라 이사장을 위해 이루어진다는 뜻이다. 대학 지배 구조의 정점에 있는 이사장이 대학 운영을 사업으로 생각하는 기업인의 정서를 가지고 있는 한 대학이 기업이 되는 일은 필연적이라고 할 수 있다.

국립대학 역시 기업식 경영에서 벗어나지 않는다. 국립대학의 총장직선제 폐지는 교수들의 뜻이 아니라 정부의 뜻을 따르는 인사가 대학 운영 최고 책임자인 총장이 됨을 뜻한다. 정부의 예산 지원으로 대학운영비의 상당

부분을 충당하는 국립대학은 대학 운영을 성과와 효율성 중심으로 운영하라는 정부의 지침대로 운영될 가능성이 높으며, 이때 국립대학의 운영 방식은 사립대학의 운영 방식과 다를 바가 없어진다.

기업식 관리 체제가 공고해지는 대학에서는 전통적으로 대학에서 흔히 듣던 인간의 가치, 지성, 학문의 근본원리, 세계관, 지적 성숙, 교양, 학문공동체 등의 말은 없어지고 성과, 수월성, 효율성, 특성화, 취업률, 더 나아가 KPIKey Performance Indicator(핵심 성과 지표)나 MBOMeasurement By Objectives(목표관리)와 같이 대학에서는 생소한 경영 전문용어가 등장하기 시작한다. 이제 대학의 모든 성과는 기업의 성과가 재무제표로 표시되듯이 숫자로 표시되고 관리되기 시작한다. 핵심 성과 지표에 포함되는 교수의 논문 편수, 대외 연구비 수주액, 취업률, 발전기금유치액, 영어강의 비율, 학생 만족도 등이 대학 운영진의 관리 대상이다. 반면 지표로 나타나지 않는 교수의 연구 내용이나 학생의 학습 내용, 학문공동체 의식 등은 관리 대상이 아니다.

이렇게 핵심 성과 지표를 통해 표시된 숫자의 총합이 많고 적음에 따라 단과대학, 학과, 개별 교수의 성과는 최우수, 우수, 보통, 미흡으로 평가된다. 최우수 평가를 받은 학문 단위나 개별 교수는 포상과 재정 지원의 대상이 되고 미흡으로 평가된 학문 단위나 교수는 퇴출 대상으로 분류된다. 기업식 관리 체제가 지배하는 대학에서는 숫자만 중요할 뿐이고 학문적 사색이나 지적 성숙은 관심거리가 되지 않는다.

기업식 관리 체제가 도입된 대학에서 이제 교육의 대상인 학생과 교육의 주체인 교수는 서로에 대한 관리자가 되기도 한다. 교수는 학생의 학업 성취를 순위로 관리한다. 상대평가라는 학업평가제도는 모든 학생이 교육 목표에 도달할 수 있다는 전제를 부정한다. 실제적인 학업 성취와는 별개로 일부 학생은 학업 성취를 이루고 일부 학생은 이루지 못했음을 성적이라는 방식으로 관리한다. 모든 학생이 우수 성적을 받을 수도 없고 또 모든 학생이 낙제 성적을 받지도 않는다. 이 같은 상대평가가 지배하는 성적관리제도에서 학생들은 자신의 학문적 관심에 근거해 학습하는 것이 아니라 교수가 원하는 답을 제시하기 위해 학습한다.

학생 또한 교수를 관리한다. 학생에 의한 교수 관리의 대표적인 예가 강의평가제도. 상품에 대해 소비자 만족도를 조사하듯이 교수의 강의는 학생에 의해 만족도 평가를 받는다. 수강생의 만족도를 높이기 위해 교수는 학생이라는 교육 상품 소비자의 욕구를 충족해야 한다. 기업의 상품이 시장의 수요를 반영해 생산되듯이 그리고 그 상품의 생산과 유통이 사용가치가 아니라 교환가치를 확보하는 데 달려 있듯이 대학 교육 상품은 학생이라는 고객의 선택을 받기 위해 그리고 교환가치에 해당하는 강의평가 점수를 높이기 위해 생산된다.

교육이 상품이 될 때 교육의 내용은 최소의 노력으로 최대의 만족을 충족하는 방식으로 구성된다. 두껍고 비싼 교재보다는 얇고 싼 교재가 더 좋은 교재로 평가받는다. 학생의 노력은 최소화되어야 하기 때문에 과제는 줄어든다. 수업 진행에서 교수는 교육자보다는 수강생에게 즐거움을 주는 연예인에 가까워져야 한다. 교수와 학생이 서로의 관리자가 되는 교육 현장에서 교육과정에 수반되는 훈육은 없어지고 지적 성숙에 필연적으로 나타나는 정신적 성장의 고통은 회피해야 될 금기 사항이 된다. 기업식 관리 체제가 확립된 대학에서 학문과 교육은 없다.

3. 기업식 관리 체제에서의 대학의 연구

홈볼트는 근대 대학의 모델인 베를린대학교를 구상할 때 고전 지식을 전수하는 일에 치중했던 중세 그리고 전근대의 대학과는 달리 새로 설립할 대학을 새로운 학문을 탐구하는 대학으로 생각했다. 진정한 학문은 학문의 자유에 의해 이루어진다고 생각한 그는 교수에게는 가르치는 자유, 학생에게는 배우는 자유가 보장되어야 한다고 주장했다.[6] 그가 말하는 가르치는 자유란 단지 교수의 강의를 말하는 것이 아니라 교수의 탐구 분야와 방법이 어떤 외부의 간섭으로부터도 자유로운, 오직 학문 내적인 필연성에 의해서만 진행되어야 한다는 것이다. 이와 같이 근대 대학에서 이루어지는 학문은 어떤 정해진 틀이나 규제 없이 오직 교수의 학문적 관심사에 의해서만 자유롭게 진행되어야 함을 뜻한다.

기업식 관리 체제가 도입된 대학에서 운영진은 교수의 모든 학문적 결과물을 교수의 연구업적으로 인정하지 않는다. 교수의 연구 결과는 논문의 형태를 갖춰야 한다. 신문 같은 대중매체에 기고문 형태로 실리는 학문 탐구 결과는 연구업적으로 인정되지 않는다. 논문이라고 해도 해당 논문이 실린 학술지가 한국연구재단의 등재(후보)지 목록이나 미국의 정보산업 기업인 톰슨 로이터스Thomson Reuters의 JCR 학술지 목록에 포함되지 않으면 그 논문은 교수의 연구업적으로 인정되지 않는다. 학술논문이 게재될 수 있는 학술지의 목록이 정해져 있고, 그런 학술지가 요구하는 방식으로 기술된 학문적

---

6 Wilhelm von Humboldt, "On the Spirit and the Organisational Framework of Intellectual Institutions in Berlin," translated by Edward Shils, "Reports and Documents: University Reforms in Germany," *Minerva* 8(1970), p. 243.

논의만이 교수의 학문적 성과로 인정되는 것이다. 여기에서 우리는 연구 성과로 인정되는 대학교수의 연구가 푸코가 말하는 담론의 질서에 예속되어 있음을 확인할 수 있다.

푸코는『담론의 질서L'ordre du discours』에서 담론의 질서를 유지하기 위해 그 질서에 위협이 될 수 있는 담론을 배제한다고 설명한다. 푸코는 담론의 질서를 유지하기 위한 외부적 작용으로 금지, 분할과 배척, 진위의 대립 등을 든다. 외부적 작용 가운데 하나인 금지라는 담론의 작용은 담론의 대상이나 상황, 또는 담론의 생산자를 한정한다. 푸코는 담론의 질서를 유지하기 위한 담론 내부의 작용으로 주석, 저자, 학문 분과 등을 든다. 주석은 원전에 대한 해설만을 용납하며 원전 자체를 생산하지 못하게 하는 작용이다. 저자는 담론의 생산자를 제한하는 담론의 작용이다. 학문 분과의 작용은 해당 학문 분야의 담론에서 용납되는 영역, 방법, 규칙, 정의를 준수해야 한다는 원칙이다. 푸코는 담론의 질서를 유지하기 위한 담론 내외부의 작용이 결국 담론의 고갈을 초래한다고 설명한다. 배제하고 금지하고 정해진 규칙을 따르게 함으로써 담론은 위축되고 결국 고갈된다는 것이다.[7] 즉, 대상, 방법, 영역 등에 제한을 두지 않았을 때 이룰 수 있는 담론 영역의 풍성함은 나타나지 않는다. 푸코의 담론 이론을 교수의 연구에 적용해보면 현재 대학에서 이루어지는 논문 담론이 극단적인 통제 체제 아래에서 생산되고 있으며, 이는 결국 논문 담론의 고갈, 즉 학문의 고사 상태를 초래하고 있음을 알 수 있다.

---

7 Michel Foucault, "The Order of Discourse," in Robert Young(ed.), *Untying the Text: A Post-Structurlalist Reader*(London: Routledge, 1981), pp. 48~78.

논문 담론의 고갈을 일으키는 가장 대표적인 제도는 학술지제도다. 교수가 쓰는 논문이 정식 논문으로 인정받기 위해서는 그 교수가 속한 대학에서 인정하는 학술지에 실려야 한다. 현재 한국 대부분의 대학에서 인정받는 학술지는 한국연구재단 등재학술지와 JCR 학술지다. 연구업적 관리를 위한 학술지 목록은 학술 활동의 생산과정과 결과물의 유통을 제한해 학문을 위축시킨다. 한국연구재단 등재학술지는 대부분 학회지인데, 학회지는 그 학회에 소속된 사람들에게만 공개되기 때문에 인접 분야라고 해도 회원이 아니면 기본적으로 접근이 차단된다. 앞으로 교수들의 연구업적 관리가 등재학술지 중심에서 JCR이나 정보분석회사인 엘저비어Elsevier가 운영하는 학술지 목록인 Scopus로 이동하면 이런 경향은 더욱 심해질 것이다. 이는 학자들의 학문 교류의 장으로서 작용해야 할 논문의 원래 기능이 상실된다는 뜻이다.

정해진 학술지에 실린 논문만이 교수의 연구 성과로 인정되는 교수업적 관리제도의 더욱 심각한 문제점은 사회 전체적으로 지성이 고갈되고 있다는 것이다. 사회적 지성의 몰락이 학회지의 작용 때문만은 아니겠지만 업적 관리 학술지 목록에 의해 제한되는 교수들의 학문 활동은 일반 대중의 지성 함양을 도외시하게 된다. 연구업적 관리 체제가 확고해지기 전에는 교수들이 일간 신문이나 계간지 등 대중이 접할 수 있는 매체에 글을 기고했고 그 글은 대학생을 비롯한 일반 독자의 지성적 성찰에 기여했다. 그러나 오늘날 대학의 연구자인 교수들은 대중의 지성에 관심이 없다. 그들은 자신의 논문 업적에만 관심이 있다. 읽히지 않는 논문을 끊임없이 쓰면서 업적 관리를 하는 교수들은 사실상 학자가 아니라 대학이라는 기업의 논문 상품 생산자들이다.

논문이 대학이라는 기업의 상품이라고 할 수 있는 것은 논문이 투자와 성과라는 상품의 일반적 속성을 갖고 있기 때문이기도 하다. 인문학 분야의 논문에서는 덜 드러나지만 오늘날 대학의 학문을 주도하는 자연과학과 공학 분야의 논문이 생산되는 방식을 보면 논문의 상품성이 분명해진다. 고가의 실험 장비와 그 실험을 진행할 연구보조원이 필수적으로 요구되는 자연과학이나 공학 분야의 연구는 외부 연구비가 제공되지 않으면 사실상 연구를 진행할 수 없다. 따라서 이런 분야의 교수들은 연구비를 기대할 수 있는 분야를 연구 과제로 설정하고 연구 계획을 세우며 연구비 수주를 위해 노력한다.

공적 역할을 해야 할 정부의 연구비 역시 산업 발전과 연관이 있는 분야에 집중적으로 지원되는 경우가 많기 때문에 사실상 이공계열의 연구는 산업 진흥을 위한 연구라고 할 수 있다. 연구비가 많이 투여된 연구 과제는 더 많은 연구 성과가 기대되고 연구비가 제공되지 않은 분야에서는 연구 자체가 이루어지지 않는다. 탈근대의 과학에서는 "돈, 효율성, 진리의 등가 관계"가 성립된다는 장프랑수아 리오타르Jean-François Lyotard의 주장은 이런 의미에서 타당성을 갖는다.[8] 인문학이나 사회과학 분야도 정도의 차이는 있지만 연구비에 의해 연구 분야와 성과가 좌우되기는 마찬가지다. 예를 들어 BK+ 사업에 선정된 연구단의 경우 참여 교수들의 연구 과제는 그 사업단의 중심 연구 과제가 된다. 사업단은 연구비나 연구보조원 등의 지원을 받게 되면서 결국 논문 편수가 증가한다.

등재학술지나 JCR(Scopus 포함) 목록 학술지를 연구 성과의 기준으로 삼

---

8 Jean-François Lyotard, *The Postmodern Condition: A Report on Knowledge*, translated by Geoff Bennington and Brian Massumi(Minneapolis: University of Minnesota Press, 1984), p. 45.

는 것은 논문이라는 상품의 표준화, 그리고 표준화를 통한 효율성의 극대화를 위한 것이다. 기업에서 불량 제품의 생산을 줄이기 위해 표준화 공정을 도입하듯이 등재학술지제도는 논문의 표준화를 위해 고안된 연구업적 관리 제도다. 등재학술지 선정 기준으로 제시되는 투고자나 편집진의 전국적 분포, 게재율 등 표준화된 방식이 사용되고 있다면 각 학회지의 논문 평가 방식 역시 주제의 창의성, 연구 방법의 합리성, 형식의 적합성 등을 모든 논문에 적용할 수 있다는 전제 아래 논문 평가의 표준적 기준으로 제시되고 있다. 인정받는 학술지에 논문이 게재되기 위해서는 논문의 형식과 내용이 해당 학술지의 편집위원회나 심사위원이 인정하는 형식과 내용을 갖춰야 한다. 즉, 등재학술지나 JCR의 학술지에서 도전적인 형식이나 내용의 학술 담론을 기대할 수 없는 것이 현행 학술지제도다.

표준화 체제 아래에서 진행되는 대학의 학문, 개별 연구자의 학술 활동, 학술 활동의 결과물로서의 학술논문, 그런 학술논문을 평가하고 인정하는 학술지목록제도 등을 통해 숫자로 표시되는 대학의 연구업적 성과는 계속 상승할 것이다. 그러나 이 같은 상황에서는 대학의 존재 의의에 대한 질문, 학문 자체에 대한 질문, 대학제도 자체에 대한 질문은 봉쇄된다. 이제 대학의 기본 학문, 이른바 철학, 문학, 역사, 수학, 물리학, 화학 등 칸트가 말했던 하위 학부로서의 철학부의 학문은, 연구비를 확보하지 못하고 숫자로 표시되는 성과도 미미한 학문 분야로 평가되면서 결국 대학에서 사라질 위험에 처하게 된다.

4. 교육이 없어진 대학

교육敎育은 사람을 가르쳐서 키워낸다는 뜻이다. 영어의 'educate'라는 말
역시 라틴어의 'e(out of)'와 'duco(lead)'가 합쳐진 데서 유래되었듯이 낮은
상태에서 높은 상태로 끌어올리는 것을 뜻한다. '고등교육법'에서 대학의 목
적으로 언급되는 "대학은 인격을 도야하고"가 바로 대학에서의 교육을 뜻한
다. 따라서 대학 교육의 첫째 목적은 인격을 도야하는 것, 즉 교양을 쌓는
것이다. 그러나 오늘날 대학에서는 교육을 하지 않는다. 대학은 학생의 관
점으로는 직업훈련소이고 대학운영진의 입장에서는 교육으로 위장한 기업
상품 공장이자 매장이다.

교육부가 추진하는 대학 구조조정 계획에서 취업률이 큰 비중을 차지하
는 것은 대학 교육이 직업훈련소가 되어가는 현실을 반영한다. 이제 대학에
서 교육은 그 내용이 진리인지, 인격 형성에 기여하는지에 관한 문제에 더
이상 관심을 두지 않는다. 문제는 그 내용이 쓸모가 있는지 또는 더 구체적
으로 취업에 도움이 되는지에 모아진다. 대학 교육이 취업 중심으로 변하는
것은 대학 진학의 목적을 공부가 아니라 취업 준비로 생각하는 학생과 학부
모의 요구를 우선 반영한 것이라고 볼 수 있다. 그리고 이에 더해 대학 교육
을 직업훈련으로 변화시켜야 한다는 기업의 요구, 그리고 이런 기업의 요구
를 대학 정책으로 반영하는 정부의 지침이 작용한 결과이기도 하다.

대학에서 이루어지는 취업 중심 교육은 겉으로는 학생을 위한 교육처럼
보이기도 한다. 직업훈련이 잘 된 학생은 취업이 될 가능성이 높아지기 때
문이다. 그러나 대학에서 이루어지는 직업훈련은 학생을 위한 것이 아니다.
대학 교육이 학생의 미래의 삶을 위한 직업교육이라면 기본적으로 학생들
에게 노동의 가치를 먼저 가르쳐야 한다. 노동의 가치를 먼저 가르쳐야 노

동자로서의 권리, 나아가 노동자로서의 삶의 가치를 확보할 수 있을 것이기 때문이다.

현재 대학에서 이루어지는 직업교육은 기업이 원하는 순종하는 노동자가 되기 위한 훈련이다. 대표적으로 요즘 대학에서 수강생이 가장 많은 학문은 경영학이고 경영학 중에서 가장 수강생이 몰리는 과목은 마케팅이다. 경영학은 기업가의 관점에서 기업 경영을 다룬다. 일반적인 대학 졸업자가 기업 경영을 하게 될 자본가로 변모할 가능성이 거의 없는 상황에서 기업 경영 수업 과정은 기업자본의 지배 이데올로기를 내재화하는 과정이다. 마케팅 분야도 마찬가지다. 가치 창출 학문이라고 불리는 마케팅에서 가치는 소비자가 원하는 상품의 사용가치가 아니다. 여기에서 말하는 가치는 교환가치, 즉 기업이 축적을 추구하는 자본이다.

이렇게 기업 중심의 학문이 대학에 큰 영향을 미칠 때 다른 학문도 경영학의 원리를 추종하게 된다. 외국어 교육은 영어 교육으로 축소되고 다시 영어 교육은 실무 영어 연습으로 변한다. 문학 교육은 문화산업 진흥을 위한 콘텐츠 교육으로 변한다. 철학은 근본 학문이자 종합 학문의 위상을 잃어버리며 분과 학문의 한 분야로 전락하게 되고 또 기업을 위해 의미 있는 학문임을 주장하기 위해 실용성을 주장할 수 있는 마음 치유 같은 분야를 개발하기 시작한다.

대학 교육이 기업을 위한 교육이 되면서 대학의 교육과정 운영 역시 기업의 운영과 같아진다. 기업이 최소 비용으로 최대 성과를 추구하듯이 대학 역시 최소 비용으로 최대 성과를 추구하게 된다. 대학이 교육에 투여하는 비용을 줄이는 방식은 우선 급여 수준이 높은 전임교수 비율은 줄이면서 이들의 강의 담당 비율은 높이는 방식으로 나타난다. 대학 교육의 핵심이었던 인문학 분야에서 전임교수의 충원이 거의 이루어지지 않고 있다는 사실은

기업식 경영이 보편화된 미국과 한국에서 공통적으로 나타나는 현상이다.[9]

결과적으로 전체 교원이 줄어들면서 비전임교수는 늘어난다. 최근에 확대되고 있는 강의 전담 교수, 연구교수, 학부 교수, 교양 대학교수 등의 채용은 사실상 전임교수로 위장한 비전임교수 채용이다. 이들 비전임교수는 낮은 급여로 전임교수와 동일한 교육 업무량을 담당하지만 불안정한 신분 때문에 교육의 자율성을 확보하지는 못한다. 주로 교양과목에서 나타나는 각 과목 교육과정의 모형을 만들고 이를 조합하는 형태의 모듈module식 표준화교육이 가능한 이유는 비전임교수들이 교육의 자율성과 독립성을 주장하기어려운 신분과 맞물려 있기도 하다. 모듈식 교과과정에서 담당 교수가 달라도 동일 교재, 표준화된 교과, 동일한 시험, 표준화된 평가 방식을 취하는 것은 기업에서 보편화된 표준화 공정이 대학에서도 나타나고 있음을 보여준다. 즉, 대학 교육이 공장에서 제품이 생산되는 것과 같은 방식으로 이루어지는 것이다.

최소 비용 최대 성과라는 대학 운영 방침이 교육에 적용될 때 교수의 담당 강좌 수는 늘어나고 강좌당 학생 수는 많아진다. 최근에는 반값 등록금이라는 이름으로 나타난 대학등록금 인하 요구로 등록금 인상이 어려워지자 각 대학에서는 재정난을 이유로 교수의 연간 강의 책임시간을 늘리고 있다. 또한 최소 수강 인원 기준이 강화되고 대형 강의가 많아지고 있다. 표준화 공정에 근거한 최소 비용 최대 성과라는 대학 교육 원리가 모든 대학에서 같은 방식으로 나타나고 있지는 않지만 앞으로 이와 같은 표준화 공정이

---

9 인문학 분야와 달리 공학이나 경영학 분야에서 전임교수 충원이 꾸준히 이루어지는 것은 이들 분야의 전임교수들이 교육을 담당하는 것이 아니라 기업을 위한 연구를 담당하기 때문이다.

많은 대학으로 확산될 것이라고 예상할 수 있다. 특히나 한국 대학이 추종하는 미국 대학의 사례를 생각해보면 대학에서 정상적인 교육이 이루어지지 않고 이런 흐름이 가속화될 것임을 확인할 수 있다.

세계 최고의 대학이라고 불리는 하버드대학교의 표준화 공정 시스템인 온라인 강의는 2018년 현재 252개 강좌가 개설되어 있고, 이 중 유료 강좌는 50개다. 하버드대학교의 온라인 강의는 교육자와 학습자 사이에 질문과 토론을 통한 지적 성장이라는 기본적인 교육의 원리를 따르지 않는 교육이다. 온라인 강의는 교육이 아니라 해당 분야의 정보 제공이다. 졸업장이나 자격증에 필요한 강좌는 유료 강좌이며, 과목당 수강료는 적게는 1천 달러, 많으면 2천 달러가 넘는다. 하버드대학교는 학교의 명성을 이용해 교육을 상품화하는 전략을 성공시키고 있다.

이보다 훨씬 더 노골적인 경우를 피닉스대학교에서 확인할 수 있다. 세계에서 가장 규모가 큰 대학이라고 알려진 피닉스대학교는 온라인으로 대학을 운영하는 교육기관이다. 이 대학은 전임교수를 거의 쓰지 않으면서 '교수'라는 이름을 붙이기 민망한 단기 계약직 교수를 활용해 대학을 운영한다. 이런 식으로 대학 교육을 영리를 위한 사업으로 설정하는 피닉스대학교는 당연하게도 영리 대학이다. 이 학교는 아폴로그룹이라는 기업명으로 증권시장에 상장되어 있기도 하다.

한국에서는 온라인대학이 사이버대학이라는 이름으로 운영되고 있다. 2001년 '평생교육법'의 제정과 더불어 출발한 사이버대학은 6천여 명의 재학생으로 시작했지만 2016년 기준 11만 4천여 명이 등록되어 있을 정도로 규모를 확대하고 있다. 사이버대학과 유사한 형태로 운영되는 방송통신대학의 재학생 수가 2016년 기준 17만여 명인 점을 염두에 두면 표준화 공정이 필연적인 온라인대학 또는 원격대학 체제가 이제 대학의 위상을 확보했다고 볼 수 있다. 사이버대학이 대학 교육의 기회를 널리 제공하기 위해 도입되었다는 긍정적인 측면도 있겠지만 교과과정 관리가 부실하다는 사실을 통해, 실질적으로는 교육 상품 판매로 수익을 창출하기 위해 사이버대학이 운영되고 있음을 확인할 수 있다.

하버드대학교의 온라인 강의나 영리 대학인 피닉스대학교의 표준화된 기업 공정으로서의 대학 교육, 그리고 규모를 확대하고 있는 한국의 사이버대학 시스템을 염두에 두고 현재와 미래의 대학을 전망해보면 효율성을 추구하는 대학에서 대학교수는 더 이상 존재하지 않게 될 것임을 예상할 수 있다. 교수와 학생의 공동체를 뜻하는 대학이 그 뜻을 유지하는 한 대학의 운영 주체는 교수와 학생이어야 한다. 교수가 교육의 자율성을 확보하지 못하고 대학이 기업을 경영하듯이 운영하는 교육사업자의 도구(법률 용어로는 영조물)로 작동하는 지금의 현실은 대학에 교수가 존재하지 않는 상황이 도래하고 있음을 나타낸다. 리오타르는 진리와 정의가 대학의 지식 생산의 기반이 되지 못하면서 대학 교육이 기술의 전수를 통한 최대 성과를 목적으로 하는 포스트모던 시대의 대학에서는 "교수의 시대에 조종이 울리고 있다"라고 진술한 바 있다.[10] 그는 교수가 교육의 자율성을 잃는다면 더 이상 대학 교수라고 할 수 없다고 말한다.

전통적인 의미에서 대학의 두 주체 가운데 다른 하나인 학생 역시 사라지고 있다. 학생이 사라진 자리에는 교육 소비자가 자리 잡는다. 대학의 성과를 기준으로 대학의 순위를 매기는 순위평가와 유사하게 국가고객만족도 National Customer Satisfaction Index라는 소비자(국가고객만족도에서 말하는 '고객'은

---

10 ibid., p. 53.

소비자와 사실상 동의어다) 만족도 평가는 대학 교육까지도 상품을 평가하듯이 소비자의 만족도를 기준으로 평가해 대학의 순위를 매긴다. 대학 안에서 학생이 소비자가 되는 일은 강의평가를 통해 이루어진다. 교육과정의 각 부분(지식 전수의 효율성, 강의 담당자의 강의 준비 정도, 지식의 실용성 등)을 평가하는 강의평가는 사실상 전반적인 교육 소비자의 만족도를 평가하는 것이다. 전통적인 의미의 교육에서 정상적인 교육과정이 이수자의 지적 성장을 위해 정신적 고통을 수반하는 것이라면, 소비자 만족도 향상이 교육 목적으로 상정된 오늘날 대학의 교육과정에는 지적 훈련 과정을 통해 지적 성숙을 이루는 학생은 더 이상 존재하지 않는다.

5. 정부의 대학 정책과 구조조정 계획

기업을 위한 직업훈련소로 변모한, 그리고 기업식 관리 체제가 도입된 대학에서는 인간과 사회와 자연의 근본원리를 탐구한다는 학문의 사명도, 인간을 인간답게 양성한다는 교육의 기본 원칙도, 올바른 시민 양성이라는 대학의 공적 사명도 사라진다. 더 큰 문제는 대학의 공공성을 확인하고 감독하고 지원해야 할 정부가 대학의 공공성을 훼손하는 일에 앞장서고 있다는 사실이다.

박근혜 정부가 2014년 1월 28일에 발표한 '대학 구조개혁 추진계획'이 대학의 공공성을 유린하는 대표적인 정책이다. 이 계획은 대학의 관리 체제와 산학협력 정도 등을 평가 지표로 설정해 각 대학을 평가한 다음 평가 결과에 따라 차등적으로 각 대학의 입학 정원을 감소하겠다는 것이다. 이 계획은 2013년 기준 약 56만 명인 대학 입학 정원을 2022년까지 40만 명으로 감축하겠다고 밝혔다. 김영삼 정부 시기인 1996년에 대학설립준칙주의가 도입되면서 대학 수가 급속도로 증가했지만 학령인구의 감소에 따라 대학 진학 학생 수가 대학 정원에 미치지 못하는 상황이 곧 도래할 것이기 때문에 대학 정원을 줄일 필요가 있다는 정부의 판단이 현재 진행되는 대학 구조개혁 추진의 배경이다.

상식적으로 판단해보면 정원을 채우지 못하는 대학은 정원이 채워지지 않은 채로 운영하면 되고 나아가 학생이 없어지면 폐교하면 된다. 이런 상식이 통하지 않는 것은 정원 확보가 어려울 것이라고 예상되는 많은 사립대학의 설립자나 경영자(이사장)가 대학을 사유재산으로 생각하기 때문이다. 현행 '사립학교법'에 따르면 사립대학이 청산될 경우 잔여재산은 기본적으로 국가나 지방자치단체에 귀속된다. 사립대학법인의 재산에는 설립자의 출연 재산이 일부 있을 수 있다. 그러나 출연 행위는 그 자체가 사유재산을 공적 재산으로 변환하는 행위다. 더구나 사립대학의 재산은 대부분 학생들의 등록금으로 형성된다. 따라서 사립대학의 재산은 이미 공적 재산이고 폐교에 따라 해산되더라도 그 공적 속성이 변하면 안 된다.

그러나 사립학교법인들은 대학 규모가 줄어들 것이 예상되는 시점부터 사립대학이 해산될 경우 잔여재산을 설립자나 경영자에게 돌려주어야 한다고 지속적으로 주장해왔다. 이른바 '사립학교청산법' 추진이 그것이다. 사립대학의 재산 형성 과정의 실상을 알고 있는 교육단체와 시민단체의 반대로 아직까지는 '사립학교청산법'이 입법되지 않고 있지만 여전히 사립학교 경영자들은 이 법의 제정을 추진하고 있다. 지금은 사립대학 경영자의 입장에서는 '사립학교청산법'이 입법되어 사립학교 청산 시 잔여재산을 자신의 재산으로 확보할 수 있는 시기까지는 대학 운영을 지속할 필요가 있게 된 상황이다. 이들은 현재 사립대학의 퇴출 경로가 없기 때문에 대학을 폐교할 수 없다고 한다. 이런 요구가 언론을 거칠 때 "대학 구조조정, 퇴출 경로 마련이 먼저다"라는 주장으로 나타난다.[11] 박근혜 정부의 대학 구조조정 계획은 사학재단의 요구를 일정 부분 수용하면서 학령인구의 감소에 따른 대학정원 축소의 필요성을 반영하고 있다.

진학 희망자 감소에 따른 자연스러운 폐교 또는 주변 대학과의 병합을 통한 입학 정원 조정이 아니라 전체 대학에 대한 일정 입학 정원 감소라는 정부의 대학 구조조정 계획은 기업을 위한 대학이면서 기업식 관리 체제가 확립된 대학을 만들어내겠다는 의지의 발현이기도 하다. 정부의 대학구조개혁위원회의 사립대분과소위원회의 위원장을 맡고 있어서 정부의 입장을 대변한다고 볼 수 있는 박승철 성균관대학교 교수는 「대학 구조개혁의 필요성과 방향」이라는 글에서 현재의 대학의 문제점을 말하면서 "작금의 대학정원 구조, 학문 체계는 사회의 산업 수요, 국제적인 환경 변화에 따른 인력수급 체계와 괴리되어 있어서 국가의 경쟁력 및 성장 동력을 창출하는 데기능을 제대로 발휘하지 못하고 있다"라고 주장한다.[12] 즉, 정부가 구상하는 이상적인 대학은 사회의 산업 수요와 국제적 환경에서의 인력 수급 체제를 제대로 갖춘 대학인 셈이다.

이런 맥락에서 산업을 위한 교과과정, 교수 연구, 재정, 취업률 등을 지표로 설정해 평가한 다음 평가 결과를 바탕으로 각 대학의 정원 감축 규모를 정하겠다는 정부의 대학 구조조정 계획은 대학의 운영, 연구, 교육이 기업을 위한 체제로 더욱더 전환되어야 함을 노골적으로 드러낸다. 이런 방식으

---

11 ≪중앙일보≫, "대학 구조조정, 퇴출 경로 마련이 먼저다", 2010년 9월 2일 자.

12 박승철, 「대학 구조개혁의 필요성과 방향」, ≪대학 교육≫, 180권(2013), 74쪽.

로 대학에 대한 구조조정이 이루어질 때 각 대학은 더욱더 논문 편수를 확보할 수 있는 이공계 중심으로 전환되며 취업률이 저조할 수밖에 없는 인문계와 예술계의 학문 단위는 퇴출 대상이 된다. 정부가 노골적으로 나서서 대학을 직업훈련소로 바꾸고 있는 것이다. 이미 공적 사명의 의미가 퇴색되고 있는 대학에서 공적 사명을 망각하는 정부에 의해 대학의 공적 사명은 더욱 확실히 폐기되고 있다.

이제 대학의 주체인 교수와 학생이, 특히 대학의 전통인 함께 지배하기에서 핵심적인 역할을 담당해왔던 교수들이 대학을 지키기 위해 나서야 한다. 더 많은 성과급을 받기 위해 더 많은 논문 편수 채우기에 매몰되어 있는 한, 강의평가라는 고객 만족도 평가에 교수의 교육이 좌우되는 한, 자신의 전공 분야가 대학의 행정이나 관리 체제와 관계없기 때문에 대학의 운영이나 제도 변화에 관심을 가지지 않는 한 교수의 위상은 계속해서 위축될 것이며 대학은 급속도로 몰락할 것이다. 대학을 몰락시키는 대학 관리 체제에 맞서 이제 교수들은 본격적으로 싸움을 시작해야 한다.

대학을 지키기 위한 싸움은 여러 측면에서 여러 방식으로 이루어질 수 있을 것이다. 필자는 대학을 몰락시키는 관리 체제에 맞서기 위한 아주 소박한 방안 하나를 제안하면서 이 장을 마무리하려 한다. 한국의 거의 모든 대학[13]에는 학칙 기구로서의 교수회가 있다. 필자가 언급하는 교수회는 대부분의 대학에서 임의기구로 존재하는 교수협의회나 교수평의회를 말하는 것이 아니라 학칙에 포함된 심의기구로서의 전체교수회의, 단과대학교수회의를 뜻한다. 원칙적으로 교수의 연구와 교육을 포함한 대학 운영에 관한 중

---

13 필자가 일일이 확인하지 못했지만 사실 모든 대학이라고 해도 틀리지 않을 것이다.

요 사항은 이 교수회의의 심의를 거쳐야 효력이 발생한다. 교수들 대부분이 매 학기 초에 열리는 전체교수회의를 대학 본부의 대학 운영 방침을 교수들에게 통보하기 위한 자리라고 알고 있지만 사실은 이 자리에서 교수들은 대학 본부의 대학 운영 사항을 심의한다. 교수들이 아무런 발언도 하지 않기 때문에 본부의 대학 운영 방침이 아무런 문제 제기 없이 심의 과정을 통과하고 있기도 하다.

이 자리에서 교수들이 발언하는 것만으로도 심의기구로서의 교수회는 정상화되기 시작한다. 그리고 대학 본부의 대학 운영 방침이 교수회의에서 문제시되는 것만으로도 대학 본부의 관리 체제는 빈틈이 생길 수 있다. 또한 대학 안에 평교수들의 의견을 모아서 대학 본부 측에 전달할 수 있는 교수협의회나 교수평의회의 활동에 적극적으로 참여하는 일 역시 중요하다. 이 글을 읽는 독자가 학생이라면 교수회를 총학생회, 단과대학학생회, 학과학생회 등으로 바꾸어 생각할 수 있다. 교수회, 교수협의회, 총학생회 등은 대학 본연의 뜻, 즉 조합으로서의 대학을 유지하기 위한 조직이다. 이 조직이 활성화될 때 대학은 다시 살아날 수 있을 것이다. 필자의 제안이 지나치게 소박하거나 낙관적이라면 독자는 나름대로의 방안을 구상하고 실천하면 된다. 중요한 것은 대학이 몰락하고 있다는 사실이고 어떻게든 대학이 정상적으로 회복되어야 한다는 것이다.

제8장

대학순위평가

1. 대학은 없다

역사상 대학의 역할이 현재만큼 위축되고 또 대학에서 생산되는 지식이 현재만큼 위력이 없던 시대가 있었을까? 대학에서 탐구된 지식은 그 자체로 존중되기도 했고 더 나은 인간의 삶에 이바지하는 것으로 인정되기도 했다. 대학에서 만들어지는 지식은 때로는 교회나 국가의 권위를 흔들고 때로는 교회나 국가의 권력 유지에 동원되기도 했다. 대학의 지식은 긍정적인 의미에서든 부정적인 의미에서든 힘이 있었다. 파도바대학교 교수였던 갈릴레오는 코페르니쿠스의 지동설을 망원경으로 관찰해 입증함으로써 교회의 교리를 위협했다. 그 대가로 그는 평생 가택 연금 상태에 처했다. 서울대학교 교수였던 철학자 박종홍은 박정희의 파시즘 체제의 이론적 지주를 제공했다. 당시 그는 권력의 핵심부에 있었다.

대학 본부의 관리 대상이 된 오늘날 대학교수들은 읽히지 않는 논문과 깨달음을 주지 않는 강의로 업적을 관리하고 있다. 교수가 쓰는 논문의 중요성은 그 내용에 있지 않고 편수에 있다. 교수는 최소 연구업적을 채우기 위해 또는 성과급을 받기 위해 논문을 쓴다. 또한 학생의 성찰을 이끌어내는 강의를 하지 않는다. 그들은 강의평가 점수로 표시되는 고객 만족도를 높이기 위해 강의를 한다. 교수가 업적 관리에 매몰되어 있는 동안 국가정책은 대학이 아니라 삼성경제연구소 같은 기업연구소에 의해 만들어진다. 대학교수가 고객 만족을 위해 강의를 하는 동안 깨달음을 주는 공부는 수유너머 같은 대학 밖의 교실이나 팟캐스트를 통해 이루어진다. 오늘날 대학은 몰락하고 있다.

이 장에서 필자는 대학순위평가가 대학을 몰락시키고 있음을 드러내고자 한다. 대학 운영진이 대학 순위를 상승시키기 위해 평가 지표를 확인하고 평가 지표에 맞춰 교수와 학생 그리고 대학의 시설을 관리할 때 대학의 사명인 새로운 지식 추구와 대학 구성원의 지적 성장은 대학의 수행 과제에서 관심거리가 되지 않는다. 이 장은 우선 대학평가제도를 간단히 살핀 다음에 ≪중앙일보≫의 대학 평가를 분석한다.

한국의 상위권 대학들은 국내 대학 평가에서 점점 세계 대학 평가로 그 관심을 옮겨 가고 있기는 하다. 그러나 한국의 많은 대학이 여전히 ≪중앙일보≫의 대학 평가와 같은 국내 대학순위평가에 더 관심을 쏟고 있다. 이것이 이 장에서 필자가 세계 대학순위평가가 아니라 국내 대학순위평가를 다루는 첫 번째 이유다. ≪중앙일보≫의 대학 평가를 다루는 또 다른 이유는 이 글이 한글로 쓰이는 데 있다. 이 글을 읽는 독자가 있다면 (교수업적 관리에서 '점수'가 되는 이런 학술지 논문을 읽는 독자가 심사위원을 제외하고 과연 몇 명이나 될지 필자로서는 궁금하기도 하다)[1] 그 독자는 한국 사회의 구성원일 것이고 나는 그 독자와 한국에서 이루어지는 대학 평가의 문제점을 공유하고 싶기 때문이다. 이것이 국내 대학순위평가를 다루는 두 번째 이유다.

따라서 필자는 ≪중앙일보≫ 대학 평가의 현황을 개괄한 다음 대학순위평가를 정당화하는 대학의 책무성 평가를 논의한다. 책무성 평가는 대학의 이념을 도외시하면서 대학의 수행성을 평가한다. 이에 따라 수행성을 강조하는 현재의 대학 평가 체제 아래, 서사 지식에 근거해 대학의 이념을 설정했던 근대 대학이 과학 지식의 생산에 몰입하게 되면서 근대 대학이 몰락하고 있음을 주장한다.

2. 대학 평가: 인증평가와 순위평가

대학 평가는 평가 대상에 따라 종합평가와 학문단위평가로 나뉠 수 있고 또 평가 주체에 따라 정부가 주도하는 공적 평가와 언론사 같은 사기업이 주도하는 사적 평가로 나뉠 수 있다. 평가 대상과 주체를 대학 내부에서 설정할 때는 대학 자체 평가가 되고 외부 기관이 설정할 때는 외부 기관 평가

---

1   괄호 안의 말은 학술지 ≪비평과 이론≫, 18권, 2호(2013)에 이 장의 내용을 처음 게재할 때 쓴 것이다. 당시 필자의 정서를 기록해두기 위해 그대로 둔다. 사실을 말하면, 독자가 없을 것이라는 필자의 예상은 틀렸다. 이 글을 읽은 사람은 조금 있었다. 2014년에 고려대학교 총학생회가 ≪중앙일보≫ 대학 평가 거부 운동을 주도할 당시 고려대학교 총학생회의 집행부가 필자의 이 글을 읽고서 대학 평가 거부 운동을 시작했다는 말을 전해들은 바 있다. 당시 고려대학교 총학생회가 만든 대학 평가 거부 운동 자료집의 상당 부분에서 필자의 글이 인용되고 있다. 필자는 ≪중앙일보≫ 대학 평가 거부 운동이 진행될 당시 CBS의 〈정관용의 시사자키〉의 섭외를 받고 출연해 대학 평가의 문제점을 말한 바 있다. 방송사 PD나 작가들도 이 글을 읽었다는 뜻이다. 필자로서는 대학 평가 거부 운동이 지속되지 않는 것이 아쉽다.

가 된다.[2] 또한 평가 목적이 전체 대학이나 학문 단위의 기본 요건을 점검하기 위한 것이라면 인증평가accreditation가 되고 그 목적이 평가 대상의 우열을 가리기 위한 것이라면 순위평가ranking가 된다. 이렇게 여러 방식으로 구분할 수 있는 대학 평가는 각각의 방식에 따라 평가의 준거가 달라지고 목적도 달라진다. 평가 결과의 활용 역시 달라진다.

이 장에서 중점을 두고 문제 삼으려는 ≪중앙일보≫ 대학 평가는 순위평가다. 순위평가는 인증평가와 대비된다. 인증평가는 "교수 자격, 연구 활동, 학생의 유입, 교육 기반 시설 등에 대해 규정된 최소한의 기준을 유지하고 있는지를 평가한다".[3] 말하자면 대학으로 하여금 대학의 기본적인 역할인 교육 및 연구의 수준을 일정 수준 이상 유지하게 함으로써 대학 외부의 세계가 대학에서 탐구되는 지식이나 대학 교육 이수자의 자질을 인정하도록 기능하는 것이 인증평가제도다. 인증평가제도가 없다면 교수의 연구자나 교육자로서의 자질 그리고 대학 교육 이수자인 졸업생에게 기대하는 일정 수준 이상의 지적·정신적 능력을 대학 외부 세계가 판단할 근거를 확보하기 어렵게 된다. 따라서 대학에 대한 인증평가는 반드시 필요하다고 할 수 있다.

유럽같이 국립대학이 일반적인 지역에서는 대학 인증평가를 주로 정부기

---

2   황현주, 「중앙일보와 US News & World Report의 대학 평가에 관한 비교 분석 연구」, ≪비교교육연구≫, 18권, 1호(2008), 37~38쪽.

3   Lee Harvey, "The Power of Accreditation," in Primiano Di Nauta et al.(eds.), *Accreditation Models in Higher Education: Experiences and Perspectives[European Network for Quality Assurance in Higher Education Workshop Report 3(Helsinki)]* (Helsinki: European Network for Quality Assurance in Higher Education, 2004), p. 5.

관이 관장한다. 대학 교육 자체가 정부의 업무에 속하기 때문이다. 그러나 미국이나 한국과 같이 사립대학이 일반적인 지역에서는 주로 여러 대학의 조직체인 대학협의체가 관장하며 인증평가제도를 통해 스스로 대학에 대해 질적 관리를 한다. 한국대학교육협의회가 주관하는 대학종합평가인정제가 현재 한국에서 이루어지는 인증평가다.

현재와 같이 독립된 인증평가 기관이 있기 전에도 대학에 대한 인증평가는 있었다. 중세 시대에 한 대학에서 석사나 박사학위를 받으면 그 대학뿐만 아니라 다른 대학에서도 교수가 될 수 있는 자질을 인정한 것이 일종의 인증평가제도다. 미국 대학의 박사학위를 인정해 한국 대학에서 학위 소지자를 교수로 채용하는 관례가 초기 대학의 인증평가제도이며 현재까지 이어지고 있다. 인증평가는 해당 대학이 최소한의 기준을 충족하는지 여부를 평가하고 그 기준을 충족하면 인증, 그렇지 않으면 비인증이라는 평가를 내리기 때문에 대학의 상대적 우열을 평가하는 순위평가와는 정반대되는 대학평가제도다.

인증평가와 달리 순위평가는 대학의 상대적 우열을 평가한다. 순위평가의 초보적인 형태는 주관적인 판단에 의해 우수대학을 선별하는 평판도 조사였다. 현재는 교육과 연구의 역량을 정량화할 수 있는 다양한 평가 지표로 측정해 대학의 순위를 정한다. 인증평가가 대학 요건의 최소 기준을 확인하는 평가라면 순위평가는 대학의 최대 성과를 확인하는 평가다. 『대학 순위, 다양성, 그리고 고등교육의 새로운 지평University Rankings, Diversity, and the New Landscape of Higher Education』에서 바바라 켐Barbara Kehm과 비에른 스텐사커Bjørn Stensaker는 대학의 상품화, 새로 생겨나는 수많은 대학, 대학에 대한 외부 기관의 지원 근거 제공이 대학순위평가의 배경이 되고 있다고 설명한 바 있다.[4]

대학이 많지 않던 시절에 대학은 소수 엘리트의 전유물이었으며 일반인 대부분은 대학에 관심을 두지 않았다. 대학이 상품이라는 생각을 하지 않았고 상품으로 볼 수 있더라도 대규모 시장을 형성하는 상품은 아니었다. 미국의 경우는 제2차 세계대전 이후 '제대군인원호법'의 도입으로, 한국의 경우는 1980년대 졸업정원제의 도입과 1990년대 대학설립준칙주의의 도입으로 대학의 양적 팽창이 이루어졌다. 이때 대학은 엘리트 계층을 위한 교육기관에서 일반 대중을 위한 교육기관으로 변모한다. 대학이 대중을 위한 교육기관이 되면서 대학 교육은 지적 욕구를 채우기 위한 것이라는 관점이 약해지고 더 나은 보수와 지위를 위한 투자라는 관점이 확대된다. 이에 따라 대학은 대규모 시장을 형성하는 투자 상품이 되었다. 이 같은 상품에 투자하기 위해서는 상품 설명이 필요한데, 미래 고객인 예비 학생이나 그들의 학부모를 위한 대학 상품 설명서의 역할을 하는 것이 바로 대학순위평가다.

대학의 상품성은 순위평가 기관을 위한 것이기도 하다. 세계적인 영향력을 발휘하는 대학순위평가 기관인 상하이의 자오퉁대학교Jiao Tong University는 국립대학으로 공적 기구이지만 영국의 ≪타임스≫나 미국의 ≪U. S. 뉴스 & 월드 리포트≫ 등 많은 대학 평가 기관이 사기업인 언론사다. 한국에서 대학순위평가를 시행하는 ≪중앙일보≫나 ≪조선일보≫도 사기업인 언론사다. 기업의 본령은 이윤 추구다. 이런 이유에서는 순위평가 기관으로서 이들 언론사가 대학 평가 자체를 하나의 상품으로 설정하는 것은 당연하다고 할 수 있다. 언론사에 소속된 대학 평가 기관들은 대학순위평가 보고서

---

4   Barbara M. Kehm and Bjørn Stensaker(eds.), *University Rankings, Diversity, and the New Landscape of Higher Education*(Rotterdam: Sense, 2009), pp. viii~ix.

자체를 이윤을 내는 상품으로 설정하기도 하고, 대학순위평가의 영향력을 바탕으로 광고 지면이라는 상품을 대학에 파는 데 이용하기도 한다. 대학순위평가는 대학 교육 수요자에게는 미래를 위한 투자 상품 안내서로, 평가 기관에게는 현재의 이윤을 확보하는 기업 상품으로 작용한다.

대학의 양적 팽창은 대학 수의 증가를 의미하기도 한다. 신생 대학이 많아졌다는 것이다. 신생 대학은 역사도 짧고 전통도 미약하며 평판도 거의 없다. 이런 신생 대학에 대한 정보는 예비 학생을 위해서도 필요하고 대학에 관심이 있는 일반인을 위해서도 필요하다. 신생 대학의 교육과 연구 및 대학 여건에 대한 정보를 기존에 존재하는 대학과 비교해 제공하는 것이 대학순위평가라고 할 수 있다. 그러나 나중에 언급하겠지만 사실상 대학순위평가는 신생 대학에 대한 정보를 거의 제공하지 않는다. 신생 대학은 대학순위평가에서 관심 대상이 되는 상위권에 진입하는 일이 사실상 불가능하기 때문이다.

대학순위평가는 정부나 기업이 연구기금 또는 발전기금을 대학에 제공하는 근거가 되기도 한다. 대학순위평가는 대학의 성과를 평가하는 특징이 있기 때문에 대학에 제공하는 정부나 기업의 재원이 목적에 맞게 효율적으로 쓰이고 있는지를 판단하는 준거로 이용된다. 어떤 대학이 연구기금이나 지원금을 목적에 맞게 효율적으로 최대 성과를 내면서 사용하고 있다면 그 대학은 높은 순위의 대학이 되고, 그런 대학에 더 많은 연구기금이나 지원금을 제공하는 것이 합리적이라고 판단할 수 있다는 것이다. 이런 면에서 대학순위평가는 대학의 경쟁력을 높이기 위한 제도라고 이해할 수도 있다.

인증평가는 대학의 최소 요건을 확인하기 때문에 그 최소 요건만 충족하면 대학으로서의 위상을 인정받는다. 따라서 대학 운영의 책임자는 대학 고유의 이념이나 철학을 실현하는 데 방해를 받지 않는다. 대학의 자율성이 확보될 수 있는 것이다. 그러나 인증평가는 상대적으로 높은 수준의 연구나 교육에는 관심을 덜 두기 때문에 대학의 우수성을 진작하지 않는다. 반면 순위평가에서는 높은 성과가 높은 순위로 나타나기 때문에 대학 운영의 투명성이 확보될 수 있다. 그리고 높은 순위의 대학에 정부나 기업의 지원이 집중되기 때문에 대학의 경쟁력은 그만큼 더 높아지게 된다. 하지만 순위평가는 정해진 기준에 따라 대학의 성과를 평가하기 때문에 대학 고유의 운영 목표나 이념이 희생될 수 있다. 즉, 순위평가에는 대학의 자율성이 훼손될 위험이 있다. 이런 순위평가의 문제점은 이 장의 후반부에서 조금 더 집중적으로 논의한다.

3. ≪중앙일보≫ 대학 평가

≪중앙일보≫가 시행하는 대학 평가는 순위평가다. 이 평가를 주관하는 ≪중앙일보≫ 교육개발연구소는 미국 ≪U. S. 뉴스 & 월드 리포트≫의 대학 평가 모델을 수용해 1994년부터 매년 한국 대학을 대상으로 순위평가를 진행하고 있다. 이 연구소의 인터넷 홈페이지[5]에는 "1994년 학생과 학부모 등 교육 소비자에게 올바른 대학 정보를 제공하고 대학 간 선의의 경쟁을 유도해 국가 경쟁력의 근간인 고등교육기관인 대학 발전에 기여하려는 취지로 시작됐습니다"라는 진술이 나와 있다.[6] 홈페이지에는 대학 평가의 목

---

5 http://www.jedi.re.kr
6 이 책을 위해 기존에 발표했던 원고를 다시 정리하고 있는 2017년 현재 ≪중앙일보≫의

적에 대한 그 이상의 진술은 나와 있지 않다. 왜 대학순위평가가 대학에 대한 올바른 정보가 되는지, 또는 어떻게 경쟁하는 것이 선의의 경쟁인지, 순위평가가 어떻게 대학 발전에 기여하는지에 대한 최소한의 설명도 찾아볼 수 없다. 이 홈페이지에서 얻을 수 있는 정보는 최근 3년간(2013년 9월 기준 2010~2012년까지)의 대학 종합 순위 그리고 평가 지표 항목 목록과 각각의 점수다.[7] 어쨌든 이 연구소의 진술을 그대로 받아들이면 이 연구소의 평가 지표에 의한 대학 평가, 평가 결과에 의한 대학 순위 발표가 '대학 정보'를 제공하고 '경쟁'을 유도해 '대학 발전'에 기여한다는 것이다.

그러나 실태를 확인해보면 ≪중앙일보≫의 대학 평가가 그들이 주장하는 대학의 '경쟁'을 유도하는 것은 사실이지만 '대학 정보'는 제공하지 않고 '대학 발전'에도 기여하지 않음을 확인할 수 있다. 〈표 8-1〉은 2003년부터 2012년까지 10년 동안 이루어진 ≪중앙일보≫ 대학 평가의 종합 순위를 정

대학 평가는 ≪중앙일보≫ 교육개발연구소가 아니라 ≪중앙일보≫ 대학평가팀이 수행하고 있다. 대학 평가를 소개하는 말도 "중앙일보는 대학에 대한 다각도의 평가, 조사를 통해 학생, 학부모에 실질적인 도움이 되고, 대학 사회의 발전에 기여하는 생생한 정보를 제공합니다. 1994년 시작된 종합평가는 해마다 전국 100여 개 대학의 교육 여건, 교수 연구, 국제화, 평판도를 측정한 순위를 공개하고 있습니다"로 바뀌었다. 이런 변화를 반영하기 위해서는 앞서 발표했던 필자의 글이 수정될 필요가 있다. 그러나 이 글이 발표되었던 기록을 유지하기 위해 필수적으로 수정되어야 하는 부분을 제외하고는 그대로 두었다. ≪중앙일보≫ 측이 표현을 바꾸고 평가 방식도 일부 바꾸었지만 필자의 논거와 주장을 바꿀 만한 근본적인 변화는 없었다.

7 2017년 기준으로는 2005년부터 2016년까지(2016년의 평가 결과는 ≪중앙일보≫ 대학 평가 홈페이지에는 없고 ≪중앙일보≫ 지면에서 확인할 수는 있다)의 종합, 교육 여건, 교수 연구, 평판도, 학생 교육 노력 및 성과 부문 순위를 확인할 수 있다. 평가 지표도 계량화 기준이 되는 표로 제시되어 있다.

표 8-1 《중앙일보》 대학 평가 순위표(2003~2012년)

대학	연도									
	2003	2004	2005	2006	2007	2008	2009	2010	2011	2012
A*	2	2	2	1	2	1	1	1	1	1
B*	1	1	1	2	1	2	3	2	2	2
C	4	4	4	5	4	4	5	4	4	3
D	3	3	3	2	3	3	2	3	3	4
E	6	6	6	6	6	6	6	6	5	5
F	5	5	5	4	4	5	4	5	5	6
G	7	8	8	8	8	8	9	8	9	7
H	16	11	10	9	12	10	8	7	7	8
I	7	7	7	7	7	7	7	9	8	9
J	12	11	11	12	13	14	13	12	10	10
K	9	9	9	9	9	9	12	10	12	11
L	12	9	9	10	9	11	11	10	11	12
M	**	**	**	**	**	**	**	17	14	13
N	**	25	**	17	**	18	17	16	14	14
O	**	16	14	**	10	11	10	15	16	14
P	18	17	15	14	16	15	18	13	13	16
Q	**	17	17	14	13	16	14	14	17	17
R	12	14	11	16	16	17	16	18	19	18
S	10	17	15	12	13	13	15	20	23	19
T	**	28	**	**	**	**	**	22	21	20
U	**	25	**	19	**	**	**	19	18	21
V	12	11	17	17	**	19	**	21	23	22
W	**	**	**	**	**	**	**	**	22	23
X	**	23	**	19	**	**	19	24	19	24
Y	**	23	**	**	**	**	**	22	23	25
Z	**	**	**	**	**	**	**	28	29	26
AA*	**	**	**	**	**	**	**	29	27	26
AB	**	**	**	**	**	**	**	**	28	28
AC	**	27	**	**	**	**	**	24	26	29
AD	**	**	**	**	**	19	20	27	**	30

* 이공계 중심 대학, ** 순위 외

주1: 2012년 기준 정렬. 2004, 2010, 2011, 2012년에는 30위까지 《중앙일보》 지면에 발표되었고 그 외는 20위까지 발표되었다.

주2: 2012년 이후 2016년까지 《중앙일보》 대학 평가 순위표에서도 필자의 주장과 같이 상위권 대학의 순위 변동은 거의 없다. 예외적으로 《중앙일보》와 밀접한 관계인 성균관대학교(순위표의 E 대학)가 2014년 3위(포스텍과 한국과학기술원을 포함한 순위, 즉 종합대학 순위로는 1위), 2015년 2위(서울대학교 1위 ― 2015년부터는 포스텍과

한국과학기술원을 종합대학 평가에서 제외하고 있다), 2016년 3위(서울대학교 1위, 한양대학교 2위)로 선정되었다. ≪중앙일보≫ 대학 평가에서는 성균관대학교가 한국 최고의 사립대학이라고 평가되는 연세대학교나 고려대학교보다 상위의 대학임이 입증되었다고 볼 수 있다.

리한 것이다. 대학명을 밝히지 않고 알파벳으로 표시한 것은 이 글이 특정 대학의 순위에 관심이 있는 것은 아니기 때문이다.

표에서 확인되는 것은 상위권이라고 할 수 있는 20위권 안에서는 순위 변동이 거의 없다는 것이다. 순위가 변하더라도 그 변화는 지속적인 상승이나 하강이 아닌 단순 변화다. H 대학과 M 대학은 순위 변동이 이루어졌다고 할 수 있다. 이 대학의 순위가 상승한 것이 대학이 발전하고 있다는 증거일 수 있다. 그러나 대학 자체의 발전과는 다른 요인이 순위 상승에 영향을 미쳤을 수도 있다. 필자로서는 이들 대학의 사정을 모르기 때문에 이에 대한 해석을 보류한다. 어쨌든 두 대학의 순위 변동은 예외적이라고 할 수 있다.

상위권에서 순위 변동이 거의 없더라도 중위권이나 하위권에서는 순위 변동이 있을 것이라고 예상할 수도 있다. ≪중앙일보≫ 대학 평가는 20위 (2009년까지) 또는 30위(2010년부터)까지만 발표하기 때문에 중위권이나 하위권의 순위 변동을 확인하기는 어렵다. 그러나 ≪중앙일보≫ 대학 평가와는 다르지만 순위평가라는 점에서 유사한 세계 대학순위평가에서의 순위 변동을 확인해보면 ≪중앙일보≫ 대학 평가의 순위 변동 실태를 짐작할 수 있다.

김훈호 등이 「세계 대학순위평가의 문제점에 대한 실증적 연구」에서 밝힌 바에 따르면, 언론사인 타임스 고등교육사와 교육 기업인 퀵커랠리 시먼스Quacquarelli Symonds가 협력해 평가하는 세계 대학 순위world university ranking

등에 비해 정량적 평가에서 객관성을 확보하고 있다고 알려진 중국 상하이 자오퉁대학교의 세계 대학 학문 순위academic ranking of world universities에서도 상위권의 순위는 큰 변동이 없는 반면 중하위권의 순위 변동 폭은 매우 크다는 것을 알 수 있다.

1천 개 이상의 세계 대학을 평가하는 세계 대학 학문 순위에서 500위까지의 순위평가(2007~2009년)를 분석한 결과 1위부터 50위의 대학의 총 점수가 45점에 이르는데, 100위까지의 대학은 비교적 순위가 안정적인 반면 100위권에서 500위권의 대학에서는 총점이 10점 정도의 차이에 불과하다. 총점으로 보면 별 차이가 없는데도 순위에서는 100위와 500위로 벌어지는 것이다. 더 나아가 어떤 대학은 2년 동안 120여 순위 상승이 이루어졌으나 총점으로는 7점 상승에 불과하며 어떤 대학은 총점으로 10점이 낮아졌는데도 순위는 상승한 것으로 분석되었다. 또한 대학순위평가 기관 대부분이 평가 항목에 각각 다른 가중치를 부여하는데, 가중치를 부여하는 방식을 바꿔서 평가해보면 순위가 바뀌는 정도가 매우 큰 것으로 분석되었다.[8]

필자는 김훈호 등이 사용한 평가 지표 분석이나 통계 기법을 이용해 ≪중앙일보≫ 대학 평가를 분석해보지는 못했다.[9] 그러나 위에서 간단히 살펴본 ≪중앙일보≫ 대학 평가의 순위 변동 실태를 보면 김훈호 등이 세계 대학 평가를 분석한 결과가 ≪중앙일보≫ 대학 평가에도 유사하게 적용될 것이라고 예상할 수 있다. ≪중앙일보≫ 대학 평가 방식도 자오퉁대학교의 세계

---

8 김훈호 외, 「세계 대학 순위평가의 문제점에 대한 실증적 연구」, ≪교육행정학연구≫, 28권, 3호(2010), 310~320쪽.

9 전문적인 통계 분석 능력이 없는 필자의 탓도 있지만 이 분석이 불가능한 이유는 중앙일보사의 한국교육개발연구소가 상위 대학 순위 이외의 자료를 공개하지 않는 데도 있다.

대학 평가 방식에서 이용하는 부문별 지표, 원점수, 가중치 적용을 이용하기 때문이다.[10]

≪중앙일보≫ 대학 평가는 200개가 넘는 한국의 4년제 대학 가운데 (전문대학을 포함하면 한국의 대학 수는 340개가 넘는다) 100여 개 대학을 평가 대상으로 한다. 나머지 대학을 평가 대상에서 제외하는 이유를 ≪중앙일보≫ 측은 밝히지 않는다. 평가 대상 대학 100개 중 20위 또는 30위까지를 각 부문별 순위와 종합 순위로만 ≪중앙일보≫ 지면에 발표한다. 평가 지표는 공개하지만 특정 대학이 특정 부문에서 받은 원점수, 환산점수, 총점수는 공개하지 않는다. 이렇게 정보를 제한하는 평가 방식에도 불구하고 대학들은 순위 변화에 민감하게 반응하며 평가 순위를 끌어올리기 위한 모든 노력을 경주한다.

≪중앙일보≫ 대학 평가를 살펴보면 ≪중앙일보≫ 측이 주장하는, 이 대학 평가가 '대학 정보'를 제공하고 '경쟁'을 유도해 '대학 발전'에 기여한다는 것이 사실이 아님을 확인할 수 있다. 우선 이 대학 평가는 대학에 대한 '정보'를 제공하지 않는다. 대학이 교육과 연구가 이루어지는 곳이라면 대학에 대한 정보는 교육과 연구에 대한 정보여야 한다. 그러나 ≪중앙일보≫ 대학 평가 결과에는 대학에서 이루어지는 교육과 연구에 대한 정보가 없다. 대학

---

10 ≪중앙일보≫ 교육개발연구소 인터넷 홈페이지에는 순위평가 결과에 대해 순위만 나와 있지만 필자가 재직하는 대학의 ≪중앙일보≫ 대학 평가에 관한 내부 자료를 보면 2012년 평가에서 총점 1위 대학은 240.99, 10위 대학은 205.91, 40위 대학은 139.35, 50위 대학은 129.50으로 나온다(50위 대학까지만 나와 있다). 이는 상위권 대학의 경우는 순위가 안정적인 반면 중하위권 대학의 순위는 변동 폭이 클 수 있다는 것을 의미한다. 실제로 2011년에 50위였던 대학이 2012년에는 42위로 상승했다.

평가 결과를 발표한 2012년 10월 8일 자 ≪중앙일보≫를 보면 교육에 대한 정보는 교육 여건에 관한 것이다. 교육 여건 부문에서는 서울대학교가 1위를 차지했는데, 그 이유로 총장이 455억 원의 기부금을 모았고 학부생 장학금이 등록금의 25% 비중이라는 설명이 서울대학교에서 이루어지는 교육에 대한 평가의 전부다.

기부금이 어디에 쓰이는지에 대한 설명이나 평가도 없고 서울대학교 학생들이 어떤 교육을 받는지, 학생들의 지적 성장이 어떻게 이루어지는지에 대해 어떤 설명도 없다. 이런 상황은 다른 부문에서도 마찬가지로 적용된다. 국제화 부문의 순위가 높다는 뜻이 어떻게 국제화가 이루어지는지, 영어를 잘하는 학생이 많아졌다는 뜻인지 일본어를 잘하는 학생이 많아졌다는 뜻인지, 세계의 어떤 나라와 어떤 식으로 학문적 교류를 하는지 등 '국제화'라는 말에서 짐작해볼 수 있는 여러 의문에 대해 아무런 정보도 제공하지 않는다. 단지 국제화 부문에서 몇 점을 받았기 때문에 최고 순위가 되었다는 말뿐이다.

대학 간 경쟁을 유도하겠다는 ≪중앙일보≫ 대학 평가의 취지는 실현되고 있음이 확인된다. 〈표 8-1〉을 보면 대학 간 순위 변동이 거의 없기 때문에 경쟁이 없다는 인상을 주기도 한다. 그러나 2012년 10월 8일 자 ≪중앙일보≫를 보면 선두권 4개 대학의 2012년 종합 점수는 2008년 대비 52%, 65%, 67%, 79% 상승했음을 알 수 있다. 단순하게 이해해서 4년 동안 종합 점수가 50% 상승했다는 것은 교육 여건(대학 내부 사정에 대해 어느 정도 정보를 갖고 있는 사람은 이 말이 대학 재정의 다른 말임을 알 것이다), 교수 연구(논문 편수와 거의 같은 말이다), 국제화(유학생 수와 외국 국적 교수의 수를 뜻한다) 부문에서 급팽창이 이루어지고 있다는 것이다.

피인용 횟수로 평가되는 교수 연구 부문을 보면 상위권 3개 대학의 경우

2008년 대비 231%, 275%, 274% 상승했음을 알 수 있다. 2008년에 비해 4년 후인 2012년에 교수들이 평균 두세 배의 연구 성과를 기록했다는 뜻이다. 2008년에 교수들이 연구를 거의 하지 않다가 순위평가 때문에 갑자기 연구를 시작하고 또 괄목할 만한 성과를 냈다고 이해하지 않는 한 (≪중앙일보≫ 대학 평가가 1994년에 시작되었으니 이런 경우일 수는 없다) 이는 교수들이 얼마나 경쟁에 몰입되었는지를 보여주는 예증이 된다. 순위평가는 대학 내부 구성원 사이에 그리고 대학들 사이에 극한 경쟁을 초래하고 있다. 대학순위평가에 의해, 시간을 두고 성찰 과정을 거쳐야 하는 교육이나 연구를 기대할 수 없는 상황이 벌어지는 곳이 현재의 대학이다.

대학 발전에 기여한다는 취지에 대해서는 대학의 발전을 어떤 시각으로 보는지에 따라 판단이 달라질 수 있다. 대학의 예산 규모가 커지고 교수들이 쓰는 논문 편수가 많아지는 것이 대학의 발전상이라면 ≪중앙일보≫ 대학 평가의 기여는 인정된다. 그러나 대학의 발전을 학생의 지적 성찰을 유도하고 인간과 사회 그리고 자연의 실체를 인식하며 그런 인식을 사회에 전파하는 것으로 이해한다면 ≪중앙일보≫ 대학 평가는 대학 발전에 기여하는 것이 아니라 방해하는 것이다. 연구업적 경쟁에 내몰린 교수들은 학생의 교육에 관심을 가지기 어렵다. 다국적 미디어정보 기업인 톰슨 로이터스가 선정하는 JCR의 목록에 있는 학술지나 한국연구재단 등재학술지의 논문만을 연구업적으로 인정하는 ≪중앙일보≫ 대학 평가는 신문이나 잡지 등을 통해 대학의 지식을 사회에 공급하는 지식인으로서의 교수의 역할을 위축시킨다. 즉, 사회에 대한 대학의 기여를 원천적으로 차단하도록 유도하는 것이 ≪중앙일보≫ 대학 평가이며, 이런 면에서 ≪중앙일보≫ 대학 평가는 대학의 발전을 위협하고 있다.

이 장의 앞부분에서 대학순위평가의 배경으로 언급한 대학의 시장화, 신생 대학 평가, 외부기금 제공 근거 마련 역시 ≪중앙일보≫ 대학 평가를 분석해보면 일부분 부합하고 일부분 부합하지 않음이 확인된다. 대학이 상품이 되면서 상품에 대한 정보를 제공해야 할 필요성이 대학순위평가를 낳았다는 설명은 다른 대학순위평가와 마찬가지로 ≪중앙일보≫ 대학 평가에 적용되지 않는다. 특히 ≪중앙일보≫ 대학 평가는 평가 근거를 일반인에게 제공하지 않기 때문에 상품으로서의 대학에 대한 안내가 거의 이루어지지 않는다.

대학을 대학 평가 기관의 상품으로 전유한다는 설명은 ≪중앙일보≫ 대학 평가에 일정 정도 적용된다. 대학순위평가를 시작하기 전 또는 대학의 경쟁력이 강조되기 전에는 대중매체를 통한 공고(예컨대 교수초빙안내)는 있었지만 대중매체를 통해 대학을 광고한다는 개념은 별로 없었다. 그러나 1995년 이후 대학 광고 시장은 급성장한다. 언론 매체 등을 통한 대학 광고가 거의 없던 예전과 달리 1995년에는 대학의 광고비 예산이 127억, 1996년 214억, 1997년 526억, 금융위기 시기인 1998년에도 618억 등 매년 두 배로 늘어났음이 확인된다.[11] 대학이 광고수익을 추구하는 대중매체의 중요 수익 상품이 되고 있음을 말해주는 것이다.

대학 광고 시장이 이와 같이 빠른 속도로 계속 성장했는지는 필자로서는 확인하지 못했지만 언론 매체뿐만 아니라 지하철, 버스, 옥외 전광판 등 온갖 공간에서 대학 광고를 볼 수 있는 현재의 상황을 고려하면 대학 광고 시장은 엄청난 규모로 커졌음을 짐작할 수 있다. 대학 평가를 통해 대학 평가 기관인 언론사만 대학 광고 시장을 독점한 것은 아니지만 대학순위평가가

---

11 이명천, 「대학 홍보 광고의 현황과 방향」, ≪홍보학 연구≫, 3권(1999), 73쪽.

대학을 광고 상품으로 바꿔놓았다는 사실은 확인되며, 이는 언론 기업의 대학 평가가 공적 이익을 위한 것이 아니라 사적 이윤을 추구하기 위한 것임을 말해준다.

신생 대학에 대한 정보를 제공할 필요로 대학순위평가가 도입되었다는 주장은 ≪중앙일보≫ 대학 평가와 전혀 관계가 없다(물론 다른 대학순위평가도 해당되지 않는다). ≪중앙일보≫ 대학 평가가 대학에 대한 정보를 제공하지 않는다는 사실은 앞에서 밝혔지만 신생 대학의 경우는 평가 대상에서도 제외되기 때문이다. 200개가 넘는 한국 대학 가운데 ≪중앙일보≫ 대학 평가의 대상이 되는 대학은 100개 정도다. 그리고 30위까지의 대학만이 순위로 발표되고 그 밖의 대학에 대해서는 어떤 정보도 제공하지 않는다. 신생 대학은 30위권 안에 있을 가능성이 거의 없으며 따라서 신생 대학에 대한 정보는 ≪중앙일보≫ 대학 평가에서 기대할 수 없다.

대학순위평가가 외부기금 제공의 근거가 된다는 설명은 일정 정도 설득력이 있다. 대학순위평가에서 순위가 높은 대학에 발전기금이나 정부의 재정 지원이 많이 들어온다는 사실이 확인되기 때문이다. 2007년부터 2010년까지 국립대학에서 이루어진 발전기금 모집 현황을 보면 ≪중앙일보≫ 대학 평가에서 국립대학 중 최상위인 C 대학이 전체 국립대학 발전기금의 51%에 해당하는 1457억을 모금한 반면 국립대학 중 차상위인 R 대학은 전체 국립대학 발전기금의 8%인 230억에 그쳤다.[12] 사립대학의 발전기금 모금 현황에서는 순위평가에서 4위인 D 대학이 압도적이다. 순위평가에서 1,

---

[12] 김춘진, "대학발전기금 절반 이상 서울대 독식", 2010년 10월 12일 자 보도자료[http://www.cjkorea.org/zbxe/96573(검색일: 2013.9.12)]. 아쉽게도 현재 이 보도자료는 검색되지 않는다.

2위를 하는 A 대학과 B 대학은 이공계에 특화된 소규모 대학이기에 발전기금의 규모가 크지 않다. 또한 2006년에 N 대학이 다른 대학에 비해 더 많은 발전기금을 모금했다고 발표했지만 이는 기업이 건립한 민자기숙사를 기부체납하는 형식으로 기숙사의 소유권을 이 대학으로 이전한 데서 생긴 결과다. 이런 예외적인 상황을 제외하면 D 대학이 모금하는 발전기금 규모가 다른 대학을 압도한다.

정부의 재정 지원도 비슷하다. 2011년 정부의 재정 지원 규모 순위를 보면 C 대학, B 대학, D 대학, E 대학 순이다.[13] 순위평가에서 최상위인 A 대학은 제도적으로 법인이 있기 때문에 사립대학이지만 학생등록금을 거의 받지 않고 있으며 대학 예산의 대부분이 정부의 재원이다. 정부의 재정 지원 규모를 따로 산정할 필요가 없기 때문에 정부 재정 지원 규모 순위에서는 이 대학이 나타나지 않는다. 평가 순위가 높은 B 대학이 C 대학보다 재정 지원 규모가 낮은 것은 B 대학의 규모가 크지 않은 데서 유래한다. 이런 사실만 놓고 보면 발전기금이나 정부의 재정 지원이 순위평가에서 순위가 높은 대학에 집중되어 있으며, 이는 재원의 효율성을 고려하는 외부의 후원자가 순위가 높은 대학에 발전기금이나 연구비 형태로 재정을 지원하고 있다고 볼 수 있다.

그러나 사실은 그 반대다. 대학순위평가가 있기 전에도 발전기금이나 정부의 재정 지원은 C 대학과 D 대학 같은 명문대학에 몰려 있었다. 다시 말해, 전통적인 명문대학에 외부 기관이 재정 지원을 하는 이유를 대학순위평

---

13 강현우, "정부, 대학재정지원 살펴보니 … 서울대 3995억 4년째 1위", ≪한국경제≫, 2013년 6월 12일 자.

가가 정당화하는 측면은 있지만 대학순위평가에서 순위가 높다는 것 자체가 외부의 재정 지원 유인의 이유는 되지 않는 것이다.

앞서 필자는 대학순위평가인 ≪중앙일보≫ 대학 평가의 현황, 그리고 이 기관이 주장하는 대학 평가의 취지가 사실과 다름을 밝혔다. 대학순위평가는 긍정적인 면보다는 부정적인 면이 훨씬 많다. 대학의 핵심 구성원인 교수들은 대부분 대학순위평가의 부정적인 면을 알고 있고 이에 대해 비판적이다. 이해하기 어려운 점은 대학순위평가를 학술적으로 논의하는 대부분의 논자들이 대학순위평가의 부정적인 면을 드러내지 않는다는 것이다. 예외적으로 박거용은 ≪중앙일보≫ 대학 평가가 "대학의 부익부 빈익빈 현상을 심화시켰고, 양적 팽창 위주의 대학 간 서열 경쟁을 조장했다"는 등의 비판적인 진술로 ≪중앙일보≫ 대학 평가에 대해 평했다.[14]

그러나 대학 문제에 관한 전문가라고 할 수 있는 교육학 전공자들 가운데는 ≪중앙일보≫ 대학 평가를 직접적으로 다룬 연구자는 거의 없으며, 있더라도 평가 지표 개선과 같은 방식으로 평가 방법을 개선할 필요가 있음을 주장하는 정도에 그친다. 그들은 순위평가의 경쟁력 강화 측면을 긍정적인 관점에서 평가한다. ≪중앙일보≫ 대학 평가를 직접 다루지 않지만 대학 평가를 논의하는 교육학 전공자들 역시 인증평가가 아니라 순위평가에 치중해 연구한다. 이들은 대부분 순위평가가 객관성을 확보해야 함을 주장하고 순위평가 자체는 문제 삼지 않는다.[15]

---

14 박거용, 「중앙일보 대학 평가를 평가한다」, ≪동국대학교 논문집≫, 49집(2002), 49쪽.

15 다음의 논문을 예로 들 수 있다. 서영인, 「대학 경쟁력 평가를 위한 지표 개발 연구」, ≪교육행정학연구≫, 27권, 2호(2009), 405~427쪽. 이영학, 「대학순위평가의 점수산출방법 비교 연구」, ≪교육종합연구≫, 9권, 2호(2011), 198~217쪽.

이런 관점은 한국 학자들에게만 해당되는 것은 아니다. 대학순위평가에 대한 방법론을 개선해야 한다는 요구는 사실상 대학 평가를 분석하는 거의 대부분의 연구에서 일관성 있게 나온다. 전 세계의 여러 순위평가를 분석하는 알렉스 어셔Alex Usher와 존 메도우Jon Medow는 세계 대학 평가가 아직 초보 단계이기 때문에 개선이 필요하지만 제대로 된 평가 방법이 개발되었을 때 대학에 대한 정확한 정보를 제공할 수 있을 것이라고 말한다.[16] 최상위 대학에만 관심을 갖는 현행 순위평가 방법이 개선되어 대학의 협력 체제를 구축할 수 있는 평가가 이루어질 필요가 있다고 주장하는 롤런드 프룰Roland Proulx도 순위평가 방식을 순화해 범주화된 평가가 필요하다고 주장한다.[17] 세계 대학순위평가에 대한 유네스코UNESCO의 2013년 보고서도 현재의 세계 대학순위평가가 전 세계 대학의 1%만을 대상으로 하고 과학 분야에 치중되어 있어 대학에 대한 제대로 된 정보를 제공하지 못하고 있음을 지적한다.[18] 이 외에도 대학 평가의 문제점을 지적하면서 개선점을 제시하는 연구는 아주 많다. 그러나 대부분의 연구가 순위평가의 정당성 자체, 또는 대학 평가가 대학의 이념에 어떤 영향을 주는지에 대한 논의를 하지 않는다.

에드워드 W. 사이드Edward W. Said는 『지식인의 표상Representations of the In-

16 Alex Usher and Jon Medow, "A Global Survey of University Rankings and League Tables," in Barbara M. Kehm and Bjørn Stensaker(eds.), *University Rankings, Diversity, and the New Landscape of Higher Education*(Rotterdam: Sense, 2009), p. 17.

17 Roland Proulx, "World University Rankings.: The Need for a New Paradigm," in Barbara M. Kehm and Bjørn Stensaker(eds.), *University Rankings, Diversity, and the New Landscape of Higher Education*, p. 43.

18 P. T. M. Marope et al.(eds.), *Rankings and Accountability in Higher Education: Uses and Misuses*(Paris: UNESCO, 2013), p. 11.

tellectual』에서 전문가들은 그들이 터득한 전문적 지식을 상품화하면서 권력에 기생하는 자들이라고 비판했다. 사이드는 진정한 지식인은 아마추어 지식인이라고 한다. 사이드에 의하면, 아마추어 지식인은 전문성의 한계를 허물면서 근본적인 문제를 탐구하고 권력에 맞선다고 한다. 대학순위평가를 비롯한 대학의 문제를 교육학이나 행정학 전문가들은 해결해주지 않는다. 그들은 상황을 더욱 악화시킨다. 대학 문제를 교육학이나 행정학 전공자의 문제가 아니라 모든 대학인과 모든 사회인의 문제라고 인식할 때 해결의 실마리가 생길 수 있을 것이다.

지금까지 필자는 순위평가로서의 ≪중앙일보≫ 대학 평가의 문제점을 살펴보았다. 다음 절에서는 언론사의 대학순위평가가 대학에 대한 부당한 간섭과 평가이기도 하지만 근본적으로는 대학이 생산하는 지식 자체를 위협하고 있음을 밝힌다.

4. 대학의 책무와 대학 평가

사기업인 언론기관에 의한 대학 평가가 미국에서 시작되었고 이런 관행이 전 세계에 확산되고 있는 것은 미국식 대학 모델이 전 세계에 확산되고 있음을 보여준다. 미국의 대학은 교회나 국가의 주도로 설립되었던 유럽의 국공립대학과는 달리 식민지 상황에서 사립대학으로 시작되었다. 미국의 초기 대학은 식민 모국의 정부든 현지의 식민 정부든 공적 지원은 거의 없었기에 정부의 간섭 또한 별로 없었다. 더구나 이사회의 총장 해임과 관련한 주정부의 개입에 대해 사기업과 마찬가지로 사립대학에는 정부가 관여하면 안 된다는 연방 대법원에 의한 1819년의 다트머스 판례는 이후 미국에서 정부와 대학의 관계에서 대학에 대한 정부의 직접적인 규제나 관리를 제한하는 기조를 만들어냈다.

19세기 중엽 이후 주립대학이 생기기 시작했지만 주립대학의 운영에 대해서도 정부가 직접 개입하거나 지침을 내리는 경우는 많지 않았다. 더구나 1980년대 이후 미국에서는 대학에 대한 정부의 예산 삭감 기조가 일반화되었으며 따라서 주립대학 역시 재정을 상당한 정도 자력으로 조달하고 있어 점점 사립대학과 구별되지 않고 있다. 이제 미국 대학의 이해관계자stake-holder 집단에서 정부 같은 공적 영역의 비중은 더욱 줄어들고 기업과 학부모 같은 사적 영역의 비중이 확대되고 있다.

대학의 이해관계자 집단인 등록금을 지불하는 학부모, 발전기금이나 연구기금을 지원하는 기업이나 개인, 예산을 지원하는 정부, 그리고 대학 교육 이수자인 인적자원을 공급받는 사회는 자신들이 제공하는 재원이 자신들이 기대하는 용도로 효율성 있게 쓰이는지, 대학 교육 이수자가 시장 또는 사회에서 필요한 인적자원인지를 알고 싶어 한다. 이런 요구에 부응하는 개념이 책무성accountability[19]이다.

책무성은 개인이나 조직에 "투여된 자원이 어떻게 사용되어 어떤 효과를 내고 있는지를 보고하는 의무"를 말한다.[20] 책무성의 정의를 대학에 적용해

---

19 '책무', '책임', '의무', '(기업의) 관리 책임' 등으로 번역되는 영어 'accountability'는 자산의 기록이나 회계의 뜻인 'accounting'에서 나온 말이다. 역사적으로는 잉글랜드를 정복한 윌리엄 왕의 명령문(정복지의 자산을 정리해 기록하라는 명령문)에서 'a count'라는 말이 쓰였다고 한다. 애초에는 지배자가 자신의 자산을 확인하기 위한 것이었지만 현재는 정부기구나 기업 등이 이해당사자나 일반인에게 업무나 성과를 알리는 책무를 뜻한다[Mark Bovens, "Analyzing and Assessing Public Accountability: A Conceptual Framework," *European Governance Papers(EUROGOV)*, No. C-06-01(2006), p. 6 참조].

보면 대학의 자원이라고 할 수 있는 교수, 학생, 직원, 재원, 시설 등이 어떻게 정당하고 적절하게 사용되고 있으며 어떤 바람직한 결과를 만들어내고 있는지를 대학 운영자가 타인에게 보고하는 의무가 된다. 여기에서 타인은 대학의 내부 구성원일 수도 있고 외부 구성원일 수도 있다. 보고 대상이 내부 구성원일 경우 이런 책무를 지는 자는 대학 운영진이고, 보고 대상이 외부인일 경우 책무를 지는 자는 대학 구성원 전체이며 보고 주체는 대학 구성원의 대표라고 할 수 있다.

대학이 사회와 격리되어 자신들만의 세계에서 지식을 전승하거나 탐구하던 과거, 즉 대학이 '상아탑'이라고 불리던 시절에는 대학의 책무성은 거의 문제되지 않았다. 대학 구성원은 전체 사회 구성원의 규모로 볼 때 소수였으며 이들 소수는 대학 외부에 자신들의 성과를 보고할 의무도 없었고 대학 외부인들 역시 대학의 운영 실태에 관심을 갖지 않았기 때문이다. 미국과 유럽의 대학에서 책무성이 부각되기 시작한 시점은 1980년대 이후다. 이 시기에 미국과 유럽에서는 신자유주의 이데올로기가 득세하기 시작했으며 대학에 대한 자율성이 강조되면서 정부의 규제와 지원이 동시에 줄어들기 시작했다. 또한 원래부터 정부의 지원과 간섭이 별로 없었던 미국식 대학 운영이 바람직한 것으로 유럽 사회에서도 받아들여지기 시작했고 이에 따라 대학에 운영의 자율권을 주면서 그 운영에 대해 사후 보고를 강조하는 책무성이 대두되었다.[21]

20 Martin Trow, "Trust, markets and accountability in higher education: a comparative perspective," *Higher Education Policy* 9.4(1996), p. 310.

21 Jeroen Huisman and Jan Currie, "Accountability in higher education: Bridge over-troubled water?" *Higher Education* 48(2004), pp. 531~532.

이 시기는 전 지구화가 본격화된 시기이기도 하다. 인간, 자본, 문화, 이데올로기적 가치 등이 국경을 넘는 이동이 활발해지면서 대학의 지형 또한 변하게 된다. 거의 전적으로 해당 국가 구성원만을 대상으로 대학을 운영하던 시절과 달리 1980년대 이후에는 대학의 국제화가 활발해지기 시작했다. 국가들 사이의 학생 교류는 해당 학생의 자질을 일정한 기준에 따라 검증할 필요성을 초래했고 이에 따라 대학 운영의 표준화가 요구되기 시작했다. 대학의 연구 활동에서도 다른 나라의 연구진과 네트워크를 구성하는 방식이 활성화되기 시작했다. 마찬가지로 이에 따라 대학의 성과 보고도 표준화될 필요가 생겼으며 이에 대한 평가 체계 역시 표준화될 필요가 생겼다.

한국의 대학에서 책무성이 본격적으로 부각되기 시작한 시점은 1990년대 중반 이후다. 세계화를 표방한 김영삼 정부는 교육 영역에서도 세계화를 정책으로 내세운다. 5·31 교육개혁 선언이 이때 이루어진다. 대통령 자문 교육개혁위원회의 이름으로 1995년 5월 31일에 발표한 「세계화 정보화 시대를 주도하는 신교육체제 수립을 위한 교육개혁 방안」은 교육개혁 필요성의 배경으로 세계화, 정보화, 산업화 등이 가속화되는 시대라는 점을 들면서 교육개혁 추진 원칙으로 "교육의 수월성을 신장하기 위해 각급 학교 운영에 자율과 경쟁의 원리를 도입하는 한편 체계적인 평가를 통해 교육의 질이 관리되도록 한다"라고 천명했다. 5·31 교육개혁은 교육의 수월성을 위해 자율과 경쟁을 통한 평가 체제 확립으로 집약된다.

대학 평가는 대학의 책무성을 확인하는 작업이다. 당시 정부는 대학의 책무성을 확인하기 위해 대학종합평가인정제를 도입한다. 대학종합평가인정제는 앞에서 설명한 인증평가제도다. 대학에 대한 인증평가는 원칙적으로 대학의 기본 요건을 확인하는 평가이기에 경쟁을 촉발하지 않는다. 그러나 1995년 이후 한국에서 시작된 대학종합평가인정제는 인증평가와 순위평가가 혼합된 제도다. 대학종합평가인정제는 "교육 여건을 일정 수준 이상으로 끌어올려 최소한의 기준을 충족"시킨다는 조성적 목적을 내세워 인증평가의 특성을 내세우면서도 "대학 교육의 수월성 제고"(한국대학평가원)와 같이 대학 간의 경쟁을 유도함으로써 순위평가의 특성 역시 나타낸다. 대학종합평가인정제는 평가 대상 대학에 대해 '인정' 평가를 부여해 인증평가를 수행하면서도 동시에 '우수인정', '인정보류' 등의 순위평가와 유사한 평가를 수행한다. 이 평가는 초기에는 한국대학교육협의회가 주관했지만 현재는 한국대학교육협의회의 산하기관인 한국대학평가원이 주관한다. 대학종합평가인정제는 이 평가 기관이 자체의 언론 매체를 가지고 있지 않고 또한 인정 여부가 대중의 호기심을 자극하지 않기 때문에 언론의 조명을 받지도 않는다. 따라서 대학 자체도 큰 관심을 기울이지 않는다는 점에서 이 제도는 한국 사회에 큰 영향력을 행사하지는 않고 있다.

인증평가가 대학의 기본 요건을 평가하는 책무성 평가인 데 비해 순위평가는 대학 간의 경쟁을 유도하고 이를 확인하는 책무성 평가다. 경쟁을 교육정책의 기본 기조로 설정하는 신교육에서 순위가 높은 대학은 경쟁력이 있는 대학이며 따라서 대학의 책무성이 높은 대학이고, 순위가 낮은 대학은 경쟁력이 낮고 따라서 대학의 책무성이 낮은 대학으로 평가된다. 순위평가는 객관성을 확보하기 위해 평가 대상을 정량으로 환원되는 지표로 설정한다. 초기에는 평가 대상이 되는 대학이 평가 자료를 평가 기관에 제출하는 방식으로 이루어졌지만 현재는 각 대학의 인터넷 홈페이지에 공지하는 대학정보공시의 자료가 평가 자료가 된다. 대학 정보로 공시되는 내용은 각 대학의 교지 및 교사 확보 현황, 예결산, 학생 성적 평가, 교수 연구업적, 취업률 등을 표시한 숫자로 이루어져 있다. 대학순위평가는 이렇게 숫자로 표시된 성과를 이용해 교육 여건, 학생 부문, 교수 부문 등을 자신들의 지표로 환원한 다음 대학의 순위를 정한다. 정량화되기 어려운 대학의 명성까지도 평판도라는 평가 지표를 이용해 숫자로 변환한다. 이렇게 정량화된 숫자에 대해 다시 각 부문의 가중치를 부여하는 등의 방식으로 원자료를 조정하고 조합해 평가함으로써 대학 순위를 결정하고 그 결과를 자신들이 소유한 언론 매체를 통해 유포하는 것이 언론사가 주관하는 대학순위평가다.

대학순위평가가 숫자로 표시한 업무 성과를 평가하는 것이라면 이는 기업의 업무 평가와 유사하다. 기업의 성과는 재무제표로 표시한다. 재무제표는 기업에 관한 모든 것을 숫자로 표시한다. 자본금, 자산, 부채, 영업이익, 당기순이익 등의 계정과목에 나와 있는 숫자가 기업에 관한 모든 것을 진술한다고 전제되며 과세를 하는 정부, 투자를 판단하는 투자자, 기업 여신을 관리하는 금융사 등 모든 기업의 이해당사자는 이 재무제표를 근거로 자신의 이해를 판단한다. 즉, 대학의 공시정보가 숫자로 표시되고 그 공시된 숫자에 근거해 이루어지는 대학의 순위평가는 기업에 대한 평가와 구별되지 않는다.[22] 기업의 재무제표 작성 업무가 자산을 숫자로 세는 회계accounting라면 대학에 대한 성과 보고 역시 모두 숫자로 표시된다는 의미에서 회계다. 대학의 책무성 평가는 자산을 숫자로 셈하고 그 셈한 결과를 평가한다는 회계의 원래 의미를 회복하면서 기업의 성과평가와 같아진다.

대학은 외부 기관의 평가에서만 기업과 같아지는 것이 아니다. 숫자에 의해 외부의 책무성 평가를 받는 대학은 자신들의 자원인 교수, 학생, 교육과 연구 시설, 등록금, 개인과 기업의 기부금, 정부와 기업의 연구기금을 망라하는 예산을 효율적으로 사용해야 하기 때문에 최소 비용 최대 성과라는 경

22 Reading, *The University in Ruins*, p. 32.

제원칙을 대학 운영의 기본 틀로 설정하게 된다. 즉, 대학 내부에서도 책무성 평가가 이루어지는 것이다. 이는 대학 운영 역시 기업 운영과 같아짐을 뜻한다.

더 나아가 대학 운영진은 기업을 위해 대학을 운영한다. 평가의 중요 척도인 취업률이 대부분 기업의 취업률을 뜻하기 때문에 교육은 기업을 위한 교육이 된다. 그리고 기업 인재 육성과 직결되는 공학과 경영학이 대학 교육의 중점 지원 분야가 된다. 공학이나 경영학 전공자뿐만 아니라 모든 대학졸업생이 기업 실무에 필요한 기본 자질을 갖추도록 요구되면서 영어인증제 같은 제도가 도입된다. 심지어 필자가 재직하는 중앙대학교는 회계학을 필수과목으로 지정하고 있기도 하다.

등록금, 정부지원금 등이 상당한 정도 일정한 반면에 연구기금의 큰 몫을 차지하는 기업연구기금은 가변적이기 때문에 대학은 기업연구기금을 확보하기 위해 교수들에게 기금 유치를 유도한다. 교수들의 연구 과제에서 기업을 위한 연구가 중요 연구 분야가 되는 것이다. 논문 편수라는 정량적 지표를 통해 큰 성과를 보여주지 못하는 인문학과 사회과학 분야는 규모가 축소되고, 논문 편수라는 정량적 지표를 쉽게 확보할 수 있는 자연과학과 공학 분야의 규모는 확대된다. 선택과 집중이라는 모토 아래에서 선택과 집중의 대상은 거의 항상 공학 분야가 된다. 경영학 역시 기업을 위한 학문이기에 육성 대상이 된다. 대학은 기업식으로 운영될 뿐 아니라 기업을 위한 조직이 된다.

5. 대학 지식의 변화: 서사 지식에서 과학 지식으로

12세기에 조직되기 시작해 현재까지 기본적인 틀이 유지되는 대학의 근본적인 역할은 지식의 탐구와 전달이다. 그러나 모든 종류의 지식이 대학에서 추구되는 것은 아니다. 대학 구성원인 지식 탐구자들은 새로운 지식을 끊임없이 추구하는 지식의 내재적 속성으로 인해 지식 탐구 영역의 한계를 인정하지 않으려 하지만 대학의 보호자 겸 통제자인 외부 권력은 대학에서 생산되는 지식의 범위를 규정하려 한다. 예를 들어, 초기의 대학은 교회의 후원과 보호 아래 발전했지만 이에 따라 교회에 반대급부를 제공해야 했다. 이 반대급부 가운데 하나가 중세 교회의 공식 교리에 어긋나는 믿음을 대학이 이단이라고 규정해주는 일이었다.[23]

영국 종교개혁의 선구자였던 존 위클리프John Wycliffe는 옥스퍼드대학교의 신학 교수였지만 가톨릭교회에 대해 왕권의 우위를 주장해 대학 안에서 이단적 교리를 만들어낸다. 위클리프에 대한 파문은 가톨릭 교리를 옹호하는 다른 교수와 대학 당국에 의해 이루어진다.[24] 이런 사실은 대학에서 이루어지는 지식 생산과정이 한편으로는 기존의 금기를 넘으면서 이루어지지만 동시에 외부 권력의 지배를 받으면서 대학이 지식 생산을 규율한다는 것도 보여준다.

또한 『학부 간의 논쟁』에서 칸트가 근본 학문을 다루는 철학부가 대학의

---

23 Joan Pedro, "Three Missions of the Medieval University Centered on Social Reproduction and Transformation," *Synaesthesia: Communications Journal* 1.3(2012), p. 77.

24 ibid., pp. 77~78.

중심이 되어야 한다고 주장한 것은 대학의 학문은 외부 권력의 간섭을 받지 않고 학문 자체의 원리에 의해 우선 탐구되어야 하며, 그렇게 탐구된 근본 학문에 의해 대학 외부 세계와 직접 관련되는 신학, 법학, 의학이 인도되어야 한다는 것이었다. 대학의 학문은 한편으로는 학문 자체의 정당성에 의해 탐구되면서도 다른 한편으로는 대학의 학문이 외부 세계에, 긍정적으로든 부정적으로든, 기여하는 방식으로 정당성이 확보되었다.

오늘날 한국의 대학을 비롯한 전 세계 근대 대학의 모델이 된 베를린대학교를 훔볼트가 구상할 때 그는 대학의 지식 탐구는 대학 구성원, 나아가 그 대학이 기반을 두고 있는 민족 구성원의 지적·도덕적 성숙을 위한 것이어야 한다고 생각했다.[25] 대학에 대한 후원자이며 보호자인 국가가 대학의 학문 활동에 간섭하지 말아야 하는 것은 대학의 지식 탐구 과정 자체가 정신적 성숙의 과정이기 때문이다. 인간의 정신적 성숙의 상태인 교양은 인간의 정신이 외부의 간섭 없는 자유로운 상태에서 성숙의 과정을 거치면서 완성되는 것이기 때문에 대학에 절대적으로 필요한 요건은 외부 권력으로부터의 독립이라고 훔볼트는 생각했다. 학문의 자유가 곧 대학의 학문의 근본 조건인 것이다.

훔볼트에게 교양은 학문 탐구 과정의 결과물이다. 학문 탐구자가 학문을 통해 성취한 교양은 전체 국가 사회로 확산되어야 하며, 이렇게 전 사회인이 교양을 갖추게 될 때 그 국가는 바람직한 국가가 된다는 것이 훔볼트의 생각이었다. 한국의 '고등교육법'에 대학의 목적으로 "대학은 인격을 도야하

---

25 Wilhelm von Humboldt, "On the Spirit and the Organisational Framework of Intellectual Institutions in Berlin," translated by Edward Shils, "Reports and Documents: University Reforms in Germany," *Minerva* 8(1970), p. 243.

고, 국가와 인류 사회의 발전에 필요한 심오한 학술이론과 그 응용방법을 가르치고 연구하며, 국가와 인류 사회에 이바지함을 목적으로 한다"라고 천명되어 있는 것은 베를린대학교를 통해 훔볼트가 구현한 근대 대학의 모델이 한국의 대학에도 적용되었음을 의미한다.

대학에서 탐구되는 지식이 지식 자체를 넘어서 교양을 위한 것이거나 인격을 위한 것이라는 이념, 또는 국가와 인류 사회에 이바지함을 목적으로 한다는 이념은 대학의 지식이 대상에 대한 진술 자체를 넘어선다는 점을 보여준다. '고등교육법'에 명시된 대학의 목적, 구체적으로는 대학에서 연구되고 교육되는 학문의 역할은 앞서 살펴본 대학의 순위평가에서 요구하는 대학의 역할과는 상당한 거리가 있다. 한국의 '고등교육법'에서 천명되는 지식의 역할이 사회적·국가적 이념을 말하고 있다면[26] 기업으로 변한 현대 대학의 책무성에 의해 요구되는 지식은 성과로 표시되는 수행성이기 때문이다.

지식이 이념과 수행성으로 구별된다는 개념은 리오타르의 저서, '지식에 관한 보고서'라는 부제가 있는 『포스트모던의 조건The Postmodern Condition: A Report on Knowledge』에서 확인할 수 있다. 리오타르는 이 책에서 지식을 서사 지식narrative knowledge과 과학 지식scientific knowledge으로 나누며 서사 지식은 규범, 가치 등을 포함한 이념적 지식이며, 과학 지식은 수행성에 의해 정당성이 확보되는 지식이라고 주장한다.[27]

리오타르에 의하면 서사 지식은 민담 같은 이야기에 포함되거나 그런 이

---

26 이는 대학의 지식에 대한 훔볼트의 관념이기도 하다.

27 François Lyotard, *The Postmodern Condition: A Report on Knowledge*, translated by Geoff Bennington and Brian Massumi(Minneapolis: University of Minnesota Press, 1984), pp. 18~27.

야기를 통해 전달되는 지식이다. 서사에서 지식은 화자, 등장인물, 청자(또는 독자)가 공유한다. 말하자면 서사에 나오는 등장인물들이 갖고 있는 지식이 화자에 의해 청자에게 전달되기 때문에 그 지식은 화자, 서사 내 인물, 청자 모두가 공동으로 갖게 된다. 또한 서사는 과거의 이야기가 현재를 거쳐 미래로 전달되는 것이기 때문에 시간적으로도 지식은 과거에서 현재를 거쳐 미래로 전달된다. 따라서 서사 지식은 그 서사에 참여하는 개인이나 집단 모두의 것이 될 수 있기에 "사회적 유대social bond"를 구성한다.[28] 즉, 서사 지식은 일차적으로는 지시적 진술에서 출발하지만 그 지시적 진술은 사회망을 통해 사회 전체의 규범적·윤리적·미적 지식 등으로 확대되면서 사회적 유대를 유지하는 역할을 한다는 것이다.

서사 지식과는 달리 과학 지식은 지시 대상에 대해서만 진술한다. 과학 담론에서 지시 대상에 대한 진술이 진리로서의 정당성을 갖추려면 그 진술의 발화자가 제시하는 증거에 근거해 다른 과학자의 증명을 거쳐야 한다. 어떤 대상에 대한 진술이 진리로서의 정당성을 갖추게 해주는 증거는 그 과학적 진술과 모순되는 명제에는 적용되지 않으며 또 해당 진술이 지시하는 대상 이외의 어떤 다른 대상에도 적용되지 않는다. 말하자면 과학 지식은 과학자들 사이에서만 통용되는 지식이기도 하고 지시 대상이 한정된 지식이기도 하다.[29]

과학 지식은 그 대상에 대한 지식 자체를 말할 뿐이지 그 지식을 확대해

---

28 ibid., p. 21.
29 과학 교육을 받는 학생은 과학적 진술에 대한 검증 능력이 당장 없더라도 과학 교육을 통해 갖추게 될 것이므로 잠재적 과학자가 된다.

적용할 수 있는 어떤 다른 대상의 진리성을 진술할 수는 없다. 여기에서 말하는 과학적 진술은 자연현상을 다루는 자연과학에서 통용되지만 자연과학에만 해당되지는 않는다. 인간이나 사회현상이 과학적 탐구의 대상이 되었을 때도 그 대상에 대한 진술이 과학적 진리로 성립할 때는 인간이나 사회현상 자체에 대해서만 진술하고 그것을 넘어서는 다른 대상이나 그 대상을 포함한 통합적 세계에 대해서는 진술하지 않는다. 실증주의의 방법론을 채택하는 인문과학과 사회과학은 바로 이런 과학적 지식을 추구하는 탐구 방식이다.

인간에 대해서든 자연에 대해서든 과학적 진리를 추구하는 한 그 탐구는 대상 자체에 대해서만 진술하기 때문에 사회적 규범, 가치, 이념 등에 대한 진술을 할 수 없다. 이런 이유로 리오타르는 과학 지식은 서사 지식과는 달리 "직접적으로 공유되는 사회적 유대의 구성요소가 아니다"라고 진술한다.[30] 서사 지식은 대상에 대한 진술을 포함한다는 의미에서는 과학 지식을 포함하지만 그 역은 성립하지 않는다. 말하자면 과학 지식은 서사 지식을 포함하지 않는다는 것이다. 과학 지식은 지시 대상에 대한 지식 이외의 어떤 지식도 제공하지 않는다. 과학 지식에서는 윤리적·이념적·규범적 진술을 기대할 수 없다.

학문을 통해 학문을 추구하는 개인, 나아가 개인을 포함한 민족 구성원의 지적·도덕적 성장을 대학의 이념으로 삼았던 베를린대학교와 그 베를린대학교를 원형으로 하는 세계 곳곳의 근대 대학이 추구하는 지식은 서사 지식이었다. 그러나 근대 대학이 추구했던 서사 지식은, 특히 미국의 연구 중심

---

30 ibid., p. 25.

대학에서, 제2차 세계대전 이후 냉전 시기를 거치면서 그리고 그 이후 대학이 기업을 위한 대학으로 변하면서 과학 지식으로 대체되기 시작한다.

리오타르는 제2차 세계대전 이후의 시기를 포스트모던 시대로, 그리고 포스트모던 시대를 대서사grand narrative에 대한 신뢰가 없어져 가는 시대라고 설명한다. 대서사가 신뢰성을 잃는다면 그 서사에 의존하는 서사 지식 역시 신뢰성을 잃게 된다. 서사 지식의 신뢰성 상실은 또한 대학으로 하여금 서사 지식이 아니라 과학 지식을 추구하게 한다. 물론 대학에 있는 인문학자와 사회과학자 대부분은 여전히 서사 지식을 추구하고 있기는 하다. 그러나 현재 대학의 중심은 인문학이나 사회과학이 아니라 자연과학과 공학이다. 즉, 과학 지식이 서사 지식을 압도하는 상황이 현재의 대학 상황이다.

서사 지식의 쇠퇴와 과학 지식의 발흥은 제2차 세계대전 이후 소련이 몰락하기까지 냉전 시기와 그 이후에 미국에서 두드러지게 나타난다. 냉전 시기에 미국 정부는 대학으로 하여금 전쟁에 필요한 무기를 개발하는 연구를 하게 한다. 이는 1950년의 통계에서도 확인되는데, 당시 미국 대학에서 수주한 정부연구비의 87%가 국방부와 원자에너지위원회에서 나왔다.[31] 1950년대에 미국 정부의 연구기금이 지역학 같은 사회과학 분야에도 상당한 정도 유입되었지만 연구비 규모에서는 자연과학과 공학 분야에 비할 바가 안된다.

냉전 시대가 끝날 무렵인 1980년대 이후 '베이돌법'이 입법되면서 미국 대학은 산학협력의 시대를 맞게 된다. 산학협력이란 사실상 기업이 원하는

---

31 Jennifer Washburn, *University, Inc.: The Corporate Corruption of Higher Education* (New York: Basic, 2005), p. 42.

연구를 대학이 수행함을 뜻한다. 기업의 대규모 연구기금이 대학에 유입되면서 대학은 기업이 수행해야 할 연구를 떠맡게 되고 대학은 기업을 위한 연구소로 변모하게 된다. 산학협력이라는 이름으로 진행되는 연구 역시 대부분 자연과학, 의약학, 공학 등 크게 보아 자연과학 분야이며, 이는 대학에서 이루어지는 연구가 과학 지식을 추구하게 되었음을 뜻한다.

1980년대 이후에는 정부의 지원금이 감소하면서 대학 운영진은 대학 재정에 대한 부담을 갖게 되었고 따라서 예산을 확보하려는 노력이 필요했다. 이런 상황에서 기업연구기금은 대학 당국이 원하는 연구기금이 되었다. 기업연구기금이 자연과학 분야의 과학 지식을 위한 기금이라는 점에서 대학의 지식 추구는 점점 과학 지식의 추구로 이동하게 된다는 것을 알 수 있다.

과학 지식과 연구기금의 관계는 단지 자연과학 분야의 연구기금이 많아지면서 자연과학 분야의 연구가 확대된다는 뜻만은 아니다. 대학에 유입되는 자연과학 분야의 연구기금 증대는 과학적 관찰의 수행성을 높이는 데 기여한다. 기술 발전이 덜 이루어진 시기에 과학적 관찰이 인간의 육체적 감각기관에 의해 수행되었다면 이 같은 오류의 가능성이 높은 인간의 감각기관을 대체하는 것이 과학 기자재다. 이를테면 인간의 눈을 대신해 망원경과 현미경이 과학적 관찰을 위해 도입되었다. 이때 망원경이나 현미경을 통해 관찰된 과학적 데이터는 인간의 눈을 통해 관찰된 과학적 데이터보다 더 정밀하고 객관적이라는 의미에서 과학적 신뢰성을 높여준다. 배율이 높은 망원경에 의해 관찰된 데이터는 배율이 낮은 망원경에 의해 관찰된 데이터보다 과학적 신뢰성이 더 높다고 인정된다.

이 과학적 장치들은 연구의 "최대 수행성optimal performance"[32]에 기여한다. 즉, 가능한 적은 노력으로 가능한 높고 정교한 과학적 지식의 증거물인 관찰 결과를 만들어내는 것이 과학 기자재다. 과학적 관찰의 최대 수행성을 보장해주는 것은 더 좋은 과학적 기자재다. 이렇게 최대 수행성을 보장하는 과학 기자재는 많은 재원을 필요로 한다. 배율이 높은 망원경은 배율이 낮은 망원경보다 비싸기 때문이다. 결국 많은 연구기금이 투입되는 연구 설비와 실험 기자재를 갖추는 것이 과학적 연구의 수행성을 높이는 데 필수적인 조건이 된다.

연구기금이 없으면 과학적 증거도 확보할 수 없고 검증도 이루어지지 않으며 결국 과학적 진리도 확보할 수 없게 된다. 즉, 현대의 대학에서 돈과 수행성과 지식은 동등한 위상을 갖게 된다. 이에 대해 리오타르는 "부와 효율성과 진리 사이에는 등식이 성립한다"라고 진술한다.[33] 여기에서 말하는 지식은 물론 서사 지식이 아닌 과학 지식이다. 또한 여기에서의 부는 곧 자본주의 체제 내부의 자본이다.

대학의 순위평가에서 중요 평가 지표를 구성하는 교육 여건과 연구실적(2012년 ≪중앙일보≫ 대학 평가에서 총점은 교육 여건 90점, 교수 연구 100점, 국제화 50점, 평판도 60점으로 이루어져 있다)[34]을 평가하는 작업은 사실상 대학

---

32 Lyotard, *The Postmodern Condition: A Report on Knowledge*, p. 44.

33 ibid., p. 45.

34 2015년의 평가에서는 교육 여건 150점, 교수 연구 100점, 학생 교육 노력 및 성과 80점, 평판도가 60점이다. 2012년과 비교해서 2015년에 평가 기준이 교육 여건을 중시하는 방향으로 달라진 것 같지만 사실은 배치와 명칭 정도만 달라졌다. 국제화 지표가 없어진 대신 교육 여건에 외국인 교수 비율, 외국인 학생의 다양성이 포함되었다. 교수 연구 부문에 포함된 국제학술지 논문 영역 역시 국제화 지표를 대신 반영하는 지표다. 양호한 교육 여건을 알려준다는 목적으로 ≪중앙일보≫ 대학평가팀이 전제하는 외국인 교수나 외국인 학생 관련 항목은 사실상 교육 여건이 악화된 상태를 알려주는 지표가 된다. 이해할 수 없는 강의, 포화 상태의 강의실을 만들어내는 것이 외국인 교수 강의(내국인 교수의 영어 강의 포함)와 정원 외 입학생인 외국인 학생들이기 때문이다. 2016년 평가 결

의 자본, 수행성, 지식 사이의 등식 관계를 확인하는 작업이다. 대학으로 유입되는 자본이 많으면 대학의 수행성이 높아지고 대학에서 생산되는 지식역시 증가하기 때문이다. 국제화 지표는 대학에서 생산되는 지식을 서사 지식이 되지 않게 하는 역할을 한다. 한국의 대학에서 이루어지는 교육과 연구가 영어로 이루어지는 것은 서사 지식을 이루는 한국 사회의 규범, 가치, 이념과 거리를 두고 교육과 연구를 수행하게 하는 작용을 하기 때문이다. 교육과 연구의 도구로서 영어는 대부분의 학생과 교수들이 근대 대학이 지향하는 지성과 도덕성을 함양하는 데 장애로 작용하며, 그들의 뿌리를 두고있는 사회 현실에 대한 성찰을 어렵게 한다. 평판도 평가는 평가 대상이 되는 대학에게 이미 주어진 평판을 유지하게 함으로써 자본, 수행성, 지식 사이의 등식 관계를 고착시키는 역할을 한다.

6. 대학의 수월성 추구와 근대 대학의 몰락

고도 과학기술 시대의 대학에서 연구와 교육의 중심이 과학 지식이 되고그 과학 지식이 자본에 의해 추동되면서, 최대 수행성을 목표로 그 대학의성과를 평가하는 것이 대학순위평가다. 대학순위평가에서 평가 대상이 되는 대학의 성과는 숫자 이외에는 지시 대상이 없다. 근대 대학이 지향했던교양이나 바람직한 민족 구성원의 양성 같은 특정 목적을 과학 지식은 진술할 수 없기 때문이다. 대학의 순위평가가 작용할 때 지시 대상에 한정해 진

과 발표에서 평가 지표는 《중앙일보》 홈페이지에 공개되어 있지 않다.

술하던 과학 지식의 속성은 이제 서사 지식의 생산을 목적으로 하는 인문과학이나 사회과학에도 적용된다.

인문과학이나 사회과학의 지식체인 논문이나 강의는 기본적으로 서사 지식체이지만, 이들이 순위평가의 대상이 될 때는 서사 지식으로서의 진리성은 소멸한다. 인문학 분야의 논문은 문학작품을 분석하는 내용을 담고 있든, 사회변혁의 정당성을 주장하는 내용을 담고 있든, 지금 필자가 쓰고 있는 이 글과 같이 대학의 자기 파멸을 다루는 내용을 담고 있든 간에 그 자체의 진술 이상을 넘어서는 파급 효과를 갖지 못한다. 이들 논문은 논문 1편이라는 숫자 이상도 이하도 아니다. 인문학 논문 1편과 공학 논문 1편은 숫자 1이라는 의미에서 등가성을 갖는다. 공학 분야의 한 교수가 1년에 논문을 10편 쓰는 데 비해 인문학 분야의 교수가 1년에 1편을 쓴다면 인문학 분야 교수의 성과는 공학 분야 교수가 낸 성과의 1/10로 평가된다.

숫자로 평가되는 대학의 성과평가에서 수행성이 낮은 인문학은 퇴출 대상이 되고, 수행성이 높은 분야인 공학 분야의 학문은 집중 지원 대상이 된다. 필자가 이 글을 쓰던 2013년, 그리고 이 글을 수정하고 있는 2017년 현재 여러 대학에서 구조조정이라는 이름으로 진행되는 폐과 대상 학과는 그 근거를 어떻게 설정하든 간에 수행성 평가에서 낮은 평가를 받을 수밖에 없는 인문학과 예술 분야의 학문이다. 서사 지식을 폐기하는 방식으로 대학의 최대 성과를 이루어내는 대학이 지향하는 지점은 최우수대학[35] 또는 수월성

---

[35] 순위평가나 인증평가에서 대학 평가의 결과를 최우수대학, 우수대학 등의 이름으로 분류한다는 것을 염두에 두고 '최우수대학'이라는 말을 여기에서 쓴다. 이에 해당하는 영어 표현은 'excellence'다. 대학의 성과평가와 관련해 교육학 전공자들이 'excellence'를 주로 수월성이라고 번역하고 있기 때문에 이 말을 여기에서 쓴다.

의 대학이다. 최우수대학의 교수나 학생이 우수하다면 그 우수성은 교육과 연구의 내용 또는 학생의 지적·도덕적 성장이 아니라 논문 편수와 취업률에 관한 것이다. 좋은 논문을 썼는지 또는 자기 성취를 이루는 직업을 가졌는지의 여부는 전혀 관심거리가 아니다. 관심거리는 오직 숫자다.

대학 운영 책임자가 운영 목표를 서사 지식 생산에 두지 않겠다는 선언을, 다른 말로 하면 대학의 학문과 교육이 대학의 이념과는 관계없다는 선언을 우리는 한국의 유명 사립대학의 모토였던 'the first, the best'에서 확인할 수 있다. 이 모토는 한국어를 영어로 번역한 것도 아니고 또 해당하는 한국어 표현이 따로 있지도 않다. 이 대학교가 어떤 면에서 첫째the first이고 최고the best인지, 그것이 사실에 대한 진술인지 또는 지향해야 할 목표인지에 대한 설명도 없다.

이 대학은 한때 '진리와 자유'라는 말로 대학 이념을 제시하기도 했다. '진리와 자유'라는 이념이 이 대학의 역사를 통해 실제로 구현되고 있는지 여부와는 별개로 적어도 이 대학은 '진리'를 추구하며 그 진리는 궁극적으로 인간을 자유롭게 한다는 관념을 유지하고 있었다는 것이다. 여기에서의 진리는 일차적으로 대상에 대한 지식이겠지만 그 대상에 대한 지식이 인간과 사회적 차원으로 전이될 때는 서사 지식이 되며, 이 서사 지식을 통해 인간과 사회의 '자유'를 지향하게 한다는 것이 이 대학의 전통적인 이념이었다.

'진리와 자유'라는 이념을 버리고 'the first, the best'를 내세울 때 이 대학의 이념은 소멸한다. 총장의 대학 운영 목표는 'the first, the best', 즉 최우수대학이라는 위상을 유지하거나 이루는 것 그 이상도 이하도 아니다. 사실상 이런 슬로건은 대학의 순위평가가 대학의 운영 방식에 작용한 결과다. 이 모토를 내세운 총장은 취임사에서 이 대학을 세계 100대 대학에 진입시키는 것이 목표라고 말했다. 세계 100대 대학에 진입하는 것이 'the first, the best'라는 모토와 일치하는지는 논외로 치더라도 대학 구성원을 이끄는 대학 총장이 취임사에서 대학의 사명을 말하는 것이 아니라 대학 평가를 잘 준비해 대학의 순위 상승을 이룩하겠다고 말하는 상황 자체가 문제라는 것이다.

현재 이 대학의 총장은 바뀌었고 모토 역시 'the first, the best'에서 'we make history'로 바뀌었다가 다시 'leading the way to the future'로 바뀌었다. 그러나 이 대학 운영진의, 다른 대학에서도 마찬가지이지만, 최고 목표가 대학 평가에서 순위 상승을 이루는 것이라는 사실은 바뀌지 않는다.

대학순위평가에서 확인되는 '최우수대학'을 목표로 대학을 운영하는 것은 다른 대학에서도 마찬가지다. 대학의 이념을 말하던 '진리', '자유', '정의', '미', '덕' 등의 가치는 대학에서 거의 사라졌다. 이제 대학은 더 이상 이념을 지향하지 않게 되었다. 대학의 이념이 사라질 때 대학은 지식의 데이터뱅크가 된다. 교수의 연구업적은 연구실적 데이터뱅크에 집적된다. 데이터뱅크에 집적할 가치가 있는 지식은 가치 있는 지식이 되고 데이터뱅크에 들어가지 않는 지식은 가치 없는 지식이 된다.

이제는 SCIScience Citation Index, SSCISocial Sciences Citation Index, A&HCIArts and Humanities Citation Index, 한국연구재단 등재학술지 등으로 표시되는 지식의 데이터뱅크에 정보를 집적하는 일이 교수의 진리 추구 행위가 되었다. 대중에게 깨달음을 주는 지식을 제공하는 일이나 학자들끼리의 토론, 현 학문 체제의 문제점을 비판하는 논의 등은 모두 데이터뱅크에 입력 가능한 데이터가 될 수 없기에 대학에서 인정하는 지식의 범주에서 제외된다. 교수의 강의는 학생의 지적 성찰을 유도하는 것이 아니라 교수가 모은 정보를 전달하는 것이 된다. 학생이 받는 교육은 데이터뱅크에 접속해 정보를 처리하는 기술을 배우는 것이 된다.

학문 탐구를 통해 지적·도덕적으로 성숙한 인간을 양성하는 일을 목적하던 근대 대학은 몰락하고 있다. 근대 대학은 몰락의 과정을 거치면서 기업의 관리 시스템을 도입하는 기업 대학으로 변하고 있다. 기업 대학은 그 자체로 기업이 되기도 하고 기업자본주의 체제에서 기업을 위한 지식과 정보를 생산하기도 한다. 그러나 몰락하는 근대 대학은 직접 자신이 기업 대학으로 변모하고 있다고 실토하지 않는다. 기업 대학은 근대성을 극복하고 있다는 의미에서 포스트모던 대학을 표방하기도 하고, 민족국가 단위를 넘어서는 지식을 생산한다는 의미에서 글로벌 대학을 표방하기도 한다. 포스트모던의 이름을 갖든 글로벌의 이름을 갖든 근대성을 상실하고 있는 현재의 대학에서 자율적 학문공동체로서의 대학의 본질은 사라지고 있다.

근대 대학의 몰락은 역사적인 필연일지도 모른다. 그러나 설사 역사적인 필연으로 근대 대학이 몰락하고 있다고 해도 대학의 사명을 의식하는 대학 구성원이라면 몰락하는 근대 대학의 모습에 찬사를 보낼 수는 없을 것이다. 몰락하는 근대 대학의 대안으로 소서사small narrative에 근거한 비합의 공동체 the community of dissensus의 대학,[36] 서구 중심의 자본과 지식 체제를 벗어나서 원주민 공동체의 가치를 실현하려는 중남미의 문화교류 대학Universidad Intercultural,[37] 또는 대학 밖에서 성찰의 인문학 연구와 교육을 이끌고 있는 한국의 수유너머 등을 생각해볼 수 있다. 이런 시도들은 이념을 상실한 오늘날 대학에 대한 적절한 대안 모델을 제시하고 있다.

36 빌 레딩스가 주장하는 대학이다(Reading, *The University in Ruins*, pp. 180~193 참조).

37 Walter D. Mignolo, "Globalization and the Geopolitics of Knowledge: The Role of the Humanities in the Corporate University," *Nepantla: Views from South* 4.1(2003), pp. 113~116 참조.

그러나 필자로서는 근대 대학과 기업 대학 모두를 넘어서는 새로운 대학의 모델을 모색하기보다는 근대 대학을 지키는 일이 더 필요하다고 생각한다. 아직 근대 대학이 완전히 소멸한 것은 아니고 대학의 인문학자와 사회과학자 대부분은 여전히 이념, 가치, 규범을 지향하는 서사 지식을 만들어 내고 있으며 그런 지식을 통해 인간과 사회의 바람직한 가치를 제시하고 있기 때문이다. 따라서 서사 지식의 정당성을 훼손하는 대학순위평가에 대한 거부와 저항이 ― 어떤 형태를 띠든 ― 현재로서는 더 시급하다.

제9장

한국연구재단의 학문 관리

학문을 개인이나 학문 연구자들의 집합체인 개별 대학의 문제로만 규정하면 학문 연구 문제에 대해 한국연구재단 같은 국가기관이 개입하거나 지원할 필요가 없을 것이다. 그러나 대한민국 '헌법' 22조는 "모든 국민은 학문과 예술의 자유를 가진다"라고 학문이 국가 구성의 근본임을 명시한다. 또한 학문 탐구의 장인 대학을 규정한 '고등교육법' 제28조는 대학의 목적에 대해 "대학은 인격을 도야하고, 국가와 인류 사회의 발전에 필요한 학술의 심오한 이론과 그 응용방법을 교수·연구하며, 국가와 인류 사회에 공헌함을 목적으로 한다"라고 명시한다. 국가의 학문 진흥정책의 책임을 맡고 있는 한국연구재단에 대해 '한국연구재단법'은 이 재단의 목적을 규정한 1조에 "이 법은 한국연구재단을 설립하여 학술 및 연구 개발 활동과 관련 인력의 양성 및 활용 등을 보다 효율적이고 공정하게 지원하는 것을 목적으로 한다"라고 명시한다.

학문에 대해 헌법과 법률이 이렇게 규정하는 것은 국가, 구체적으로는 국가를 대표하는 정부가 학문을 진흥할 책임을 ─ 학문의 '관리'가 아니라 '진흥'임을 주목하자 ─ 갖고 있음을 말해준다. 그러나 현재 학문 진흥의 책임을 지고 있는 한국연구재단이 하는 일을 살펴보면 학문의 '진흥'과는 너무나 거리가 멀다. 현재 한국연구재단은 학문의 진흥이 아니라 학문의 몰락, 더 나아가 지식 세계가 몰락하는 길로 학문 연구자들을 몰아가고 있다.

1. 국가, 대학, 그리고 학문

'한국연구재단법' 1조에 나와 있는 "학술 및 연구 개발 활동"은 대학에서만 이루어지는 것은 아니다. 삼성경제연구소와 같이 기업이 설립한 연구기관에서도 학술 활동이 이루어진다. 또한 한국개발연구원 같은 정부출연기관도 정부 정책을 연구하는 학술 활동을 한다. 그러나 삼성경제연구소 같은 기업연구소나 한국개발연구원 같은 정부출연 연구기관에서는 특정 목적을 위해 학문 활동을 한다. 기업연구소는 기업의 이익을 실현하기 위한 연구를 하고, 정부출연 연구기관은 정부 정책을 위한 연구를 한다. 이런 의미에서 이들 연구기관은 미리 정해진 목적 없이 학문 활동을 하는 조직인 대학과는 구별된다. 기업연구소나 국책연구기관이 학술 활동을 한다고 해서 한국연구재단이 이들을 지원할 필요는 없다. 이들은 '헌법'과 '고등교육법'이 규정하는 자유롭고 심오한 학술 활동의 범주에 들어가지 않는 연구 활동을 하기 때문이다.

한국연구재단이 지원 대상으로 삼을 수 있는 학문은 대학에서 이루어지는 학문이다. 한국연구재단이 대학과 직간접으로 연관된 학술 연구자들의 작업을 지원해야 하는 것은 대학이 국가의 존립 근거를 제공하는 교육과 연구 활동을 하기 때문이다. 여기에서 국가란 "대한민국은 민주공화국이다"와 "대한민국의 주권은 국민에게 있고, 모든 권력은 국민으로부터 나온다"라고 '헌법'이 규정하고 있는 데서 확인할 수 있는 국민으로 구성된, 영어의 'the nation-state'에 해당하는, 국민국가[1]다.

국가의 학문 지원 의무를 이해하기 위해서는 학문 활동의 대표 조직인 대학, 대학에서 이루어지는 학문의 속성, 대학과 국가의 관계를 역사적인 관점에서 잠깐이라도 살펴볼 필요가 있다.

학자들의 공동체라는 뜻을 갖는 대학university은 11세기경 이탈리아 볼로냐에서 시작되었다. 당시에 교수의 역할은 기존의 지식을 학생에게 전수하는 것이었다. 16세기경에 대학교수는 독자적인 학문 탐구를 하는 경향이 있었지만 대학의 역할이 지식을 전수하는 것이라는 전통은 18세기까지 이어졌다. 학문 탐구의 장이라는 현대적 의미의 대학은 19세기 초 독일에서 시작되었다. 현대 대학이 연구 중심 대학으로 변하게 된 계기는 철학자 이마누엘 칸트가 『학부 간의 논쟁』이라는 책에서 대학은 신학, 법학, 의학과 같은 실용 학문을 위한 것이 아니며 인간과 세계에 대한 근본적인 지식을 탐

---

1 필자가 이 글에서 대한민국 헌법을 인용하고 있기에 영어의 'the nation-state'를 '국민국가'라고 표기하고 있지만 엄밀하게 말해 이 말에 해당하는 한국어는 '민족국가'다. 'the nation-state'란 특정 지역의 사람들 전체를 뜻하는 민족의 총의에 의해 구성된 국가를 뜻하기 때문이다. 국민이란 말을 따져보면 국민은 국가가 형성된 이후 그 국가에 속한 사람들을 뜻한다. 따라서 국민국가라는 말은 국가가 먼저 있고 그 국가에 의해 구성된 국민이 다시 국가를 구축한다는 뜻이 되어버리기 때문에 어불성설이다. 따라서 영어의 'the nation-state'에 해당하는 한국어는 '민족국가'라야 한다. 그러나 '국민국가'라는 말이 현재 광범위하게 쓰이고 있기 때문에, 그리고 이 글에서 인용한 헌법이 '국민'이라는 말을 쓰고 있기 때문에 여기에서는 '국민국가'라는 용어를 쓴다.

구하는 기초 학문이 대학의 근본이 되어야 한다고 주장하면서 마련되었다.

대학에 관한 칸트의 성찰에 근거해 1810년 독일(당시는 프로이센)에서 교육부 장관 역할을 하던 철학자 훔볼트가 베를린대학교를 세운다. 베를린대학교의 근본 원칙은 학문의 자유, 즉 교육과 연구의 자유였다. 학문의 자유를 완벽하게 보장해 학문의 발전을 이룬다는 베를린대학교는 대단한 학문적 성과를 이루었다. 마르크스와 구조주의의 창시자 소쉬르가 이 대학에서 수학했다. 자연과학 분야의 성과도 대단했다. 20세기 중반까지 거의 매년 노벨상 수상자가 이 대학에서 나왔다. 이 대학 출신 노벨상 수상자는 40여명에 이른다. 이 같은 학문적 성과로 베를린대학교는 전 세계적으로 인정받게 된다. 우선은 미국에서 베를린대학교를 본받아 미국 최초의 연구 중심 대학인 존스홉킨스대학교가 생겼으며 그 후 시카고대학교를 비롯해 미국 대부분의 종합대학이 베를린대학교식의 연구 중심 대학이 되었다. 일본의 교토대학교나 도쿄대학교도 베를린대학교를 모델로 해서 만들어졌다. 연구 중심을 표방하는 한국의 종합대학도 마찬가지다.

국가와 대학의 관계를 이해하기 위해서는 당시의 독일 정부가 학문의 자유를 근본 원칙으로 삼는 대학을 세우려 했던 이유를 이해해야 한다. 베를린대학교가 설립된 당시의 유럽은 국가 체제의 관점에서 볼 때 왕권국가에서 벗어나 국민국가(정확하게 말하면 민족국가)가 대세였던 시절이었다. 1789년에 절대 왕권을 무너뜨리고 세계 최초의 국민국가를 성취한 프랑스에서 국가는 곧 국민의 뜻의 총합으로서의 국가였다. 국가가 먼저 있고 그 국가의 통치 대상으로서의 국민이 아니라, 국민이 먼저 있고 국민의 뜻에 따라 국가가 형성된다는 것이다. 앞에서 언급한 "대한민국의 주권은 국민에게 있고, 모든 권력은 국민으로부터 나온다"라고 규정된 국민국가로서의 대한민국은 곧 프랑스혁명을 통해 형성된 현대의 국민국가의 모델을 대한민국도 채택했다는 뜻이다.

따라서 바람직한 국민국가를 이루려면 바람직한 국민이 먼저 있어야 한다는 것이 국민국가의 구성 원리다. 이런 이유로 국가를 대표하는 정부는 지적으로 성숙한 판단력을 발휘할 수 있는 국민을 양성하기 위해 국민을 교육한다. 국민국가 체제에서 대학은 최고 정점에 있는 교육·학문 탐구 기구다. 더 성숙한 국가, 더 발전하는 국가가 되기 위해서는 대학이 더 성숙하고 끊임없이 발전해야 한다는 것이 국민국가 체제에서의 대학의 이념이며, 이를 베를린대학교는 실행하고 있었다. 대학의 이념은 이상적인 국민을 양성하는 것이고 따라서 대학의 학문 활동은 국민국가의 초석을 쌓는 일이 된다. 결국 대학의 학문은 국가가 원하는 것이고 국가를 위한 것이다.

2. 학문의 발전과 국가의 학문 지원 정책

한국어 사전의 표준이 되는 국립국어원 『표준국어대사전』은 학문學問의 뜻을 "어떤 분야를 체계적으로 배워서 익힘, 또는 그런 지식"이라고 설명한다. 하지만 학문은 배우고 익히는 행위나 그 결과로 나타나는 지식만을 뜻하지 않는다. 학문은 원래 『논어論語』의 구절인 "博學而篤志 切問而近思 仁在其中矣박학이독지 절문이근사 인재기중의(널리 배우고 뜻을 굳게 하며, 절실하게 물으면서 가까운 것에서부터 생각해나가면, 인仁이 그 가운데 있으리라)"에서 따온 말이다. 이 말을 줄인 말이 박학절문博學切問이었고 이를 다시 줄인 말이 학문學問이다. 이와 같이 『논어』에서 유래된 학문의 원래 뜻은 '널리 배우고 절실하게 물음'이다. 이런 의미의 학문이 베를린대학교를 시발로 형성된 현대의 대학에서 이루어지는 학문이다.

학문은 배움에 근거하면서도 모든 것에 의문을 제기하는 것이다. 이 말을 다시 새기면, 학문 연구자가 기존의 지식 체계에 의문을 제기하면서 도전하지 않는 것은 진정한 학문 활동을 하지 않는 것이라고 할 수 있다. 『담론의 질서』에서 담론의 작동 방식을 논의한 푸코는 전문가 집단이 그들의 전문성을 확보하기 위해 담론을 전유하고 기존 담론의 장을 유지하려 할 때 담론은 고갈될 위험이 있다고 진단한 바 있다. 담론이란 말을 학문이란 말로 바꾸면 결국 푸코는 학문이 계속 발전하기 위해서는 끊임없이 새로운 분야를 탐구하고 새로운 지식을 만들어내며 기존 지식 체계를 변화시켜야 한다고 주장하는 셈이다.

한국연구재단의 설립 목적인 학문 지원은 학문의 원칙인 자유를 보장하면서 물적 지원을 수행하는 것을 뜻한다. 따라서 학문 지원의 원칙은 '지원은 하되 간섭하지 아니 한다'는 것이어야 한다. 학문 활동에 어떤 식으로든 간섭하고 관리하려 들면 학문의 자유는 위축되며, 학문의 자유가 위축될 때 학문의 발전은 위협받기 때문이다.

국가의 학문 활동 지원은 지적으로 성숙한 국민을 형성해 더 나은 국민국가를 이루기 위한 것이다. 구체적으로, 국가의 학문 활동 지원은 보편적이고 일반 국민을 위한 학문 활동을 지원하는 데 중점을 두어야 한다는 것이다. 특정 집단의 이익을 구현하려는 학문 지원은 제한되어야 한다. 예를 들어, 경영학이나 공학 같은 기업 이익을 실현하는 학문 활동에 대해서는 국가가 굳이 지원할 필요가 없다는 것이다. 그런 분야는 국가가 지원하지 않더라도 기업을 위한 제품 개발과 기업 경영전략 구축의 필요성 때문에 기업이 지원하게 되어 있다. 국가의 학문 활동 지원은 특수 집단의 이익을 실현하기 위한 것이어서는 안 된다. 국가는 기본 학문인 인문학, 자연과학, 기반 사회과학(사회학, 정치학 등) 분야에 중점을 두어 지원해야 한다.

3. 학문을 고갈시키는 한국연구재단의 학문 관리

한국연구재단은 2009년 기존의 한국학술진흥재단, 한국과학재단, 국제 과학기술협력재단이 통합된 학문 지원 정부기관이다. 한국연구재단 측은 자신들의 사업이 '창의연구지원'과 '연구인재양성'을 목표한다고 말한다. 그 러나 한국연구재단이 하는 일을 살펴보면 크게 연구지원과 연구관리가 주 업무라고 할 수 있다. 연구지원 분야를 보면 학술 연구의 모든 분야가 원칙 적으로 지원 대상이 될 수 있지만 원천기술개발사업지원이나 원자력기술개 발사업지원과 같은 사업 분야 목록에서 확인되듯이 이공 분야의 연구에 지 원이 치중되어 있고 또 실용적 목적을 위한 연구에 치중되어 있다.

연구관리 분야는 학술지 관리로 대표된다. 겉으로 보기에는 연구지원과 연구관리가 분리되어 있는 것 같지만 사실 연구지원과 연구관리는 상호 의 존적이고 보완적이다. 물론 재정이나 업무 규모로 보면 연구지원이 연구관 리 분야보다는 훨씬 크다. 그러나 연구지원이 연구관리 대상이 되는 학술논 문 업적에 근거하기 때문에 이 재단에서는 학술관리가 더 근본이 되는 사업 이라고 할 수 있다. 그리고 이 학술관리는 학술 활동이 학술지에 실리는 논 문으로 가시화되기 때문에 학술지 관리로 대표된다.

학술지를 효율적으로 관리하기 위한 체제를 구축하는 일이 학문 진흥책 이라고 인정할 수 있다면 1998년 학술지 등재 제도가 생긴 이후 한국학술진 흥재단과 그 업무를 인수한 한국연구재단의 학술지 관리 체제 구축의 성과 는 성공적이다. 한국연구재단이 인정하는 학술지 수는 비약적으로 늘었으 며, 또 한국연구재단의 관점에서 볼 때 학술지 자체의 질적 관리 노력 역시 상당하다.

그러나 한국연구재단의 학술지 관리는 학문을 위축시키는 관리 체제라고 할 수 있다. 이는 학문이 그 속성상 관리가 강화될수록 위축되고 고갈되기 때문이다. 앞에서 미셸 푸코의 학문 고갈 과정을 언급할 때 적용된 방식이 한국연구재단의 학술지 관리 방식에도 그대로 나타난다. 한국연구재단의 학술지 관리 방식은 크게 ① 학문 활동 주체 관리, ② 학문 분야 관리, ③ 학문 논의의 장 관리로 나타난다. 이런 관리 방식은 사실상 학문 활동을 제한해 학문을 위축시킨다.

한국연구재단의 학술지 관리 체제는 해당 분야의 비전문가를 학술 논의에서 배제하면서 시작된다. 사실 학문의 변화와 발전은 특정 학문 분야의 기존 지식 체제에 의문을 제기하고 도전함으로써 체제를 변화시킬 때 이루어진다. 이 같은 도전은 주로 해당 학문 분야의 비전문가에 의해 이루어진다. 한국연구재단의 학술지 관리 체제는 이런 비전문가의 학문적 논의가 인정될 수 없는 구조다. 한국연구재단에서 인정하는 학술지는 해당 분야의 전문가라고 인정된 사람들의 모임인 학술 연구자 단체 또는 학술 연구소에서 간행하는 학술지를 말하기 때문이다. 해당 분야에서 의미 있는 학술논문을 쓸 수 있는 연구자라고 해도 기존 학회 구성원에게 인정받지 못하면 그 학회의 회원이 될 수 없으며 학회지에 논문을 투고할 자격도 없다. 이런 체제에서는 해당 전문 분야의 지식 체계를 변화시킬 수 있는 학문 연구자는 기본적으로 배제된다.

또한 한국연구재단의 학술지 관리 체계는 학문 분야를 나누어 관리하는 방식을 취함으로써 학문을 위축시킨다. 한국연구재단에서 관리 대상이 되는 학술지는 인문, 자연, 공학, 사회 등의 분야로 나뉜다. 인문계는 다시 문학, 철학 등으로 나뉘고 문학은 국문학, 영문학 등으로 나뉜다. 국문학은 다시 고전문학, 현대문학으로 나뉘고 현대문학은 시, 소설, 드라마로 나뉜다. 이렇게 분류된 학문 분야 가운데 어디에 속하기 어려운 학술적 논의는 학술

논문으로 인정받기 어렵다. 예를 들어, 특정 학문 분야로 귀속되기를 거부한다고 할 수 있는 문화연구 영역을 생각해보면 이 영역이 기존 학문 분야에 귀속되거나 신설된 학문 분야로 인정받을 때만 학문의 장으로 인정된다. 어느 분야에도 속하지 않으면서 모든 분야의 학문 체제를 흔들겠다는 태도를 유지하는 한 문화연구 영역은 한국연구재단의 관점으로는 학문의 위상을 가질 수 없다.

한국연구재단의 학술지 관리 체계는 학술 논의의 장을 안과 밖으로 구분해 밖에 있는 학술 논의의 장을 배제함으로써 학문을 위축시킨다. 한국연구재단에서 인정하는 학문적 논의는 등재학술지(등재후보 포함)에 실린 논문이다. 아직 등재학술지가 되지 못한 학술지에 실린 학문적 논의는 의미 있는 논문으로 인정되지 않고, 이른바 '비학술지'에 실린 논문도 의미 있는 논문으로 인정되지 않는다. 비학술지는 대개 ≪창작과 비평≫, ≪문화과학≫ 등 대중이 독자로서 참여할 수 있는 대중적 학술지를 말한다. 한국연구재단의 학술지 관리 체제에서 비학술지나 비등재학술지에 실린 논문은 내용이나 내용의 질과는 관계없이 의미 있는 논문으로 인정되지 않는다. 이렇게 학문 논의의 장을 제한하는 관리 체제 역시 학문의 발전을 위축시킨다.

4. 소멸하는 대학의 지식인

한국연구재단의 학문 관리 체제는 대학의 학문을 직접 지배한다. 각 대학에서 일반화된 성과 중심의 경쟁적인 교수업적평가 체제는 교수들로 하여금 한국연구재단이 인정하는 방식으로만 학문 활동을 하도록 유도한다. 업적평가에서 점수가 안 되는 학문 활동은 무의미한 학문 활동으로 치부된다.

교수들은 점수를 얻을 수 없는 대중적 학술지나 신문에 글을 기고하지 않으려 하고 심지어 점수가 덜 되는 저술 활동도 하지 않으려고 한다. 최근에 한국연구재단이 등재학술지제도를 없애겠다고 한 것은 이런 상황을 노골적으로 악화시키겠다는 선언과 같다. 등재학술지를 없애겠다는 것은 모든 학술 활동을 인정하겠다는 것이 아니라 한국연구재단의 관리 체제 아래에서 선별된 극소수의 학술지만을 학문 활동의 장으로 인정하겠다는 말이기 때문이다. 한국연구재단의 학문 관리 방식은 크게 두 가지 결과를 낳는다. 하나는 대학의 학문과 대중적 지식의 괴리이며, 다른 하나는 대학의 학문 연구자인 교수들의 국가 및 사회 지도력 상실이다.

이제 교수들은 읽지도 않고 읽히지도 않는 논문을 쓰고 있다. 교수들은 대중이 접근할 수 없는 학술지에서만 학문 활동을 하기 때문에 대중적 파급력이 거의 없는 학문을 하고 있는 것이다. 4명(논문 저술자 자신과 심사위원 3명)만이 읽는 논문을 쓰고 있다는 우스갯소리가 있을 정도다. 또한 해당 분야의 전문가들인 논문심사자의 심사를 통과하기 위해 논문을 쓰기 때문에 이제 대학교수가 쓰는 논문은 더욱 현학적이고 전문적이 되어 해당 분야의 전문가가 아니라면 읽기 어렵게 되었다.

대중의 지식과 대학의 학문은 극단적으로 분리되어 있다. 대중은 네이버 지식인과 같이 극히 피상적인 지식을 제공하는 인터넷 사이트에서 지식(지식이라기보다는 정보)을 얻는다. 대중이 정보를 지식으로 착각할 때 그들은 특정 목적을 가진 정보에 휘둘린다. 이런 상황에서 학문을 통한 지식의 구축이 궁극적으로 지향하는 인간과 인간을 둘러싼 세계에 대한 이해, 그리고 삶과 세계에 대한 비판적 성찰은 근본적으로 불가능하다. 대중을 일깨우고 이끌어가는 지식인으로서의 대학교수는 거의 소멸되었다.

한국연구재단의 학문 관리 체제 그리고 이 체제를 거의 그대로 수용하는 대학의 교수 관리 체제 아래에서 대학교수는 성과로 인정되지 않는 일을 하지 않으려 한다. 그들은 공적 지식인으로서의 역할을 할 여유가 없다. 교수들은 '고등교육법'이 규정하는 대학의 설립 목적, 즉 "국가와 인류 사회의 발전"에 부합할 만한 일을 할 수 없게 되어 있다. 그들에 대한 억압적 관리 체제가 도입되기 전에 교수들은 사회적 권위를 가지고 있었고 또 국가나 사회의 정책 입안과 집행에 참여하면서 학문적 성과를 현실화했다. 예를 들어, 과거에는 대학이 국가와 사회의 두뇌집단think tank 역할을 했으며 이에 따라 교수들이 정부의 각료로 참여하는 일도 흔했다. 오늘날에도 대학교수의 정부기구 참여가 이루어지고는 있으나 과거에 비하면 현저히 줄어들었다.

대학의 학문 연구자들이 정부 정책의 입안자나 집행자 역할을 하지 못하는 오늘날 그 자리는 기업 집단이 장악하고 있다. 기업인이 정부의 각료가 되는 일이 흔해졌다. 가장 심각한 것은 정부 정책에 미치는 기업연구소의 영향력이다. 예를 들어, 삼성경제연구소는 기본적으로 기업의 이익을 실현하기 위한 기업연구소인데, 오늘날 기업연구를 넘어 국가정책 연구소가 되었다. 삼성경제연구소는 100명이 넘는 박사급 연구 인력을 갖춘 두뇌집단이며, 연구원은 대부분 경제학, 경영학 분야의 박사학위를 소지하고 있다. 한국의 어느 대학도 규모와 전문성에서 이 정도의 인력을 확보하지 못하고 있다. 이 규모와 조직력은 국책연구기관인 한국개발원을 훨씬 능가한다. 삼성경제연구소는 기업연구뿐만 아니라 재정, 조세, 통일, 교육, 문화, 에너지 분야의 연구를 하고 정책을 수립하고 이를 사회와 정부에 전달한다. 삼성경제연구소가 수립한 정책은 정부 정책으로 수용되고 집행되어 한국 사회를 만들어가고 있다. 심지어 진보를 표방했던 노무현 정부에서도 대통령을 비롯한 정부 각료가 삼성경제연구소에서 국가 경제정책에 대한 연수를 받으면서 정부 정책을 수립했다.

현재 한국 사회에서는 삼성경제연구소뿐만 아니라 LG경제연구원, 현대
경제연구원 등 기업연구소가 정부 정책을 수립하고 있는 실정이다. 기업연
구소가 정부 정책을 수립하고 정부가 이를 집행할 때 정부 정책은 국민을
위한 정책이 아니라 기업과 자본을 위한 정책이 된다. 기업연구소가 발행한
연구보고서는 책으로 발행되어 대중에게 전파되면서 영향력을 행사하기도
한다. 결과적으로 대학의 학문 연구자들이 한국연구재단과 대학 본부의 관
리 체제 아래에서 대중적 영향력도 없고 국가와 사회에 대한 영향력도 없는
연구를 진행할 때 대중의 의식과 정부 정책은 기업자본에 의해 지배받게 된
다는 것이다.

한국연구재단은 학문을 관리하기 위한 정부기구가 아니라 학문을 진흥할
책임이 있는 정부기구다. 오늘날 한국 사회에서 학문은 한국연구재단의 학
문 관리 체제, 기업식 관리 체제가 구축된 대학의 교수 관리 체제에 의해 위
기를 맞고 있다. 더구나 학문의 자유를 보장해야 하는 국가 체제를 기업자
본이 장악함으로써 상황은 더욱 심각해지고 있다. 학문이 고갈되고 학자인
교수들이 수행해야 할 공적 지식인의 역할이 소멸될 때 그 사회의 미래는
없다.

제10장

교수업적평가와 학술논문

이 장의 독자가 교수를 꿈꾸는 대학생이라면 이 글을 읽고 나서는 교수가 되고 싶은 마음이 사라질 것 같기도 하다. 교수가 대학이라는 학문공동체를 이끄는 사람도 아니고 교수의 학문 활동이 지적 욕구를 충족하는 행위도 아님을 말하기 때문이다. 이 장의 독자가 교수라면[1] 교수의 치부를 드러내는 이 장의 내용에 분개하거나 이런 글을 쓰는 필자를 현실 부적응자라고 비난할 것 같기도 하다. 필자가 현실 부적응자인 것은 맞다. 이 글을 쓰는 2017년 현재 필자는 교수 노릇을 하고는 있지만 망가지는 대학의 현실에 맞추면서 대학의 관리자들이 기대하는 대로 교수업적을 높여갈 수가 없다.

대학의 역사를 통틀어 현재만큼 교수의 위상이 보잘것없던 적이 별로 없

---

1 이럴 가능성은 별로 없을 것으로 생각한다. 교수들은 논문을 쓰기 위한 목적이 아니라면 다른 교수의 글을 읽지 않는다.

다. 과거에 교수들은 대학 안에서 대학공동체를 이끄는 사람들이었다. 총장을 비롯한 대학 운영진은 교수들이 합의로 선출했고 교수들의 뜻에 따라 대학을 운영했다. 서양어의 대학universitas이 원래 교수들과 학생들의 조합을 뜻했으며 그 조합을 이끄는 선임 조합원은 교수들이었기 때문에 대학과 교수는 실제로는 같은 말이었다. 학생들은 조합의 또 다른 축으로서 교수와 공동 조합원이었다. 이제 교수들은 대학이라는 직장의 피고용인 신분으로 격하되었다. 과거에 교수들은 대학 밖에서 지적 권위를 가지고 국가정책에 대한 자문에 응하거나 사회가 나아갈 방향을 제시하는 지식인 역할을 수행했다. 그러나 오늘날 교수들은 정책 입안자 역할을 삼성경제연구소 같은 기업연구소에 넘겨버렸고 대학 안에 갇힌 채 업적 관리를 위해 논문 편수를 채우는 일로 바쁘다.

이 장은 우선 대학 운영진이 교수들을 어떻게 관리하는지 그리고 그 상태에서 교수들이 스스로 어떻게 업적을 관리하는지를 소개한다. 그다음 교수 업적 관리에서 결정적인 역할을 하는 논문이 어떻게 지식 세계를 위축시키고 있는지를 논의한다. 마지막으로는 대학교수의 미래 모습을 전망한다.

1. 교수 업적 평가

기업의 인사관리에서 성과평가가 중요한 몫을 차지하듯이 대학의 교수관리에서도 업적평가가 중요한 몫을 차지한다. 교수의 업적평가 결과는 승진, 연봉, 성과급 지급에 이용된다. 많은 대학에서 교수업적평가 결과가 정해진 기준 이하일 때는 연봉이 동결되거나 호봉이 상승되지 않는다. 업적평가 결과로 성과급을 지급하는 대학에서는 A, B, C 등의 등급으로 나누어 차별적 성과급을 지급하거나 기준 이하일 때는 성과급을 지급하지 않는다. 교수업적평가에서 가장 결정적인 경우는 재임용 심사와 정년보장 심사다. 전임교수로 임용된 후 1~3년이 경과한 다음에 이루어지는 신임교수 재임용 심사에서 탈락하면 그 교수는 해임된다. 교수 인력이 많지 않은 한국의 현실에서 재임용 심사에서 탈락한 교수는 교수 사회에서 무능하거나 문제 있는 교수로 낙인찍히기 때문에 다른 대학에서 새로 임용될 가능성이 거의 없다. 즉, 재임용 탈락은 대학 사회 또는 학문 세계에서 탈락하는 것과 같다.

정년보장 심사는 일부 대학에서는 부교수 승진 심사와 같지만 많은 대학에서 정교수 승진 심사와 같다. 종신교수제도가 확립된 미국에서는 신임 조교수로 임용된 이후 4~5년 경과했을 때 종신교수 심사를 받지만 한국에서는 신규 임용 후 조교수 5년, 부교수 4~5년의 기간이 지난 10여 년 후에 정년보장 심사를 받는다. 10여 년 전만 하더라도 정교수 승진이 되지 않는 경우는 많지 않았지만 지금은 대부분의 대학에서 정교수 승진 요건을 강화했기 때문에 조교수, 부교수들은 목숨을 걸듯이 업적 관리를 한다. 그럼에도 불구하고 탈락하는 교수도 많다.

모든 대학의 교수업적평가 기준이 동일하지는 않다. 기본적으로 여기에서 소개하는 교수업적 관리의 양상은 필자가 재직하고 있기 때문에 잘 알고 있는 중앙대학교의 경우다. 중앙대학교의 사례는 다른 대학에도 마찬가지로 적용될 수 있다. 대학 운영 방식이 점점 표준화되고 있기 때문이다. 대학 운영진은 교육부의 주도하에 전국대학총장협의회, 전국대학교무처장협의회, 전국기획처장협의회 등을 조직해 대학과 교수를 관리하기 위한 정보를 교류하고 표준 관리 지침을 만들어 공유하고 있다. 그 결과 교수의 업적평가 기준은 비슷한 방식으로 끊임없이 강화되고 있다. 필자가 재직하는 대학의 예를 드는 이유는 다른 대학에 비해 조금 더 그 기준과 적용 방식을 잘

알고 있기 때문이다.[2]

교수업적평가에서 업적은 연구, 교육, 봉사로 나뉜다. 그중 연구 부문 비중이 가장 높고 그다음이 교육이고 상대적으로 비중이 낮은 부문이 봉사다. 비중이 낮다고 봉사와 교육 부문을 소홀히 할 수는 없다. 승진 심사에서는 이들 부문도 마찬가지로 중요하며 승진이나 재임용 같은 결정적인 경우가 아니더라도 두 부문에 최소 기준이 적용되기 때문에 그 기준을 충족하지 못하면 벌칙 대상이 된다. 가장 비중이 높은 연구 부문은 뒤에서 자세히 논의할 것이기에 이 절에서는 교육과 봉사 부문만 소개한다.

교수의 교육 부문 업적평가 항목은 강의평가, 강의시수, 강의계획서, 교과목 개발, 석·박사 배출 실적, 학생 지도로 이루어진다. 그중 가장 비중이 큰 항목은 강의평가다. 강의평가는 설문지 형태로 되어 있고 각 항목에 대해 낮은 순서로 1~5점을 부여하는 방식이다. 평가 항목은 '교수님은 강의 준비를 충실히 하여 수업에 임하셨습니까?', '교수님은 수업 내용을 명확하고 이해하기 쉽게 전달하셨습니까?', '교수님은 휴강 시 보강을 하셨습니까?', '이 강의에 대해 전반적으로 만족하십니까?', '이 강의를 통해 해당 분야의 지식과 기술 등을 배울 수 있었습니까?' 등으로 되어 있다. 모든 항목이 해당 강의를 통해 교육이 잘 이루어졌는지를 평가하겠다는 취지로 구성되어 있다.

교수가 학생을 평점으로 평가하는 일이 정당하다면[3] 학생이 교수의 강의

---

2   중앙대학교의 교수업적평가제도가 문제 있다는 주장을 하려는 것은 아니다.

3   근본적으로 필자는 정신의 성숙을 도모하는 교육의 결과를 숫자로 계량화할 수 있다는 관념에 동의하지 않는다. 교육 결과를 78점, 92점 같은 숫자나 A, B, C, D, F 같은 문자 (문자도 'A=4'와 같이 결국 숫자로 환산된다)로 표시하는 방식은 교육의 전통에서 비교

를 평가하는 일 역시 정당하다고 할 수 있다. 또한 교수들은 학생들의 평가를 보고 어떻게 더 좋은 강의를 할 수 있을지 구상하기도 한다. 그러나 강의평가 설문지의 방식이나 각 항목에 대한 점수 매기기 같은 방식의 평가가 교수의 강의를 제대로 평가할 수 있다고는 생각하지 않는다. 학생들 대부분은 교수의 강의에 후한 점수를 주지만 그 후한 점수의 구성을 보면 각 항목에 대해 개별적으로 평가하는 것이 아니라 전체적으로 비슷한 높은 점수를 주고 있음을 확인할 수 있다. 또한 휴강이 한 번도 없는 수업이더라도 관련 항목에 가장 낮은 점수를 주는 학생도 흔히 있다. 강의평가는 세부적인 설문 항목이 있는데도 불구하고 전체적으로 교수의 인기 평가, 학생의 자기만족 평가인 측면이 크다. 강의평가는 일종의 소비자 만족도 조사가 되었다. 교육이 서비스 상품이 된 것이다.

교육은 지적·정신적 성숙을 이루기 위한 것이기 때문에 교육 효과가 높아지려면 정신적 고통이 따른다. 지적 성장을 위해서는 읽고 쓰고 말하고 생각하는 정도도 많고 깊어져야 한다. 이런 관점으로 보면 좋은 강의는 학생들이 어렵다고 생각하는 강의가 될 여지가 크다. 그러나 강의평가에서 좋은 점수를 얻기 위해서는 강의는 쉬워야 하고 읽고 생각하는 양은 적어야하며 학생의 잘못에 대해서는 질책은 삼가야 한다. 이에 따라 교재는 얇아지고 과제는 줄어든다.

적 최근인 18세기 중엽 이후 미국과 영국에서 시작되었고 19세기 중엽 이후에야 보편화되었다. 그 전에는 합격, 불합격으로만 구분하거나 기껏해야 우수 합격, 합격, 불합격 정도였다. 오늘날 교육 성과를 계량화하는 방식에 거리를 두는 대학도 여럿 있다. 미국의 브라운대학교는 성적을 숫자로 바꾸지 않는다. 미국의 뉴욕주립대학교 버펄로캠퍼스의 대학원은 성적을 합격과 불합격으로만 구분한다.

강의평가 점수가 높은 강의에서 질 낮은 교육이 이루어지고 강의평가 점수가 낮은 강의에서 수준 높은 교육이 이루어지고 있다고 할 수 있는 근거가 충분히 있다.

전임교수의 업적평가에서는 연구 비중이 워낙 크기 때문에, 그리고 강의평가 점수가 낮아도 신분에 위협이 되는 경우는 별로 없기 때문에 전임교수는 강의평가 점수에 크게 연연하지 않는다. 그러나 비전임교수(시간강사, 강의전담교수 등 단기 계약직 교수)는 강의평가 점수가 일정 기준 이하면 해촉되기 때문에(이는 너무 점잖은 표현 같다. 다시 말해, '잘리기' 때문에) 그들은 강의평가 점수에 무척 민감하다. 비전임교수는 강의평가 점수를 잘 받기 위해 강의에 정성을 쏟기도 하지만 학생들의 눈치를 더 보는 경향이 있기도 하다. 이런 까닭에 대개 비전임교수의 강의평가 점수가 전임교수의 점수보다 높게 나오기도 한다.

비전임교수의 해촉 사유가 되는 강의평가 점수 기준은 낮지 않다. 대학마다 기준이 어느 정도 다르기는 하겠지만 필자가 재직하는 중앙대학교의 경우는 70점이다. 이 점수는 설문지 항목에서 대략 3점(보통)에 해당한다. 즉, 보통 정도의 강의 만족도를 주는 비전임교수는 잘린다는 것이다. 또한 강의평가 점수를 상대평가 방식으로 전환해서 하위 10% 정도의 인원을 해촉하기도 한다. 이른바 저성과자 해고 규정이 대학의 비전임교수들에게 적용되고 있다. 문제는 여기에서 말하는 교육 성과가 학생들의 지적 성장을 측정한 결과가 아니라 학생 고객 만족도 조사 결과라는 데 있다. 예컨대 보험이나 전자제품 수리 서비스를 받았을 때 담당 직원에 대한 만족도 평가를 요청받는 경우 해당 직원은 만점으로 대답해달라고 부탁한다. 비전임교수들도 학기 말에 강의평가에서 만점으로 표시해달라는 부탁을 학생들에게 하고 있는지도 모르겠다. 비전임교수든 전임교수든 교육업적평가가 강의평가 점수에 좌우되는 한 이런 낯 뜨거운 부탁을 학생들에게 해야 하는 상황은 벌어질 수밖에 없는 것 같기도 하다.

　교육업적에는 강의계획서, 교과목 개발, 원어 강의, 학생 지도 등도 포함된다. 그러나 학생의 지적·정신적 성장에 필요한 교육 행위는 포함되지 않는다. 정규 개설 강의 외에 학생들과 독서 모임을 만들어 강독회를 한다든가 맥주잔을 앞에 놓고 세상 돌아가는 이야기나 바람직한 삶에 대해 학생들과 토론하는 일은 교육업적 점수에 포함될 수 없다. 미리 정해진 항목에 대해 미리 정해진 학생들과 함께 특정의 교육 성과를 기록해야만 교육업적으로 인정받는다. 대학 본부가 규정하는 교육 행위 이외의 행위를 하지 말라는 지침이 암묵적으로 존재하는 셈이다.

　교수의 업적평가에서 봉사업적은 상대적으로 비중이 낮다. 중앙대학교의 경우는 교수업적평가가 연구 60% 교육 30% 봉사 10%[4]로 이루어져 있다. 비중은 낮지만 일정 기준 이상의 점수를 받아야 하기 때문에 봉사업적 점수도 무시할 수는 없다. 교수가 봉사업적에서 점수를 받으려면 길거리의 휴지를 줍거나 초등학교 앞에 가서 등하교길 도우미 일을 하는 것과 같은 상식적인 의미에서의 봉사 활동을 하면 안 된다. 참여연대와 같은 시민단체의 활동가가 되어서도 안 되고 민주화를 위한 전국교수협의회 같은 진보교수회의체의 대표가 되어서도 안 된다. 봉사업적평가에서 점수가 되는 봉사는 영향력 있는 지위를 차지하거나 돈이 되는 일이다.

　봉사업적은 교내 봉사와 교외 봉사로 나뉜다. 교내 봉사는 학장이나 처실

4　이는 연구트랙 교수의 경우로, 대부분의 교수가 연구트랙에 속한다. 행정트랙(보직교수가 여기에 속한다)이나 교육트랙에 속한 교수는 소수다.

장, 대학 운영을 지원하는 각종 위원회의 위원, 연구소의 임원, 입학 전형 시 출제 또는 채점 위원으로 활동하는 것을 뜻한다. 이들 활동은 영향력도 있고 돈도 되는 일이다. 학장이나 처장 같은 보직자들은 보직 수당을 받고 위원회의 위원은 회의비나 연구비를 받으며 입학 전형에 참여하면 꽤 큰돈이 생긴다. 이 모든 자리가 대부분의 교수들이 탐내는 자리다. 이 자리는 법인 이사장, 총장, 처실장, 학장 등과 가까운 관계에 있는 교수들이 차지한다. 즉, 교내 봉사업적평가란 곧 대학의 권력 집단에 참여하는 교수들을 위한 교수업적평가가 된다. 이에 따라 봉사업적평가가 보직교수를 위한 업적평가라는 비난이 평교수들 사이에서 당연히 나오게 되어 있다. 이를 고려해서 평교수를 위한 봉사업적 점수도 있다. 바로 교수회의 참석이다. 그렇지만 교수회의 참석 점수는 너무나 미미해서 별 의미가 없다.

교외 봉사업적도 교내 봉사업적과 거의 같다. 전국 단위의 학회 및 국제 학회의 회장이나 임원, 학술회의조직위원회의 임원, 정부 관련 위원회의 위원, 국가고시 출제자, 연구비 심사위원 등의 직위를 가진 교수에게 부여하는 것이 교외 봉사업적 점수다. 교내 보직과 마찬가지로 대학 외부의 이런 자리 역시 자신이 원한다고 차지할 수 있는 것이 아니다. 이들 자리는 영향력 있는 인사들과 친분 관계가 있을 때 주어지는 자리다. 결국 점수로 인정되는 대학 외부 봉사는 영향력이 있는 자리 또는 돈이 되는 자리(출제나 심사에 참여하면 수당이 나온다)를 차지함을 뜻하게 된다. 중앙 일간지 기고나 공중파 방송에 출연했을 때 부여하는 점수도 있기는 하지만 이는 대부분의 교수들에게 해당되지 않는다.

영향력도 없고 인간관계도 넓지 않은 평교수를 위한 봉사업적 점수도 있기는 하다. 비로 대학발전기금을 출연하는 것이다. 봉사업적 점수가 기준에 미달될 것이라고 예상될 때 평교수가 할 수 있는 일은 대학에 큰돈을 내는 것이다. 힘 있는 교수들이 봉사를 하면 돈이 생기지만 힘없는 교수들이 봉사를 하려면 돈을 내야 한다.

2. 교 수 연 구 업 적

교수의 연구업적은 논문, 단행본, 학술 활동, 특허로 이루어져 있다. 업적평가에서 연구업적은 가장 비중이 높기 때문에 교수들이 가장 심혈을 기울이는 부문이다. 이 부문에서는 논문이 가장 중요하다. 가령 단행본은 점수가 30점이고(그나마 전문서만 해당된다. 일반 독자를 위한 저서는 점수가 없다) 논문은 25점이지만 단행본 분량이 대개 논문의 10배 이상인 점을 감안하면 논문의 큰 비중을 짐작할 수 있다. 교수업적평가에서 교육이나 봉사 부문에는 만점이 있어 일정 이상의 점수를 받으면 더 이상 점수가 올라가지 않지만 연구 부문에는 만점이 없다. 연구 부문 점수는 계속 올라갈 수 있다. 중앙대학교에서는 교수업적평가 결과를 S, A, B, C로 분류하는데, S나 A급 교수는 대개 논문 점수가 많은 교수다.

논문은 국제전문학술지와 국내전문학술지로 나뉜다. 국제전문학술지란 단지 국제어라고 할 수 있는 영어로만 쓰인 학술지를 뜻하지 않는다. 국제적인 명성이 있는 학자들이 인정하는 학술지를 뜻하지도 않는다. 교수의 연구업적평가에서 인정받는 국제학술지란 학술정보 기업인 톰슨사가 인정하는 학술지 목록인 JCR에 포함된 학술지를 의미한다. 처음에는 자연과학 학술지를 중심으로 목록을 만들었으나 지금은 사회과학, 인문학, 예술 분야의 학술지까지 포함한다. JCR은 자연과학 학술지 목록은 SCI, 사회과학 학술지 목록은 SSCI, 예술·인문 학술지 목록은 A&HCI로 분류한다. 자연과학 분야에서 SCI 후보급에 속하는 학술지 목록은 SCI-EScience Citation Index-Expanded 다. 톰슨사와 경쟁하는 다른 기업이 만든 학술지 목록으로는 Scopus가 있다. 교수의 연구업적에서 자연과학(의약학, 공학 포함) 분야는 이제 국내학술지 논문은 거의 인정받지 못하기 때문에 이 분야의 교수들은 SCI 목록의 학술지에 실리는 논문을 써야 한다.

국내전문학술지는 등재학술지와 등재후보학술지로 나뉜다. 여기에서 말하는 등재학술지란 정부기관인 한국연구재단에서 인정하는 공식 학술지를 뜻하고, 등재후보학술지란 아직 공식 학술지로 인정되지는 않았지만 추후 공식 학술지로 인정될 것이 예상되는 학술지를 말한다. 한국연구재단의 목록에 포함되지 않는 일반학술지나 일반 독자가 서점에서 구입할 수 있는 정기간행물에 실린 논문은 연구업적으로 인정되지 않는다. ≪창작과 비평≫, ≪문화과학≫ 같은 꽤 영향력이 있는 정기간행물에 실린 논문도 연구업적 점수로 따지면 0점이라는 이야기다. 이 책에 실린 필자의 논문 「대학 자본주의와 대학 공공성의 소멸(제5장 대학 자본주의: 대학 공공성의 소멸)」, 「인문학의 몰락, 대학의 몰락(제11장 인문학의 몰락)」 등은 한국연구재단의 등재학술지 목록에 있는 학술지에 실렸기 때문에 교수업적평가에서 점수가 되는 논문이었다. 그러나 ≪문화과학≫에 실린 「한국연구재단의 학문 관리와 학문의 몰락(제9장 한국연구재단의 학문 관리)」이나 ≪녹색평론≫에 실린 「고난의 시대, 몰락한 대학(제12장)」 등은 등재학술지 논문이 아니기 때문에 0점 논문인 것이다. 업적평가를 받는 교수의 입장에서는 쓸데없는 논문을 쓴 셈이다.

교수 연구업적평가에서 국제학술지 논문과 국내학술지 논문은 엄청난 차이가 있다. 자연과학 분야에서는 국내학술지 논문은 아예 점수가 없다. 오직 SCI, SCI-E, Scopus 학술지에 실린 논문만이 연구업적으로 인정된다. 사회과학 분야와 예술·인문 분야에서는 국내학술지 논문도 점수가 있지만 국제학술지의 점수와는 큰 차이가 있다. 중앙대학교의 평가 기준으로 SSCI와 A&HCI 학술지 논문은 100점인 데 비해 국내 등재학술지는 25점, 등재후보 학술지는 20점이다. SSCI나 A&HCI 학술지 논문이 국내학술지 논문에 비해 4~5배 더 중요한 학술업적이 된다는 뜻이다. 다른 대학도 이와 비슷하다.

SCI, SSCI, A&HCI의 목록에 있는 학술지에 실리는 논문을 쓰는 일은 쉽지 않다. 이런 국제학술지들은 국내학술지에 비해 훨씬 더 정교한 심사 체계를 갖추고 있다. 또한 한국어로 학문 활동을 하는 한국인 학자가 수준 높은 영어 글쓰기를 구사해야 하는 점도 부담으로 작용한다. 이런 면에서 국제학술지에 실리는 논문의 점수가 국내학술지의 논문보다 점수가 높은 것은 어느 정도 이해할 만하다.

그러나 학문적 의의를 생각해보면 국제학술지의 논문을 국내학술지의 논문보다 더 높이 평가해야 할 이유는 없다. 자연과학 분야의 학문 활동이 상당한 정도 사회적·문화적 배경에 좌우되지 않는다는 점에서 이 분야의 학문이 국제화될 필요는 있다고 볼 수 있다. 그러나 사회과학이나 인문·예술 분야의 학문 활동은 사회적·문화적 맥락을 무시할 수 없다. 따라서 학문적 의의를 생각하면 사회과학이나 인문학의 경우 국제학술지 논문보다 국내학술지 논문을 더 가치 있는 논문으로 평가해야 할 이유도 충분하다.

또 다른 문제는 JCR 학술지 목록이 해당 분야의 학문 활동을 제대로 반영하는지의 여부다. 인문학을 전공하고 사회과학에 관심이 많은 필자로서는 자연과학 분야의 학술지 목록인 SCI에 대해서는 잘 알지 못한다. 그러나 SSCI나 A&HCI의 목록은 신뢰할 수가 없다. 예를 들어, 영어권에서 진보적 학술지의 대표로 손꼽히는 ≪마르크스주의 재고Rethinking Marxism≫, ≪공공문화Public Culture≫ 등은 SSCI의 목록에도 없고 A&HCI의 목록에도 없다. 문화연구 분야를 주도하는 ≪소셜 텍스트Social Text≫ 역시 목록에 없다.

한국에서 교수의 연구업적평가가 JCR 학술지 목록에 절대적으로 의존해서 진행된다는 것은 외국 기업의 이익을 위해 한국 대학의 연구업적평가가 이루어지고 있음을 뜻한다. JCR 목록을 만들어낸 톰슨 로이터스사는 뉴욕에 소재하는 다국적 정보 기업이고 매스미디어 산업에도 진출했다. 이 회사가 소유하던 JCR 목록을 포함한 지적재산권이 2016년 클래리베이트 애널리틱스Clarivate Analytics에 팔렸고 이제는 이 회사가 JCR을 운영하고 있다.

≪마르크스주의 재고≫, ≪공공문화≫, ≪소셜 텍스트≫ 등 저명 학술지가 JCR 목록에 없다는 것은 이들 학술지의 운영진이 그들이 기여하는 학문 교류 활동을 정보 기업의 이익을 위해 활용하게 해줄 생각이 없음을 뜻한다고 이해할 수 있다. 또한 한국과는 달리 미국에서는 교수 연구업적평가가 JCR 목록 같은 기업이 제공하는 정보에 의해 결정되지 않음을 의미하기도 한다. 사실 미국 대학의 교수들은, 특히 인문학 전공자들은 JCR이니 A&HCI이니 하는 학술지 목록을 모르거나 의식하고 있지 않다.

교수들의 연구업적이 국제적인 경우에, 즉 영어로 연구업적이 발행되는 경우에 그 평가가 정보 기업의 통제 아래에 이루어지고 있다면 교수들의 연구업적이 국내로 제한될 경우에, 즉 한국인 독자를 위해 연구 결과가 발행될 경우에 그 평가는 한국연구재단으로 대표되는 정부기구에 의해 통제된다. 이때 JCR에 의해 교수 연구업적을 평가하는 방식과는 정반대 현상이 나타난다. JCR은 상업적 목적을 가진 기업이 만들어낸 학술지 목록이다. 반면 한국연구재단의 등재학술지(등재후보 포함)는 기본적으로 상업적 목적을 갖지 않는다. 등재학술지는 대부분의 경우에 학회지인데, 학회지란 특정 학문 분야를 전공하는 학자들의 모임인 학회에서 회원들의 연구 결과를 싣는 학술지다. 따라서 학회지 논문의 저자도 그 학회의 회원이지만 독자 역시 대부분 회원들이며, 대부분 회원들에게 비매품으로 배포되기 때문이다. 이런 측면에서 학회지 논문은 회원이 아닌 사람들을 저자로서 배제하고 독자로서도 배제한다. 학회 학술지가 상업성이 없다는 점에서는 학문의 공공성을 위해 바람직한 현상이지만 그 상업성의 배제가 결국 학회 회원이 아닌 일반 대중을 학문 세계에서 배제한다는 점에서는 마찬가지로 학문의 공공성이 제한된다.

3. 논문과 학술지

대학교수의 업무에는 교육과 연구 그리고 더 넓게는 봉사까지 포함된다고 할 수 있지만 앞에서 살펴본 대로 교수의 업적평가에서는 교수의 모든 교육, 연구, 봉사 활동을 업무로 인정하지는 않는다. 특정 교육 행위를 특정 방식으로 평가하는 것이 교육업적평가이며, 이는 연구나 봉사에 대해서도 마찬가지다. 특정 교육이나 연구 행위만이 교수의 교육이나 연구로 인정된다는 말은 그 외의 교육이나 연구 행위는 사실상 금지하거나 배제한다는 뜻이 된다. 말하자면 교수업적평가는 교수의 연구, 교육, 봉사 활동을 제한하는 효과를 낳는다. 이런 배제나 금지의 원리가 작동하는 방식을 우리는 푸코의 담론 이론의 관점을 통해 이해할 수 있다.

푸코는 『담론의 질서』에서 "어떤 사회에서든 담론의 생산을 통제하고, 선별하고, 조직화하고 나아가 재분배하는 일련의 과정들 — 그의 힘들과 위험들을 추방하고 그의 우연한 사건을 지배하고, 그의 무거운, 위험한 물질성을 피해가는 역할을 하는 과정들 — 이 존재한다"라고 말한다.[5] 여기에서 푸코가 말하는 담론이란 기본적으로 담화, 논문 등의 언어적 행위를 뜻하지만 이를 넘어서는 모든 사회적 행위나 실천을 포함하기도 한다. 푸코식으로 설명하면, 대학이라는 담론의 장 안에 속하는 교수라는 개별 담론들인 교수의 교육, 연구, 봉사 행위는 대학이라는 담론의 질서를 유지하기 위해 부여하는 '통제하고 선택하는' 작용에 따라 움직이는 대상들이라고 이해할 수 있는 것이다.

푸코가 말하는 담론이 우선 언어 행위이고 또 대학교수의 업적평가에서 연구업적, 그리고 그 연구업적 중에서도 논문의 비중이 가장 크기 때문에 논문의 담론 작용을 설명하면 교수업적평가가 교수의 활동을 어떻게 제한하는지를 이해할 수 있을 것이다.

국립국어원이 편찬한 『표준국어대사전』은 '논문'을 "어떤 문제에 대한 학술적인 연구 결과를 체계적으로 적은 글"이라고 정의한다. 그러나 대학교수에게 적용되는 논문은 이런 정의에 부합하지 않는다. 이런 정의를 따르면 '더 좋은 논문'이란 '더욱 많은 학술 연구의 과정을 거쳐 그 결과를 더 체계적으로 적은 글' 정도가 될 것이다. 교수의 연구업적평가는 이런 논문의 정의와는 관계없다. 우선 대학교수의 논문이란 JCR 목록에 있는 학술지에 실린 글과 한국연구재단 등재(등재후보)학술지 목록에 있는 학술지에 실린 글을 의미한다. 더 좋은 논문이란 '더 많은 학술 연구와 더 체계적인 글'이 아니라 JCR 목록의 학술지(그중에서도 영향력 지수impact factor가 더 높은 학술지)에 실린 글이다. 즉, 논문의 우열은 논문 자체의 학술적 가치에 의해 결정되는 것이 아니라 어떤 지면에 실리는지에 의해 결정된다.

JCR 목록의 학술지에 실린 논문은 한국연구재단 등재학술지에 실린 논문보다 4배 우수한 논문이 되고, 등재후보학술지에 실린 논문에 비해서는 5배

5　미셸 푸코, 『담론의 질서』, 이정우 옮김(새길, 1993), 16쪽.

우수한 논문이 된다. 앞서 언급한 저명 국제학술지인 ≪소셜 텍스트≫에 실린 논문은 ≪소셜 텍스트≫가 JCR 목록 학술지가 아니기 때문에 0점을 받는다. 즉, 한국의 대학교수가 이런 학술지에 논문을 게재하면 그 논문은 교수 연구업적으로서의 가치는 없다. 국내의 저명 계간지인 ≪창작과 비평≫이나 ≪녹색평론≫에 실린 논문도 0점을 받기 때문에 가치 없는 논문이 된다. 반면 ≪역사비평≫에 실린 논문은 A&HCI 목록에 실린 논문의 1/4의 가치가 있는 논문이 된다. ≪역사비평≫은 시중 서점에서 구입할 수 있어 ≪창작과 비평≫이나 ≪문학과 사회≫와 마찬가지로 상업적인 속성이 있지만 이들 정기간행물과는 달리 한국연구재단 등재학술지 목록에 포함되어 있기 때문이다.

이는 ≪역사비평≫은 한국영어영문학회 학회지인 ≪영어영문학≫과 마찬가지로 학술지로 인정되는 반면 ≪창작과 비평≫이나 ≪녹색평론≫은 학술지로 인정되지 않음을 나타낸다. 그러나 ≪역사비평≫은 JCR 목록에 포함되지 않기 때문에 JCR 목록 학술지 논문의 1/4의 가치밖에 없는 논문이 된다. 한국의 대학교수 연구업적평가에 작용하는 학문 담론의 장은 ≪역사비평≫은 포함하고 ≪창작과 비평≫은 배제한다. JCR 목록은 더 가치 있고 한국연구재단의 등재학술지는 덜 가치 있다. 등재후보학술지의 논문은 등재학술지의 논문에 비해 열등한 논문이 된다.

교수의 연구업적평가에서 작용하는 학문 담론은 학문의 안과 밖을 엄격하게 구별한다. 국외의 독자를 염두에 두고서 영어로 쓰인 논문은 정보 회사인 톰슨 로이터스사가 만들어낸 JCR 목록에 있는 학술지에 실려 있으면 우수 논문이 된다. JCR 목록에 포함되지 않지만 문화연구의 대표 학술지인 ≪소셜 텍스트≫에 실린 논문이 검색되는 학술 정보는[6] 의미 없는 학술 정보이자 학술지 목록이 된다. 한국의 교수 연구업적평가에서 국제적인 학술

활동은 톰슨 로이터스, 그리고 그 회사의 정보 자산을 인수한 클래리베이트
애널리틱스 통제 아래에 있으면 연구업적이 되고 그렇지 않으면 연구 활동
으로 인정되지 않는다.

JCR 목록 학술지가 연구업적평가에서 절대적인 지배력을 행사하지만 이
글을 쓰는 2017년 현재까지는 인문학과 사회과학 분야에서는 JCR보다 한국
연구재단의 등재학술지 목록이 더 의미 있다. 인문·예술 분야와 사회과학
분야에서도 JCR 학술지의 논문 점수가 등재학술지 논문 점수보다 4배가 될
만큼 JCR 학술지는 특권적 위상을 가지고 있다. 그러나 인문학이나 사회과
학 분야에는 JCR 학술지에 논문을 내는 교수가 많지 않기 때문에 교수들 대
부분은 한국연구재단 등재학술지에 더 관심을 보인다.

학문은 그 학자가 속한 사회적·문화적 지평에 기반을 두고 이루어져야
한다. 이런 이유로 필자는 한국인 독자를 위해 논문 대부분을 한국어로 쓴
다. 필자가 속한다고 생각하는 학문공동체는 한국어 공동체이기 때문이다.
아마 인문학이나 사회과학을 전공하는 교수들 대부분이 한국어로 논문을
쓰는 이유는 국제학술지에 논문을 쓸 능력이 되지 않기 때문이 아니라 한국
사회에 그들의 학문이 기여할 수 있기를 바라기 때문이라고 생각한다.[7] 한
국의 교수 연구업적평가에서 인문학이나 사회과학 분야 논문의 가치는 한

---

6 예를 들어 Academic Search Alumni Edition, Academic Search Complete, Contem-
porary Culture Index, Humanities Abstracts, MLA International Bibliography, Social
Abstracts, World Wide Political Science Abstracts 등.

7 필자는 JCR 목록의 학술지에 논문을 게재한 적이 있다. 쑥스럽지만 이 사실을 언급하는
이유는 필자의 학문적 능력이 국제학술지에 논문을 낼 수준이 못 되는 것이 아님을 말해
두고 싶어서다.

국연구재단 등재학술지에 게재된 논문인지의 여부가 결정한다.

　논문의 사전적 정의가 '어떤 문제에 대한 학술 연구 결과를 체계적으로 적은 글'이라면 논문의 유용성은 그런 학술 연구 결과에 관심 있는 사람들이 읽을 때 발생하고 그에 대한 평가 역시 독자의 몫이다. 논문의 목적이 학문적 교류임을 생각해보면 논문에 대한 평가는 학문적 교류의 당사자인 학자들에 의해 이루어짐이 정당하다. 대학이 학자공동체라는 점을 다시 상기해보면 그런 학자들이 쓰는 논문에 대한 평가가 대학 안에서 이루어지지 않고 정부기구인 한국연구재단에 의해서(국제학술지라면 정보 기업에 의해서) 이루어지는 것은 부당기도 하고, 학자공동체가 이에 대해 제대로 대처하지 못하고 있다는 점에서 부끄러운 일이기도 하다. 정부가 학문을 관리하고 통제하는 체제가 작동하고, 또한 대학 운영진이 정부의 이런 체제를 인정하는 정도가 아니라 공조하고 있는 것이 현재의 교수 연구업적평가 체제다.

　학문 조직인 대학을 보호하고 지원할 책임이 있는 국가는 그런 책임을 수행하기 위해 한국연구재단을 운영하고 있다. 명칭으로만 따지면 한국연구재단의 전신인 한국학술진흥재단이 '학술진흥'이라는 말을 포함하고 있어 국가의 이러한 책임에 조금 더 부합했다. 등재학술지제도가 마련될 당시에는 학문을 지원하는 정부기구의 이름은 학술진흥재단이었고 그 취지 역시 상당한 정도 대학의 학문을 지원하기 위함이었다. 한정된 국가 예산으로 학문 활동을 효율적으로 지원하기 위해 지원 기준을 마련할 필요가 있었기 때문이다. 모든 학술 단체의 활동을 지원하지 못하는 현실적 조건에서 (사실 모든 학술 활동이 정부의 지원으로 이루어지는 것이 바람직하다) 지원 대상 선정 기준을 마련한 것이 한국학술진흥재단의 등재학술지제도다. 한국연구재단의 입장에서는 학술진흥재단 시절에 마련된 등재학술지제도가 여전히 대학의 학문 지원을 위한 제도일 것이다. 이런 점에서 대학의 교수 연구업적평가가 등재학술지 목록에 의해 결정되는 것은 등재학술지제도의 악용이라고 할 수 있다.

한국학술진흥재단의 학문 지원이라는 취지에도 불구하고 등재학술지제도는 그 기관의 이름과는 달리 '학술진흥'에 기여하지 않는다. 등재학술지제도는 학문을 위축시킨다. 등재학술지제도를 교수업적평가에 이용하는 대학에서는 학문이 위기에 처해 있다. 오늘날 한국에서는 대부분의 대학이 등재학술지제도를 이용해 교수를 관리하고 있기 때문에 한국 대부분의 대학에서 학문이 위기에 처해 있다는 말도 된다.

한국연구재단(이전의 한국학술진흥재단)이 등재학술지를 선정하는 중요한 기준은 학회나 학술단체에서 발행하는 정기간행물이어야 하고, 논문 심사 과정이 객관적이고 선별적이어야 한다는 것이다. 그리고 이 기준에 잘 부합하는 학술지를 선정해 재정을 지원하고 또 이런 학술지에 논문을 많이 싣는 연구자를 연구비 지원에서 우선적으로 고려하는 것이 등재학술지제도의 취지다. 재정적으로 어려운 학회나 학자에게 재정을 지원하는 일은 바람직하고 필요하기도 하다. 그러나 지금과 같은 등재학술지 운영 방식은 학술 활동을 위축시키는 결과를 가져온다.

학회나 학술단체에는 조직 내부에서만 통용되는 운영 방식이 있다. 그 방식은 조직 밖의 세계에 대해서는 배타적으로 작용한다. 필자를 포함해 한국의 영문학자들이 활동하는 학회 가운데 가장 중심이 되는 한국영어영문학회는 대학에서 영어영문학을 가르치는 사람들로만 구성된다. 이 조직은 영어영문학에 관심이 있는 일반인은 물론 영어영문학에 대해 웬만한 영어영문학자 못지않은 해박한 지식을 소유한 타 학문 분야의 학자도 배제한다. 이 학회지의 논문 역시 말할 것도 없다. 회원에게만 논문을 투고할 자격을 주기 때문에 영어영문학에 변화를 일으킬 수도 있는 여타 전공자에게는 학문 담론의 장이 폐쇄되어 있다.

더욱 문제되는 것은 이 학회가 회원제로 운영되다 보니 영어영문학에 관심 있는 일반인, 타 학문 분야의 학자, 심지어 영어영문학과 학부생과 대학원생(대학원생에게는 준회원 자격이 있지만 가입하는 학생 수는 얼마 없다)에게도 개방되지 않는다는 점이다. 필자가 한국영어영문학회의 예를 들고 있지만 그래도 이 학회의 경우는 사정이 좋은 편이다. 정상적인 회원이 50여 명도 안 되는 군소 학회지의 경우도 학회 이름으로 발행되기 때문에 등재학술지가 되는 경우가 많다. 이렇게 학회 중심으로 운영되는 학술 활동은 폐쇄된 공간 안에서만 지식의 생산, 유통, 소비가 이루어지기 때문에 지식에 대한 일반적 검증이 어려울 뿐만 아니라 지식의 생산을 풍성하게 해줄 외부의 반응과 개입을 원천적으로 봉쇄하는 결과도 가져온다.

4. 학술지 논문의 담론 작용

학술논문이라는 담론의 장은 여느 담론과 마찬가지로 그 담론이 행사하는 기존 질서를 유지하기 위해 배제의 원칙을 가지고 있다. 정보 기업이 주도하는 JCR 목록은, 그중에서도 특히 SCI나 SSCI는 인용 빈도를 학술논문 가치의 중요 척도로 삼아 자본주의적 시장 원리에 충실한 담론의 장을 형성한다. 인용 빈도가 높은 학술지가 학술적 가치가 높은 학술지라는 전제는 수요자가 많을수록 그 논문의 가치가 올라간다는 뜻이며, 이는 상품에 적용되는 시장 원리가 학술논문에 적용되고 있음을 보여준다.

시장 원리가 학술논문에, 더 일반적인 말을 쓰면, 지식에 적용될 때 학문은 위기에 처한다. 인용 빈도가 높을 수 없는 전혀 새로운 지식 체계 또는 기존 지식의 생산, 전달, 수용의 방식과는 다른 방식으로 이루어지는 지식의 순환은 지식 담론의 장에서 배제될 가능성이 높기 때문이다. 인용 빈도가 높은 논문이란 결국 동시대의 많은 학자가 관심을 가지고 있는 주제를 다루었다는 뜻이다. 뒤집어 말하면, 학문적 토대의 관점에서는 중요하지만 동시대 학자들이 관심을 가지고 있지 않거나 생각하기 어려운 새로운 주제를 탐구하는 논문은 인용될 가능성이 낮아진다. 이런 면에서 인용 빈도가 높다는 것이 좋은 논문이라는 뜻이 되지도 않고 인용 빈도가 낮다고 좋지 않은 논문이라고 평가될 수도 없다. 사실 교수 연구업적평가에서 작용하는 인용 빈도는 해당 교수가 쓴 논문의 인용 빈도도 아니다. 그 논문이 실린 학술지의 영향력 지수다. 따라서 교수들은 다른 학자들과 학문적 교류가 될 만한 논문을 쓰는 데 관심을 기울이는 것이 아니라 영향력 지수가 높은 학술지에 논문을 어떻게 게재할 수 있을지에 더 관심을 기울인다.

JCR 목록이 시장 원리의 지배를 받는 학술지 목록이라면 한국연구재단의 등재학술지 목록은 관료 체제의 지배를 받는 학술지 목록이다. 등재학술지 선정 기준은 기본적으로 논문 자체의 새로운 지식 생산에 기여하는 정도에 따라 결정되는 논문의 사용가치나 인용가치의 여부에 의해 결정되는 논문의 교환가치가 아니다. 등재학술지에 선정되고 그 상태가 유지되려면 한국연구재단이 요구하는 조건을 충족해야 한다. 한국연구재단이 등재학술지를 선정하는 기준은 연간 발행 횟수, 정시 발행 여부, 온라인 제공 여부, 주제어 및 논문 초록의 외국어 제공 여부, 투고 및 심사 일시 기재 여부, 논문 게재율, 편집위원의 구성, 학술지의 구성 및 체제 등이다. 이들 심사 기준은 대부분 학술지 자체나 그 학술지에 실리는 논문의 학술적 가치가 아니다. 단지 그 학술지의 체제와 관리 방식이다.

논문 자체의 학문적 가치를 고려하지 않는다는 비난에 대비해 게재 논문의 학술적 가치와 성과라는 항목이 있기는 하다. 이 항목에 대한 객관적 평가 기준으로 인용 지수를 제시하고 있기도 하다. 그러나 한국연구재단이 전제하는 논문의 가치 평가는 어디까지나 소수의 심사위원이 결정하는 것이다. 또한 인용 지수를 평가 기준으로 이용한다고 해도 인용 빈도가 논문의 학술적 가치의 중요 기준이 될 수 없기 때문에 해당 논문의 학문적 의미를 평가하는 기준이 되지는 않는다. 결국 한국연구재단에서 선정하는 등재학술지가 되기 위해서는 내적·외적 규율을 가지고 있어야 한다는 것이다.

현재 한국연구재단이 공지한 학술지 신청 요강에는 포함되지 않지만, 등재학술지가 되기 위해서는 기본적으로 학회나 학술단체, 연구소 등 특정 집단이 배타적으로 운영하는 학술지여야 한다는 점을 고려하면 한국연구재단 등재학술지 목록은 규율을 통한 질서, 그리고 그 질서를 위협하는 외부성의 배제라는 담론의 원리에 의해 구성되고 있음을 확인할 수 있다. 한국연구재단이라는 관료 체제, 그리고 이 체제의 지배 아래에 있는 또 다른 관료 체제인 학회가 통제하는 지식 생산의 장이 바로 등재학술지 목록이다. 등재학술지 목록은 그런 관료 체제 아래에서의 지식 생산의 지속성을 확보하기 위한 장치가 되며, 이 장치는 그런 통제 체제에서 벗어나는 지식 생산의 가능성을 억제하는 효과를 만들어낸다.

푸코는 담론의 질서를 유지하기 위해 담론은 저자의 자격을 제한해 자격이 없는 저자를 담론의 세계에서 배제하기도 하고, 담론이 다루는 대상에 금기의 영역을 설정해 그런 금기가 담론의 장에 들어오는 것을 막기도 하고, 담론의 영역을 분리해 이질적 담론이 진입하지 못하게 만들기도 하고, 진리 담론과 허위 담론을 규정해 허위라고 규정된 담론이 담론의 장에 개입할 수 없게 만들기도 한다고 주장한다. 이런 담론의 질서가 논문에 적용될 때 논문 담론에는 이성적이거나 합리적이지 않은 내용이 배제된다. 따라서 이성이나 합리성으로 접근하지 못하는 영역의 내용을 지적 논의의 장에 포함할 때 가능한 논의의 풍성함을 잃어버린다. 또한 그 논문 저술자의 전공이라고 규정된 영역만을 논의 대상으로 삼게 되어, 전공 영역 밖의 논의를 끌어들여 얻을 수 있는 논의의 다양성을 봉쇄하는 결과가 나타나기도 한다.

한국연구재단의, 그리고 그런 기관의 논문 평가 방식을 교수의 연구업적 평가에 적용하는 각 대학의 운영진의 논문 담론 통제 방식은 체제나 제도를 유지하고 공고히 하는 방식이다. 학회에서 발행되는 학술지, 그중에서도 등재학술지 목록에 있는 학술지에 실린 논문만을 학술논문으로 인정하고 그렇지 않은 경우는 학술논문으로 인정할 수 없다는 원칙은 시중에서 유통되는 일반 정기간행물의 논문이나 새로운 학문 영역을 개척해나가는 새로운 학술지의 논문을 학술 담론에서 배제한다.

사실 전통적으로 한국의 인문학이나 사회과학 영역에서 영향력 있는 지적 담론은 학회지가 아닌 일반 정기간행물을 통해 만들어졌다. ≪창작과 비평≫ 같은 종합지나 ≪문화과학≫ 같은 현실 문제에 민감한 주제를 다루는 학술지가 한국의 지적 체계에 변화를 일으키며 진보적 담론의 장을 형성해온 것에 대해 대부분의 독자는 동의할 수 있을 것이다(물론 이런 간행물에서도 담론의 질서는 작용한다). 한국연구재단은 통치술의 기본인 '나누어 지배하기'와 '당근과 채찍'을 적절히 사용해 학술논문을 통제한다. 그들은 통제 가능한 영역인 학술지에 대해서만 영향력을 행사하는 것이 아니라 학술지를 간행하는 학회에 대해서도 선별적 재정 지원의 방식으로 통치한다. 그들의 통제권 안에 깊이 들어와 있는 학술 단체에 대해서는 재정적으로 지원하지만 통제에서 벗어날 가능성이 있는 학술 단체에 대해서는 지원을 하지 않으려 한다. 결국 학술 단체는 재정적 지원을 받기 위해 스스로 자신들에게 채찍질을 하게 된다.

즉, 한국연구재단은 통제 범위에서 벗어나는 비제도권 학술 행위는 재정적 지원 고려 대상의 범위에 포함하지 않을 뿐만 아니라 그런 학술 행위의 결과물인 논문을 아예 학술논문으로 인정하지 않는 장치를 이용해 학문 행위 자체를 억압한다. 이런 통제 행위가 잘 이루어진 결과 이제는 교수들이 제도권에서 벗어난 일반 정기간행물에 글을 게재하지 않으려고 하며, 개인적으로 진행하는 학문 행위의 결과인 단행본 출판을 기피하기도 한다. 그 결과 제도권 비판이나 제도권을 위협하는 학술 담론의 생산은 억제된다.

한국연구재단의 등재학술지제도는 분과 학문을 고착화하는 장치가 되기도 한다. 한국연구재단은 학문분류표에 근거해 학자들의 학술을 지원하고 관리한다. 이 학문분류표에 명쾌하게 들어맞지 않는 학문 영역은 '기타 학문'이라는 이름의 어정쩡한 위치에 내몰린다. 그리고 기타 학문은 한국연구재단의 지원 대상이 되기 어려운 학문 영역이 된다. 학문분류표는 학술 연구자의 연구 영역을 제한하기도 한다. 영어영문학과 교수가 쓴 텔레비전의 광고 효과에 관한 논문은 원칙적으로는 아닐지라도 현실적으로, 예를 들어 마케팅학회나 광고학회의 학술지에 게재하려는 경우에, 게재 가능성이 거의 없는 논문이 될 것이다. 이는 각 연구자가 속한 전문 영역이 있으며, 학술 연구는 해당 전문 영역에 제한되어야 함을 의미한다.

물론 한국연구재단은 학제 간 연구를 권장한다고 말하며 관련 연구비를 책정하기도 한다. 그러나 한국연구재단이 전제하는 학제 간 연구는 기존 분과 학문 체제를 오히려 더욱 강화하는 방식으로 작동한다. 여기에서의 학제 간 연구는 개인 연구가 아니라 공동 연구를 염두에 두고 있으며, 이때 두 명 이상의 연구자는 분과 학문 체제에서 각각 다른 학문 분야 전공자이어야 한다. 이는 한 연구자가 소속된 분과 학문의 정체성을 유지하며 타 학문 분야와 교류하게 하는 방식이다. 그러나 학제 간 연구가 필요하다면 그 목표는 한 연구자가 새로운 연구 분야를 개척할 수 있는 시각을 열어놓기 위함이지 둘 이상의 학문 분야가 평화협정을 맺기 위함은 아니다. 두 개 이상의 학문 분야가 타협을 전제하지 않고 만날 경우, 그리고 각 학문이 추구할 수 있는 인식론적 지평을 끝까지 확대할 경우 각각의 학문은 필연적으로 충돌을 일으키며 그 충돌의 지점에서 각각의 학문 분야의 정체성이 위기에 처한다.

이런 면에서 학제 간 연구는 기존의 분과 학문 체제를 위협하게 되고 변화를 일으킨다. 예를 들어, 영문학과 인류학이라는 두 개의 분과 학문이 학제 간 연구라는 방식으로 교류할 경우 영문학의 영역이 인류학에 의해 변화를 겪게 되고 인류학 역시 영문학에 의해 변화된다. 말하자면 학제 간 연구는 서로 교류하는inter- 것이 아니라 기존 학문 분야를 넘어서는post- 새로운 학문 분야를 만들어내거나 각각의 학문 분야에 고유한 영역이 있다는 전제 자체를 부정하게 된다. 이 장 '교수업적평가와 학술논문'을 학술논문으로 규정하면 이 글은 영문학, 교육학, 문헌정보학, 철학 등이 만나는 영역이 아니며 영문학도 아니고, 교육학도 아니고, 문헌정보학도 아니고, 철학도 아닌 어떤 새로운 영역이라고 할 수 있을 것이다. 이런 글에서 영문학, 교육학, 문헌정보학, 철학의 고유한 정체성은 없어진다. 독자들 역시 이 글을 쓰는 필자가 영문학 전공 교수라는 생각을 하기 어려울 것이다.

한국연구재단의 학술 담론 통제 방식과 각 대학에서 강화되고 있는 교수 연구업적 관리가 맞물려 학회지 전성시대를 만들어내고 있다. 한국연구재단에서는 등재학술지가 너무 많아 이를 다시 축소할 방안을 연구하고 있다는 말도 들린다. 반면에 논문을 실어도 그 논문이 연구업적 점수로 환산되지 않는 학술지나 정기간행물은 지속적으로 사라지고 있다. 문학의 지평뿐만 아니라 일반 지성의 영역에도 큰 영향력을 행사하던 ≪세계의 문학≫, ≪당대비평≫ 등이 폐간되거나 휴간(사실상 폐간)되었다. ≪창작과 비평≫,

≪문학과 사회≫같이 한국의 지식인 세계에서 중요한 역할을 해왔던 정기간행물들이 독자 수 감소로 고전을 면하지 못하고 있다는 소식도 들린다.

교수들은 점수가 되지 않는 논문을 쓰지 않으려 하고 점수가 되는 논문은 한 편이라도 더 쓰려고 애를 쓰고 있다. 성과급 책정이나 연봉 계약에서 논문 점수가 절대적인 영향력을 행사하기 때문이다. 교수들은 논문 편수를 늘리기 위한 짜깁기 논문(새로운 연구 없이 기존 논문을 변형해 새로운 논문의 모양을 갖춘 논문)이나 찢기 논문(논문 편수를 늘리기 위해 한 편의 논문이 될 연구결과를 두세 편으로 나누어 발표하는 논문)을 관행으로 받아들이고 있기도 하다. 논문 편수가 중요하기 때문에 시간과 정성을 들여야 논문 한 편이 겨우 완성될 수 있는 새로운 연구 분야를 개척할 엄두를 내지 못한다. 교수 연구업적평가에서 점수를 높이는 것이 중요하기 때문에 논문과 마찬가지로 학문 활동에서 빼놓을 수 없는 학술 강연, 번역, 현장 탐구 등 점수를 받을 수 없는 분야에는 별 관심이 없다.

연구업적 점수를 높이기 위한 논문 편수에 대한 집착으로 인해 기존 사회 체제에 문제를 제기하고 바람직한 방향을 제시하는 지식인으로서의 교수의 사회적 역할은 이제 대학에서 거의 망각되었다. 교수 사회에서는 교수도 경영진이 시키는 대로 일하는 일반 기업의 사원과 다를 바 없다는 말이 거리낌 없이 받아들여지고 있다. 연구업적 점수에 대한 교수의 집착은 기존의 학술 담론의 장을 변화시키려는 시도 자체를 불가능하게 만들고 있다. 기존 지식의 장을 흔들며 새로운 지식을 탐구하는 교수의 모습을 오늘날 대학에서는 기대할 수 없다.

5. 교수의 미래

통제와 배제의 원칙에 따라 정해진 점수로 이루어지는 교원 업적평가 체제에 의해 교수의 교육과 연구 심지어 봉사 활동까지 관리될 때, 그리고 교수 자신들이 그런 체제에 순응해 업적평가 점수를 높이는 일이 교수 본연의 사명이라고 인식할 때 대학은 정상적인 기능을 수행할 수 없다. 대학의 역사가 시작된 이래 지속되어온 교수와 학생의 자율과 자치의 조직으로서의 대학, 그리고 알고 싶은 것을 탐구하고 그 결과를 자유롭게 가르치고 배우면서 지적·정신적 성숙을 추구했던 근대 대학의 모습은 더 이상 대학에서 찾아보기 어렵게 되었다. 정해진 기준에 따라 가르치고 정해진 범주 안에서 연구 결과를 생산하는 사람들을 대학교수라고 부를 수 있는지도 의심스럽다. 교수가 대학이라는 기업의 생산 라인에서 규격화된 지식을 생산하는 로봇이 되고 또한 그런 표준 생산품을 판매하는 영업 사원이 되어가는 것이 오늘날 대학의 모습이다. 그렇지만 앞으로는 그런 교수마저 대학에서 찾아보기 어려울 것이다.

교수업적평가에서 교육(봉사 활동 포함)에 비해 연구가 절대적으로 큰 몫을 차지한다는 사실은 대학교수가 교육자가 아니라 연구자로 설정되어 있다는 뜻이다. 전체 교수의 연구업적 성과에서 절대적으로 큰 비중을 차지하는 연구 분야는 자연과학, 공학, 의약학이다. 논문 편수로 고려하면 인문학 전공자가 1년에 평균 한두 편의 논문을 낼 때 이들 분야의 교수들은 10여 편의 논문을 낸다. 더구나 대학 운영자들이 심혈을 기울이는 대학 평가에서, 특히 QS 세계 대학 평가와 같은 국제 단위의 대학 평가에서 교수의 연구 부문 평가는 거의 전적으로 JCR과 같은 국제학술논문에 치우쳐 있기도 하다. 대학 운영자의 관점에서는 국제적 논문을 많이 쓰는 교수가 대학에 이바지하는 교수인 것이다. 이런 점에서 대학 운영자들이 자연과학, 공학, 의약학 분야의 교수를 가능한 많이 채용하려는 것은 당연하다. 반면에 인문학, 사회과학, 예술 분야의 교수들은 대학 평가 시 순위를 높이는 데 별 영향력이 없기 때문에 교수 채용을 가능한 적게 하려고 한다.

자연과학, 공학, 의약학 분야 교수들의 논문 편수는 곧바로 대학의 연구비 수주 규모를 반영하기도 한다. 인문학, 사회과학, 예술 분야의 교수들의 연구는 돈이 별로 들지 않고 따라서 외부 연구비를 수주하지 않더라도 논문을 쓸 수 있다. 또한 이들 분야는 외부 연구비 규모도 작다. 그러나 자연과학, 공학, 의약학 분야에서 대부분의 연구는 실험을 필요로 하기 때문에 연구비가 없으면 연구를 진행할 수 없다. 그리고 대학 자체에서 연구비를 지급하는 경우가 많지 않기 때문에 이들 분야의 교수들은 어쩔 수 없이 외부 연구비를 수주해야 한다. 이 외부 연구비는 대학의 예산 규모를 키워 재정 규모가 큰 대학이 되게 하고, 이는 대학 평가에 긍정적으로 작용한다. 또한 외부 연구비 수주에는 연구비와는 별도로 연구를 행정적으로 지원하는 간접비가 따라온다. 원칙적으로 이 간접비는 연구비를 수주한 연구진을 지원하는 데 사용되어야 하지만 대학의 일반 경비와 구분되지 않고 사용되기도 한다.

종합해보면, 대학 운영진의 관점에서는 자연과학, 공학, 의약학 분야의 교수들은 돈을 벌어오는 교수들이 된다. 이런 돈을 벌어오는 교수들은 교육에 별 관심을 갖지 않는다. 교수직을 유지하기 위해 그들이 해야 하는 일은 연구팀을 구성하고 연구계획서를 쓰고 그 계획서를 제출해 연구비를 수주하고 그 연구 성과를 JCR 목록 학술지에 논문으로 내는 것이다. 이런 일을 하는 사람들을 우리는 일반적으로 교수라고 부르지 않고 연구자라고 부른다. 오늘날 대학에서 자연과학, 공학, 의약학 분야에서는 교수는 점점 없어지고 연구자는 넘쳐나고 있다.

이런 분야와는 달리 인문학, 사회과학, 예술 분야의 교수들은 돈을 못 버는 사람들이다. 돈을 못 버는 교수들은 대개 자신을 연구자보다는 교육자라고 생각한다. 이들은 학생 교육을 자신의 중요 역할로 삼고 싶어 하기 때문에 교육에 방해되는 대학 정책에 비판적이고 대학 운영의 문제점을 일일이 지적하기도 한다. 대학의 본질, 대학인의 권리, 대학의 자율성, 학문의 자유, 대학 지배 구조의 문제점, 대학 민주주의, 대학의 사회적 책임, 학문의 공공성 등등 대학 운영자들이 듣기 싫어하는 말을 골라서 하는 교수들이 바로 돈을 못 버는 교수들이고 자신을 교육자라고 생각하는 교수들이다.

이런 상황에서 대학 운영자들은 당연히 연구 진작이라는 명분으로 대학의 순위를 높이고 돈도 벌어오는 자연과학, 공학, 의약학 교수들을 가능한 많이 채용하려 하고 돈도 못 벌고 대학 평가에도 별 기여를 하지 않으면서 대학 지배 구조에 문제를 제기하는 인문학, 사회과학, 예술 분야의 교수들은 가능한 덜 채용하려 한다. 이 글의 독자가 자신과 관련된 대학의 인문학, 사회과학 분야의 교수진(특히 인문학)의 구성과 다른 분야의 교수진의 구성을 비교해보면 필자의 말이 별로 틀리지 않음을 확인할 수 있을 것이다. 근래에 인문학, 사회과학 분야에서는 신임 교원 채용이 상당한 정도 축소되었으며 특히 인문학 분야는 그러하다.

이 장의 첫머리에서 필자는 독자가 대학교수를 꿈꾸는 대학생이라면 이 글을 읽고 그런 꿈을 접게 될 것이라고 말했다. 그리고 이 장을 여기까지 읽었다면 교수가 매력적인 직업이 아니라는 것을 알게 되었을 것이다. 교수가 자신이 원하는 것을 공부하고 그것을 학생에게 전달하는 사람이 아니라 성과평가에 휘둘리는 연구자라고 하더라도 여전히 교수직을 꿈꾸는 대학생 독자에게 다시 말해두고 싶다. '당신은 교수가 될 가능성이 거의 없다.'

인문학 분야의 교수직에 대한 전망에 관해서는 이 책의 제11장 '인문학의 몰락'에서 조금 더 자세하게 다루고 있다. 필자는 한국 사회의 인구 변동의 관점에서 직업으로서 대학교수의 미래를 예상하면서 이 장을 마무리한다. 2017년 기준 한국에는 2년제 대학을 포함해 330개 대학이 있으며 입학 정원은 50만 명 정도다. 이를 2003년의 대학 수 357개, 입학 정원 65만 명과 비교해보면 한국 대학의 규모가 빠른 속도로 축소되고 있음을 알 수 있다. 5년 후인 2022년에는 입학 정원이 35만 명 정도가 될 것이라고 예상된다. 이는 한국 사회의 인구 변동의 결과다. 2017년 기준 한국 인구 분포에서 30대는 750만 명, 20대는 670만 명, 10대는 540만 명, 10대 이하는 450만 명이다. 대략 10년 단위로 100만 명 정도의 인구가 지속적으로 줄어들고 있는 것이다. 이 추세가 변할 것이라는 전망도 없다. 인구 변동 추세를 대학과 관련해 생각해보면 대학 진학자가 지속적으로 축소될 수밖에 없음을 알 수 있다. 대학 진학자가 줄어들면 당연히 대학의 수는 줄어든다. 대학 수가 줄어들면 교수의 수 역시 줄어든다.

물론 대학 정책에 획기적인 변화가 생겨 대학생 수가 줄더라도 양질의 교육과 높은 연구 수준을 목표로 교수 인원을 유지하거나 확대할 수도 있다. 과거 초등학교 한 반의 학생 수는 대략 60명이었지만 지금은 20명 정도로 축소되어 교육 여건이 좋아졌다. 그러나 이는 국가가 공공성으로서의 교육을 책임지는 단계에서 이루어지는 긍정적인 변화다. 한국의 대학은 기본적으로 국가가 책임을 방기하고 있는 체제인 사립대학 체제다. 사립대학의 재정은 학생의 등록금으로 충당된다. 이런 체제에서는 학생 수가 줄어들면 교육 여건이 좋아지는 것이 아니라 재정의 부족으로 인해 더욱 나빠진다. 당연히 교수의 수도 같이 줄어든다. 이런 상황에서 현재의 대학생이 미래의 대학교수를 꿈꾸는 일은 바보짓이다.

해결책이 없는 것은 아니다. 앞서 말했듯이 대학의 공공성을 확보하는 것이다. 대학의 공공성을 확보하기 위해서는 현행 사립대학제도 자체를 없애야 한다. 교육은 공적인 것이기에 국가가 대학운영비를 책임져야 한다. 국가가 대학운영비를 책임질 경우 인구 감소에 따라 대학생 수가 줄어들어도 그만큼 교육 여건이 좋아진다. 교수 수도 더 늘어난다. 그럴 때, 오직 그럴 때만 오늘날 대학생이 꿈꾸는 교수는 헛된 꿈이 아닐 수 있다.

제11장

인문학의 몰락

한때 인문학은 대학의 중심이었다. 흔히 문사철文史哲이라고 줄여 말하는 문학, 역사, 철학이 다루는 언어, 기록, 사유는 모든 학문의 출발이고 이를 통해 제반 학문이 종합될 수 있기 때문이다. 대학 교육은 곧 인문학 교육이었고 여타 학문은 인문학의 확대였다. 학문의 분화가 본격화된 이후에 생긴 종합대학 체계에서는 문과대학(또는 인문대학), 더 이전에는 문리대학이 있었고 여러 단과대학 순서에서 맨 앞에 자리매김되었다. 대학 총장 역시 철학 같은 인문학을 전공하는 교수들이 맡아야 하며 이런 사람이 대학이라는 학문공동체를 이끌어야 한다는 믿음 역시 있었다.

오늘날 대학의 인문학은 고사 직전에 있다. 과거에는 모든 대학생이 수강하는 교양과정은 인문학 교육과 거의 같은 개념이었다. 그러나 현재 대학의 교양과정은 도구과목이 지배하고 있다. 언어 교육은 언어를 통한 인간 정신의 함양이 아니라 글쓰기와 말하기 연습이 되고, 사유를 가르쳐야 할 철학은 방법론을 가르치는 과목으로 변하고 있다. 모든 학문이 동등한 위상을 가진다는 명분으로 인문학 이외의 학문이 교양과정에 진입한 이후 이제 교양과정은 점점 더 경영학 같은 실용 학문이, 즉 정신의 성숙을 뜻하는 '교양'과는 거리가 먼 학문이 지배하는 영역이 되고 있다. 인문학 분야의 학과는 끊임없이 구조조정의 대상이 되어 축소되거나 폐지되고 있다. 대학의 중심이 경영학이나 공학, 의약학 등으로 변한 현실에서 이제 대학 총장 역시 경영학이나 공학 전공 교수가 맡는 것이 당연시되고 있다.

이 장에서 필자는 현재 대학에서 진행되는 인문학의 위상을 점검하면서 인문학 본연의 위상을 회복해야 함을 주장한다. 그러나 인문학이 고유 영역이 있고 따라서 그 영역을 존중해야 한다는 주장을 하지는 않는다. 인문학의 위상을 회복하기 위해 인문학자들이 인문학을 넘어서야 한다고 주장한다. 이를 위해 우선 대학의 역사에서 인문학의 과거, 현재, 미래를 다룬다. 과거의 대학이 인문학 중심 대학이었다면 현재의 대학에서는 인문학이 위기에 처해 있으며 미래에는 대부분의 대학에서 인문학이 소멸되고 난 다음 인문학은 소수 명문대학에서 지배자를 위한 교육으로 변모할 것임을 예견한다. 마지막으로 인문학의 위상을 회복하는 것은 인문학의 정신을 회복하는 것이며 인간을 키우기 위한 인문학 교육을 위해 인문학을 넘어서야 함을 주장한다.

1. 인문학의 과거: 전인을 위한 인문학

11세기 말부터 유럽에서 시작된 대학의 역사에서 처음부터 인문학이 등장한 것은 아니다. 중세의 대학에서는 3과라고 불리는 문법, 논리학, 수사학 그리고 4과라고 불리는 대수학, 기하학, 천문학, 음악이 학부과정의 교과목을 구성했다. 전자가 현재의 인문학에 해당하고 후자가 현재의 자연과학에 해당한다고 볼 수 있을 것이다. 그러나 초창기 대학에서 교육되던 문법, 논리학, 수사학의 3과는 인간의 이해와 인간성의 함양을 목적하는 인문학과는 거리가 멀었다. 이들 자유 교양과목artes liberales은 법률가, 성직자, 의사를 양성하기 위한 대학원 과정을 이수하기 위한 도구로서의 기초과목의 역할을 했기 때문이다. 자연과학 지식을 교육하는 4과는 대학원 과정에 있는 의학 교육의 기초 지식을 쌓기 위한 것이었고, 3과는 신학 대학원에서 교육하는 설교, 법학 대학원에서 교육하는 변론의 기초 도구과목으로서의 언어 훈련의 성격을 지녔다.

대학의 인문학은 르네상스를 거치면서 시작되었다.[1] 인간성에 관한 학문을 뜻하는 'studia humanitatis'[2]라는 용어는 고대 로마시대였던 기원전 62년에 마르쿠스 키케로Marcus Cicero가 처음 사용했다고 알려져 있다. 웅변가이자 법률가였던 키케로는 시, 기하학, 음악, 변증론 등의 교육이 "아동의 마

---

1 르네상스 시기를 휴머니즘 시대라고 흔히 말하지만 휴머니즘이라는 말 자체는 19세기에 만들어졌다 휴머니즘(humanism)이라는 용어는 독일의 철학자이며 신학자인 프리드리히 니트하머(Friedrich Niethammer)가 1808년에 처음 썼다고 한다. 그는 인간의 동물적 본능을 자극하는 실용 교육과 달리 교양 교육(liberal education)과 언어 교습이 인간성을 함양시킬 수 있다고 보았으며 이런 교육 체계를 휴머니즘으로 칭했다[Walter Ruëgg, "The Rise of Humanism," in Hilde de Ridder-Symoens(ed.), *A History of The University in Europe vol. 1: Universities in the Middle Ages*, p. 443]. 이런 면에서 인문학은 휴머니즘을 지향한다고 말할 수 있다. 물론 휴머니즘의 이름으로 이루어진 비인간적인 행위나 사상은 여기에서 말하는 인문 교육과 구별되어야 한다.

2 영어로 번역하면 'studies of humanity'라고 할 수 있고 현대에서는 주로 'humanities'라는 용어를 사용한다. 프랑스어의 'humanités', 이탈리아어의 'humaniora'와 마찬가지로 인문학에 해당한다.

음에 인간성과 덕성이 쌓이게" 한다고 말했다.[3] 키케로가 인간성과 덕성을
함양하는 교과로 언급하는 시, 기하학, 음악, 변증법(대화법) 등은 사실 중세
대학의 3과와 4과에 해당한다. 그러나 키케로가 언급하는 시나 기하학 등은
중세 대학의 기초 도구과목과는 그 성격이 다르다. 이들 분야의 지식이 인
간성과 덕성의 함양을 목적한다는 키케로의 주장을 생각해보면, 그는 인간
자체를 위한 교육을 이들 교과에서 찾고 있는 것이다. 키케로가 옹호하는
인문학(인간성 교육)은 인간에 대한 관심이 고조되던 르네상스 시기의 학자
들과 시인들에 의해 발굴되어 인간을 탐구하는 학문으로 자리매김되기 시
작했다. 르네상스 시기의 인문학자들은 인간이 동물과 다른 점은 인간이 언
어를 사용하는 것에 있다고 생각했고, 이를 근거로 인간성을 추구하는 일은
언어를 탐구하는 것이라고 생각했다.[4]

    인간성 함양을 교육 목적으로 설정하는 인문학이 대학에서 시작되면서
대학의 교과과정 역시 변화를 겪게 된다. 3과 자체가 폐기되지는 않았지만
각 과목의 상대적인 비중이 달라졌고 3과 과목의 이름이 유지되면서도 그
내용이 변하기 시작했다. 15세기경 인문학이 시작되기 전까지 중세의 대학
에서 문법, 논리학, 수사학의 3과 중 수사학은 덜 중요한 과목이었다. 그러
나 인문학자들이 언어 탐구를 인간성 탐구로 설정하면서 수사학의 비중이
커지게 되었다. 더 나은 인간이란 더 유려한 언어를 사용하는 사람이라는
생각이 지배적으로 되었고, 이 유려한 언어가 수사학의 대상이 되는 수사적

3　Robert E. Proctor, *Defining the Humanities: How Rediscovering a Tradition Can Im-
prove Our Schools*(Bloomington: Indiana University Press, 1988), p. 16 재인용.

4　Ruëgg, "The Rise of Humanism," p. 447.

언어, 즉 웅변과 시가 되었다. 인문학자들은 뛰어난 언어 사용 규범을 고전 문학에서 찾았으며, 이에 따라 인문학이 고전을 연구하고 학습하는 것으로 자리매김되기도 했다.

언어뿐만 아니라 도덕성도 인간만이 갖고 있다는 생각은 인문학 교육이 언어 교육을 넘어서 도덕 교육도 포함해야 한다는 생각을 낳았다. 르네상스 시기 인문학자들은, 인간의 궁극적인 목적이 신에 의한 구원이고 인간의 삶은 이런 구원으로 가는 길이라는 관념이 지배하던 중세와 달리, 인간은 인간들과의 관계에서 그 의미가 확인된다고 생각했다. 이로써 바람직한 인류 사회를 이룩하기 위한 시민 교육이 인문학의 중심 과제가 되었으며 합리적 사고를 가르치던 논리학은 도덕철학, 역사, 정치학 등으로 확대되었다.

학부에 해당하는 자유교양학부에서 다루는 3과와 4과의 기초과목이 상위 학부의 도구로서 역할을 하는 것이 아니라 그 자체의 존재 이유를 갖는 학문으로 인식되고 또 학문의 목적이 인간성 함양으로 설정될 경우 인문학을 가르치고 연구하는 자유교양학부와 실용적 학문을 담당하는 신학부, 법학부, 의학부의 충돌이 필연적으로 발생한다. 특히 신학부와 충돌이 자주 발생했다. 모든 학문이 궁극적으로 인간과 인류 사회를 다룬다는 점에서 모든 학문은 인문학이라고 말할 수 있으며, 이런 면에서 인문학자들은 문법, 논리학, 수사학이라는 자신들의 고유 영역을 넘어 다른 분야로 관심을 확대하기 때문이다. 새로 생긴 언어 탐구로서의 인문학적 전통은 인문학자로 하여금 교황이 이탈리아 도시국가의 영토권과 예루살렘 교회 수위권을 가질 수 있도록 만들어준 콘스탄티누스 증여라는 문서가 사실은 위조임을 밝혀내도록 만들었고, 이는 교회의 권위와 결과적으로 신학부의 권위를 위협하는 결과를 낳았다.[5]

또한 법 원전의 자구 해석에 치중하는 법학부의 학문과 교육 방식에 대해 인문학자들은 인간성 옹호로서의 법의 정신을 강조함으로써 법학부 교수들과 충돌이 생기기도 했다. 물론 신학 교수나 법학 교수들은 르네상스 시기의 인문학자들의 작업에 호의적인 태도를 보이는 경우도 많았으며, 신학이나 법학에 인문 정신을 수용하기도 했다. 하지만 인문학의 관심은 항상 기존의 학문과 교육제도가 부여하는 범주를 넘어서려는 경향이 있었다. 이는 곧 인문학 자체가 불편한 학문이 될 수밖에 없음을 나타내는 것인데, 르네상스 시기의 인문학자들이 이를 확인하기 시작했다고 볼 수 있다. 마찬가지로 인간성을 옹호하는 인문학의 가치와 텍스트를 정밀하게 탐구하는 인문학적 방법론을 인문학 이외의 학문이 수용했을 때 그 학문의 발전을 촉진하기도 했다.

언어, 특히 고전 언어를 중심으로 교육과 학문이 이루어진 르네상스 시기의 인문학은 학문의 관점에서 볼 때는 체계가 덜 갖춰진 상태였다. 언어에 대한 관심은 고전에 대한 관심으로 이어졌고 이로써 라틴 문헌뿐만 아니라 그리스, 히브리어, 아랍어 문헌 등 상당한 고전 문헌이 발굴되었으며, 이를 근거로 백과전서에 해당하는 지식의 보고가 집대성되었다.[6] 그러나 이런 지식이 학문 자체에 대한 체계적인 질문을 병행하면서 이루어진 것은 아니었다. 학문을 도구로서의 학문, 지식 그 자체를 목적하는 학문, 교육으로서의 학문, 현실에 적용하기 위한 학문으로 나누어볼 수 있고 궁극적으로는 이런 여러 목적이 통합되어야 한다고 볼 때 르네상스 시기의 인문학은 교육으로

---

5   ibid., p. 457.

6   Wilhelm Schmidt-Biggemann, "New Structures of Knowledge," in Hilde de Ridder-Symoens (ed.), *A History of the University in Europe vol. 2: Universities in Early Modern Europe(1500-1800)*(Cambridge: Cambridge University Press, 1996), p. 497.

서의 학문에 치중되었고 이를 위해 고전 문헌 탐구가 이루어졌다고 볼 수 있다.

이런 인문학에는 지식의 대상 자체에 대한 질문을 제기하는 존재론이나 형이상학이 결여되어 있었고, 지식이 어떻게 가능하거나 이루어지는지 같은 인식론적 질문을 제기하지도 않았다. 이렇게 학문적 정당성을 충분히 확보하지 않은 인문학은 외적 요인에 의해 상황이 변할 때 그 존재 이유가 위협받게 된다. 신에 의한 구원이 이루어질 것이라는 확신이 약해지고 있을 때 인간에 대한 관심이 생겼고 이로써 르네상스 시대에 인문학이 발흥했다면, 16세기 종교개혁 시대에 이르자 대학에서 다시 신학이 득세하게 되고 이후 17세기와 18세기의 절대왕정 시대를 거치면서 법학이 대학의 주도권을 장악하게 된다. 즉, 인간에 대한 관심보다는 종교나 세속 권력에 대한 관심이 더 커질 때 인문학은 빛을 잃게 되었던 것이다.

인문학이 학문적 정당성을 확보하면서 다시 대학의 주도적 학문이 되기 시작한 것은 19세기 초 독일 대학에서였다. 그러나 그 사상적 근원은 18세기 후반의 칸트로 거슬러 올라간다. 칸트의 비판서인 『순수이성비판』, 『실천이성비판』, 『판단력 비판Kritik der Urteilskraft』은 '대상에 대한 인식이 어떻게 가능한가'라는 질문에서 시작해 인간의 인식 능력, 지적 인식의 영역 밖에 있는 욕구의 영역, 지식과 욕구를 연결하는 감정의 영역을 다룬다. 이들 비판서를 통해 칸트가 추진한 기획은 진리, 정의, 조화, 즉 진선미眞善美라고 불리는, 인간 활동의 이상적인 상태를 탐구하는 것이며, 이를 통해 순수 지적 활동인 진리의 추구가 궁극적으로 인간 활동의 궁극적 목적인 자유로 이어지며 진리와 자유를 예술이 이어줄 수 있다는 것이다. 세 비판서는 인식, 욕구, 감정이라는 인간의 세 가지 정신 영역과 지성, 이성, 판단력이라는 세 가지 인식 능력과 법칙, 목적, 합목적성이라는 세 가지 선험 원리 그리고 이의 적용 대상으로서 자연, 자유, 예술을 철학적 논증의 형식으로 탐구한다.[7] 따라서 이를 현실의 문제로 바로 치환해 이해하기는 쉽지 않다.

대학교수로서 칸트가 전개하는 세 비판서의 양상을 생각해보면 이 저서들은 대학의 학문에 대한 지형도라고 이해할 수 있다. 즉, 순수이성이 대학 철학부의 학문에 해당한다면 실천이성은 대학 상위 학부 또는 현실적 학문인 신학부, 법학부, 의학부라고 이해할 수 있다는 것이다. 판단력에 해당하는 대학의 학부는 없지만, 칸트의 생각으로는 판단력이 다루는 범위가 순수이성의 영역이 실천이성의 영역으로 확산되는 범주를 뜻하기 때문에, 응용학문의 방향성을 철학부의 학문이 제시해야 한다는 그의 말에서 확인되듯이, 판단력 역시 철학부의 학문 영역이라고 할 수 있다.

구체적인 학문 단위를 생각해보면 당시의 학문 단위로는 4과에 속한 음악을 들 수 있고, 현재 대학의 학문 체계로 보면 예술 분야의 학문을 들 수 있다. 물론 칸트가 아니더라도 지식 전체의 틀에서 학문을 분류하고 학문 간의 유기적 통합을 논의했던 철학자들로 아리스토텔레스, 헤겔 등을 언급할 수 있다. 그러나 칸트가 시도했던 종합 지식 체계로서의 학문은 그가 대학교수였다는 점, 그리고 그의 학문적 논의가 외부의 간섭에 의해 방해받았을 때 본격적으로 대학의 학문을 종합적으로 논의했다는 점, 나아가 그의 논의가 궁극적으로 인문학과 동의어라고 할 수 있는 철학 중심의 근대 대학을 출발시키는 데 초석이 되었다는 점에서 특별한 의미가 있다.

칸트의 세 비판서가 지식 체계를 종합한다는 점에서 학문의 장인 대학의

---

7 Immanuel Kant, *Critique of Judgement*, translated by James Creed Meredith(Oxford: Oxford University Press, 2007), p. 32.

기본 구조를 제시한다면, 그의 저서『학부 간의 논쟁』은 대학 학문의 선도자로서의 인문학(칸트의 말로는 철학)의 역할을 제시한다. 쾨니히스베르크대학교 철학부[8] 교수였던 칸트는 그의 저서『순전한 이성의 한계들 안에서의 종교』가 프로이센 당국에 의해 출판이 금지되자『학부 간의 논쟁』을 통해 이의 부당함을 알리고 철학이 대학의 학문을 이끌어야 한다고 주장한다. 칸트의 저서에 대한 출판 금지 처분은 신학부 출신의 관리가 현실적 권위를 갖고 있는 계시종교의 교리에 근거해 종교의 자연적 원리를 탐구하는 철학적 또는 인문학적 학문에 제재를 가한 것이다. 당시의 대학은 중세 대학의 전통대로 신학부, 법학부, 의학부는 대학원 과정의 상위 학부였고 근본 학문인 철학부는 학부과정의 하위 학부였으며, 이름 그대로 상위 학부가 하위 학부를 통제하고 지배하는 구조였다. 이런 상황에서 철학부의 학문이 신학부의 학문과 충돌할 때 상위 학부가 하위 학부의 학문을 시정하려는 행위는 권력 서열의 관점에서 보면 당연하다고 할 수 있다.

칸트는 상위 학부가 하위 학부를 지배하는 것은 정당하지 않다고 주장했다. 오히려 현실 학문인 신학부, 법학부, 의학부의 학문이 이론 학문인 철학부의 학문에 의해 정당성이 확인되어야 하며 이로써 하위 학부인 철학부가

---

8 인문학과 자연과학을 연구하고 가르치는 학부는 중세에는 주로 자유교양학부 또는 단지 학부라고 불리었으나(이 책의 제2장 '대학의 역사: 근대 대학의 형성을 중심으로'에서 필자는 자유교양학부라는 말보다는 문리학부라는 말이 적절하다고 썼다) 18세기경에 이르러서는 철학부라는 이름도 흔히 쓰였다. 특히 독일의 대학은 대개 철학부라는 명칭을 사용했다. 또한 칸트가 말하는 철학은 순수철학(논리학, 형이상학 등 현재 철학과의 학문과 순수수학)뿐만 아니라 역사철학도 포함한다. 여기에서의 역사철학은 역사학, 문헌학, 지리학, 자연과학 등 현재 기준으로는 순수철학을 제외한 모든 순수 학문을 포함한다 (Kant, *The Conflict of the Faculties*, p. 45).

상위 학부를 안내하고 이끌어야 한다고 주장했다.[9] 철학부를 이루는 역사학 분야(역사학, 지리학, 문헌학, 인문학, 자연과학 등)와 순수이성학(순수수학, 순수 철학, 자연과 도덕의 형이상학 등)은 철학부 안에서도 상호 교류를 통해 지식을 증진해야 하지만 이런 철학부의 학문에 근거해 신학, 법학, 의학이 성립되어야 한다고 칸트는 주장한다. 신학은 순수철학과 도덕철학, 형이상학의 도움으로 그 기반이 갖춰지는 것이며 법학은 도덕철학, 역사학과 문헌학의 도움을 받아야 하고 의학은 순수수학과 자연과학에서 출발해야 한다는 것이다.

이후 칸트의 비판철학과 이성 중심 대학론을 시작으로 실러, 셸링, 슐라이어마허, 피히테 등 독일의 철학자들 사이에서 인간 교육, 대학, 대학과 사회(또는 국가)의 관계에 대한 다양한 논쟁이 전개되었다. 실러는 이성과 자연(또는 본성)의 조화를 추구하는 것으로 감성 교육을 주장했다. 셸링은 불변적 지식과 역사적 전통의 변증법적 교류를 통해 국가, 민족, 철학의 관계를 규명했다. 슐라이어마허는 학문이 민족어로 수행되어야 함을 주장했다. 피히테는 민족과 국가의 형성을 위한 교양의 역할을 역설하면서 대학이 교양 교육의 장이 되어야 한다고 주장했다.[10]

18세기 말에서 19세기 초까지 이루어진 독일 철학자들 사이에서의 교육과 대학에 대한 논의는 훔볼트가 주도한 베를린대학교 설립으로 구체화된다. 철학자이면서 당시 프로이센 정부의 교육 담당 관료(교육부 장관에 해당)였던 훔볼트는 베를린대학교의 기획안에서 인간의 '지적·정신적 성숙', 즉

---

9 ibid., p. 45.

10 Readings, *The University in Ruins*, pp. 54~69.

인간의 교양이 대학에서 이루어져야 한다고 주장한다.[11] 가르치는 자유와 배우는 자유가 대학 학문의 근본임을 설파했던 훔볼트에 의하면, 자유로운 정신의 발현이 곧 교양을 이루는 것이 되고 교양인 양성이 대학의 사명이 된다. 정신의 성숙을 뜻하는 교양은 인간에게 고유한 것이기 때문에 바람직한 인류 사회는 교양인들의 사회가 된다.

학생과 교수 모두에게 학문의 자유를 부여하면서 학문 탐구를 위한 교육, 교육을 위한 학문 탐구가 되어야 한다는 베를린대학교의 설립 원칙에 따라 비로소 대학이 교수와 학생이 학문을 위해 서로 협력하는 학문공동체가 되었고, 교육과 연구를 일치시켜 학문 추구를 통한 인간의 완성이라는 인문학의 이상이 구체화될 수 있었다. 훔볼트가 근대 대학을 설계하던 당시가 민족국가의 발흥기였음을 생각하면 훔볼트가 말하는 교양인 양성은 곧 이상적인 국가 구성원 양성이 된다. 훔볼트가 제안하는 대학의 역할은 국가의 이상적인 구성원을 양성하는 것이다. 그리고 그런 이상적인 교양인들에 의해 국가가 구성된다. 이와 같은 대학과 국가의 관계에서 대학은 국가를 구성하는 기반을 제공하기 때문에 국가는 대학을 양성하고 보호할 책임을 맡게 된다.

베를린대학교를 통해 대학은 자율적 학문공동체라는 대학의 이념을 구현할 수 있었고, 그 안에서 인간과 인간공동체를 위한 학문과 교육이 그 인류 사회를 대표하는 국가에 의해 보호받으면서 진행될 수 있었다. 또한 대학을 보호하고 지원하는 국가는 결국 대학의 연구와 교육의 외부 발현이라는 점

11　Wilhelm von Humboldt, "On the Spirit and the Organisational Framework of Intellectual Institutions in Berlin," translated by Edward Shills(Part of), "Reports and Documents: University Reforms in Germany," *Minerva* 8(1970), p. 243.

에서 대학과 국가는, 다른 말로는 학문 세계와 학문 밖의 세계는 호환성 있는 관계로 자리매김되었다. 20세기 초에 베를린대학교는 세계 최고의 대학으로 인정받았고 대학의 이상으로 인식되었다.[12] 베를린대학교가 이상적인 대학의 모델이라는 점은 미국의 연구 중심 종합대학을 비롯해 일본의 근대 대학, 나아가 전 세계 곳곳의 근대적 대학이 베를린대학교를 설립 모델로 삼았다는 것에서 확인된다.

인간을 위한 교육으로 르네상스 시기에 시작된 대학의 인문학은 19세기의 독일 철학자들의 이상적인 대학을 논의하는 과정을 거치면서 대학의 학문 자체와 거의 동급이 되었다. 베를린대학교로 대표되는 이상적인 근대 대학에서 근본 학문과 실용 학문은 분화되지 않은 종합적인 인간 이해를 목표했으며 학문을 통한 교육은 인간을 키우는 교육이었다.

2. 인문학의 현재: 몰락하는 인문학

인문학이 지향하는 바는 모든 면을 갖춘 사람을 키워내는 것이고 인간의 전체적인 면을 살펴보는 것이다. 르네상스 시대의 이상적 인간으로서의 전인universal man(라틴어의 Homo Universalis)은 열린 마음으로 모든 새로운 지식을 추구하는 인간이었다. 흔히 르네상스인으로 불리는 레오나르도 다빈치 Leonardo da Vinci는 화가이자 조각가이며 음악가이자 인문학자였으며 수학자

---

12 Robert Anderson, "The 'Idea of a University' Today". http://www.historyandpolicy.org/policy-papers/papers/the-idea-of-a-university-today(검색일: 2016.11.22) 참조.

이자 자연과학자였고 건축가이며 철학자였고 발명가이기도 했다. 인간이 추구할 수 있는 모든 지식과 예술, 그리고 현실의 삶에 대한 공헌을 추구한 이상적 인간이라고 할 수 있다. 이런 이상적 인간을 대학이 양성할 때 대학은 인문학적 이상을 구현한다고 할 수 있다. 인문학은 진the true, 선the good, 미the beautiful의 일치를 추구한다. 칸트식으로 말하면 지성, 도덕성, 감성이 조화롭게 어우러진 성숙한 인간 사회를 추구하는 학문이다.

대학이 전인 교육과 거리가 멀어지게 된 시점은 분과 학문으로서의 학과 체제가 정립되기 시작한 이후다. 학과 체제가 도입된 19세기 말 이전의 대학에서는 각 학문 분야의 발전으로 학문이 세분화되기 시작했지만 서로 격리되지는 않았다. 예를 들어 『국부론An Inquiry into the Nature and Causes of the Wealth of Nations』의 저자로서 경제학의 원조라고 불리는 애덤 스미스Adam Smith는 논리학으로 대학교수를 시작했고 주 담당 과목은 도덕철학이었다. 『국부론』은 그의 도덕철학 연구의 결과물이다. 그가 수사학 과목을 담당할 때는 스코틀랜드의 대학에서 최초로 영문학 강의를 시작하기도 했다. 18세기까지만 하더라도 학생들이 인문학 교육의 전통인 언어 영역과 수학 영역 모두를 공부했음은 물론이고, 교수들도 자신의 전공 분야에 한정해서 교육하고 연구하지는 않았다.

19세기 말에 도입된 대학의 학과 체제는 학문 발전에 따른 필연적인 결과이기도 하다. 학문 분야에 따라 대개 한 명의 교수를 두었던, 때로는 그 교수가 다른 분야의 교육도 담당했던 19세기까지의 인문학 중심 대학교수 체계와는 달리 19세기 중반 이후 베를린대학교를 비롯한 근대 대학은 연구를 대학의 중점 과제로 설정했으며, 이에 따라 교수진은 학문 분야에 따라 여러 명이 모인 연구진이 되었다. 학과 체제로 구성된 연구와 교육 단위는 그 학과에 해당하는 분과 학문 체제를 구축한다. 대수학, 기하학, 천문학 정도의 이름으로 자연현상을 교육하던 자연과학은 수학, 물리, 화학, 생물학, 의학, 약학, 공학으로 분화된다. 수학은 위상기하학, 해석학, 대수학, 통계학, 선형대수, 확률 등으로 다시 분화된다. 생물학은 분자생물학, 식물생리학, 동물생리학, 생태학, 유전학, 발생학, 미생물학, 환경미생물학, 생물정보학, 세포생리학, 분자유전학, 신경학, 유전공학 등으로 다시 분화된다. 이렇게 분화된 학문 체계는 생산성이라는 관점에서는 상당히 효율적이다. 생명과학을 식물, 동물, 미생물로 분류하고 이를 다시 세포, 생리, 생태, 발생, 환경 등으로 나누어 연구진을 구성하면 전문화된 특정 영역에서 연구 성과를 내는 데 전문성을 갖춘 연구진이 협력하는 체제가 구축되기 때문이다.

분과 학문 체제는 분업이라는 자본주의적 생산양식을 대학에 적용한 체제다. 애덤 스미스가 핀을 만들 때 분업을 통해 생산되는 핀의 개수가 혼자서 핀을 만들 때보다 몇 천배가 된다고 설명한 바와 같이 분업은 생산성을 향상시키는 뛰어난 방법이다. 학문에서의 분업 체제 역시 핀을 만들 때와 마찬가지로 특정 학문의 세부 분야에 연구가 집중될 경우 논문 편수로 측정되는 연구 성과는 개별 연구자가 통합 과정을 거쳐 만들어내는 연구 성과와 비교할 수 없을 만큼 증대할 것이다.

그러나 연구 목적이 연구 대상에 대한 통합적 이해를 도모한다면 분업을 통해 이루어지는 연구 성과는 그 목적과는 거리가 멀어진다. 핀을 제조하는 과정에서는 쇠를 녹이고 철사를 만들고 이를 일정 길이로 자르고 핀의 머리를 만들고 한끝을 뾰쪽하게 다듬는 일이 연쇄적으로 이어지고 그 결과 핀이 완성된다. 각각의 과정에서 개별적인 노동자는 다른 과정에 관여하지 않고 자신이 맡은 일만 하지만 그 결과물은 핀이라는 하나의 완성품이 된다. 그러나 분업을 통해 이루어지는 연구 성과물은 최종 완성품이 되지 못한다. 개별 연구 결과물이 그 자체로 최종 완성본이고, 그 각각의 완성본을 다시 통합해 전체적 지식으로 만드는 구조는 존재하지 않기 때문이다. 고대 그리스 시대부터 이어져 오던 진선미의 통합으로서의 학문의 이상, 또는 실러가 그의 저서 『인간의 심미적 교육에 대해On the Aesthetic Education of Man』에서 교육의 이상으로 제시하는 본성과 모양의 통합으로서의 미는 분업 체계로 이루어지는 대학의 연구나 교육을 통해서는 이루어질 수 없다.

분과 학문 체제에서 학문 탐구의 결과물이 완성체가 되지 않듯이 분업 체계의 교육에서도 인문학의 이상이었던 전인은 양성되지 않는다. 교양과정이라고 불리는 대학 1학년 과정은 학과 체제가 도입된 이후에도 중세 대학의 전통대로 문리학부 또는 철학부 교과를 교육하는 과정이었고, 이를 근거로 인간과 세계에 대한 지식을 고루 갖춘 교양인을 양성하는 과정이었다. 그러나 분과 학문 제도가 심화된 오늘날 교양과정에서는 철학이나 문학 또는 수학 교육이 중심이 되지 않는다. 모든 학문 단위는 교양과정에서도 1/n의 지분을 주장해 정치학, 경영학, 의약학, 공학, 체육 등이 철학이나 문학과 동등한 권한을 갖게 된다.

학생들은 통합된 교과과정을 이수하는 것이 아니라 취향에 따라 선택한 과목을 이수함으로써 교양과정을 마친다. 대학이 취업을 위한 준비 과정이 되면서 교양과정 역시 취업에 도움되는 영어, 자기소개 글쓰기, 경영학 등이 상당 영역을 차지하게 된다. 학과 체제에서 각 학과로 입학한 학생들은 교양과정이 끝난 다음에는 거의 전적으로 자신의 전공 분야의 지식만 교육받게 된다. 영문학과에 입학한 학생은 영어통사론, 영국시, 미국소설 같은 과목을 이수함으로써 대학 교육을 받은 것으로 간주된다. 문학을 공부하는 영문학과의 학생은 영문학의 일부 지식은 습득하지만 귀스타브 플로베르Gustave Flaubert의 소설이나 백석의 시에 대해서는 무지하며 인문학 지식 체계에서 빼놓을 수 없는 플라톤이나 칸트의 철학, 동서양문명사 등에 대해서는 아예 관심을 두지 않는다. 교수들의 연구가 파편화되어 있듯이 학생들의 교육 역시 인간과 사회에 대한 통합적인 지식과는 거리가 먼 단편적인 지식을 쌓아가는 과정에 불과하다. 삶에 대한 총체적인 지식이나 인간과 사회에 대한 분석적이고 비판적인 안목을 교육받지 못한 학생들은 대학 교육을 이수한 이후에는 사회의 부품으로, 많은 경우 기업이 요구하는 인적 부품이 되어 기계와 같은 삶을 살아가게 된다.

대학의 연구와 교육에서 분과 학문 체제를 넘어서려는 시도가 없는 것은 아니다. 융합 전공이나 학제 간 연구 같은 것들이 그런 시도다. 그러나 융합 전공이나 학제 간 연구는 한편으로는 또 다른 분과 학문 분야를 새로 만들어내는 것에 불과하거나 기존의 분과 학문 체제를 공고히 하는 것에 불과하다. 가령 생화학이라는 학문은 생명과학과 화학이 결합해 생긴 학문인데, 일정 정도 필요성은 있지만 생명과학과 화학과에 새로운 분과 학문 단위의 학과를 더한 것에 불과하다. 또한 인문소프트웨어, 콘텐츠 개발, 스토리텔링 등이 융합 학문으로 거론되는 것을 흔히 보지만 이런 학문 단위가 독립성을 주장하게 되면서 이미 분화될 대로 분화된 학문 체계에 더욱 많은 분과 학문을 만들어내는 것이라고 할 수 있다.

학제 간 연구로 흔히 거론되는 지역학 연구는, 예를 들어 동북아시아지역학은 중문학이나 일문학, 정치학, 국제관계학 등의 학문이 상호 협력하는 체제를 표방하는 학제 간 연구라고 할 수 있다. 하지만 이런 지역학은 각각의 전공 특성이 유지되는 한에서만 성립된다. 이런 지역학 연구에 참여하는 중문학 전공자나 국제관계학 전공자는 자신의 전공이 그 학제 간 연구에 기여한다는 전제하에 참여하기 때문이다. 중문학 전공자가 자신의 전문 분야를 잊어버리고 새로운 연구나 교육 과제를 설정하는 것은 학제 간 연구의 취지에 부합하지 않는 것으로 판단되어 그런 기획에서 배제되기 쉽다.

분과 학문 체제에서 각 학문 단위는 동일한 위상을 갖는 것으로 전제된다. 철학이 전자공학에 비해 학문적으로 더 의미 있거나 필수적으로 이수해야 하는 학문이라고 주장하지 않는 상태에서 철학이라는 학문 단위와 전자공학이라는 학문 단위는 동일한 기준에 의해 평가된다. 철학이 다른 학문을 이끄는 횃불이 되어야 한다고 말했던 칸트의 학문관은 이제 대학 구성원들 사이에서 잊혔다. 철학이 전자공학보다 더 중요한 학문이라고 주장하기 위해서는 철학과의 연구 결과나 학생의 취업률이 전자공학과와 비교해서 정량적으로 더 높음을 입증해야 한다.

모든 학문이 동일한 위상을 갖는다고 전제하는 분과 학문 체제에서는 평가에 의해 자원을 배분하는 대학 운영 방식이 적용될 때 논문 편수라는 방식의 연구 성과평가, 취업률이라는 이름으로 진행되는 교육 성과평가에 따르면 철학이나 문학 등의 인문학 분야의 학문 단위는 낮은 성과를 내는 학문 단위로 평가되며, 이를 근거로 학문 단위 구조조정 과정에서 필요 없는 학문 단위라고 재단된다. 따라서 전인으로서의 교양인을 양성하는 인문학은 필연적으로 대학에서 점차 사라질 수밖에 없다.

문학, 철학, 역사 등 전통적으로 인문학으로 불리는 학문 분야에서도 인문학은 정상적으로 교육되고 있지 않다. 문학을 전공하는 학생은 역사나 철학을 공부하지 않고 역사를 전공하는 학생은 문학책이나 철학책을 읽지 않는다. 영문학을 공부하는 학생은 국문학이나 불문학에 관심이 없고 서양사를 공부하는 학생은 한국사나 동양사를 공부하지 않는다. 학문에 대한 학문이라고 할 수 있는 철학은 이제 분과 학문 체제 아래 하나의 학문 단위에 불과하다. 철학과 교수들은 다른 학과의 학문에 간섭하지 않으려 하며 다른 학문 분야의 교수들 역시 철학의 도움을 받으려 하지 않는다. 인간을 이해하는 큰 줄기로서의 인간의 언어, 인류 사회의 변화 과정, 인간에게 고유한 지식 체계가 각각 문학, 역사, 철학이라는 이름을 가지고 있을 뿐이지 그것들이 결코 분리되어 있지 않음에도 불구하고 대학의 인문학 교과과정에서조차 각각의 학문 분야는 연결 망 없이 따로 움직인다.

근대 대학의 이상이었던 탐구 과정으로서의 교육, 교육을 위한 연구는 이제 교양인 양성이라는 목적을 잊은 채 연구를 위한 교육 또는 시장의 지배를 받는 교육이 되었다. 교수들은 더 이상 대학의 이념을 제시하지 못하고 대학 운영의 주체도 되지 못한 채 대학 운영진의 관리 대상으로서 성과를 올리는 일에 몰두할 뿐이다. 교수의 성과를 평가하는 데 절대적인 영향력을 행사하는 연구업적에 대한 압박으로 인해 교수들 대부분은 논문을 쓰는 일에 몰두하게 되면서 학생들을 전인적 인간으로 성장시키는 데 필요한 교육보다는 자신의 논문을 쓰기 위한 연구 관심사를 학생들에게 주입한다. 이때 해당 주제에 대한 교수들의 사고 범주는 기존의 연구를 아우르면서도 이를 넘어서는 정도에 이르는 반면 학생들의 지적 수준은 학문에 대한 초보 수준에조차 이르지 못하는 경우가 허다하다.

이런 식으로 교육이 이루어질 경우 학생들은 해당 주제에 대해 심각한 몰이해나 오해에 머무르기 쉽다. 문학비평 과목에서 탈구조주의를 가르칠 때 대표적인 탈구조주의 이론으로 자크 데리다의 에세이『차연Differance』을 교재에 포함할 수 있겠지만 이 에세이를 이해하기 위한 기본적인 지식(서구 형이상학의 전통, 구조주의 이론, 헤겔의 변증법, 프로이트의 정신분석 등)을 학생들은 갖고 있지 못하기 때문에 이 에세이를 아무리 쉽게 설명하더라도 학생들이 얻는 것은 그들의 정신적 성숙에 필요한 지적 사고의 훈련이 아니라 단편적인 정보 습득에 머물기 쉽다. 하물며 데리다나 질 들뢰즈Gilles Deleuze 등의 이론을 넘어서려는 최근의 대표적인 이론가들인 조르조 아감벤Giorgio Agamben이나 알랭 바디우Alain Badiou의 이론을 학생들에게 정상적으로 전달할 수는 없을 것이다.

교수가 아니라 학생 중심의 교육이 이루어진다고 해서 사정이 나아지는 것은 아니다. 학생들 대부분은 인격 도야를 목적하는 인문학에 관심이 없다. 인문학을 전공하는 학생도 마찬가지다. 그들은 인문학 내 특정 학과의 졸업에 필요한 최소한의 학점을 이수한 다음에는 경영학 같은 취업에 도움되는 과목을 중점적으로 이수하려 한다. 인문학 자체에 대한 관심이 아니라 이수 학점에 관심이 더 크기 때문에 교과목 내용은 별 중요성을 갖지 않는다. 깊은 사색을 요구하지 않는 과목, 좋은 학점을 받기 쉬운 과목, 교수가 연예인이 주는 오락과 비슷한 즐거움을 주는 과목을 선택해 수강한다.

학생 중심 교육은 곧 학생이 요구하는 방식대로 교과목을 운영하라는 지침이 되며, 이를 확인하는 척도가 강의평가다. 강의평가는 교육 상품 소비자인 학생들의 만족도를 측정하는 것이며, 이는 교육 내용이 아니라 피교육자의 만족 여부를 평가한다. 기업의 상품이 소비자의 필요를 충족하는 사용가치가 아니라 소비자의 정서적 만족도인 효용에 의해 가치가 결정되듯이 교육 역시 학생의 지적 성숙 성취 여부가 아니라 학생의 만족도에 의해 그 가치가 평가된다. 하지만 일반적으로 학생들의 지적 성숙을 이끄는 정상적인 교육과정은 학생에게 만족을 주는 것이 아니라 고통을 주기 쉽다. 지적 성숙은 정신적으로 고난의 과정을 거치기 때문이다.

인문학이 대학에서 제 역할을 하지 못하면 사회적 역할 역시 정상적으로 수행할 수 없다. 과거 대학교수가 공적 지식인 역할을 수행할 때 교수들은 잡지나 신문에 기고하는 방식으로 또는 대중 강연의 방식으로 삶의 가치와 바람직한 사회의 모습을 제시했다. 그러나 오늘날 대학교수는 대중이 이해하기 어려운 전문화된 자신의 영역에서 논문이라는 생산물을 만들어내는 일에 몰두한 나머지 사회에 대한 지식인의 책무를 의식할 겨를이 없다. 인문학 전공 교수들이 사회적 역할을 방기할 때 대중을 위한 인문학적 성찰 훈련은 인문학 분야의 단편적 정보 전달이나 인문학이라는 이름의 오락이 되고 만다.

인문학과 관련된 주제를 네이버지식인 같은 인터넷 사이트에서 검색해보면 그 내용은 사고를 자극하는 것이 아니라 관련 어휘의 나열임을 확인할 수 있다. 최근 대중적인 인기를 얻고 있는 어느 재벌 그룹 부회장의 인문학 강의는 그 내용보다는 재벌이라는 강사의 신분으로 대중의 선망을 일으키고 있으며, 강의 내용 역시 인간들의 군집체인 사회가 가진 불합리한 면을 드러내서 이를 시정할 수 있는 방향을 제시하는 것이 아니라 현존하는 인간과 사회의 긍정적인 면을 탐색하라는 제언이다. 이런 태도는 현실의 문제를 개선하는 것이 아니라 불합리한 현실을 인정하고 수용하라는 요구이며, 이는 곧 고착화되고 있는 계급 질서를 유지하는 결과를 낳는다. 'CEO 인문학'이라는 강좌명 역시 인문학의 이름으로 인문학의 정신을 유린하는 예라고 할 수 있다. 이런 강좌를 통해 수강자들이 기대하고 또 얻는 것은 칵테일파티 같은 사교 모임에서 교양인 행세를 할 수 있도록 도와주는 여러 역사적 일화나 문학작품의 일화다. 더구나 이런 강좌가 대학에서 개설되는 것은 대학 재정에 이바지할 수 있는 고액의 수강료를 수강자인 기업인에게 받을 수 있기 때문이다. 이런 인문학 강좌에서는 최초의 인문학자라고 할 수 있는 소크라테스가 목숨을 걸고 지키려 했던 등에gadfly 같은 귀찮은 잔소리꾼으로서 철학자의 사명, 즉 진리를 드러내기 위해 사람들을 귀찮게 하고 옥박지르면서 분노를 일으키는 역할을 기대할 수 없다.

인문학이 위축되거나 왜곡되는 근본 이유는 인문학이 상품이 된 것이다. 대학이 학생들에게 수업료를 받고 교육을 제공하는 한 교육은 상품이 될 수밖에 없다. 교육이라는 상품을 구매하는 학생들은 직접적으로는 교육 상품의 효용, 즉 주관적 만족을 기대한다. 교육이 효용이 될 때 교육과정을 통해 습득하게 되는 지식의 유용성이나 공적 가치는 중요성을 갖지 못한다. 교육이 상품이라는 원리가 적용되면, 일반적인 상품에 대한 구매 행위가 개인적인 차원에서 이루어지듯이, 교육 역시 개인들의 상품 구매 행위가 된다. 취업이 잘된다는 경영학이나 공학에 비해 학생들이 인문학을 회피하는 이유는 인문학이 미래의 이윤을 기대할 수 있는 직업훈련을 시키지 않기 때문이다. 교육은 투자라는 관념이 교수들에게 파급될 때 일부 인문학 분야의 교수들은 스스로 인문학을 직업훈련으로 바꿔버리기도 한다. 글쓰기 교육이 취업을 위한 자기소개서 쓰기 연습으로, 문학 교육이 고부가가치를 기대하는 문화산업을 위한 인문 콘텐츠 교육으로 변할 때 대학의 인문학은 그 내부에서부터 무너지기 시작한다.

대학에서 인문학이 자리를 잃게 되는 원인은 인문학이 개인적인 차원에서 거래되는 상품이 되는 것만이 아니다. 교수와 학생을 교육이라는 상품의 개인적인 판매자나 구매자라고 할 수 있다면 대학은 지식을 생산해 판매하는 기업이며 대학의 법인, 총장단 및 보직 교수진은 그런 기업의 경영진이다. 최소 비용 최대 수익이라는 경제원칙으로 대학을 운영하는 대학 경영진은 학생 고객과 외부 기업 고객의 요구에 부응해 경영학과 공학 분야의 규모를 늘리고 인문학 분야는 위축시킨다. 대학의 재정 확충에 기여할 수 있는 외부 연구비 수주가 많은 의약학, 공학, 자연과학의 교수진을 위해서는 연구실이나 연구비 지원 등 연구 여건을 개선하려는 노력을 하지만 외부 연구비 규모가 많지 않은 인문학 분야의 교수진을 위해서는 여건을 개선하려는 노력을 보이지 않는다. 또한 인문학 분야의 교과과정에 최소한으로 요구되는 일정 규모의 전임교수진을 유지하려 하지도 않는다.

최근 10여 년 동안 대부분의 한국 대학에서 인문학 분야의 신임교수 충원이 거의 없었던 것은 이런 대학 경연진의 경영 원칙이 반영된 결과다. 인문학 분야 교수진이 속한 대부분의 문과대학 또는 인문대학에서 전임교수의 평균 연령이 50대를 넘어서는 것은 그동안 대학 경영진이 인문학 분야에 전임교수가 필요하지 않다고 생각했기 때문이다. 정상적인 대학 운영을 위해 전임교수로 충원되어야 할 인문학 분야의 강의실은 이제 시간강사, 강의전담 교수, 초빙교수, 겸임교수, 대우교수, 특임교수 등 비정규직 교수들로 채워지고 있다. 이들은 대학교수로서의 신분이 안정적으로 보장되지 않기 때문에 인문학 분야를 담당하더라도 인문학의 가치를 옹호하기보다는 학생 고객과 대학 경영진이 요구하는 교육 상품 시장에 순종하는 영업 사원이 되기 쉽다.

3. 인 문 학 의 미 래: 지 배 계 급 의 계 급 재 생 산 을 위 한 인 문 학

기업이 되어버린 오늘날 대학에서 인문학은 설 자리가 없다. 그나마 유지되고 있는 문학, 철학 등의 학과나 교과과정은 점점 더 없어지거나 기업 경영에 이바지하는 방식으로 그 내용이 변할 것이다. 법적·제도적 보호를 받고 있는 인문학 교수진은 신임 교수 충원이 안 되는 탓으로 점점 노령화되고 있다. 이들이 퇴임하면 인문학 교수진 자체가 없어지게 될 것이다. 대학의 기업화가 먼저 이루어진 미국 대학의 인문학의 미래를 전망하면서 프랭크 도너휴Frank Donohue는 "인문학을 핵심으로 하는 자유교양과정이 활기 있게 유지될 대학은 …… 연구 중심 대학 50여 곳에 지나지 않을 것이다"라고 말했다.[13] 여기에서 말하는 연구 중심 대학은 재정도 풍부하고 명성도 최고인 하버드대학교나 프린스턴대학교 등 엘리트 대학이며, 비율로 따지면 미국 전체 대학의 상위 1% 정도인 대학을 말한다.

　미국 명문대학의 학부과정은 사실상 상당한 정도 순수 자연과학과 함께 인문학 중심의 교과과정을 운영한다. 하버드대학교를 예로 들어보면 학부에는 경영학, 법학, 의학 등 전문 직업인을 양성하는 학과를 두지 않는다(이들은 전문 대학원 과정에 있다). 학부생은 문리대학에 해당하는 하버드칼리지 소속이 되며 학부생을 위한 단과대학에는 인문학 분야로 켈트어문학과, 고전학과(고대 그리스어문학과 라틴어문학), 비교문학과, 동아시아언어와 문명학과, 영문학과, 독문학과, 예술사학과, 언어학과, 음악학과, 중동어문학과, 철학과, 로망스어문학과, 슬라브어문학과, 남아시아어문학과, 시각환경학과 등이 있다. 자연과학 분야로는 수학과, 물리학과를 비롯해 자연과학 분야의 11개 학과가 있으며 사회과학 분야로는 인류학, 경제학, 역사학(역사학은, 유네스코에서 그리고 여러 학문 분류에서 그렇듯이, 인문학이 아니라 사회과학으로 분류된다) 등 10개 학과가 있고 공학 분야로는 기계공학과, 전자공학과 등 5개 학과가 있다.

　얼마나 많은 학생이 켈트어문학이나 고전어문학을 전공하는지, 그리고 하버드대학교의 전체 학부생 가운데 인문학 분야를 전공하는 학생이 얼마나 되는지는 확인하기 어렵지만 학과 수만 고려해보면 하버드칼리지에는 인문학이 가장 많으며 다음으로 자연과학, 사회과학이며 공학이 가장 적다. 도너휴가 언급하는 미국 최상의 명문대학을 제외한 대부분의 대학에서 켈트어문학이나 고전어문학 등이 전공 학문으로 개설되지도 않은 점을 고려

---

13 Frank Donoghue, *The Last Professors: The Corporate University and the Fate of the Humanities*(New York: Fordham University Press, 2008), p. 127.

하면 하버드대학교가 상당한 정도 인문학을 학부 교육의 중심으로 설정하면서 그 대학을 특화하고 있음을 알 수 있다.

한국 대학에서는 고전어문학 전공이나 남아시아어문학 전공이 아예 없는 것에 더해 독문학과나 로망스어문학과(불문학, 이탈리아문학 등) 등이 끊임없이 폐과되고 있는 점을 고려하면 더욱더 하버드대학교의 인문학 특화 교육과정이 두드러진다. 인문학 중심의 학부 교육은 하버드대학교 같은 명문 연구 중심 대학에서만 이루어지는 것은 아니다. 리버럴 아츠 칼리지Liberal Arts College라는 말에서 확인되듯이 윌리엄스칼리지Williams College나 애머스트칼리지Amherst College 같은 교육 중심 명문 단과대학 역시 학과 구조는 하버드대학교와 유사하다. 다만 리버럴 아츠 칼리지에는 공학 분야의 전공이 거의 없다는 것이 하버드대학교 같은 연구 중심 종합대학의 학부 전공 구조와 다른 점이다. 대학원 과정이 거의 없는 리버럴 아츠 칼리지는 대학의 기능을 연구보다는 교육에 맞추며, 이때 교육은 인문학 중심 교육을 뜻한다. 교육의 내용이나 질보다는 재정 운영의 효율성을 추구하는 기업화 대학에서는 대형 강의가 일반적이지만 명문 리버럴 아츠 칼리지는 강좌당 수강 인원을 소규모로 제한해 대다수의 다른 대학과 차별화한다. 예를 들어, 애머스트칼리지는 개설 강좌의 대부분(90%)을 30명 미만으로 운영한다.[14]

미국의 명문 사립 종합대학이나 단과대학에서는 인문학이 위축되지 않았고 앞으로도 그럴 것이다. 반면에 이들 명문 사립대학을 제외한 대부분의 대학에서는 인문학은 지속적으로 위축될 것이고 결국에는 인문학 자체가

---

14 필자가 재직하는 중앙대학교에서는 강좌당 수강 신청 인원이 30명(전공과목은 20명)이 되지 않으면 폐강된다.

교과과정에서 사라질 것이다. 신자유주의가 지배하는 사회에서 양극화가 필연적이듯이 대학 역시 기업화가 진행되면서, 재정의 어려움을 겪는 대부분의 대학에서는 인문학이 고사되고 재정이 풍부한 일부 명문 사립대학에서만 과거와 마찬가지로 인문학이 유지될 것이다.

사실상 일부 명문대학이 다른 대부분의 대학과 차별화하는 방식으로 인문학 교육을 더욱 강화할 가능성이 높다. 인문학이 사라지고 기업을 위한 실무 교육 중심으로 교과과정이 구성된 대부분의 대학을 졸업한 사람들은 그들이 교육받은 대로 기업체의 사원이 되기 위해 일자리를 찾을 것이다. 경제난으로 취업 역시 쉽지 않겠지만 취업이 되었을 때는 인문학 교육으로 가능한 인간으로서의 자기완성이나 인간과 사회에 대한 비판적 성찰 없이 기업 조직의 구성원으로서 업무 지침에 따라 일을 하는 직장인이 될 것이다. 반면에 명문 사립대학에서 인문학 교육을 받은, 그리고 그 후에 대학원이나 전문 대학원에서 교육을 받은 소수의 엘리트는[15] 인문학적 성찰과 지적 훈련을 바탕으로 미국 사회 각 분야의 지도적 위치를 차지하게 될 것이다. 소수만이 대학 교육을 받을 수 있던 과거에는 대학 교육을 받는다는 것 자체가 지배계급의 신분을 보장하는 것이었다면, 원하는 거의 모든 사람이 대학 교육을 받을 수 있는 오늘날에는 소수의 명문대학 출신과 대부분의 그 밖의 대학 출신으로 구별되는 방식으로 신분이 형성된다고 할 수 있다.

한국 대학에서 인문학의 미래는 없다. 일부 명문대학을 제외한 대부분의 미국 대학에서 인문학이 소멸되어가는 것과 마찬가지로 한국의 대학에서도

---

[15] 애머스트칼리지의 경우 졸업생의 80% 이상이 대학원이나 전문 대학원으로 진학한다[애머스트칼리지 인터넷 홈페이지(https://www.amherst.edu) 참조]. 이 추세는 다른 명문 사립대학 졸업생들의 일반적인 경로다.

인문학이 점차 소멸되어갈 것이다. 심지어 한국의 대학에는 인문학을 유지함으로써 여타 대학과 차별화할 수 있는 조건이 갖추어져 있지 않다. 한국 대부분의 대학에서 인문학이 돈이 안 되는 학문, 취업에 도움을 주지 않는 학문으로 멸시받으면서 도태되는 것은 필연적이다. '문송(문과라서 죄송합니다)'이나 '인구론(인문계 졸업생 90%는 논다)'과 같은 말이 회자되는 것은 인문학의 조건이 인간 교육이 아니라 취업 교육이 되어야 한다는 전제를 함의하며, 그런 취업 교육에서 인문학 교육이 실패하고 있다는 현실을 반영한다.

한국 최고 명문대학이라고 할 수 있는 서울대학교, 연세대학교, 고려대학교조차 인문학을 유지하거나 강화함으로써 다른 대학과 차별화할 수 있는 조건을 갖추지 못했다. 이들 명문대학에서조차 학부과정이 경영학, 공학 등 직접적으로 기업 실무에 필요한 지식을 교육하는 직업훈련 중심으로 운영되고 있다. 이들 대학의 학부생은, 학부과정에서 인문학이나 순수 자연과학을 이수해 학문적 토대를 다진 다음 대학원이나 전문 대학원에 진학하는 미국 명문대학의 학부생과는 달리, 학부과정 자체를 대학 교육의 최종 단계로 받아들인다. 서울대학교, 연세대학교, 고려대학교의 인문계열 대학원에서도 학문적 자질을 갖춘 대학원생을 확보하기 어렵거나 대학원 과정에 진학하려는 학생이 줄어들고 있는 현실을 고려하면,[16] 한국 최고 명문대학에서도 인문학의 맥이 끊기고 있음을 알 수 있다. 학부의 인문학이 소멸되고 있기 때문에 자연스럽게 대학원에서도 인문학이 소멸되고 있는 것이다. 인문학을 전공한 박사학위 소지자가 전임교수가 될 가능성이 거의 없는 현실에

---

16 "'SKY'인문계 교수들 '대학원 지원자 줄어 학맥 끊어질 위기'", ≪문화일보≫, 2016년 5월 18일 자 기사 참조.

서 인문학을 전공하려는 대학원생을 기대할 수 없는 것은 당연하기도 하다. 이제 한국에서 인문학은 명문대학과 비명문대학을 불문하고 학부과정은 물론 대학원 과정에서도 이미 소멸되었거나 점차 소멸되어가는 과정에 있다.

한국 대학이 대학의 기업화가 먼저 이루어진 미국의 모델을 따르고 있음을 고려해볼 때, 그리고 한국 사회가 정치·경제·사회·문화 등 거의 모든 분야에서 미국의 절대적인 영향력을 받고 있음을 고려해볼 때, 더구나 한국의 지배계급 구성원 상당수가 미국에서 교육받은 자들임을 고려해볼 때 한국과 미국의 대학은 크게 보아 하나의 체계를 이룬다고 생각할 수 있다. 미국 대부분의 대학에서 그리고 한국의 모든 대학에서 인문학 교육이 아니라 직업 실무 교육이 대학의 교과과정을 지배할 때, 설사 교과과정 자체는 아니더라도 학생들이나 대학 운영진이 취업을 위해 대학 교육을 수행할 때 이런 대학의 졸업생들은 사회구조에서 피지배계급에 속한다. 반면 인문학 교육을 받은 미국의 명문 사립대학 출신들은 미국뿐만 아니라 한국을 포함한 다른 지역의 지배계급이 되거나 해당 지역의 사회를 직간접으로 지배한다.

오늘날 일반화된 전 지구화 현상은 세계 전체가 하나의 체계가 되어 지배계급과 피지배계급의 지역적 분화가 무의미해지는 현상을 말하기도 한다. 전 지구화 현상에서 지배계급이 피지배계급과 차별화되는 것은 경제적 자본의 유무에 의해서만 결정되지 않는다. 사회학자 피에르 부르디외가 설명하듯이 지배계급은 경제적 자본과 더불어 인간관계 망이라고 할 수 있는 사회적 자본, 교양이라고 할 수 있는 문화적 자본에 의해서도 피지배계급과 구별된다. 부르디외는, 문화적 자본을 형성하는 데 기여하지만 문화적 자본 자체와는 구별되는 학력 자본도 지배계급과 피지배계급을 구분한다고 주장한다.[17] 문화 자본이 주로 가족에 의해 전수되고 축적되는 것에 비해 학력 자본은 교육기관을 통해 전수되고 축적되기 때문이다. 부르디외는 초·중등

교육인 하급 교육이 읽기, 쓰기, 셈하기 등 기능적이거나 역사적인 사실을 암기하는 것과 같은 직접적이고 구체적인 대상에 대해 정해진 지식을 교육하는 반면 고등교육은 추상적이고 보편적인 일반론을 교육한다는 점을 상기시킨다. 이와 같이 학력 자본을 축적하는 지배계급의 구성원들은 사회경제 현상에 대해 개인적인 동기나 이익 여부를 넘어서 사회 문화 현상에 대해 공적이고 보편적인 진술을 할 수 있다. 물론 지배계급이 생산하는 보편적이거나 공적인 담론은 그들 지배계급의 이익을 보편화하는 담론이다. 부르디외가 말하는 고학력자들이 갖게 되는 학력 자본은 인문학 교육을 도외시하는 대학에서는 축적될 수 없다. 대학 교육을 개인적인 출세를 위한 투자로 인식하는 기업형 대학에서는 학력 자본이나 문화 자본을 축적할 수 있는 장이 마련되지 않기 때문이다.

지배계급이 자신들을 피지배계급과 차별하는 방식은 미국과 한국의 대학 구조에서 볼 때 미국의 소수 명문대학에서는 학력 자본의 형성을 목적하는 반면 한국의 대학에서는 그런 학력 자본을 기대할 수 없다. 이에 따라 한국 대학의 졸업생들은 명문대학 출신이든 그렇지 않든 간에 전 지구적 계급 질서에서 피지배계급으로 자리매김되며, 전 지구적 노동 시장에서 업무 지침에 따라 노동하는 하급 노동자가 되거나 기껏해야 중간 관리자의 위치를 차지할 것이다. 이들은 자신이 속한 사회를 포함해 인간과 사회의 가치, 변화, 전망에 대해서도 자신들의 관점을 제시하지 못한 채 전 지구적 지배계급이

---

17 Pierre Bourdieu, *Distinction: A Social Critique of the Judgement of Taste*, translated by Richard Nice(Cambridge: Harvard University Press, 1984), p. 23. 한국어 번역본으로 피에르 부르디외, 『구별 짓기: 문화와 취향의 사회학』, 최종철 옮김(새물결출판사, 2005)이 있다.

주도하는 흐름을 수동적으로 추종하게 될 것이다.

4. 인문학을 위한 인문학 비판

대부분의 대학에서 인문학이 소멸된 다음 일부 명문대학에서만 지배계급의 계급 재생산에 기여하는 방식으로 인문학이 유지되는 상황은 재앙에 가깝다. 르네상스 시대에 인문학이 시작되었을 때 그 취지가 신이 지배하는, 구체적으로는 교회가 지배하는 중세 질서에 맞서 인간성을 주장하거나 회복하려는 시도였음을 고려하면 인문학은 근본적으로 기존 질서에 대한 도전이었다. 과거와 마찬가지로 미국의 일부 명문대학에서 변함없이 유지되는 인문학은 인간을 위한 학문이 아니라 기존 질서를 유지하기 위한 학문이라는 점에서 바람직한 인문학의 모델로 삼을 수 없다. 자신들의 인종적 우수성을 내세우면서 열등하다고 규정한 인종에 대해 대량 학살을 자행한 독일의 나치 정권이나 대량 학살 무기를 제거한다는 명분 아래 이라크를 상대로 침략 전쟁을 일으킨 미국의 부시 정권은 자신들의 야만적인 행위를 휴머니즘의 이름으로 수행했다. 인문학이 지배계급의 전유물이 될 때 인문학이 옹호하는 인간성은 특정 부류의 인간들이 가진 인간성이 되며, 이때 인문학은 보편적 인간성을 파괴한다. 인문학이 모든 사회 구성원을 위한 학문이 아니라 특정 집단을 위한 학문이 될 때 그런 인문학은 필연적으로 인문학의 정신을 배반한다.

일부 명문대학에서는 인문학이 계급 재생산의 수단이 되고 대부분의 대학에서는 인문학이 점차 소멸되어갈 것이 예상되는 오늘날 인문학자들은 무엇을 할 수 있을까? 도너휴의 저서 『마지막 교수들: 기업 대학과 인문학의 운명The Last Professors: The Corporate University and the Fate of the Humanities』[18]의
제목이 말하듯이, 대학 역사의 마지막 인문학 교수임을 인정하고 자신이 죽
은 뒤에 무덤을 홀로 지키고 있을 비석에 새길 멋진 말이나 구상하고 있어
야 할까? 물론 현재 인문학이 처한 위기를 타개하기 위해 인문학 옹호 담론
이 지속적으로 생산될 필요는 있다. 인문학의 쓸모없음을 당연시하는 대학
운영진, 교육정책을 수립하는 정부 관료, 그리고 돈 버는 일 말고는 관심이
없는 것 같은 대중에게 인문학의 쓸모 있음을 조목조목 알려줄 필요는 있
다. 인문학자의 입장에서는 인문학의 쓸모 있음을 무한히 열거할 수 있겠지
만 대강 다음과 같이 인문학의 가치를 간략하게 주장할 수 있다. 다음의 내
용은 헬렌 스몰Helen Small의 저서 『인문학의 가치The Value of the Humanities』에
서 요약 발췌한 것이다.[19]

첫째, 인문학은 질적 이해를 제공한다. 인간의 가치, 인간 사회의 가치는
양적인 기준으로만 측정될 수 없으며 인간과 사회에 대한 깊이 있는 이해는
질적인 차원의 이해를 필요로 한다. 질적인 이해가 병행되지 않는다면 인간
집단은 공동의 가치를 추구할 수 없게 된다.

둘째, 인문학은 과거와 현재의 문화를 보존하고 그 문화를 보완할 수 있
는 수단을 제공한다. 과거의 사람들의 삶을 이해하고 그 과거와 현재가 미래
까지 이어지는 방식을 이해하게 하면서 더 나은 현재와 미래를 위해 과거를

---

18 한국어 번역본의 제목은 『최후의 교수들: 영리형 대학 시대에 인문학하기』다.

19 Helen Small, *The Value of the Humanities*(Oxford: Oxford University Press, 2013),
pp. 174~176.

반성할 수 있는 기반을 제공한다.

셋째, 인문학은 인간의 행복에 기여한다. 인문학은 행복의 본질을 이해하게 함으로써 개인과 사회 구성원 전체가 행복할 수 있는 바람직한 조건을 추구할 수 있게 한다. 행복한 상태를 가능하게 하는 경제적·심리적 조건뿐만 아니라 행복의 본질, 쾌락과 행복의 관계에 대한 이해, 행복의 상태를 변화시킬 수 있는 교육 등을 인문학이 제공한다.

넷째, 인문학은 건전한 민주제도를 정착하게 하고 발전시킨다. 민주제도에 필요한 비판적 사고력, 논쟁의 방식, 논제에 대한 판단력이 인문학적 교육을 통해 훈련된다. 민주 사회를 유지하거나 건설하기 위한 비판적 지성인이 인문학 교육을 통해 양성된다.

다섯째, 인문학은 외부의 특정 목적이 없는 대상의 내재적 가치를 이해하게 한다. 대상 자체에 대한 이해, 지식 자체를 위한 지식을 인문학이 제공한다. 인간이나 사회 또는 물적 대상을 수단이 아닌 목적으로 이해할 수 있는 지식의 토대를 인문학은 제공한다.

이 외에도 미적 가치를 이해할 수 있는 심미안 등이 인문학 교육을 통해서 길러질 수 있다고 할 수 있겠지만 예술에 대한 이해는 결국 인간의 행복과 같은 맥락에 있다는 점을 생각해보면 대강 앞에서 진술한 다섯 가지의 인문학의 효용성이 어느 정도 인문학을 옹호하는 주장들을 망라한다고 할 수 있다. 그리고 이런 인문학의 효용을 인문학자나 인문학에 호의적인 사람들은 인정할 수 있을 것이라고 생각한다. 사실 근래에 인문학자들이 만들어내는 인문학 담론은 대부분 인문학 위기 담론이지만 동시에 인문학 유용성 담론이기도 하다.[20]

그러나 인문학의 가치를 의심하는 사람들은 제시된 인문학의 효용성을 인정하지 않을 수 있다. 예를 들어, 인문학이 양적 가치가 아니라 질적 가치를 이해하는 데 기여한다는 주장만 하더라도 양적 가치와 대비되는 질적 가치는 굳이 인문학적 지식을 끌어들이지 않더라도 구현된다고 주장할 수 있는 것이다. 어떤 연구 대상에 대한 질적 연구가 사회과학에서 양적 연구 못지않게 중요한 연구 방법임을 고려하면 질적 가치의 제고가 인문학적 지식을 통해 구현된다는 주장은 별 설득력이 없다. 건전한 민주제도에 인문학이 기여한다는 주장에 대해서도 사회학자나 정치학자는 별로 동의하지 않을 것이다. 사회제도나 정치제도를 직접 연구하고 교육하는 분야가 사회학이나 정치학이며 민주제도에 대한 기여의 정도는 인문학보다는 이들 분야의 전문성을 확보한 정치학이 훨씬 크다고 주장할 수 있기 때문이다. 모든 학문 분야에는 나름대로의 연구 대상, 연구 방법, 연구자의 정서 등이 있으며 그 분야에 대한 비판적 자기성찰이 없으면 해당 분야의 독립성, 독창성, 우수성을 주장하기 쉽다. 필자를 포함해 인문학자는 다른 학문 분야에 속한 학자보다 자신이 연구하고 교육하는 분야에 대해 더욱 애정과 자부심을 갖는 경우가 흔하며, 이런 애정과 자부심이 인문학의 자기중심주의를 부추긴다고 할 수 있다.

학문 간의 차이에 대한 고전적인 논의라고 할 수 있는 찰스 스노Charles

---

20 국내에서만 하더라도 인문학 옹호론은 열거할 수 없을 정도로 많다. 그중 특히 꼽을 만한 논의로는 다음의 문헌[강내희, 『인문학으로 사회변혁을 말하다』(문화과학사, 2016), 김용규, 「대학의 변화와 '지금-여기'의 인문학」, ≪대동철학≫, 57호(2011), 263~289쪽]이 있다. 강내희는 인문학이 문화연구로 전환됨으로써 변혁을 이끄는 학문이 될 수 있다고 주장한다. 김용규는 시대의 변화에 따른 대학의 변화를 직시했을 때 인문학이 평등을 지향하는 정치적 역할을 수행할 수 있다고 주장한다.

Snow의 『두 개의 문화The Two Cultures and the Scientific Revolution』[21]는 인문학자들의 자기중심적인 무지의 상태를 잘 보여준다. 스노는 인문학자(그의 표현은 '문학자literary intellectual'이지만)들이 중요 문학작품을 읽지 않는 "무식한 전문가들"인 과학자들을 안쓰럽게 생각하지만 인문학자들 역시 마찬가지로 무식하다고 말한다. 예를 들어, '열역학 제2법칙이 무엇인가'라는 질문을 받았을 때 대부분의 인문학자들은 난감해하지만 이 질문은 인문학자들이 과학자들에게 하는 '셰익스피어의 작품을 읽어보았는가'라는 질문과 같은 급의 질문이라는 것이다. 과학자들이 셰익스피어의 작품을 읽지 않았다고 해서 인문학자들이 그들을 무식하다고 생각한다면 열역학 제2법칙(자연계의 모든 과정은 되돌릴 수 없다는 원리)을 모르는 인문학자들 역시 과학자들이 보기에는 무식하다는 것이다. 심지어 인문학자들이 질량, 가속도 등 자연현상을 설명하는 기본 용어를 모른다면 이는 언어 자체를 모르는 것과 마찬가지라는 말도 한다.[22]

『두 개의 문화』는 학문 간의 차이를 설명하는 글로, 또는 자연과학자들의 입장에서 인문학자들을 비난하는 글이라고 알려져 있지만 스노의 논점은 두 학문의 지식인들이 서로 교류할 수 없게 된 현실을 보여주고 이를 한탄하는 것이다. 그는 대화가 불가능할 정도로 두 개의 문화(인문학과 자연과학)가 너무나 심각하게 벌어져 있으며, 이는 교육과정이 지나치게 전문화되어 있기 때문이라고 한다. 인문학자는 인문학만을 하고 자연과학자는 자연

---

21 C. P. Snow, *The Two Cultures and the Scientific Revolution*(New York: Cambridge University Press, 1961), pp. 1~22.

22 ibid., p. 16.

과학만 추구하면서 서로를 무시하는 학문의 양극화는 실제적으로도, 지적으로도, 창조적으로도 모두에게 손실이라는 것이 그의 주장이다. 전문적인 지식보다는 일반적인 지식을 가르치는 것이 교육과정이 될 때 지식 세계의 양극화가 극복된다는 주장을 그는 하고 있다. 스노는 이런 주장을 1959년에 했지만 그 이후 학문의 양극화가 극복되기는커녕 더욱더 악화되었다는 것이 오늘날 학문 세계에 대한 정당한 진단일 것이다.

스노의 『두 개의 문화』가 어떤 측면에서는 조금 소박하게 인문학자의 자기중심적 오만함을 비판하고 학자들 사이의 대화를 촉구하는 글이었다면 1996년에 있었던 소컬 사건The Sokal Affair은 탈구조주의, 포스트모더니즘 등 첨단 인문학 이론이 현실과 유리되어 현실 효과를 만들어내지 못함을 드러낸 사례다. 뉴욕대학교 물리학 교수인 앨런 D. 소컬Alan D. Sokal은 자신의 논문 「경계 가로지르기: 양자 중력의 변형 해석학을 위해Transgressing the Boundaries: Toward a Transformative Hermeneutics of Quantum Gravity」를 ≪소셜 텍스트≫의 '과학논쟁Science Wars' 특집호에 싣는다.[23] 이 특집호의 다른 논문들은 창조과학, UFO, 점성술, 인종우열론 같은 사이비 과학이 합리적인 과학을 위협하고 있음을, 과학연구기금이 정치적·경제적 이권에 의해 결정되고 있음을, 사회과학이나 생명과학이 육체적·사회적 성차를 어떻게 구성하는지 등을 다루고 있다.

이 특집호의 기본 논지는 객관적이고 보편적이라고 믿게 되는 과학적 진리가 정치적·경제적·역사적 맥락에 의해 형성되는 사회적 구성물이라는 것

---

23 Alan D. Sokal, "Transgressing the Boundaries: Toward a Transformative Hermeneutics of Quantum Gravity," *Social Text* 46/47(1996), pp. 217~252.

이다. 소컬 역시 논문의 결론에서 "모든 과학의 내용은 근본적으로 그 담론이 형성되는 언어에 의해 제한된다 …… 논리든 수학이든 사회적인 오염을 피할 수 없다. 페미니스트 사상가들이 되풀이해 지적해왔듯이 현대 문화에서 그 오염은 압도적으로 자본가, 가부장, 군부에 관련된 것이다"라고 주장하듯이 과학적 진술은 사회적 구성물이고 그 사회적 구성물을 주도하는 권력이 있다는 것이다.[24]

≪소셜 텍스트≫가 인문·사회과학의 현대 이론을 바탕으로 마르크스주의, 페미니즘, 문화 이론, 탈식민주의 등 분야에서 진보적인 논의를 주도하는 인문학 학술지임을 감안하면 이 학술지가 과학의 정치성을 중점적으로 논의하는 특집호를 준비한 것은 충분히 이해할 수 있다. 또한 이런 맥락에서 현대물리학 이론의 장 역시 권력이 지배하고 있다는 소컬의 논문의 논지 역시 이 첨단 인문학 이론 학술지의 기획 취지에 들어맞는다고 할 수 있다. 사실상 자연과학의 연구 결과는 절대적 보편성이나 객관성을 갖지 않는다. 연구 결과를 얻어내기 위한 실험 과정에서 자연과학은 기본적으로 실험 조건이라는 것을 상정한다. 실험 대상의 선정, 표본의 크기, 실험의 물리적·화학적 조건 등을 연구자가 결정해야 하며, 그러한 조건이 변하면 결과 역시 변한다는 것을 자연과학 연구는 전제한다. 이런 기본적인 조건을 더 확대하면 그 조건은 연구기금이 제시하는 방향성, 사회경제적 요구 등을 포함한다. 소컬의 논의는 이런 자연과학 연구의 조건을 현대물리학의 한 분야인 양자역학에 적용한 것이고, 이런 면에서 구조주의와 탈구조주의 이론의 정당성을 자연과학에서 확인하는 논의이기도 하다.

---

24 ibid., pp. 230~231.

문제는 소칼이 이 논문을 ≪소셜 텍스트≫에 게재한 다음에 학자들의 잡지magazine인 ≪링구아 프랑카Lingua Franca≫에 「문화 연구에 대한 물리학자의 실험A Physicist Experiments With Cultural Studies」이라는 글을 기고해 ≪소셜 텍스트≫에 실린 자신의 논문이 가짜라고 밝힌 것이다.[25] 그는 ≪링구아 프랑카≫의 글에서 자신의 「경계 가로지르기」 논문에서 진술한 "어떤 개인이나 전 인류와 관계없이 존재하는 외부 세계가 존재한다"는 믿음이 계몽주의 시대 이후의 헤게모니에 의해 만들어진 도그마이며 "물리적 실재 역시 근본적으로 사회적 언어적 구성물"이라는 내용은 객관적인 실재를 부정하는 포스트모더니즘 이론을 흉내 낸 것일 뿐이며 이를 진지하게 받아들일 (자연)과학자는 없을 것이라고 말한다.

　즉, 이 논문에서 그럴듯하게 포장된 현대물리학의 여러 개념이나 현대물리학의 첨단 이론이라고 소개한 내용이 사실은 자신이 가짜로 꾸며낸 것이며 진지한 과학자라면, 아니 물리학이나 수학을 전공하는 학부생만 하더라도 이를 곧바로 알 수 있다는 것이다. 소칼은 ≪소셜 텍스트≫의 편집진이 물리학을 전공하는 다른 학자에게 이 논문의 심사를 맡겼다면 이 논문이 엉터리 논문이며 학술지에 게재될 수 없다는 판정을 받았을 것이라는 말도 한다. 요점은 인문학 분야에서 진보적이라고 자처하는 첨단 이론가들이 학문적 객관성을 확보하려는 시도를 하지 않고 있으며 그럴듯한 말을 쓰기만 하면, 편집진의 이데올로기적 편향에 동조하기만 하면 학문적 논의로 받아들여진다는 것이다.

25　Alan D. Sokal, "A Physicist Experiments With Cultural Studies," *Lingua Franca*, May /June(1996), pp. 62~64.

소컬은 객관적 실재는 존재하며 이를 부정해 사회적 구성물이라고 주장하는 것은 어불성설이라고 말한다. 학문적 논의에서 중요한 것은 사실과 증거이지 언어유희가 아니라는 것이다.[26] 객관적 사실을 부정하는 학문적 논의는 학문이 아니며, 이런 이유로 인문학 분야의 선도 학문인 문화연구 분야에 이론적 틀을 제공하는 포스트모더니즘 이론은 인문학 이론가들의 지적 오만이 만들어낸 가짜 학문이라고 주장한다.

소컬은 학문적 이유로도 포스트모더니즘 또는 탈구조주의 이론에 경도된 ≪소셜 텍스트≫의 편집진을 비난하지만 정치적 이유로도 이들을 비난한다. 진보적 인문학을 한다는 ≪소셜 텍스트≫의 편집진과 마찬가지로 소컬은 자신의 정치적 지평을 좌익이라고 진술한다. 그는 역사적으로 좌파가 진보적인 이유는 좌파가 신비주의 같은 반계몽적 미신을 타파하는 객관적 과학을 개척했기 때문이라고 주장한다. 이런 이유로 객관적 사실을 거부하고 지적 유희에 빠진 포스트모더니즘 이론은 학문적 태만의 결과라고 말한다.[27] 그는 진보적인 입장을 견지하는 과학자의 입장에서 인문학 분야의 진보를 자처하는 이론가들이 언어유희에 만족하는 지적 나태 때문에 학문 영역이 보수 진영이 지배하는 세계가 되고 있다고 한탄한다. 소컬의 관점에서 보면 그의 가짜 논문 「경계 가로지르기」는 인문학을 조롱하기 위한 것이 아니라 인문학자들에게 하는, 객관적 사실과 증거에 근거한 논의를 해야 하며 이를 통해 더 좋은 현실을 함께 만들어가자는 제안인 셈이다.

소컬이 자신의 논문이 가짜임을 스스로 밝혔을 때 ≪소셜 텍스트≫의 편

---

26 ibid., p. 63.

27 ibid., p. 64.

집진이 난처해진 것과 마찬가지로 현대 이론에 어느 정도 식견이 있는 인문학자라면 그의 주장에 불편해질 것이다. 소컬의 진정성은 이해하지만 학문적으로도 정치적으로도 소컬의 주장이 전적으로 옳다고 할 수 없고 또한 그의 주장이 전적으로 부당하다고 할 수도 없기 때문이다. 철학의 인식론이나 현대 문화 이론에 대한 기본적인 지식만 갖추고 있다면 (가령 구조주의와 탈구조주의 이론의 뿌리인 소쉬르의 언어학을 알고 있다면) 인문학 이론가들이 객관적 사실의 실재 자체를 부정하는 것은 아님을 알 수 있다. 인식론이나 구조주의 이론이 설명하는 대상에 대한 인식은 언어가 매개된다는 것이지 객관적 실체가 존재하지 않는다는 것은 아니다. "외부 세계가 존재한다there exists an external world"는 것이 계몽주의 시대 이후에 나타난 도그마에 불과하다는 그의 진술 역시 인문학 이론가들은 '외부 세계 자체가 존재하지 않는다'라는 진술로 이해하는 것이 아니라 '외부 세계의 존재에 대한 인식의 방식이 객관적이고 보편적인 것은 아니다'라는 진술로 이해할 것이다.[28]

물론 ≪소셜 텍스트≫의 편집진은 소컬의 논문을 검토하는 과정에서 이론물리학자들의 의견을 들었어야 했고, 이 과정을 거치지 않은 것은 잘못이다. 그러나 소컬이 주장하는 학문의 객관성을 현대 이론에 무지한 물리학자의 억지라고 치부할 수는 없다. 소컬의 가짜 논문이나 ≪링구아 프랑카≫에 실은 「문화 연구에 대한 물리학자의 실험」을 읽어보면 소컬 역시 구조주의와 탈구조주의의 기본적인 이론 틀을 알고 있음을 확인할 수 있다. 소컬의 논점은 정교한 첨단 이론으로 무장한 인문학자들이 진보를 표방하면서도

---

28 Sokal, "Transgressing the Boundaries: Toward a Transformative Hermeneutics of Quantum Gravity," p. 217.

현실의 문제를 바람직한 방향으로 바꾸어나가는 데 무기력하다는 것이다.[29]

소컬과 ≪소셜 텍스트≫ 편집진의 충돌은 스노가 말했던 두 문화의 충돌이 학문적이고 이론적인 차원에서 다시 나타난 것이라고 이해할 수 있다. 소컬은 가짜 논문 사건을 의도적으로 일으켜, 인문학 분야의 진보 이론가들이 일반 대중뿐만 아니라 대학의 학자들도 알아들을 수 없는 말로 학문적 논의를 함으로써 그들의 진보 이론이 현실 효과를 만들어내지 못함을 비판한다. 사실 문학 및 문화 이론의 대가들인 프레드릭 제임슨Fredric Jameson, 호미 바바Homi Bhabha, 가야트리 스피박Gayatri Spivak, 주디스 버틀러Judith Butler 등은 인문학 분야의 이론을 공부하는 사람들에게는 그들의 정교한 이론 체계, 학문적인 글쓰기 등의 면면에서 모범이 된다. 하지만 그들의 난해한 글쓰기 방식은 일반인의 접근을 불허할 뿐만 아니라 웬만한 학자도 이해하기 어렵게 만들고 있다. 학술지 ≪철학과 문학Philosophy and Literature≫의 기획진은 1990년대에 몇 년 동안 인문학 분야의 가장 나쁜 글쓰기의 전형을 추려왔는데,[30] 여기에 해당하는 이론가들이 프레드릭 제임슨(1997년 1위), 주디스 버틀러(1998년 1위), 호미 바바(1998년 2위) 등이다. ≪소셜 텍스트≫에 실

---

29 당시 책임 편집자인 브루스 로빈스(Bruce Robbins)는 컬럼비아대학교 영문학 및 비교문학과의 대표 교수로 꼽힌다. 그는 한국영어영문학회 학술대회에 해외 저명 인사로 초청되어 온 적도 있다. 또 다른 책의 편집자인 앤드류 로스(Andrew Ross)는 뉴욕대학교 사회학 및 문화분석학과 교수이며 노동운동가이기도 하다. 브루스 로빈스 교수가 현실 문제에 얼마만큼 관심을 기울이거나 개입하는지는 필자가 알지 못하지만 노동운동가로서 앤드류 로스의 활동을 보면 소컬의 지적이 옳은 것만은 아니라고 할 수 있다. 로스는 아랍에미리트의 노동조건을 문제 삼았다는 이유로 아랍에미리트 입국을 거부당한 적이 있을 정도로 현실 문제에 적극적으로 개입한다.

30 Mark Bauerlein, "Bad Writing's Back," *Philosophy and Literature* 28.1(2004), p. 180.

렸던 롭 윌슨Rob Wilson 교수[31]의 글도 1997년에 2위에 올랐다.

인문학 분야 이론가들이 난해하게 보이는, 그러나 이론의 영역 안에서 볼 때는 필연적으로 치밀하고 정교하게 복합적인 의미를 드러내는 글쓰기를 하는 이유는 알튀세르식으로 말하면 이론에서의 (계급)투쟁을 전개하는 것이다.[32] 난해한 글쓰기가 일종의 이론적 계급투쟁임을 (여기에서는 진영 투쟁이라고 할 수 있겠다) 말해주는 일화를 필자는 기억한다. 필자가 미국 유학 시절에 다니던 대학에서 가야트리 스피박이 외부 초청 인사로 강연을 한 적이 있다. 탈식민 이론에 관한 내용이었지만 당시 박사과정을 막 시작했던 필자로서는 그 내용을 따라갈 수 없었다. 외국인 유학생으로서, 학문의 초보자로서 스피박의 강연을 이해하지 못했다는 것은 크게 책잡힐 일은 아니라고 부끄럽지만 자위한다.

그런데 스피박의 강연이 끝난 후 어떤 교수가 스피박에게 왜 당신은 말을 그렇게 어렵게 하느냐며 도대체 이해할 수가 없다는 취지의 발언을 했다(스피박의 '말'은 '글'보다 훨씬 쉽다). 이에 스피박은 그 남성 백인 교수에게 자신의 강연을 이해할 수 없으면 이 자리에 있을 자격이 없다는 말로 그 발언에 응수했다. 이런 도발적인 스피박의 발언에 필자도 당황했지만 당사자인 그 교수가 무안해했던 것은 당연하다. 스피박의 말을 되새겨보면, 지금까지 문

---

31 현재 캘리포니아대학교 산타크루스캠퍼스 영문학과 교수이며 풀브라이트 교환교수로 고려대학교에서 강의한 적도 있다.

32 알튀세르는 "철학은 궁극적으로 이론의 장에서 벌어지는 계급투쟁이다(philosophy is, in the last instance, class struggle in the field of theory)"라고 말했다[Louis Althusser, *Essays in Self-Criticism*, translated by Grahame Lock(London: New Left Books, 1976), p. 37].

학비평이나 이론의 세계, 나아가 학문 세계는 백인 남성이 지배해왔지만 스피박 자신은 그런 백인 남성들이 주도하는 담론에 맞서 훨씬 더 정교하고 도전적인 담론을 만들어간다는 뜻을 전달했다고 이해한다.

《철학과 문학》에서 나쁜 글쓰기의 대표로 꼽혔던 프레드릭 제임슨, 호미 바바, 주디스 버틀러는 각각 마르크스주의 비평가, 탈식민 이론가, 페미니스트로서 인문학 담론의 장을 주도하고 있다. 제임슨은 서구 문화 담론을 주도해왔던 부르주아 문학비평에 대해 마르크스주의 비평이라는 대안 담론을 만들어내고 있고, 바바는 식민주의를 겪었던 제3세계 출신 이론가로서 서구 제국주의 담론을 극복하는 이론을 생산하고 있고, 버틀러는 페미니스트 이론가로서 남성 담론이 갖는 여성에 대한 억압을 드러내면서 여성의 주체적 담론을 생산해내고 있다. 문학 및 문화 현상에 대한 이론적 논의를 할 때 이들이 주도하는 담론 영역을 무시하면 학문적 논의로 인정받기 어려울 정도로 이들의 영향력은 막강하다. 이런 면에서 진보 진영 이론가들의 이론 투쟁의 성과는 이론의 영역이, 나아가 인문학의 영역이 진보 담론이 지배하는 장이 되게 한 것이라고 할 수 있다. 현실의 정치나 사회를 보는 눈은 지극히 보수적이지만 쓰는 논문은 여성, 환경, 인종 문제 등 진보적인 주제를 담고 있는 주변의 인문학 교수들을 생각해보면 적어도 인문학 분야의 학문 영역은 상당한 정도 진보 담론이 지배하는 장이라고 할 수 있다.

그러나 인문학의 진보 담론은 현실 효과를 만들어내지 못하고 있다. 페미니즘 영역에서 리버럴 페미니즘, 마르크스주의 페미니즘, 포스트모던 페미니즘, 게이레즈비언 연구, 립스틱 페미니즘, 관점 페미니즘, 초민족 페미니즘, 국가 페미니즘, 힙합 페미니즘 등 성에 관련해 사고 가능한 모든 영역에서 이론화 작업이 진행되는 것 같지만 현실에서 벌어지는 여성에 대한 직접적인 폭력에 대해서 이들 이론은 속수무책이다. 전통적인 마르크스주의의

계급 중심적 사고가 현실의 모순을 설명하지 못한다는 관점에서 개진되는 권력 담론, 정신분석학, 생태학, 탈식민주의 이론 등은 현실에서 정상적인 파업권조차 인정받지 못하는 노동자들의 현실에 대해서는 효과적인 저항 담론이 되지 못한다. 인문학 교수들이 정교한 이론의 세계에서 그 이론을 이해하려고, 그 이론에 근거해 논문을 쓰려고 발버둥을 치는 동안 학생들은 취업을 위한 자기관리에 몰두해 있다. 학생들이 읽는 책은 인간과 세계를 알기 위한 철학을 포함한 인문학이나 사회과학 서적이 아니라 출세를 위한 처세술, 외모를 돋보이게 하는 몸매나 패션에 관련된 것들이다. 인문학 교수들의 학문 세계와 학생들의 현실 세계의 간극은 접점을 찾을 수 없을 만큼 벌어져 있다.

인문학에서 이루어진 학문적 진보는 학문 세계 안에서만 작동할 뿐 외부 현실로 확산되지 않는다. 인문학의 진보 담론은 현실의 권력인 정치권력, 자본권력, 그리고 이들과 공모 관계에 있는 대학 운영진으로 구성된 대학권력에 의해 학문 세계 안에 봉쇄되어 있다. 진보 학문의 외부 효과를 만들어 낼 수 있는 통로가 되는 대중 강연, 언론 기고, 일반 정기간행물에서 이루어지는 학문 활동은 대학의 교수 업적 관리 체제에서 연구업적으로 인정받지 못한다. 따라서 교수들은 그런 활동에 별 관심이 없다. 교수들은 점수가 되는 논문을 쓰는 일에 몰두해 있다. 즉, 그들은 봉쇄된 학문 영역 내의 학문 활동을 할 뿐이고 학문적 결과를 현실로 만들어내는 작업에는 관심을 가질 수 없는 관리 체제 안에 갇혀 있다.

인문학이라는 학문 영역 밖의 세계는 단지 대학 밖의 현실 세계만을 의미하지 않는다. 인문학은 인문학 분야에서만 학문적 활동이 이루어지고 학문 세계의 이웃인 사회과학이나 자연과학 영역으로 확대되지 않는다. 인문학 분야에서도 문학은 문학 안에서, 더 좁게는 영문학은 영문학 안에서, 심지어 영문학의 소설 영역은 소설 영역 안에서만, 20세기 영국소설이라는 특정 분야는 그 분야 안에서만 교류가 일어난다. 더 심하게 말하면 교수들은 논문을 쓰기 위한 목적이 아니라면 같은 분야더라도 동료 교수의 논문을 읽지 않는다. 신자유주의 세계관이 외부 세계에서 각자도생을 강요하고 있다면 대학 안에서도 교수들은 다른 학자의 학문 활동에는 관심을 접은 채 각자도생을 자신의 학문적 원칙, 삶의 원칙으로 삼고 있다. 스노가 『두 개의 문화』에서 촉구한 인문학자들과 과학자들의 교류, 소컬이 가짜 논문이라는 극단적인 방법으로 촉구한 현실 효과를 만들어낼 수 있는 학문의 가능성은 더욱 더 요원해지고 있는 것이 오늘날 학문 세계다.

5. 아마추어 학문을 위해

인문학자들이 자신이 전공한 전문 영역 안에서 오직 전공자들만이 이해할 수 있는 논문을 쓰는 일이 자신의 학문 활동의 본분이라고 생각하는 한 인문학은 물론 학문 일반이 위축될 수밖에 없다. 푸코는 『담론의 질서』에서 담론의 장을 점점 위축시키는 장치들로, 어떤 담론 생산을 금지하거나 진위를 구별하는 담론 외부의 통제 방식과 더불어 담론 생산자를 제한하거나 담론 영역 내부에서만 담론이 만들어지게 하거나 주어진 담론 영역 내부를 규제하는 과목discipline의 원칙 같은 담론 영역 내부의 통제 방식도 제시한다. 인문학자들이 자신의 영역을 고수하고 인문학자가 아닌 사람들의 논의를 배척하면서 인문학의 방법론을 유지하는 방식으로 학문을 유지하려는 한 — 이의 구체적인 발현이 한국연구재단 등재학술지나 톰슨 로이터사의 JCR 목록 학술지에 실리는 논문을 열심히 쓰는 일일 것이다 — 인문학은 위축될 수밖에 없다.

학문 연구의 결과를 특정 분야 전문 연구자들이 모이는 학술대회의 논문 발표와, 특정 분야 연구자들만이 이해할 수 있는 학술지 논문으로 평가받는 자연과학이나 공학에서 이루어지는 방식이 인문학에도 통용되고 있다. 그리고 인문학은 점점 전문화되고 있다. 오래전에 스노가 인문학자들이 과학자들을 비난할 때 쓰는 말이라고 소개한 "무식한 전문가들"이 이제 대학의 인문학자들에게 적용되는 상황이 온 것이다.

전문가란 대부분 자신의 전문 지식으로 밥을 벌어먹는 전문 직업인pro-fessionals을 뜻한다. 전문 직업인의 지식은 자신의 밥벌이와 관련되기 때문에 밥벌이와 관련이 없는 지식을 굳이 추구하지 않는다. 또한 전문 직업인은 자신의 전문 지식을 구하는 외부인의, 즉 정치권력이나 자본권력의 인정을 받아야 밥벌이가 유지되기 때문에 그 외부인에게 도움이 되는, 또는 그 외부인이 원하는 전문 지식을 제공하는 일을 자신의 본분이라고 생각한다. 또한 전문 직업인은 자신들의 지식 영역이 곧 밥벌이의 원천이기 때문에 그 영역에 다른 사람들이 접근하는 것을 막으려 한다. 다른 사람들이 개입하기 시작하면 자신들의 지분이 줄어들기 때문이다. 전문가 정신은 결국 그 전문 영역을 해당 분야의 전문가들이 독점하겠다는 정신이며, 이는 해당 영역이 외부로 확대되는 것을 방해하기도 한다. 대학의 전문 지식도 마찬가지다. 인문학자의 전문가 정신은 인문학을 전공하지 않은 학자의 인문학적 지식을 인정하지 않으려는 태도로 나타나며, 자연과학 전문가 역시 전문가가 아닌 사람의 자연과학 지식을 인정하지 않으려 한다.

대학의 인문학자들은 이제 인문학을 위해, 학문공동체로서의 대학을 위해, 더 나아가 조금 더 건전한 지식이 통용되는 사회를 위해 인문학 전문가임을 그만둘 때가 되었다. 이제 대학의 인문학자는 전문 직업인이 아니라 아마추어 지식인이 되어야 한다. 아마추어란 애호가, 연인을 뜻하는 라틴어

'amator'에서 유래한 말로, 금전적인 보상을 기대하지 않고 어떤 일을 하는 사람을 뜻한다. 이런 아마추어들이 갖는 아마추어 정신amateurism은, 에드워드 사이드의 말에 따르면, "경계와 장벽을 넘어서면서 연결을 만들어내는, 전문 영역에 묶이기를 거부하는, 전문 직업인의 한계에도 불구하고 사상과 가치를 소중히 여기는, 이익이나 보상이 아니라 더욱 큰 그림을 그리려는 애정과 이에 대한 불굴의 관심이 일으키는 욕구"다.[33] 즉, 아마추어 지식인은, 자신의 전문 영역을 무시하지는 않지만 그 영역으로는 충분하지 않은, 지식의 큰 그림을 그리려고 경계를 넘으면서 지식을 추구하는 사람이다.

인문학 교수는 전문 직업인이 될 수도 있고 아마추어 지식인이 될 수도 있다. 전공 분야가 자신의 밥벌이라고 생각하고 그 영역을 고수하며 정치권력, 자본권력, 대학권력에 순응하며 그들이 요구하는 대로 인문학 지식을 공급할 때 그는 인문학 전문 직업인이 된다. 교수도 생계를 유지해야 하며 생계유지를 위해 전공과목을 가르치고 논문을 쓰는 것이라고 생각할 수도 있다. 그러나 인문학 교수의 선택의 여지는 매우 크다. 강의실에서 담당 과목과 관련 없는 내용을 이야기하면서 시간을 보낼 수는 없겠지만 그 과목에서 어떤 저자를 다룰지, 어떤 독법을 선택할지, 어떤 텍스트를 읽을지에 관해서는 상당한 정도 담당 교수의 몫이다. 인문학에서 강조하는 텍스트 읽기의 다양성은 동일한 텍스트를 바탕으로 해도 수업 내용이 상당히 달라질 수 있음을 알려준다.

연구 주제의 선택은 훨씬 더 폭이 넓다. 우선 학문의 자유의 원칙이 있기

---

33 Edward W. Said, *Representations of the Intellectual*(New York: Vintage, 1994), p. 76. 한국어 번역본으로 에드워드 사이드, 『권력과 지성인』, 전신욱 옮김(창, 2011)이 있다.

때문에 교수의 연구 주제가 제한될 여지는 거의 없다. 또한 영문학과 교수더라도 그의 연구가 전통적인 영문학에 매여 있을 필요는 없다. 아마추어 지식인론을 주장하는 사이드의 경우를 보더라도 그는 영문학 및 비교문학과 소속 교수였지만 그를 현대의 대표적 이론가 반열에 오르게 한 것은 전통적인 학문 분류에서는 지역학으로 분류될 것 같은 서구의 동양론 비판이었다. 그가 중동 지역에 관한 연구를 하고 지식인의 사회적 역할을 강조하고 심지어 이스라엘군에게 돌을 던져 여론의 비난을 받아도 그는 자신이 속한 컬럼비아대학교에서 어떤 불이익도 받지 않았다.

　인문학 교수는 교수직을 유지하면서도 사이드가 그랬던 것처럼 아마추어 지식인이 될 수 있다. 인문학자로서 아마추어 지식인은 자신이 인문학자임을 고집하지 않는다. 지적 호기심이 이끄는 대로 지식 세계를 탐험해가는 아마추어 지식인은 필요에 따라 주어진 경계를 끊임없이 넘어선다. 인간의 지적 호기심이 미리 경계를 설정할 수 없듯이 그런 경계를 넘어서려는 노력 자체가 인문학 정신이 될 수 있다. 인문학이 애초에 사람에 대한 관심으로 기독교의 권위에 도전하면서 출발했듯이 인문학은 사람을 위해 기존의 권위에 도전하며 주어진 지식의 한계를 넘어서면서 지식을 추구하는 정신이라고 할 수 있기 때문이다. 그 정신을 지키기 위해서 인문학자는 사람을 위해, 사회를 위해, 세계를 위해, 그리고 지식 자체를 위해 끊임없이 인문학을 넘어서야 한다. 알고 싶고 전달하고 싶은 주제에 따라 사회과학 지식도 추구해야 하고 자연과학 지식도 추구해야 한다. 그리고 근대 이후 분화된 학문 제도를 끊임없이 문제 삼아야 한다. 기존의 분업화된 학문 체계를 넘어서려는 노력이 인문학을 살리는 길이고 지식의 장인 대학을 살리는 길이다.

제12장

고난의 시대, 몰락한 대학

1. 희 망 없 는 대 학

학생들이 열심히 공부하고 교수들이 논문을 많이 쓰면 그 대학은 좋은 대학일까? 19세기 말부터 시작된 한국 대학의 역사에서 요즘만큼 대학생들이 공부를 열심히 하고 또 교수들이 논문을 열심히 쓴 적은 없는 것 같다. 대학 도서관은 시험 기간이 아니어도 공부하는 학생들로 가득 찬다. 학생들은 강의 내용을 한마디도 놓치지 않기 위해 교수가 하는 농담까지도 받아 적을 정도다. 학생들이 이렇게 열심히 공부하다 보니 학생들 대부분이 높은 점수를 받게 되지만 대학은 상대평가를 강제하고 있어 누군가는 낮은 성적을 받으며 학점의 낙오자가 된다. 그러나 그뿐이다. 공부하는 학생들의 책을 보면 대부분 교재이거나 공인 영어 성적을 위한 문제집이다. 이 사회를 이끌어가야 할 대학생이라면 읽어야 할 인문교양서나 현실 사회 문제를 다루는 사회과학 분야의 책은 대학생의 관심거리가 되지 않는다.

교수들도 마찬가지다. 교수들은 논문을 쓰기 위해서만 다른 사람의 글을 읽는다. 자신이 쓰는 논문과 직접 관련되지 않은 글은 관심거리가 아니다. 오직 논문을 위해서만 글을 읽고 생각하고 쓴다. 논문의 내용은 중요하지 않다. 단지 논문이 업적평가에 반영되는 점수가 되기 때문에 논문을 쓰며, 점수가 되지 않는 논문을 쓸 생각은 하지 않는다. 가령 이 장의 내용이 처음 실렸던 《녹색평론》은 한국연구재단의 등재학술지 목록에 포함되어 있지 않기 때문에 이 글은 점수가 되는 글이 아니었다. 이런 글은 교수업적 관리의 관점에서는 쓰지 말아야 하는 글이었다. 대학 운영진이 보기에, 그리고 대부분의 교수들이 보기에 이런 글을 쓰는 교수는 쓸데없는 일을 하는 교수다. 또한 연구 분야에 반영되는 논문에 비해 교육 분야는 업적평가 비중이 낮기 때문에 교수들은 학생 교육에도 별로 신경을 쓰지 않는다.

요즘의 한국 대학은 열심히 공부하는 학생들, 열심히 논문을 써대는 교수들로 넘쳐난다. 그러나 학생들은 학점과 스펙에 반영되지 않는 공부는 하지 않으며 교수들은 업적평가에 반영되지 않는 지식 활동은 하지 않는다. 젊은 지성인의 힘으로 사회 변화를 이끌었던 1960년대 말의 유럽과 미국, 또는 1980년대 한국의 대학생 같은 모습을 요즘의 대학생에게는 도저히 기대할 수 없다. 사회변혁을 이끌었던 선도적 지식인으로서 대학교수의 모습은 이제 거의 자취를 감추었다. 학생이나 교수나 당장의 앞가림에 허덕이며 각자 도생에만 골몰하고 있다. 한국의 대학에서는 사회적 사명감을 찾아볼 수 없다. 한국의 대학에는 희망이 없다.

2. 근대국가와 대학, 그리고 대학의 역할

대학을 상아탑이라고 부르기도 한다. 세속적인 관심을 끊고 오직 순수 지성과 학문에만 정진하는 학자들이 모인 곳이라는 뜻이다. 원래 이 말은 성경의 「아가서」에서 나왔지만 19세기에 들어 대학을 뜻하는 말로 쓰이기 시작했다. 세속과 거리가 먼 순수 학문의 길을 가는 사람들이 모여 있는 곳이라는 대학이라는 말은 대학의 관심은 현실 사회의 관심과 다르다는 뜻이 되며 당장의 현실적인 문제에 연연하지 말아야 한다는 뜻이 될 수도 있다.

사실 중세부터 시작된 대학의 역사를 돌아보면 대학은 대학을 둘러싼 주민의 삶과 분리되어 있었다. 초기부터 교회의 보호를 받았던 대학은 그 자체로 법정을 가지고 있었으며 징집 면제, 면세 등의 혜택을 받는 자치 조직이었다. 대학교수와 대학생은 성직자와 같은 삶을 살았으며 소수만이 대학 교육을 받을 수 있었기 때문에 법학, 신학, 의학 같은 대학원 과정의 전문 교육을 받으면 법조인이나 성직자 또는 의사가 되었고 학부과정에 해당하는 문법, 수사학, 논리학, 수학 등의 기본 과정만 이수하더라도 글을 읽고 쓰는 능력을 갖추었다는 점이 인정되어 정부의 중요 직책을 맡을 수 있었다. 대학은 대부분 사회 특권층에 속하는 사람들로 구성되어 있었고 대학 교육을 받으면 다시 특권을 재생산하는 구조에 진입했다. 즉, 대학은 일반 사회와는 구별되는 조직이었다. 보통 사람의 삶에 관심을 갖지 않았고 관심을 가질 필요도 없었다.

대학이 그 대학이 속한 국가 사회 구성체와 불가분의 관계에 있다는 관념은 근대국가가 형성되고 그런 근대국가에 의해 대학이 설립되면서 생겨났다. 근대 이전의 국가는 대부분 군주 국가였으며 주권은 군주에게 있었다. 군주 국가에서 좋은 국가란 군주가 좋은 사람인지에 의해 결정되었으며, 이

때도 좋은 국가는 백성의 삶이 윤택하다는 의미가 아니라 군주가 강력한 권력을 행사할 수 있는지 그리고 외부에 강력한 영향력을 행사할 수 있는지 여부에 의해 결정되었다.

18세기 말 프랑스혁명에 의해 형성되기 시작한 근대국가에서 주권은 국민의 몫이었다. 그리고 국가의 목적은 국민의 복리였다. 근대국가에서 좋은 국가는 국민이 좋은 삶을 누릴 수 있는지 여부에 의해 결정된다. 또한 그 국가를 운영하는 주체 역시 국민이기 때문에 좋은 국민이 좋은 국가를 만들게 된다. 원칙적으로 근대국가에서 국가와 국민은 같은 것이기 때문에 좋은 국가는 좋은 국민을 만들며 또한 좋은 국민이 좋은 국가를 만든다. 좋은 국민을 양성하는 것은 국민 교육이다. 근대국가에서는 국민에 대한 교육을 국가가 책임진다. 국민으로서의 최소한의 권한을 행사할 수 있는 자질을 갖출 수 있도록 하급 교육과정은 의무교육이 되어 관련된 모든 비용은 국가가 책임진다. 국가를 이끌 인재를 양성하기 위한 상급 교육과정인 대학 역시 마찬가지로 국가에 의해 설립되고 지원을 받는다. 대부분의 근대 국가에서는 의무교육뿐만 아니라 고등교육도 정부가 그 재정을 책임진다.

근대국가에 의해 세워진 근대 대학의 모델은 독일의 베를린대학교다. 베를린대학교 설립의 기본 원칙을 주장하는 글에서 훔볼트는 지적·정신적 성숙을 이룬 교양인 양성이 대학의 목적이라고 말했다. 훔볼트가 구상한 대학에서 학문은 개인적 성취도 아니고 국가기관에 복무하는 행정가를 양성하는 것도 아니다. 바람직한 국가의 구성원을 양성하는 것이 대학의 목적이라고 훔볼트는 주장한다.

근대국가에서 대학의 학문은 바람직한 국가 사회를 위한 지적 탐구를 뜻한다. 그리고 이런 학문이 국가 전체로 파급될 때 좋은 국가가 만들어진다고 전제한다. 국민이 주체가 되는 이상적인 국가를 대학이 모색하기 때문에 국가는 대학을 보호하고 지원해야 한다. 베를린대학교를 모델로 하는 근대 대학이 대부분 국가의 보호와 지원에 의해 운영된 것은 대학이 곧 국가를 이루는 근본이라는 생각이 깔려 있었기 때문이다. 대학의 운영비를 국가가 책임지기 때문에 대학의 재정은 정부의 예산으로 이루어지며, 이는 곧 대학 교육이 무상교육이 된다는 뜻이다.

한국의 '고등교육법'에서 "대학은 인격을 도야하고, 국가와 인류 사회의 발전에 필요한 심오한 학술이론과 그 응용방법을 가르치고 연구하며, 국가와 인류 사회에 이바지함을 목적으로 한다"라고 대학의 목적을 규정하는 것은 대학이 바람직한 국가 구성원, 나아가 보편적 인간 사회의 구성원을 양성하는 것을 목적한다는 뜻이다. 국가와 대학의 관계에서 국가가 대학을 지배하는 것이 아니라 대학이 국가 구성원 그리고 이상적인 국가의 모습을 제시한다는 점에서 대학 구성원과 대학의 학문이 국가를 선도해야 한다고 이해해야 한다. 물론 여기에서의 국가는 국가권력을 장악한 특정 집단을 말하는 것이 아니라 모든 국민의 총합으로서의 국가를 뜻한다. 이렇게 대학의 목적이 법으로 규정되어 있는데도 정부가 대학의 재정을 책임지지 않는 현실은 정부가 그 책임을 방기하고 있는 것이다.

19세기 초에 형성되기 시작했지만 20세기 중반까지는 근대 대학이 이상적인 근대국가를 형성하는 데 특별한 역할을 하지 않았다. 국민 대부분이 대학 교육을 받지 못했기 때문에 대학을 통한 이상적 국민 형성이라는 이상이 현실화되기는 어려웠기 때문이다. 그러나 20세기 중반에 이르러 대학의 규모가 팽창하기 시작했다. 제2차 세계대전이 지나면서 베이비붐 시대가 도래했고 그 세대가 대학을 다닐 나이에는 경제적 호황기가 지속되었기 때문에 대학에 대한 수요가 커져 대학생들이 많아졌다. 1960년 말 프랑스, 독일, 미국에서는 예전의 상류계급 출신 대학생들과는 다른 서민, 노동 계층

출신 대학생, 그리고 유색인 대학생들이 상당한 비중을 차지하기 시작했다. 또한 이 시대에는 텔레비전의 보급으로 국가의 사회적·문화적 문제들을 공유할 수 있는 토대 역시 마련되었다.

유럽, 미국, 멕시코, 일본, 나아가 동유럽까지 포함해 엄청난 규모로 진행된 68혁명은 주로 대학생들에 의해 주도된 사회변혁 운동이었다. 프랑스에서는 대학생과 노동자들의 연대가 이루어지면서 사회적 불평등 해소의 기반을 마련했고 대학제도도 민주적으로 변했다. 예를 들어, 소르본대학교를 정점으로 한 서열화된 대학 체제가 68혁명의 결과로 파리 1대학, 파리 2대학 같은 식으로 모든 대학이 평준화되었고, 구시대적 잔재인 대학수업료제도 역시 완전히 폐기되었다. 미국에서는 흑인민권운동으로 발전해 사회적·문화적으로 제도화된 인종차별이 상당한 정도 해소되었다. 베트남전쟁을 반대하는 반전운동 역시 대학생들에 의해 주도되어 타국에 대한 미국 정부의 침략 행위를 규탄했다. 68혁명은 대학 교육을 받은 대학생들의 사회적 책임감에 노동자, 흑인 등의 사회적 약자에 대한 연대 의식이 결합해 바람직한 사회, 평등한 사회를 요구하고 상당한 정도 이를 실현한 성공적인 사회변혁 운동이었다는 점에서 바람직한 국가 구성원 양성이라는 근대 대학의 목적이 현실화된 역사적 사건이라고 볼 수 있다.

1980년대에 있었던 한국의 사회변혁 운동 역시 서구의 68혁명과 비슷하게 대학생들이 주도한 운동이었다. 1980년대 이전에도 대학생들은 1960년대의 한일협정반대 운동이나 1970년대 중반의 유신 타파 운동과 같이 사회운동을 지속하고 있었고 이런 흐름이 결국 박정희 정권을 종식시켰다. 1980년대의 사회변혁 운동은 졸업정원제의 결과로 대학생 수가 팽창한 데다 대학생들이 사회적 책임 의식을 지니고 있었고 대학 내부에서는 사회 문제에 대한 학생들의 자발적 학습이 가능한 조건에서 이루어졌다. 1980년대의 경제성장의 영향으로 학생들 개인으로서는 취업 같은 문제가 심각하지 않았으며, 사회적·경제적으로는 노동자계급에 대한 자본가계급의 비인간적 착취가 사회문제로 부각되고 있었다. 당시의 정치 구조로는 여전히 박정희가 구축한 독재 체제가 유지되고 있었기 때문에 민주주의를 복원하거나 이를 구현해야 한다는 바람직한 국가 구성 욕구 역시 작용하고 있었다. 많은 대학생이 목숨을 바치면서 민주주의를 요구하고 또 많은 대학생이 스스로 억압받는 노동자가 됨으로써 노동운동을 주도하고 또 여기에 영향을 받은 노동자들 스스로가 노동자의 권리를 요구하면서 한국 사회는 상당한 정도 사회 및 국가의 민주화를 이룩했다. 이는 대학이 제 역할을 하고 있었을 때 가능한 사회변혁이었고 바람직한 국가 건설의 모습이었다.

3. 신자유주의 시대의 실용 대학

1960년대의 경제적 호황기와 68혁명에 의해 추동된 사회 민주주의의 흐름은 근대국가가 지향하는 복지국가 모델이 현실화될 수 있음을 보여주었다. 복지국가 모델은 자본가계급과 노동자계급이 이루어낸 타협의 산물이다. 자본가계급은 노동자계급에게 일정한 정도 양보를 하지 않으면 그들의 국가가 20세기 초에 형성되기 시작한 사회주의 블록으로 편입될지도 모른다는 두려움에 직면해 있었다. 노동자계급 역시 사회주의 체제에서의 삶이 자본주의 체제의 삶에 비해 나을 것이 없다는 점을 인식하고 있었다. 따라서 자본가계급과 노동자계급은 서로 일정한 정도 양보할 필요가 있었고 그 결과가 복지국가 모델이다. 복지국가에서는 정부가 적극적으로 개입하면서 경제성장과 분배를 주도한다.[1] 1970년대까지는 복지국가가 거의 전 세계적 모델이 되고 있었다. 심지어 전두환 정권 시대의 한국에서도 '복지국가 구현'을 정부 정책으로 홍보했다. 그러나 이런 복지국가 모델은 곧 자본가계급의 반동적 반격을 받게 된다.

서구 경제는, 특히 미국 경제는 1950~1960년대의 호황기를 지나서 1970년대 중반에 이르렀을 때 위기를 맞게 된다. 경제순환 과정에 맞물려 이 시기에 닥친 석유파동은 기업 이윤의 축소를 가져왔으며, 이 같은 위기를 타개하기 위해 자본가계급은 새로운 사회적·경제적 이데올로기를 생산한다. 이것이 신자유주의다. 개인의 자유를 우선 내세우는 신자유주의는 정부의 개입이 최소화되는 것이 바람직하다고 주장한다. 사유재산의 보호, 시장 원칙의 존중, 자유무역의 확대를 경제 발전의 동인으로 제시하기도 한다.

미국의 레이건 정부와 영국의 대처 정부가 신자유주의를 정부 정책으로 수용하면서 복지국가 정책은 위축되고 기업 활동의 자유는 보장하는 방식으로 정부 정책이 변화되었다. 개인들 역시 기업과 마찬가지로 스스로 기획하고 관리하며 자신을 개발하는 것이 바람직하다는 가치관이 형성되기 시작했다. 개인의 자기관리 체제가 형성된 것이다. 정부의 보호를 받는 것이 바람직하지도 않고 정부가 보호해주지도 않는 현실에서 개인 삶의 원칙은 각자도생이 된다. 각자도생의 삶에서는 공동체의 가치는 사라진다. 오직 자신만이 자신의 삶을 책임지고 자신의 능력을 키우는 것만이 살길이 된다.

신자유주의의 가치가 대학으로 파급될 때 대학은 공적 기능을 상실한다. 대학은 지적 성숙을 이룬 교양인 양성을 더 이상 대학의 사명으로 설정하지 않는다. 대학 교육은 좋은 직장을 얻기 위한 투자가 된다. 더 많은 이윤을

---

1 하비, 『신자유주의: 간략한 역사』, 26~28쪽.

얻기 위해서는 더 많은 투자가 필요하다는 투자 원리는 더 나은 직업이나 더 많은 돈을 벌기 위해서 대학 교육을 받을 때 더 비싼 학비가 더 좋은 미래를 보장해준다는 이상한 가치가 형성되면서 비싼 학비를 내는 대학이 더 좋은 대학이라는 믿음을 만들어낸다. 명문대학이 비싼 등록금을 책정하는 데 아무도 문제를 제기하지 않는 것은 명문대학에서의 교육이 투자라는 가치관이 형성되어 있기 때문이다.

교육을 받는 것이 미래를 위한 투자이고 교육과정이 자기관리 교육이 될 때 대학이라는 교육기관은 기업이 된다. 대학의 기업식 경영전략은 다른 기업과 마찬가지로 최소 비용 최대 수익이다. 급여를 많이 줘야 하는 전임교수 비율은 줄어들고 비전임교수(시간강사)는 늘어난다. 시설 관리, 보수, 유지, 청소 등을 담당하는 비숙련 노동자들은 외부 협력업체에서 조달된다. 강좌당 학생 수는 최대한으로 늘어난다. 대학 캠퍼스 곳곳은 상업 시설로 채워진다. 인문학이나 기초과학은 위축되고 기업을 위한 연구와 교육이 이루어지는 경영학, 공학은 팽창한다. 교수들은 돈이 안 되는 교육이나 연구에 대해서는 관심을 보이지 않고 외부 연구비 수주 경쟁에 몰입하기 시작한다. 학생들이 취업을 위해 스펙 관리를 하듯이 교수들은 우수 교수가 되기 위해 업적 관리를 한다. 점수가 안 되는 글, 강연, 외부 언론 기고 등은 금기시된다. 지적 욕구 자체를 위해 학문을 탐구하는 교수는 이제 대학에서 찾아보기 어렵게 된다. 학문은 실용적이 되었고 그 실용성은 대부분 기업을 위한 것이 된다. 신자유주의가 득세하는 대학에 지적 성숙을 위한 교육, 민주주의 국가의 기본인 비판적 시민을 양성하는 교육은 더 이상 존재하지 않는다.

4. 몰락한 대학

11세기 말에 시작된 대학의 역사는 이제 천 년이 넘는다. 자본주의의 역사가 길게 잡아 500년 남짓이라는 점을 생각해보면, 그리고 현재 일반화된 민족국가(또는 국민국가) 제도가 200년 남짓이라는 점을 고려하면 대학은 현존하는 사회제도 가운데 가톨릭교회와 더불어 가장 오래된 제도의 하나라고 할 수 있다. 그리고 대학은 앞으로도 계속 유지될 것이다. 인류가 살아 있는 한 지적 욕구는 계속될 것이고 지식의 전승 역시 필요하기 때문에 대학 자체가 없어지지는 않을 것이다.

그러나 현재 대학은 위기를 맞고 있다. 아마도 이 위기는 대학의 역사에서 가장 심각한 위기일 것이다. 물론 과거에도 대학의 위기는 있었다. 중세의 대학에서는 기독교 교리와 어긋나는 학문은 용납되지 않았다. 일반적으로 전근대 시기의 대학은 왕권의 과도한 개입으로 인해 어용 대학이었다. 아마도 실용성을 강조하는 현재의 대학과 가장 유사한 대학의 사례는 19세기 프랑스의 대학 체계일 것이다. 당시 나폴레옹은 강한 국가를 위해 대학의 자율성이 중시되던 중세 전통의 대학을 폐쇄하고 장교, 관리, 교사, 엔지니어 등 전문직 양성을 위한 그랑제콜 체제로 고등교육을 개편한다. 이때 인문학 같은 순수 학문, 지적 성숙을 위한 교양 교육은 대학에서 자취를 감추었다. 프랑스에서는 100여 년 동안 이런 전문인 양성기관으로만 고등교육이 유지되었으나 19세기 말에 이 체제의 실패가 확인되고 정상적인 대학 체제가 복원되었다. 19세기의 프랑스는 지성의 암흑기로 역사에 기록된다.

과거에 있었던 대학의 위기는 그나마 극복의 여지가 있었다. 특정 대학이나 특정 국가의 대학은 위기를 겪었으나 다른 곳에서는 정상적인 대학이 유지되고 있었고 대학을 잘못 운영했을 때 잘못된 결과를 가져온다는 사실을 정상적인 대학의 사례에서 확인할 수 있었기 때문이다. 그러나 현재의 대학의 위기는 해결될 가능성이 없어 보인다. 자본에 의해 지배되고 자본에 복무하는 미국식 대학이 미국뿐 아니라 영국, 캐나다, 일본, 한국에도 이식되었고 대학의 모델을 제공했던 독일, 프랑스에도 파급되고 있기 때문이다. 이제 전 세계 대학은 대학 자본주의의 대학, 기업화 대학이 되어가고 있다. 이를 시정하려는 노력이 없지는 않지만 그 힘이 너무나 미약하다. 전 지구화라는 이름으로 진행되는 미국식 자본주의 체제의 세계 제패는 이제 대학에도 마찬가지로 적용되어 미국의 기업형 대학이 전 세계 대학의 모델이 되고 있다. 그리고 미국식 기업형 대학 모델이 가장 잘 적용된 곳이 바로 한국일 것이다.

대학은 이제 대학의 본질을 잊은 채 이름만 유지하고 있다. 심지어 그 이름조차 부끄러울 지경이다. 대학이라는 말 자체가 교수와 학생의 공동체라는 뜻이지만 현재의 대학에는 공동체도 없고 공동체 의식도 없다. 교수들은 대학 운영에서 배제되어 있다. 대학 운영에 참여하는 일은 고사하고 대학 운영진의 관리 대상이 되어 성과 경쟁에 매몰되어 있다. 교수회, 교수협의회, 교수평의회 등의 교수 조직이 있는 대학도 많지 않으며 설사 있더라도 대학 운영에 별다른 역할을 하지 못한다. 또한 학생들은 대학 예산의 대부분을 차지하는 수업료를 내고 있지만 대학 운영에서는 철저하게 배제되어 있다. 학생회 조직이 있지만 대부분의 대학에서 학생회는 축제 같은 행사를 주도하는 정도에 머문다. 학생들 각각은 공부를 같이하는 동료가 아니라 좋은 성적을 받는 데 방해가 되는 경쟁자다. 교수와 학생은 공동체로서 대학을 같이 운영하는 주체가 아니라 이사장이나 교육부의 지침을 받아 대학을 운영하는 대학 본부의 관리 대상이 되어 있다.

대학을 운영하는 대학 본부는 대학 운영 목표를 학문 탐구와 지적 성숙을 이끄는 교육에 두지 않는다. 그들의 관심은 돈을 버는 것이며 돈을 벌기 위해 대학을 관리하는 것이다. 대학의 관리 체제는 기업의 관리 체제와 같다. 기업의 경영 결과가 재무제표라는 숫자로 나타나듯이 대학의 운영 결과는 대학의 순위로 나타난다. 순위평가에서 7위인 대학은 6위인 대학에 비해 좋지 않은 대학으로 자리매김되기 때문에 대학의 모든 성과는 순위를 올리기 위한 성과이며, 순위평가에서 고려 대상이 되지 않는 부문은 대학 운영진의 관심사가 되지 않는다. 정부 역시 대학을 숫자로 관리하며 그 숫자에 의해 재정적 지원 여부와 규모를 결정한다. 대학정보공시라는 제도는 겉으로는 대학에 대한 정보를 제공한다는 취지이지만 이 공시에 나와 있는 정보는 해당 학교가 무슨 연구를 하며 어떤 교육을 하는지를 말하지 않는다. 대학에 대한 정보는 숫자다. 학생의 수, 교수의 수, 논문 편수, 예산 규모, 유학생의 수 등이 공시의 내용이며 이런 숫자가 대학의 면모를 알리는 것으로 간주된다. 숫자가 지배하는 대학, 돈이 지배하는 대학에 대학의 본령인 학문과 교육은 없다. 대학은 이미 몰락했다.

5. 자본주의의 종말과 미래의 대학

미래는 불확실하다. 그러나 과거의 역사를 돌아보면, 그리고 현재의 상황을 점검하면 미래의 모습을 그려볼 수는 있다. 자본주의 시대 이전에 시작된 대학이 자본주의 시대를 거치면서 현재와 같이 타락하고 몰락하는 모습을 보여주고 있다면 자본주의 체계가 끝날 경우 대학은 새로운 모습을 갖게 될 수도 있다.

생산수단의 사적 소유와 시장경제를 바탕으로 자본의 끊임없는 확대 축적을 추구하는 자본주의 체계는 16세기경에 시작되어 이제 마지막 단계에 접어들었다. 자본축적을 위해 상품 시장을 전 지구적으로 확대하면서 성장한 자본주의 체계는 이윤 추구가 극대화되면서 자본주의 자체를 위협하는 양극화 현상을 낳았다. 자본가들의 축적된 자본은 지속적인 투자를 요구하지만 갖지 않은 자들의 빈곤으로 인해 그 투자를 이윤으로 전환하는 소비가 불가능한 지경에 이르게 되었다. 상품 구매자들의 소득이 축소되면 시장은 위축되기 때문이다. 21세기 초엽인 현재 전 지구적 자본은 이제 상품 시장에 대한 불확실성으로 투자를 확대하기 어려운 지경에 이르렀으며, 자본은 실물경제와 유리된 투기 자본의 형태로 순환되고 있다.

자본주의의 위기는 한국에서도 확인된다. 한국 기업을 대표한다는 삼성전자의 위기설이 지속적으로 유포되고 있다. 구체적으로는 스마트폰 시장의 위축이 그 근거로 제시되고 있지만 사실상 크게 보아 전 지구적 시장의 위축이 삼성전자의 위기를 불러오고 있다는 것이다. 현재 한국의 30대 재벌 기업에서는 투자처를 찾지 못해 쌓여 있는 사내유보금이 2016년 기준 정부 예산 386조 원의 거의 두 배에 해당하는 710조 원에 이른다. 사실상 이는 한국의 주력 기업들이 축소 경영을 시작했다는 뜻이다. 축소 경영은 곧 새로운 일자리가 창출되지 않음을, 대규모의 해고를, 정규직의 비정규직화를 의미한다. 경제는 위축되기 시작하며 국민총생산이 줄어들고 가계는 소득이 줄어들기 시작할 것이다. 이는 소비가 줄어들고 다시 생산이 줄어드는 악순환이 계속된다는 것을 의미한다. 자본의 끊임없는 확대 축적이 자본주의의 기본 원리라면 이제 자본의 확대 축적이 더 이상 불가능해지는 시대가 오고 있음을 보여주는 것이다. 이는 곧 자본주의 체계의 종말이 오고 있음을 뜻한다.

자본주의의 역사를 장기 추세의 관점에서 설명하는 이매뉴얼 월러스틴은 자본주의 체계가 생성-발전-소멸의 과정에서 21세기 초엽인 현재 쇠퇴기에 접어들었다고 말한다. 21세기 중엽에 자본주의 체계와는 다른 새로운 체계가 생성될 예정이지만 새로운 체계가 시작되는 오늘날 이행기는 지옥과 같은 혼란의 시대가 될 것이라고 예견하기도 한다. 월러스틴은 앞으로 닥쳐올 혼란의 이행기에 자본의 지배에 제대로 대처하지 않는다면 자본주의 시대가 지나간 이후 노예제 사회와 비슷한 체제가 도래할 것이라는 말도 한다. 그는 자본가 집단에 저항하는 세력이 제대로 된 선택을 한다면 지금까지 인류의 역사와는 다른 이상적인 민주적이고 평등한 사회가 올 가능성도 있다고 주장한다.[2]

자본주의 시대의 종말에 처한 오늘날 대학은 이에 대한 어떤 전망도 보여주지 못하고 어떤 대책도 마련하지 못하고 있다. 삶과 역사, 사회와 개인에 대한 비판적 성찰을 이끌어내는 인문학과 사회과학은 쓸모없는 학문으로 천대받으면서 점점 대학에서 사라지고 있다. 인류 사회의 가치와 전망에는 관심이 없는 공학이나 경영학 같은 실용 학문이 더욱 확대되고 있다. 심지어 직업훈련 과정에 불과한 인문 소프트웨어, 로봇 공학, 영상 콘텐츠 개발 같은 분야가 대학의 학문으로 자리매김되고 있기도 하다.

현재 대학은 끔찍한 미몽의 상태에 있다. 경제가 활성화될 전망도 없고 따라서 일자리에 대한 전망도 없는 상태에서 대학은 더욱더 기업을 위한 직업훈련소로 변하고 있다. 기업이 일자리를 창출할 가능성이 없는 상태에서 기업을 위한 직업훈련을 받은 대학졸업생들은 역사에 대한 전망도 없이, 삶

2 이매뉴얼 월러스틴 외, 『이행의 시대: 세계체제의 궤적, 1945~2025』, 김영아·백승욱 옮김(창비, 1999) 참조.

에 대한 가치관도 형성하지 못한 채 미몽의 상태에서 폐인이 되어갈 것이다. 자본주의 쇠퇴기에 사회 자체가 지옥 같은 고통의 장이 되듯이 대학 역시 암흑의 세계에서 방향을 잃고 서서히, 가끔은 비판적인 반성이 있겠지만 그 반성도 별 효과는 내지 못하면서, 몰락할 것이다. 아주 먼 미래에 인류가 새로운 시대를 열어갈 때 대학 역시 서서히 새로 깨어나기 시작할 것이다.

제13장

내가 꿈꾸는 대학

1. 꿈꾸는 대학을 위한 투쟁

필자가 재직하는 중앙대학교에서는 2008년 두산 그룹이 학교를 인수하면서 엄청난 변화가 일어났다. 2009년에 1차 구조조정의 결과로 인문계 학과의 학생 정원이 대폭 줄어들고 경제경영계 학과의 정원이 큰 폭으로 늘어났다. 전체 대학이 다섯 계열로 나뉘고 그중 경제경영이 하나의 계열이 되면서 어림잡아 경영학이 중앙대학교 전체의 1/5을 차지하게 되었다. 당시 구조조정 대상이 된 학과의 학생과 교수는 대학 본부 앞에 천막을 치고 밤샘 농성을 이어가면서 저항했지만 법인의 계획은 차질 없이 진행되었다.

2015년에는 2차 구조조정이 시도되었다. 이번에는 신입생 모집 시 학과별 모집을 중단하고 단과대학별로 모집한 다음 2~3학년 때 학생이 원하는 대로 전공을 선택하게 한다는 것이었다. 복수전공은 무한대로 허용한다는 안내도 있었다. 학생이 원하는 대로 전공을 선택하게 한다는 것은 매력적으로 보일 수 있다. 그러나 현실적으로 모든 학생이 원하는 전공을 선택하는 것은 대학의 여건상 불가능하다. 결국 일부 인기 있는 전공으로 학생들이 몰릴 것이고, 그 전공 분야는 교육 여건을 고려해 다시 선발 과정을 거칠 수밖에 없다. 고등학교 시절 대학 입학을 위한 입시가 있었다면 대학 안에서 전공을 위한 새로운 입시가 나타날 것이 뻔했다. 그리고 그 기준은 결국 학점이 될 것이기에 학점을 높이려는 경쟁이 만연할 것이 뻔했다. 궁극적으로 중앙대학교는 인문학, 기초 사회과학, 기초 자연과학은 차근차근 고사되고 경영학만이 번성하는 대학이 될 것이 분명했다. 이 계획안은 철저한 비밀에 붙여지다가 전체교수회의에서 발표되었고, 바로 이어 언론사설명회라는 형식으로 외부에 알려지게 되었다. 구조조정 계획을 발표한 당일 이를 확정하는 방식이었다. 그리고 이 계획은 언론사 기자를 통해 일부 교수들에게 알려지게 되었다.

다행히도 전체교수회의 하루 전에 언론사 기자가 취재를 위해 일부 교수들에게 구조조정 계획을 문의해왔고 필자 역시 그 과정에서 계획을 알게 되었다. 2009년의 구조조정에서는 법인이 원하는 대로 진행되었지만 이번에는 기필코 이 안을 막아야 하겠다는 결의를 교수들 사이에서 다질 수밖에 없었다. 몇몇 뜻이 맞는 교수들이 급히 회동을 가졌다. 할 수 있는 모든 것을 해보자고 의견이 모아졌다. 대표성이 있는 공식 조직이 되어야겠다는 의견에 따라 전현직대학평의원회 의장, 전현직교수협의회 회장 중심의 비상대책위원회를 만들었다. 대학 본부 측이 구조조정 계획을 발표하는 전체교수회의 자리에서 비상대책위원회는 이 회의체의 필요성을 설명하고 교수들로부터 인준을 받으면서 중앙대학교 교수 전체를 대표하는 공식 조직이 되었다. 이어서 여러 교수가 뜻을 같이하겠다며 비상대책위원회에 참여했다. 필자는 전임 대학평의원회 의장 자격으로 비상대책위원회 위원이 되었다.

비상대책위원회는 교수와 학생을 상대로 본부가 추진하는 구조조정이 대학으로서의 중앙대학교가 몰락하는 결과를 가져올 것임을 설명했다. 본부 측에는 본부, 교수, 학생인 세 주체가 함께 모여 토론하는 공청회를 요구했다. 교수들과 학생들은 공청회를 통해서는 본부의 안에 대해 성토했고 학생들은 학생 총회를 통해 구조조정을 거부한다는 결의를 했다.

비상대책위원회는 구조조정의 문제점을 지적하는 것에 그치지 않았다. 중앙대학교가 정상적인 대학이 되기 위해서 무엇이 바뀌어야 하고 무엇이 복원되어야 하는지에 대해서도 계속 주장했다. 대학의 주인은 교수와 학생임을 주장했고 민주적인 절차에 따라 총장이 선출되어야 함을 주장했다. 비상대책위원회의 활동으로 구조조정을 막을 수 있었고 대학의 정책 결정에 교수와 학생이 참여하는 길을 상당한 정도 열어놓기도 했다. 그렇지만 한계도 있었다. 법인이 대학 운영에 개입하지 말아야 한다고 주장했지만 여전히 법인이 큰 영향력을 행사하고 있고 민주적인 총장 선출 제도도 도입하지 못했다. 비상대책위원회의 여러 활동 중에는 '내가 꿈꾸는 대학'이라는 주제로 교수와 학생의 글을 연재하는 일도 있었다. 교수와 학생들이 이상적인 대학의 모습을 그려보자는 기획이었다. 필자가 첫 번째로 글을 썼다. 다음은 그때 필자가 쓴 글을 그대로 옮긴 것이다.

「내가 꿈꾸는 대학: 먼 미래의 대학」

내가 꿈꾸는 대학은 내일이나 모레에 오지는 않을 것이다. 내년이나 내후년쯤에도 나타나지 않을 것이다. 조금 더 먼 미래에 나타날 것이다. 그렇지만 나는 바로 지금 이런 대학을 꿈꾼다.

내가 꿈꾸는 대학에는 등록금이 없다. 그런 대학에는 등록금을 마련하려고 아르바이트를 하는 학생이 없을 것이다. 이때는 모든 국민에게 최저생활비를 보장하는 기본소득제도가 시행되고 있기 때문에 일을 하느라 공부하는 시간을 뺏기는 학생은 없을 것이다. 비싼 등록금의 본전을 찾으려고, 아니 비싼 등록금을 투자했으니 수익이 있어야 하기에, 삶을 위해서가 아니라 돈을 벌기 위해 취업하려는 학생도 없을 것이다. 이런 대학에서 학생들은 돈을 위해 공부하지 않고 지식을 위해 공부할 것이다. 나를 알고 사회를 알고 자연을 알고 세상을 알기 위해 공부할 것이다. 그리고 더 성숙한 자신의 삶과 더 좋은 세상을 꿈꿀 것이다.

대학운영비는 국가가 부담할 것이다. 국가와 사회를 위한 인재 양성 비용을 국가가 책임지는 것은 당연하기 때문이다. 대학운영비가 넉넉지 않으면 돈 많은 사람들이 대학에 돈을 내려 할 것이다. 그들은 자신들이 번 돈이 다른 사람들로부터 온 것임을 알 것이기에 다른 사람들에게 큰 몫의 돈을 돌려주어야 함도 알 것이다. 그들은 여러 곳에 돈을 내겠지만 대학에도 큰돈을 낼 것이다. 대학에서 좋은 교육과 연구가 이루어질 때 사회가 좋아지고 결국 그들도 좋은 사회에 살 수 있을 것임을 그들은 알 것이기 때문이다.

대학을 대표하는 총장은 교수, 학생, 그리고 교직원 등 대학 구성원 모두가 참여하고 토론하는 과정을 거치며 선출될 것이다. 대학 운영의 최고 책임자인 총장은 자신을 선출한 교수, 학생, 그리고 교직원의 뜻에 따라 대학을 운영할 것이다. 총장은 교수, 학생, 그리고 직원을 지배하려 하지 않을 것이다. 총장은 자신을 선출한 대학의 구성원을 위한 봉사자의 역할을 맡게 될 것이다.

대학의 의사결정은 교수, 학생, 직원의 합의로 이루어질 것이다. 합의가 쉽지 않으면 끝까지 토론하고 토론의 결과를 수용하면서 최종의 안이 민주적으로 결정될 것이다. 교육과정의 운영에는 학생의 뜻이 충분히 반영될 것이다. 상당수의 교과목은 교수들의 자문을 받으며 학생회가 개설할 것이다. 교수들의 연구와 교육은 학문적 가치가 우선 고려되는 방식으로 진행될 것이다. 돈을 위해 또는 권력을 옹호하기 위해 연구를 하고 외부 기관에 자문을 하는 교수는 지탄받는 교수가 될 것이다. 이런 교수는 학자로서의 양심을 버린 교수라는 사회적 합의가 오래전에 마련되었기 때문이다. 교직원들은 학생과 교수에 대한 봉사라는 본업을 지키면서도 대학에 대한 공동 운영자로서의 자부심과 권한을 갖게 될 것이다.

내가 꿈꾸는 대학의 학생, 교수, 그리고 교직원들은 2010년대의 한국의 대학의 모습을 역사책에서 읽으면서 이 시대를 야만의 시대라고 생각할 것이다. 지적 성숙을 위해서가 아니라 취업을 위해 대학을 다녔다는 이야기를 읽으면서 대학 졸업 후의 그들의 삶은 노예의 삶과 다르지 않았을 것이라고 짐작할 것이다. 지적 호기심으로 연구를 하는 것이 아니라 논문 편수를 채우기 위해 연구를 했다는 교수들의 이야기를 읽으면서 그런 교수들이 어떻게 교육자나 연구자로 행세할 수 있었는지 궁금해 할 것이다. 대학의 총장을 대학 밖의 사람들이 임명했기 때문에 총장은 교수와 학생들의 뜻에 따라 대학을 운영하기 어려웠다는 이야기를 읽으면서 어떻게 그런 사람을 대학의 대표라고 할 수 있었는지 의아해 할 것이다.

사실을 말하면 내가 꿈꾸는 대학은 먼 미래의 이야기가 아니다. 과거에도 있었고 현재에도 있다. 중세의 대학은 교수와 학생의 자치로 운영되었다. 현재 대부분의 유럽 대학에는 등록금이 없고 또 많은 나라에서 정부가 학생의 생활비를 지급한다. 경제 규모가 세계 13위인 한국에서 돈 때문에 대학이 엉망이 되고 있다는 사실을 나는 이해할 수가 없다.

위와 같은 대학을 필자는 '내가 꿈꾸는 대학'이라고 말했지만 그런 대학은 현실에 있지 않은 이상적인 대학이 아니라 지극히 정상적인 대학이다. 현실에 있는 대학이기도 하다. 다만 한국의 현실에서 이상적인 대학으로 보일 뿐이다. 그런 정상적인 대학을 조금 더 구체적으로 이야기하고 앞서 언급하지 않은 내용까지 포함해 책 전체 내용을 정리하며 이 책을 마무리한다.

2. 숫자를 추구하지 않는 대학

대학은 교육과 학문 탐구가 이루어지는 조직이다. 교육이란 말 뜻 그대로 가르침을 통해 사람을 키워내는 것이기에 대학 교육을 통해 사람다운 사람이 키워져야 한다. 사람다운 사람이란 지성과 덕성을 갖춘 교양인이다. 이런 교양인으로 이루어진 사회가 좋은 사회다. 좋은 사회를 이루는 데 이바지하는 사람을 키워내면 좋은 교육이 이루어지는 것이고 그렇지 않으면 제대로 된 교육이 이루어지고 있다고 볼 수 없다. 학문 탐구란 과거의 지식을 확인하면서 새로운 지식을 창출하는 것이다. 과거의 지식이 옳다면 부정되지 않아야 하며 새로운 지식이 인간과 자연을 위협하는 것이라면 그 위험을 의식하면서 조심스럽게 추구되어야 한다. 지성과 덕성, 그리고 그런 지성과 덕성의 토대가 되는 지식의 가치는 숫자로 바꿀 수 있는 것이 아니다. 교육의 목적이 점수 올리기이고 학문 탐구의 목적이 논문 편수 올리기가 되는 대학은 좋은 대학이 될 수 없다.

오늘날 대부분의 대학은 대학의 본질을 잊은 채 숫자 올리기에 골몰하고 있다. 학생들은 성적을 올리려고 수강과목과 학점을 관리하고 공인 영어 성적을 올리려고 사설 학원으로 내닫고 있다. 교수들은 업적평가 점수를 올리려고 논문 편수를 늘리고 강의평가 점수를 잘 받으려고 쉬운 강의, 재미있는 강의를 어떻게 할까 고민하고 있다. 대학 본부는 대학 평가에서 순위를 높이려고 평가 지표를 관리하면서 교수들을 닦달하고 있다.

대학 평가에서 높은 순위의 대학이 되는 것이나 좋은 학점을 받는 것은 대학이 추구해야 할 교육과 학문 탐구의 본질과는 아무 상관이 없다. 교육의 결과인 교양이나 학문 탐구의 결과인 지식의 가치는 숫자로 환원되는 것이 아니기 때문이다. 숫자로 표시되는 결과보다는 교육과 학문 탐구의 과정을 중시하는 대학, 교육과 학문 탐구의 과정에서 공부하는 사람들로서의 공동체적 유대가 만들어지는 대학, 교수와 학생을 숫자로 평가하지 않는 대학, 궁극적으로 대학 스스로를 숫자로 평가하지 않는 대학이 필자가 꿈꾸는 대학이다.

3. 자치가 이루어지는 대학

어떤 조직의 대표가 그 조직 구성원이 아닌 경우는 정상적인 조직이라고 할 수 없다. 조직의 대표가 그 조직 구성원이 선출하지 않는 경우도 정상적이라고 할 수 없다. 변호사협회의 대표가 변호사가 아닌 경우를 상상할 수 없고 한국 대통령을 미국 대통령이 지명하게 할 수는 없다. 그러나 이런 비정상적인 상황이 벌어지는 곳이 한국 대학이다. 한국의 사립대학에서 총장은 연구와 교육의 주체인 교수와 학생이 선출하지 않는다. 총장은 법인의 이사장이 임명한다. 국립대학이라도 사정이 특별히 좋지는 않다. 국립대학 총장은 대통령이 임명한다.

대한민국 '헌법' 31조는 "대학의 자율성은 법률이 정하는 바에 의해 보장된다"라고 규정한다. 대학의 자치는 헌법적 가치다. 대학의 자치는 교육과 연구의 주체인 교수와 학생의 자치를 뜻한다. 법인이 없어도, 행정 직원이 없어도, 심지어 건물이 없어도 대학은 운영이 가능하지만 교수나 학생 가운데 어느 한쪽이라도 없는 대학은 존재할 수 없다. 따라서 대학의 대표인 총장 역시 대학의 핵심 구성원인 교수와 학생의 대표가 된다.

학생이 대학 총장이 된다는 것은 상상할 수 없겠지만 초창기의 대학에서는 학생 대표가 총장이었다. 세계 최초의 대학인 이탈리아 볼로냐대학교는 학생들이 만든 대학이었다. 학생들이 모여서 학생조합을 만들었으며 이 조합이 바로 대학이었다. 이 조합에서는 학생이 회비를 냈으며 그 회비로 교수를 고용해 조합의 목적인 교육이 이루어지게 했다. 이 조합의 대표, 즉 학생 대표가 초창기 볼로냐대학교의 총장이었다. 학생들이 돈을 냈기 때문에 그들이 대학 운영에서 주도적인 역할을 하는 것은 당연했다. 나중에 학생들이 대학을 주도적으로 운영하는 것이 문제 있다고 판명되자 대학운영비를 볼로냐시가 책임지기 시작했으며 그 이후에야 교수가 대학 총장이 되었다. 필자는 학생의 등록금으로 대학을 운영하는 한국의 현실에서 학생 대표, 즉 총학생회장이 대학 총장이 되어야 한다고 주장해보는 것도 의미 있고 재미있는 일이라고 생각한다. 학생 대표가 총장이 되는 것이 부당하다고 생각한다면 학생들의 돈으로 대학 운영을 하는 관행을 우선 없애라고 요구할 수 있기 때문이다.

대학 총장은 학생 대표보다는 교수 대표가 되는 것이 바람직하다. 그러나 그 총장을 교수들만이 선출하는 것은 바람직하지 않다. 학생도 교육의 주체이기 때문이다. 총장 선출 과정에서 교수 집단과 학생 집단이 각각 어느 만큼의 권한을 가져야 하는지에 대해서는 논란의 여지가 있다. 따라서 합의가 필요하다. 독일 대학의 총장 선출 권한 지분을 참고하는 일도 필요하다. 독일 대학은 총장 선출 시 정교수, 정교수 이외의 교수(교수직을 갖지 못한 강사 등의 교육 담당자 집단), 학생에게 각각 1/3씩의 권한을 배분한다.

민주적 절차에 따라 대학의 주체인 교수와 학생에 의해 선출된 총장은 자신을 선출한 교수와 학생을 위해 대학을 운영하게 되어 있다. 물론 총장 선출 과정에 교수와 학생이 참여하기만 하면 대학 자치가 완성된다는 뜻은 아니다. 교수와 학생 집단은 교수회, 학생회, 대학평의원회 같은 여러 조직을 통해 대학 운영 전반을 감시하고 필요할 때는 견제해야 한다. 대학 밖의 다른 조직과 마찬가지로 대학도 정상적으로 운영되기 위해서는 그에 맞는 필요한 장치가 필요하고 구성원의 참여 의식도 필요하다.

4. 수업료가 없는 대학: 공공성의 대학

필자는 다른 어떤 것보다도 수업료제도가 없어져야 정상적인 대학이 된다고 생각한다. 따라서 이 부분을 다른 부분보다 조금 더 자세히 다루겠다. 먼저 대학의 원형이 되는 유럽 대학의 예를 제시하고 이어서 지식의 공공성은 무상교육에 근거한다는 점을 밝힌다.

필자가 담당하는 강의를 네덜란드에서 온 학생이 수강한 적이 있다. 수강생들에게 유럽 대학의 일반적인 모습을 알려주고 싶어서 그 학생에게 네덜란드 대학을 소개해보라고 했다. 그 학생은 암스테르담대학교 같은 전통 있는 대학이 있고 영어로 진행하는 수업이 많다는 이야기를 했다. 돈에 대해서 이야기해보라고 하면서 수업료를 얼마나 내고 있냐고 물었더니 '그런 것은 없다'라고 답했다(필자가 따로 확인해보니 최근에는 외국인 학생에게 수업료를 받기 시작했다). 그것으로 끝이냐고 했더니 정부로부터 한 달에 한국 돈으로 100만 원 정도를 생활비로 받는다고 했다. 이것이 유럽 대학의 일반적인 모습이다. 대학의 재정은 전적으로 정부의 책임이며 학생들은 공부하는 일이 곧 직업이기 때문에 그 직업에 대한 수당 역시 지급하는 것이다.

스웨덴이나 노르웨이 같은 북구 유럽에서도 대학에는 네덜란드 대학과 같이 수업료가 없고, 정부가 학생 수당을 지급한다. 이들 국가가 경제 선진국이면서 동시에 복지국가 체제를 유지하는 이유는 교육의 힘이라고 흔히 평가되는데, 이 교육의 힘이 가능한 것은 교육의 공공성을 정부가 확보하고 있기 때문이다.

독일 대학은 수업료를 받지 않는 것에 더해 학생 수당도 지급했으나 지금은 부모의 도움을 받지 못하는 계층의 학생에게만 수당을 지급한다. 근래에 독일의 일부 대학이 소액의 수업료를 부과한 적이 있으나 학생들이 대규모 집회를 열며 항의한 결과 수업료제도는 완전히 사라졌다.

프랑스 대학도 독일 대학과 유사하지만 수업료를 받는다. 대학마다 어느 정도 차이가 있는데, 원화로 환산하면 연간 20만 원에서 90만 원 정도로 책정된다. 이렇게 수업료가 있다는 사실 때문에 프랑스 대학이 무상이 아니라는 말도 있지만 사실상 이 정도 금액을 내고 대학생으로 등록하면 집세, 식당, 대중교통 등에서 반값 정도의 학생 할인을 받기 때문에 수업료를 내는 것보다 경제적으로 훨씬 이득이 된다. 즉, 프랑스의 학비는 수업료보다는 학생등록비라고 할 수 있다. 학생으로 등록해야 학생으로서의 특권을 누릴 수 있기 때문이다. 학생의 수업료가 많지 않기 때문에 이 수업료는 대학운영비가 되지 않는다. 대학운영비는 전적으로 정부 예산으로 이루어진다. 프랑스 대학은 형식적으로는 수업료제도가 있지만 독일 대학과 마찬가지로 경제적 어려움이 있는 학생에게 한 달에 약 60만 원의 생활비가 지급된다.

영국 대학은 1980년대까지는 프랑스나 독일과 마찬가지로 수업료가 없었다. 그러나 1996년에 대학등록금제도가 도입되었다. 대학의 팽창으로 인해 정부 예산으로만 대학운영비를 감당할 수 없기 때문이었다. 반발이 심한 탓에 처음에는 명목으로만 수업료제도를 도입하고 그 금액도 크지 않았다. 또한 정부에 대학수업료를 신청하면 거의 모든 학생이 그 돈을 받아 대학에 지불하는 방식이었다. 시간이 지나면서 수업료는 지속적으로 인상되었고 정부가 수업료를 지급하는 수준도 점점 축소되었다. 이제는 연간 1300만 원 정도의 수업료를 부과함으로써 미국 대학과 더불어 세계에서 가장 비싼 수업료를 받는 나라가 되었다.

1980년대까지 기본적으로 유럽에서는 수업료제도가 없었지만 지금은 수업료를 내는 나라도 있고 내지 않는 나라도 있다. 학생이라면 수업료를 내는 대학에 다니고 싶을까, 수업료가 없는 대학에 다니고 싶을까? 대학 경영진이라면 학생들에게 수업료를 부과하고 싶을까, 그렇지 않을까? 이상한 학생이 아니라면 수업료 없는 대학을 좋은 대학이라고 생각할 것이다. 대학의 경영진이라면 학생들에게 수업료를 부과해 대학의 재정을 늘리고 싶을 것이다. 그러나 수업료제도가 없는 나라에서 수업료제도를 도입하려면 그에 대해 정당성을 확보해야 한다. 그리고 수업료제도를 정당화하는 것이 바로 대학 평가다.

영국에서는 1979년 마거릿 대처가 수상이 되면서 신자유주의 정책이 국가정책이 되고 이이 따라 대학제도가 변하기 시작했다. 1986년에 마거릿 대처는 성과에 따라 대학의 연구기금을 차등 지급하는 연구평가제도Research Assessment Exercise를 도입한다. 일정한 기준에 따라 대학의 성과를 평가하는 제도가 생기면서 대학의 고유한 연구나 교육은 무시되고 성과 경쟁이 시작되었다. 성과평가 결과로 연구기금이 차등 지급되면서 성과가 좋은 대학은 연구기금을 더 받게 되고 이에 따라 더욱 많은 성과를 낸다. 성과가 낮은 대학은 연구기금이 줄어들고 이에 따라 성과평가에서 계속해서 더 낮은 평가를 받게 되며 결과적으로 연구기금이 더욱더 줄어든다. 대처 정부의 기조를 이어받은 존 메이저John Major 정부는 1996년에 대학수업료제도를 도입한다. 대학으로서는 정부 지원 예산에 더해 또는 정부의 재정 지원이 충분하지 않기 때문에, 수업료를 받으면 대학 재정이 좋아질 것을 기대할 수 있다. 또한 수업료 규모에 대한 정부의 규제가 약해지면서 명문대학에서는 대학의 명성에 걸맞게 더 많은 수업료를 부과하는 것이 정당화되었다.

대학수업료가 없던 시절인 1980년대까지는 유럽에 대학순위평가라는 것이 없었다. 당시에는 영국의 옥스퍼드대학교나 케임브리지대학교, 프랑스의 그랑제콜이나 소르본대학교, 독일의 홈볼트대학교나 하이델베르크대학교 등등이 모두 비슷비슷하게 세계 최고의 대학으로 꼽혔다. 영국에서 대학수업료제도와 순위평가의 도입 시기가 정확히 일치하는 것은 아니지만 영국에서 언론 기업들이 대학평가제도를 시행하기 시작하면서, 더욱이 타임스 고등교육사가 QS 세계 대학 평가를 시행하기 시작하면서 영국의 대학들이 프랑스나 독일의 대학보다 더 좋은 대학이라는 평판을 얻기 시작했다.[1] 이 평가에 따르면 영국의 대학이 프랑스나 독일의 대학보다 압도적으로 우위에 있음이 입증되는 것처럼 보인다. 성과평가를 하고 그에 따라 정부 지원 규모를 결정하고 또 수업료를 부과하기 시작하면서 영국 대학이 좋아졌다는 인상을 주기에 충분한 것이다.

필자가 이 책의 제8장 '대학순위평가'에서 순위평가가 대학을 제대로 평가할 수 없을 뿐만 아니라 대학을 몰락시키고 있음을 밝혔듯이 순위평가에

---

1 2016~2017년 QS 세계 대학 평가에서 영국 대학인 케임브리지대학교는 4위, 옥스퍼드대학교는 6위에 올랐지만 프랑스 대학 중 최고 순위인 에콜 폴리테크니크는 53위, 독일 대학 중 최고 순위인 뮌헨기술대학교는 60위를 차지했다.

서 순위가 높은 대학이 좋은 대학은 아니다. 마찬가지로 영국 대학이 프랑스나 독일의 대학에 비해 더 좋은 대학이라고 말할 수 없는 것이다.

대학순위평가는 대학의 공공성을 파괴하는 기획이다. 언론 기업이 주도하는 순위평가 결과를 인정해 순위가 높은 대학이 순위가 낮은 대학보다 더 좋은 대학, 더 가고 싶은 대학이라고 믿는다면 대학은 몰락하게 된다. 우리는 바람직한 대학의 모델을 생각할 때 순위평가에서 상위권을 차지하는 대학을 단연코 배제해야 한다. 순위평가를 주도하는 기관은 언론 기업이나 정보 기업 같은 사기업이다. 사기업은 교육과 연구의 공공성에 관심이 없다. 사기업은 무상으로 제공되어야 하는 교육이나 지식 같은 공공재를 돈을 내고 구입하는 일반 상품으로 바꾸기를 원한다. 교육이나 지식도 돈벌이를 위한 수단으로 삼으려 한다. 우리는 현재 존재하는 대학과 대학 운영 제도에서 바람직한 대학의 모델을 설정할 때는 교육과 지식의 공공성이 유지되는 (영국의 대학을 제외한) 유럽의 대학을 염두에 두어야 한다.

대학이 공적 기능을 갖기 위해서는 대학의 재정을 전적으로 국가가 책임져야 한다. 학생이 수업료를 내고 수업료로 대학 재정을 충당하는 구조에서는 학생은 대학 교육을 미래에 대한 투자로 생각하게 된다. 이에 따라 투자에 비해 기대 수익이 많지 않은 인문학이나 순수 자연과학 분야는 기피 학문이 되고 그 반대에 해당하는 경영학, 의약학 등은 선호 학문이 된다. 문학, 철학 등의 인문학이나 수학, 물리학 등의 순수 자연과학은 모든 학문의 기반이다. 그러나 대학이 아닌 곳에서는 이런 학문에 대한 교육이나 연구가 이루어질 가능성이 거의 없다. 반면 경영학이나 의학에 대해서는 대학이 아니더라도 필요한 조직에서 교육과 연구가 이루어질 수 있으며 어떤 면에서는 더 바람직하다고 할 수 있다. 예를 들어, 경영학에 속하는 마케팅은 기업의 사원 교육과정에서 이루어질 수 있으며 의학 교육은 병원에서 의료진 연수과정에 포함될 수도 있다.

군대의 지휘관을 양성하는 것을 목적하는 육군사관학교나 공군사관학교는 대학에 준하는 고등교육기관이지만 군대 조직의 일부이며 군대 내 교육기관이다. 육군사관학교는 군대를 위한 교육기관이기 때문에 군대 예산이 속하는 국방부 예산으로 재정을 충당한다. 당연히 학생들은 수업료를 내지 않는다. 사관학교 학생은 수업료를 내지 않을 뿐 아니라 생도 수당을 매달 따로 받는다. 이 같은 원리에서 기업을 위한 교육이 이루어지는 경영학 분야의 교육 재정은 기업이 책임져야 하고, 의료진 양성을 위한 의학 교육은 병원이 책임져야 한다고 할 수 있다. 기업에 필요한 인재를 대학이 양성해야 한다고 주장하는 기업인들이 그런 주장의 정당성을 최소한이라도 확보하기 위해서는 경영학, 공학 등 기업에 필요한 학문 분야의 운영 재정은 그들이 책임져야 한다. 가톨릭교회의 사제를 양성하는 신학교의 운영비용을 가톨릭교회가 부담하는 것은 가톨릭교회가 그들의 책임을 알고 있기 때문이다.

그러나 특정 학문이 특정 집단의 지원에 의해 유지될 경우 그 특정 학문은 보편성을 상실할 위험이 크다. 군사학은 군에게 필요한 학문이지만 군사학을 교육받은 사람이 자신의 교육의 후원자인 군을 위해서만 그 지식을 쓴다면 그 지식은 배타적으로 군부 조직을 강화하기 위해서만 쓰일 가능성이 크다. 군이 국민 전체가 아니라 군부 조직의 힘을 강화하는 데 더 관심이 있다면 국방이라는 군의 본래의 목적을 잊어버리기 쉽다. 마찬가지로 경영학을 공부한 사람도 기업의 이익만 고려하고 기업의 사회적 책임, 더 나아가 건전한 국민 경제의 발전을 고려하지 않는다면 사회 전체에 해악을 끼칠 수 있다. 이런 이유로 특정 집단이 우선 필요로 하는 학문이더라도 사회 구성원 전체가 책임을 져야 그 학문이 보편성과 공공성을 확보할 수 있다.

지식 중에서도 보편성이 가장 강한 순수 인문학, 순수 자연과학은 특정 집단을 위한 학문이 아니다. 특정 집단이 특정 학문에 대한 재정적 지원 책임이 있다는 원리가 작동하면 이런 순수 학문의 진흥을 위해 재정적 책임을 지는 특정 집단은 존재하지 않는다. 순수 학문은 보편적 학문이고 사회 구성원 모두를 위한 것이기 때문에 순수 학문에 대한 재정적 지원은 사회 구성원 모두의 몫이 되며 구체적으로는 정부의 몫이 된다. 더구나 수학이나 물리학 같은 순수과학의 토대가 없으면 공학이 정상적인 발전을 이룰 수 없고 순수 생명과학의 발전 없이 의약학의 발전을 기대할 수 없다. 철학이 그 토대를 제공하는 인식론이나 가치론을 배제한 체 여타 학문이 추구될 경우 그런 학문은 지적 체계를 이루기도 어렵고 나아갈 바람직한 방향을 제시할 수도 없다. 학문의 중요성을 고려하면 이런 순수 학문은 모든 사람을 위한 것이기 때문에 사회 구성원 전체의 관점으로 볼 때 순수 학문을 유지하고 발전시키는 것이 가장 중요하다고 할 수 있다.

　순수 학문을 진흥하는 책임이 사회 구성원 전체의 책임이라는 점에서 공적 재원인 정부의 예산으로 순수 학문이 유지되고 발전된다면 응용 학문 역시 특정 집단이 아닌 모든 사회 구성원을 위해 유지되고 발전되어야 하기 때문에 응용 학문도 공적 재원으로 그 비용이 충당되어야 한다. 이런 이유로 모든 학문은 공적 지원을 받을 자격이 있으며 따라서 대학의 재정은 정부의 재정이 되어야 하는 것이다.

　대학의 재정이 정부 예산으로 이루어지면 대학의 공공성이 확보될 가능성이 높아진다. 대학 교육을 위해 개인이 비용을 지불하지 않으면 교육이 투자 상품이라는 인식이 없어진다. 대학 교육을 통해 얻게 된 지식이 돈을 지불한 대가가 아니라고 생각하면 그 지식을 이용해 돈을 벌겠다는 생각도 하지 않는다. 대학 교육을 받았기 때문에 대학 교육을 받지 않은 사람에 비해 급여를 더 받아야겠다는 생각은 근거가 없어진다. 물론 대학에서 교육받은 사람이 기업이나 정부의 고위 관리직을 얻을 가능성이 높기는 하다. 그러나 고위 관리직에 대한 자질이 대학 교육을 통해 얻어진 것이라면, 그리고 그런 대학 교육의 비용을 전 사회 구성원이 지불하는 구조라면 고위 관리직에 대한 금전적 보상이 그렇지 않은 사람에 비해 특별히 높아야 한다는 주장은 비윤리적인 주장이 되고 만다. 무상교육이 일반화된 유럽에서 대졸자 임금과 고졸자 임금의 차이가 별로 없는 것은 대학 교육이 금전적 보상으로 연결되지 않기 때문이다. 이렇게 될 때 사회 전체의 경제적 불평등이 감소된다.

대학 교육이 금전적 보상으로 이어지지 않으면 대학 교육은 출세가 아니라 지적 욕구를 충족하기 위한 과정이 된다. 즉, 대학 교육은 교양인 양성 과정이 된다. 대학에서는 특수한 지식, 특정 집단을 위한 지식, 돈벌이가 되는 지식을 추구하는 것이 아니라 보편적 지식, 모두를 위한 지식, 지적 욕구 자체를 충족하는 지식을 추구하게 된다. 대학의 공공성은 지식의 공공성을 확보할 때 이루어지며 지식의 공공성은 지식의 공공재로서의 특성이 회복될 때, 즉 돈을 지불하지 않고 지식을 얻을 때 이루어진다.

5. 시끄러운 대학

필자가 꿈꾸는 대학은 시끄러운 대학이다. 이 책 전체를 통해 필자가 하고 싶은 말은 돈이 대학을 지배하게 되면서 대학은 망하는 길로 들어섰다는 것이다. 뒤집어 이야기하면 대학을 살리기 위해서는 돈이 대학을 지배하지 못하게 해야 한다는 말이 된다. 즉, 대학 무상교육이 실현되어야 대학이 정상화될 수 있다는 것이다. 무상교육이 실현되려면 대학이 시끄러워져야 한다. 그 시끄러움을 만드는 것은 대학생의 몫이다. 물론 교수도 나서야 하겠지만 교수들 대부분은 그런 문제에 관심이 없다. 더 큰 문제는 수업료제도가 있어야 교수의 급여가 많기 때문에 교수들은 대학 무상교육을 필사적으로 막으려 한다. 대학의 공공성을 확보하는 노력을 할 때 교수들을 믿으면 안 된다. 결국 수업료를 내는 대학생들이 주체가 되어 앞으로는 수업료를 내지 않겠다고 투쟁하지 않으면 대학 무상교육은 이루어질 수 없고 대학의 공공성을 확보하는 길도 요원해진다.

필자는 물론 수업료를 내면서 대학을 다녔고 수업료를 내는 대학에서 교수 노릇을 하고 있다. 그러나 필자는 수업료를 내는 한국의 대학제도가 대단히 잘못되었다는 생각을 해왔다. 필자가 전임교수가 된 1995년 무렵에는 이른바 '춘투春鬪'가 대학가의 관행이었다. 각 대학이 물가인상률보다 훨씬 높은 인상률로 등록금을 인상하면 총학생회는 총장실을 점거해 등록금 인하 투쟁을 벌였다. 1~2주 정도 총장실을 점거하면 대학 행정이 마비되면서 대학 본부 측과 총학생회 측이 협상을 시작하고 대학본부 측이 제시한 인상률보다 낮은 인상률로 등록금 인상 폭이 정해졌다. 많은 학생이 이미 등록금을 낸 다음 춘투가 시작되었기에 협상 결과에 따른 차액을 학생들에게 돌려주어야 마땅하지만 대학 본부 측과 총학생회 측은 그 차액을 장학금으로 책정하는 것으로 합의한다. 명목으로는 대학 본부 측이 추진한 등록금 인상이 저지되지만 실질적으로는 대학 본부 측이 원하는 등록금 인상이 이루어지는 것이다. 물론 총학생회의 관행이 된 춘투가 없었다면 등록금은 더 빠른 속도로 더 높게 올라갔을 것이다. 어쨌든 이런 과정이 되풀이되면서 등록금은 감당할 수 없을 만큼 올랐고 대학생의 부채 문제가 심각해졌다. 반값 등록금 운동은 이런 맥락에서 나오게 된 것이다.

등록금 인하 투쟁인 춘투를 보면서 필자는 매년 학생들에게 '등록금 인하 투쟁으로는 부족하다. 등록금을 내지 않겠다고 투쟁해라'는 말을 했었다. 교육의 공공성을 확보하기 위해서는 무상교육이 되어야 한다는 주장을 다른 나라의 사례를 들면서 설명하곤 했다. 20년 이상 같은 말을 하고 있지만 필자의 말을 귀담아 듣고 이를 실행하는 학생은 별로 없어 보인다. 수업 시간에 잠깐 짬을 내어 한 학기에 한 번 정도 하게 되는 이런 필자의 말에 비해 교육이 돈을 내고 사야 하는 상품이라는 생각이 너무나 압도적이기 때문이다. 또한 자기관리에 너무 바쁜 학생들은 교수가 말하는 공동체의 가치나 대학의 공공성에 대해서는 별 관심이 없다. 학점, 영어 성적, 인턴, 취업 시험, 자기소개서 작성 특강, 심지어 성형에 몸매 관리까지 신경 쓰느라 학생들은 공적 가치에 대해 생각해볼 여력이 없다. 도서관은 공부하는 학생들로 가득하지만 공개 토론의 장이었던 광장은 비어 있다. 우승열패優勝劣敗가 당연시되는 신자유주의 시대에 학생들은 각자도생에 바쁘다. 공동체는 없다.

대학은 평화로우면서도 활기차 보이기도 한다. 등록금 인하 투쟁은 등록금심의위원회가 생기면서 제도화되었다. 학생들은 돌과 화염병을 던지는 폭력 투쟁을 깡그리 잊고 공부에 전념하고 있다. 교수들은 연구 성과를 내는 일에 매진하고 있다. 여러 세계 대학 평가는 한국의 대학 순위가 올라가고 있음을 보여주고 있다. 한국의 대학은 발전하고 있는 듯 보인다.

그러나 우리는 평화로운 대학, 발전하는 대학이 누구를 위한 대학인지를 질문해야 한다. 학생들의 공부는 지적 욕구를 충족하기 위한 것이 아니라 기업체 취업을 위한 것이 되어버렸다. 교수들의 연구는 학문적 관심사를 추구하는 것이 아니라 성과 업적을 내기 위한 논문 편수 채우기가 되었다. 대학은 학문의 전당이 아니라 취업준비기관이 되었고 성과 경쟁의 장이 되었다. 대학의 평화와 발전은 기업자본이 대학을 아무런 저항도 받지 않으면서 지배하고 있음을 보여준다. 학생과 교수는 기업식으로 관리되고 교육과 연구의 결과는 기업자본에 봉헌되고 있다. 대학은 기업을 위한 또 다른 기업이 되어 있다.

대학이 "인격을 도야하고, 국가와 인류 사회의 발전에 필요한 심오한 학술이론과 그 응용방법을 가르치고 연구하며, 국가와 인류 사회에 이바지함을 목적으로 한다"라고 '고등교육법'에 명시되어 있듯이 그 원래의 목적을 달성하려면 현재의 대학 체제를 무너뜨려야 한다. 변화는 현 체제를 흔들 때 가능하다. 지금까지 대학의 변화가 권력과 자본에 복무하는 길을 확대하기 위한 변화였다면 이제부터 변화는 권력과 자본의 지배를 끝내고 학생과 교수가 명실상부하게 대학의 주인이 되는 길을 여는 변화여야 한다. 대학이 시끄러워져야 한다. 강의실에서는 교수의 권위가 끊임없이 도전받아야 한다. 대학 교정 곳곳은 대학의 권력을 비판하는 토론의 장이 되어야 한다. 대학생과 교수가 만나는 곳곳에서 온갖 종류의 권력을 비판하는 성토가 이루어져야 한다. 온갖 꽃이 같이 피고 온갖 사람이 각기 주장을 하는 백화제방 백가쟁명의 대학, 이런 곳이 필자가 꿈꾸는 대학이다.

원문 출처 목록

이 책의 대부분의 글은 먼저 대중지와 학술지에 논문 형태로 발표되었다. 이 책을 내기 위해 이 글들을 수정 보완했다. 아래 목록에 없는 제1장, 제10장, 제13장은 새로 썼다.

- 제2장 대학의 역사: 근대 대학의 형성을 중심으로
  [원문: 「근대 대학의 형성: 칸트의 이성의 대학에서 훔볼트의 학문의 자유 대학으로」,
  ≪비평과 이론≫, 17권, 2호(2012), 5~39쪽.]

- 제3장 대학 기업화의 원조: 미국 대학의 기업화
  [원문: 「미국 대학의 기업화」, ≪비평과 이론≫, 15권, 1호(2010), 123~152쪽.]

- 제4장 한국 대학의 기업화
  [원문: 「한국대학의 기업화」, ≪역사비평≫, 92호(2010), 16~42쪽.]

- 제5장 대학 자본주의: 대학 공공성의 소멸
  [원문: 「대학 자본주의와 대학 공공성의 소멸」, ≪비평과 이론≫, 21권, 1호(2016), 35~64쪽.]

- 제6장 대학의 기업화와 학문의 자유
  [원문: 「대학의 기업화와 학문의 자유」, ≪비평과 이론≫, 20권, 1호(2015), 5~33쪽.]

- 제7장 대학의 기업식 관리 체제
  [원문: 「대학의 관리 체제와 대학의 몰락」, ≪안과 밖≫, 36호(2014), 163~186쪽.]

- 제8장 대학순위평가
  [원문: 「대학순위평가와 대학의 몰락」, ≪비평과 이론≫, 18권, 2호(2013), 5~37쪽.]

- 제9장 한국연구재단의 학문 관리
  [원문: 「한국연구재단의 학문 관리와 학문의 몰락」, ≪문화과학≫, 69호(2012), 262~271쪽.]

- 제11장 인문학의 몰락
  [원문: 「인문학의 몰락, 대학의 몰락」, ≪비평과 이론≫, 22권, 1호(2017), 13~49쪽.]

- 제12장 고난의 시대, 몰락한 대학
  [원문: 「고난의 시대, 몰락한 대학」, ≪녹색평론≫, 148호(2016), 76~88쪽.]

참고문헌

- 강내희. 2016. 『인문학으로 사회변혁을 말하다』. 서울: 문화과학사.
- 강영안. 2008. 「갈등 상황에서의 철학과 철학자의 소명: 〈학부간의 갈등〉을 통해서 본 칸트의 관점」. ≪칸트연구≫, 21호, 33~61쪽.
- 강현우. 2013.6.12. "정부, 대학재정 지원 살펴보니 … 서울대 3955억 4년째 1위". ≪한국경제≫. http://www.hankyung.com/news/app/newsview.php?aid=2013061137941&intype=1(검색일: 2013.9.12)
- 교육부. 2015. 「2014년 국내 외국인 유학생 통계」. http://www.moe.go.kr/web/100100/ko/board/view.do?bbsId=350&pageSize=10&currePage=0&encodeYn=Y&boardSeq=57449&mode=view(검색일: 2015.11.2)
- 김누리. 2009. 「주식회사 유니버시티」. ≪안과 밖≫, 27호, 163~187쪽.
- 김예슬. 2010. 『오늘 나는 대학을 그만둔다, 아니 거부한다』. 서울: 느린걸음.
- 김용규. 2011. 「대학의 변화와 '지금-여기'의 인문학」. ≪대동철학≫, 57호, 263~289쪽.
- 김용훈. 2012. 「대학의 자율성과 감사원 감사」. ≪공법학연구≫, 13권, 2호, 135~171쪽.
- 김철수. 2007. 『헌법학개론』. 서울: 박영사.
- 김춘진(의원). 2010.10.12. "대학발전기금 절반 이상 서울대 독식". 보도자료. http://www.cjkorea.org/zbxe/96573(검색일: 2013.9.12)
- 김훈호 외. 2010. 「세계 대학순위평가의 문제점에 대한 실증적 연구」. ≪교육행정학연구≫, 28권, 3호, 301~326쪽.
- 대통령자문교육개혁위원회. 1995.5.31. 「세계화 정보화 시대를 주도하는 新교육체제 수립을 위한 교육개혁 방안」. 『제2차 대통령 보고서』.
- 레딩스, 빌(Bill Reading). 2015. 『폐허의 대학: 새로운 대학의 탄생은 가능한가』. 윤지관·김영희 옮김. 서울: 책과함께.
- 르원틴, 리처드(Richard Lewontin). 2001. 「냉전과 대학의 변모」. 노엄 촘스키(Noam Chomsky) 외. 『냉전과 대학』. 정연복 옮김. 서울: 당대.
- 박거용. 2002. 「중앙일보 대학 평가를 평가한다」. ≪동국대학교 논문집≫, 49집, 45~49쪽.
- 박덕원. 2000. 『대학과 학문의 자유』. 부산: 부산외국어대학교 출판부.
- 박승철. 2013. 「대학 구조개혁의 필요성과 방향」. ≪대학 교육≫, 180권, 74~79쪽.
- 박용성. 2009.8.28. "대학 발전과 참된 주인의식". ≪중앙일보≫. http://news.joins.com/article/3747788(검색일: 2017. 8.17)
- 박일경. 1965. 「학문의 자유」. ≪법정≫, 20권, 3호, 8~21쪽.
- 박정원. 2006. 「교육혁명을 이루기 위한 고등교육재정 개혁방안」. 전국교수노동조합 엮음. 『우리대학, 절망에서 희망으로』. 서울: 노기연.
- 박찬승. 2001. 「아리스토텔레스 철학의 수용과 스콜라 철학의 발전: 13세기 중세대학 설립기를 중심으로」. ≪가톨릭철학≫, 3호, 119~157쪽.
- 반상진. 2008. 『고등교육경제학』. 서울: 집문당.
- 서영인. 2009. 「대학 경쟁력 평가를 위한 지표 개발 연구」. ≪교육행정학연구≫, 27권, 2호, 405

~427쪽.

- 솔리, 로렌스(Lawrence Soley). 2004. 「학계에 대한 기업의 새로운 야망」. 브루스 커밍스(Bruce Cumings) 외. 『대학과 제국: 학문과 돈, 권력의 은밀한 거래』. 서울: 당대.
- 스미스, 아담(Adam Smith). 2007. 『국부론』. 김수행 옮김. 서울: 비봉출판사.
- 안재원. 2010. 「인문학(humanitas)의 학적 체계화 시도와 이에 대한 비판에 대해서: ars 개념을 중심으로」. ≪서양고전학연구≫, 39호, 91~127쪽.
- 양지원. 2015.10.8. 「[2015국감] 대학 돈벌이로 전락한 외국인 유학생, 교육부 책임」. ≪한국대학신문≫.
- 오승현. 2010. 「고등교육 자본주의(Academic Capitalism)에 입각한 BK21사업 분석」. 중앙대학교 대학원 박사학위 논문.
- 워시번, 제니퍼(Jeniffer Washburn). 2011. 『대학주식회사』. 김주연 옮김. 서울: 후마니타스.
- 월러스틴, 이매뉴얼(Immanuel Wallerstein) 외. 1999. 『이행의 시대: 세계체제의 궤적, 1945~2025』. 김영아·백승욱 옮김. 파주: 창비.
- 이광주. 2009. 『교양의 탄생: 유럽을 만든 인문정신』. 파주: 한길사.
- 이명천. 1999. 「대학 홍보 광고의 현황과 방향」. ≪홍보학 연구≫, 3호, 67~82쪽.
- 이석열. 2011. 『대학 교원 임용제도 선진화 방안 연구』. 서울: 교육과학기술부.
- 이석우. 1998. 『대학의 역사』. 서울: 한길사.
- 이영학. 2011. 「대학순위평가의 점수산출방법 비교 연구」. ≪교육종합연구≫, 9권, 2호, 198~217쪽.
- 이혜숙. 1993. 「대학교수의 학문의 자유」. ≪고등교육연구≫, 5권, 2호, 57~76쪽.
- 이화영. 2006. 「부실사학 퇴출정책의 문제점」. 전국교수노동조합 엮음. 『우리대학, 절망에서 희망으로』. 서울: 노기연.
- 임혁제. 2006. 『칸트의 철학』. 서울: 철학과현실사.
- 전국경제인연합회. 2004.3.3. "전경련 기업형 전문대학 전면 허용 촉구". 「고등교육개혁 실천방안」.
- 중앙일보 교육개발연구소. 2017.8.12. 「연도별 종합순위리포트」. http://www.jedi.re.kr/
- 정준영. 2009. 「경성제국대학과 식민지 헤게모니」. 서울대학교 대학원 박사학위 논문.
- 커밍스, 브루스(Bruce Cumings) 외. 2004. 『대학과 제국: 학문과 돈, 권력의 은밀한 거래』. 한영옥 옮김. 서울: 당대.
- 푸코, 미셸(Michel Foucault). 1993. 『담론의 질서』. 이정우 옮김. 서울: 새길.
- 하비, 데이비드(David Harvey). 2007. 『신자유주의: 간략한 역사』. 최병두 옮김. 파주: 한울아카데미.
- 한국대학평가원. 2013. 「한국대학 평가원 주요 현황」. http://eval.kcue.or.kr/intro/intro_2.php#04(검색일: 2013.9.12)
- 황현주. 2008. 「중앙일보와 US News & World Report의 대학 평가에 관한 비교 분석 연구」. ≪비교교육연구≫, 18권, 1호, 35~62쪽.
- Allen, Mark. 2010. "Introduction: What is a Corporate University and Why Should an Organization Have One?" http://www.globalccu.com/images2010/globalccu-ebooks/The-Corporate-University-Handbook.pdf(검색일: 2010.4.20)
- Althusser, Louis. 1976. *Essays in Self-Criticism*. Translated by Grahame Lock. London: New Left Books.

- Anderson, Robert. 2016. "The 'Idea of a University' Today." http://www.historyandpolicy. org/policy-papers/papers/the-idea-of-a-university-today(검색일: 2016.10.20)
- Apollo Group, Inc. 2010. "Creating Opportunities: 2009 Annual Report." http://www. apollogrp.edu/Annual-Reports/2009%20Apollo%20annuel%20report.pdf(검색일: 2010.4.20)
- Barzun, Jacques. 1968. *The American University: How It Runs Where It Is Going.* New York: Harper.
- Bauerlein, Mark. 2004. "Bad Writing's Back." *Philosophy and Literature*, Vol. 28, No.1, pp. 180~191.
- Bellei, Cristian and Cristian Cabain. 2013. "Chillean Student Movements: Sustained Struggle to Transform a Market-Oriented Education System." *Current Issues in Comparative Education*, Vol. 15, No.2, pp. 108~123.
- Benjamin, Walter. 1969. "Theses on the Philosophy of History." in Hannah Arendt(ed.). *Illuminations.* Translated by Harry Zohn. New York: Schocken Books.
- Bourdieu, Pierre. 1984. *Distinction: A Social Critique of the Judgement of Taste.* Translated by Richard Nice. Cambridge: Harvard University Press.
- Bovens, Mark. 2006. "Analyzing and Assessing Public Accountability: A Conceptual Framework." *European Governance Papers(EUROGOV)*, No. C-06-01, pp. 1~37.
- Brokliss, Laurence. 1996. "Curricula." in Hilde De Ridder-Symoens(ed.). *A history of University in Europe: vol.2, Universities in Early Modern Europe(1500-1800).* Cambridge: Cambridge University Press.
- Cantwell, Brendan and Ilkka Kauppinen. 2014. *Academic Capitalism in the Age of Globalization.* Baltimore: Johns Hopkins University Press.
- Caygill, Howard. 1995. *A Kant Dictionary.* Oxford: Blackwell.
- Charle, Christophe. 2004. "Patterns." in Walter Rüegg(ed.). *A History of University in Europe: vol.3, Universities in the Nineteenth and Early Twentieth.* Cambridge: Cambridge University Press.
- Department of Foreign Affairs and Trade, Australian Government. "Australia's trade in goods and services". http://dfat.gov.au/about-us/publications/trade-investment/australias-trade-in-goods-and-services/Pages/australias-trade-in-goods-and-services-2016.aspx
- Derrida, Jacques. 1992. "Mochlos; or, The Conflict of the Faculties." Translated by Richard Rand and Amy Wygant. in Richard Rand(ed.). *Logomachia: The Conflict of the Faculties.* Lincoln: University of Nebraska Press.
- Donoghue, Frank. 2008. *The Last Professors: The Corporate University and the Fate of the Humanities.* New York: Fordham University Press.
- Doumani, Beshara. 2006. "Between Coercion and Privatization: Academic Freedom in the Twenty-First Century." in Beshara Doumani(ed.). *Academic Freedom after September 11.* New York: Zone, 2006.
- Durm, Mark W. 1993. "An A Is Not An A Is Not An A: A History of Grading." *The Educational Forum*, Vol. 57, pp. 1~4.

- Education International. 2007. "Protecting and Defending Academic Freedom: Report on Current Situation." VIth International Higher Education and Research Conference(session 2) 12~14. November 2007. http://firgoa.usc.es/drupal/files/2007-00248-01-E.pdf(검색일: 2018. 4.21)
- Finkin, Matthew W. and Robert C. Post. 2009. *For the Common Good: Principles of American Academic Freedom.* New Haven: Yale University Press.
- Foucault, Michel. 1981. "The Order of Discourse." in Robert Young(ed.). *Untying the Text: A Post-Structuralist Reader.* London: Routledge.
- Frijhoff, Willem. 1996. "Graduation and Careers." in Hilde de Ridder-Seymoens(ed.). *A History of University in Europe: vol. 2, Universities in Early Modern Europe(1500-1800).* Cambridge: Cambridge University Press.
- Gallagher, Sean and Geoffrey Garrett. 2012. *From University Exports to the Multinational University: The Internationalisation of higher education in Australia and the United States.* Sydney: The United States Studies Center.
- Gerbod, Paul. 2004. "Resources and Management." in Walter Rüegg(ed.). *A History of University in Europe: vol. 3, Universities in the Nineteenth and Early Twentieth Centuries (1800-1945).* Cambridge: Cambridge University Press.
- Gieysztor, Aleksander. 1992. "Management and Resources." in Hilde de Ridder-Seymoens (ed.). *A History of University in Europe: vol. 1, Universities in the Middle Ages.* Cambridge: Cambridge University Press.
- Gregor, Mary J. 1992. "Translator's Introduction." in Immanuel Kant. *The Conflict of the Faculties.* Lincoln: University of Nebraska Press.
- Harvey, Lee. 2004. "The Power of Accreditation." in Primiano Di Nauta et al(eds.). *Accreditation Models in Higher Education: Experiences and Perspectives(European Network for Quality Assurance in Higher Education Workshop Report 3[Helsinki]).* Helsinki: European Network for Quality Assurance in Higher Education.
- Haskins, Charles Homer. 2007. *The Rise of Universities.* New Brunswick: Transactions.
- Hiers, Richard. 2002. "Institutional Academic Freedom vs. Faculty Academic Freedom In Public Colleges and Universities: A Dubious Dichotomy." *Journal of College and University Law,* Vol. 29, No.1, pp. 35~109.
- Huisman, Jeroen and Jan Currie. 2004. "Accountability in higher education: Bridge over troubled water?" *Higher Education,* Vol. 48, pp. 529~551.
- Humboldt, Wilhelm von. 1970. "On the Spirit and the Organisational Framework of Intellectual Institutions in Berlin." Translated by Edward Shils. Part of "Reports and Documents: University Reforms in Germany." *Minerva,* Vol. 8, pp. 242~250.
- Johnson, Benjamin et al.(eds.). 2003. *Steal This University: The Rise of the Corporate University and the Academic Labor Movement.* New York: Routledge.
- Kant, Immanuel. 1992. *The Conflict of the Faculties.* Translated by May J. Gregor. Lincoln: University of Nebraska Press.

- _____. 2007. *Critique of Judgement*. Translated by James Creed Meredith. Oxford: Oxford University Press.
- Kauppinen, Ilkka and Brendan Cantwell. 2014. "The Global Enterprise of Higher Education." in Brendan Cantwell and Ilkka Kauppinen(eds.). *Academic Capitalism in the Age of Globalization*. Baltimore: Johns Hopkins University Press.
- _____. 2014. "Transnationalization through Global Production Network." in Brendan Cantwell and Ilkka Kauppinen(eds.). *Academic Capitalism in the Age of Globalization*. Baltimore: Johns Hopkins University Press.
- Kehm, Barbara M. and Bjørn Stensaker(eds.). 2009. *University Rankings, Diversity, and the New Landscape of Higher Education*. Rotterdam: Sense.
- Kezar, Adrianna J. 2005. "Challenges for the Higher Education in Serving the Public Good." in Adrianna J. Kezar, Tony C. Chambers and John C. Burkhardt(eds.). *Higher Education for the Public Good*. San Francisco: Jossey-Bass.
- Lyotard, François. 1984. *The Postmodern Condition: A Report on Knowledge*. Translated by Geoff Bennington and Brian Massumi. Minneapolis: University of Minnesota Press.
- Mankiw, N. Gregory. 2004. *Principles of Economics(3rd edition)*. Mason, Ohio: Thomson.
- Marope, P. T. M. et al.(eds.). 2013. *Rankings and Accountability in Higher Education: Uses and Misuses*. Paris: UNESCO.
- Meister, Jeanne C. 1998. *Corporate Universities: Lessons in Building A World-Class Work Force*. Boston: McGraw-Hill.
- Mignolo, Walter D. 2003. "Globalization and the Geopolitics of Knowledge: The Role of the Humanities in the Corporate University." *Nepantla: Views from South*, Vol.4, No.1, pp. 97~119.
- Miyoshi, Masao. 1993. "A Borderless World?: From Colonialism to Transnationalism and the Decline of the Nation-State." *Critical Inquiry*, Vol. 19, No. 4, pp. 726~751.
- _____. 2000. "Ivory Tower in Escrow." *Boundary 2*, vol. 27, No.1, pp. 7~50.
- Naragon, Steve. 2012. "Government and Organization at the Alberina." *Kant in the Classroom*. http://www.manchester.edu/kant/universities/UnivGovernance.htm(검색일: 2012.9.4)
- _____. 2012. "Introduction: 18th Century German Universities." *Kant in the Classroom*. http://www.manchester.edu/kant/Universities/UnivIntro.htm(검색일: 2012.9.4)
- Nardi, Paolo. 1992. "Relations with Authority." in Hilde de Ridder-Seymoens(ed.). *A History of University in Europe: vol. 1, Universities in the Middle Ages*. Cambridge: Cambridge University Press.
- Nelson, Cary and Stephen Watt. 1999. *Academic Keywords: A Devil's Dictionary for Higher Education*. New York: Routledge.
- Pedersen, Olaf. 1997. *The First Universities: Studium Generale and the Origins of University Education in Europe*. Translated by Richard North. Cambridge: Cambridge University Press.
- Pedro, Joan. 2012. "Three Missions of the Medieval University Centered on Social Reproduction and Transformation." *Synaesthesia: Communications Journal*, Vol. 1, No.3, pp. 72~83.

- Proctor, Robert E. 1988. *Defining the Humanities: How Rediscovering a Tradition Can Improve Our Schools*. Bloomington: Indiana University Press.
- Proulx, Roland. 2009. "World University Rankings. The Need for a New Paradigm." in Barbara M. Kehm and Bjørn Stensaker(eds.). *University Rankings, Diversity, and the New Landscape of Higher Education*. Rotterdam: Sense.
- Readings, Bill. 1996. *The University in Ruins*. Cambridge: Harvard University Press.
- Rhoades, Robert and Carlos Alberto Torres(eds.). 2006. *The University, State, and Market: The Political Economy of Globaization in the Americas*. Stanford: Stanford University Press.
- Ridder-Seymoens, Hilde de(ed.). 1992. *A History of University in Europe: vol. 1, Universities in the Middle Ages*. Cambridge: Cambridge University Press.
- _____(ed.). 1996. *A History of University in Europe: vol. 2, Universities in Early Modern Europe(1500-1800)*. Cambridge: Cambridge University Press.
- Rooksby, Jacob H. 2013. "Myriad Choices: University Patents under the Sun." *Journal of Law and Education*, Vol. 42, No. 2, pp. 313~426.
- Rüegg, Walter. 1992. "The Rise of Humanism." in Hilde de Ridder-Seymoens(ed.). *A History of University in Europe: vol. 1, Universities in the Middle Ages*. Cambridge: Cambridge University Press.
- _____. 2004. "Theology and the Arts." in Walter Rüegg(ed.). *A History of University in Europe: vol.3, Universities in the Nineteenth and Early Twentieth Centuries(1800-1945)*. Cambridge: Cambridge University Press.
- _____(ed.). 2004. *A History of University in Europe: vol. 3, Universities in the Nineteenth and Early Twentieth Centuries(1800-1945)*. Cambridge: Cambridge University Press.
- Said, Edward W. 1994. *Representations of the Intellectual*. New York: Vintage.
- Schiller, Friedrich. 1967. *On the Aesthetic Education of Man*. Translated by Elizabeth M. Wilkinson and L. A. Willoughby. Oxford: Oxford University Press.
- Schmidt-Biggemann, Wilhelm. 1996. "New Structures of Knowledge." in Hilde de Ridder-Seymoens(ed.). *A History of University in Europe: vol. 2, Universities in Early Modern Europe(1500-1800)*. Cambridge: Cambridge University Press.
- Schultz, David. 2004. "The Corporate University in American Society." *Logos*, Vol. 4, No. 3, pp. 1~16.
- Scott, John C. 2006. "The Mission of the University: Medieval to Postmodern Transformations." *The Journal of Higher Education*, Vol. 77, No. 1, pp.1~39.
- Slaughter, Sheila and Larry L. Leslie. 1997. *Academic Capitalism: Politics, Policies, and the Entrepreneurial University*. Baltimore: Johns Hopkins University Press.
- Slaughter, Sheila and Gary Rhoades. 2004. *Academic Capitalism and the New Economy: Markets, State, and Higher Education*. Baltimore: Johns Hopkins University Press.
- Small, Helen. 2013. *The Value of the Humanities*. Oxford: Oxford University Press.
- Snow, Charles P. 1961. *The Two Cultures and the Scientific Revolution*. New York: Cambridge University Press.

- Sokal, Alan D. 1996. "A Physicist Experiments With Cultural Studies." *Lingua Franca*, May/ June, pp. 62~64.
- _____. 1996. "Transgressing the Boundaries: Toward a Transformative Hermeneutics of Quantum Gravity." *Social Text*, Vol. 46/47, pp. 217~252.
- Sporn, Barbara. 2010. "Convergence or Divergence in International Higher Education Policy: Lessons from Europe." http://net.educause.edu/ir/library/pdf/ffpfp0305.pdf(검색일: 2010. 4.20)
- Thelin, John R. 2004. *A History of American Higher Education*. Baltimore: Johns Hopkins University Press.
- Thorpe, Geraldine. 2009. "Academic Freedom and Marx." *Critique: Journal of Socialist Theory*, Vol. 37, No. 4, pp. 531~552.
- Tilak, Jandhyala B. G. 2008. "Higher education; a public good or a commodity for trade?: Commitment to higher education or commitment of higher education to trade." *Prospects*, Vol. 38, pp. 449~466.
- Trow, Martin. 1996. "Trust, markets and accountability in higher education: a comparative perspective." *Higher Education Policy*, Vol. 9, No. 4, pp. 309~324.
- Tuchman, Gaye. 2009. *Wannabe U: Inside the Corporate University*. Chicago: University of Chicago Press.
- Usher, Alex. 2014.10.22. "Free Tuition in Chile." *Inside Higher Ed.* 22 October 2014. https://www.insidehighered.com/blogs/world-view/free-tuition-chile-0(검색일: 2015.10.20)
- Usher, Alex and Jon Medow. 2009. "A Global Survey of University Rankings and League Tables." in Kehm, Barbara M. and Bjørn Stensaker(eds.). *University Rankings, Diversity, and the New Landscape of Higher Education*. Rotterdam: Sense.
- Verger, Jacques. 1992. "Teachers." in Hilde de Ridder-Seymoens(ed.). *A History of University in Europe: vol. 1, Universities in the Middle Ages*. Cambridge: Cambridge University Press.
- Wallerstein, Immanuel. 1991. *Geopolitics and Geoculture: Essays on the Changing World-System*. Cambridge: Cambridge University Press.
- Washburn, Jennifer. 2005. *University Inc.: The Corporate Corruption of Higher Education*. New York: Basic.
- Williams, Joanna. 2014. "A critical exploration of changing definition of public good in relation to higher education." *Studies in Higher Education*. http://dx.doi.org/10.1080/03075079.2014.942270(검색일: 2014.10.20)
- Woodhouse, Howard. 2009. *Selling Out: Academic Freedom and the Corporate Market*. Montreal: McGill-Queen's University Press.

찾아보기

지은이·고부응

중앙대학교 영문학과 교수. 중앙대학교 대학평의원회 의장을 지냈다. 이 책 제6장의 내용으로 실린 논문 「대학의 기업화와 학문의 자유」로 한국영어영문학회가 당해 연도 영어영문학 분야 최우수 논문 저자에게 수여하는 영어영문학 논문상을 2015년에 받았다. 1998년에는 논문 「콘래드의 로오드 짐에서 읽는 반식민저항」으로 한국영어영문학회가 발행하는 영어영문학 학회지의 당해 연도 최우수 논문 저자에게 수여하는 재남우수논문상을 받았다. 이 책의 제8장 "대학순위평가"의 바탕이 된 논문 「대학순위평가와 대학의 몰락」은 2014년 고려대학교 총학생회가 주도한 '≪중앙일보≫ 대학 평가 거부 운동'의 이론적 토대가 되기도 했다. 저서로는 『초민족 시대의 민족 정체성: 식민주의·탈식민 이론·민족』(2002), 『탈식민주의: 이론과 쟁점』(편저, 2003) 등이 있다.

한울아카데미 2073

대학의 기업화
몰락하는 대학에 관하여
ⓒ 고부응, 2018

지은이 ι 고부응   펴낸이 ι 김종수   펴낸곳 ι 한울엠플러스(주)   편집책임 ι 배유진   편집 ι 김초록
초판 1쇄 인쇄 ι 2018년 5월 11일   초판 1쇄 발행 ι 2018년 5월 25일

주소 ι 10881 경기도 파주시 광인사길 153 한울시소빌딩 3층   전화 ι 031-955-0655   팩스 ι 031-955-0656
홈페이지 ι www.hanulmplus.kr   등록번호 ι 제406-2015-000143호

Printed in Korea.
ISBN 978-89-460-7073-8 93300(양장)   978-89-460-6490-4 93300(반양장)

* 책값은 겉표지에 표시되어 있습니다.